KB233774

사상이 살아가는 법

사상이 살아가는 법
—다문화 공생의 동아시아를 위하여

쑨거 지음 | 윤여일 옮김

2013년 4월 1일 초판 1쇄 발행

펴낸이 한철희 | 펴낸곳 돌베개 | 등록 1979년 8월 25일 제406-2003-000018호
주소 (413-756) 경기도 파주시 회동길 77-20 (문발동)
전화 (031) 955-5020 | 팩스 (031) 955-5050
홈페이지 www.dolbegae.com | 전자우편 book@dolbegae.co.kr
블로그 imdol79.blog.me | 트위터 @Dolbegae79

책임편집 김태권
표지디자인 민진기디자인 | 본문디자인 박정영·이은정
마케팅 심찬식·고운성·조원형 | 제작·관리 윤국중·이수민
인쇄·제본 영신사

ISBN 978-89-7199-532-7 (93910)
이 도서의 국립중앙도서관 출판시도서목록(CIP)은 e-CIP 홈페이지
(http://www.nl.go.kr/ecip)에서 이용하실 수 있습니다.(CIP제어번호: CIP2013001732)

책값은 뒤표지에 있습니다.

사상이 살아가는 법

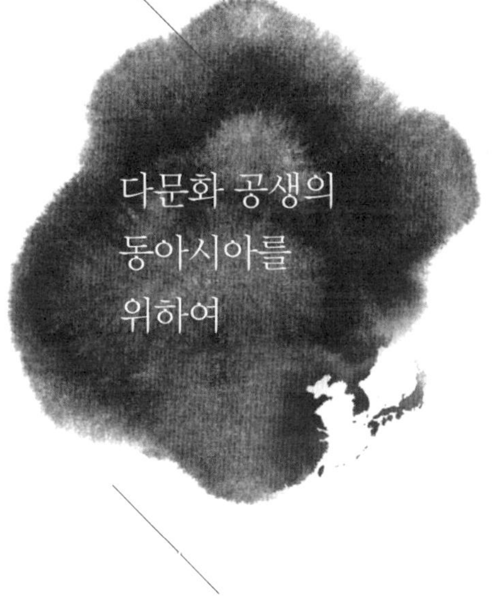

다문화 공생의
동아시아를
위하여

쑨거 지음
윤여일 옮김

돌베개

한국어로 논문집이 나와서 너무도 영광이다. 동시에 다소 불안하다. 왜냐하면 이 책에 수록된 논문은 대체로 중국과 일본을 대상으로 삼았으며, 한국에 관해 직접 발언한 내용은 거의 없기 때문이다. 겉보기에 나의 '한국관' 같은 것은 드러나지 않을 것이다.

나는 한국어를 할 줄 모르며 한국에서 오랫동안 체류한 적도 없다. 내게는 한국을 논할 만한 능력이 없다. 다만 다행스럽게도 훌륭한 한국인 친구가 많이 생겨서 그들로부터 한국 사회의 독특한 분위기를 감지할 수 있었다. 내게 그것은 '지식'보다 중요하다.

일본 사상사를 연구한지 벌써 20년이 흘렀다. 내게 사상사 연구는 나의 삶 바깥에 있는 게 아니다. 어느 시기엔가 나는 '나와 일본 사상'이라는 관계성을 자각하여 그것을 탐구하고 있는 중이다.

애초 나는 자신을 '외국 사상 연구자'라고 생각한 적이 없다. 그 때문인지 나에게는 외국인 일본의 사상을 대상으로 삼을 때 어떤 태도가 필요한지를 거의 생각해보지 못했다. 첫 단계에서 일본 사상사 연구는 말하자면 자연발생적으로 일어났다. 나는 그저 일본 사상의 매력적인 자원에 매료되어 되도록 깊이 파고들고 싶었을 뿐이다. 내게 사상이라는 것에는 국경이 없다. 그러나 국경이 없는 사상에는 역사의 맥락이 있다. 그 사실을 알고 나서야 '나와 일본 사상'이라는 과제가 비로소 과제로서 성립될 수 있었다.

이 책에는 주로 평론을 담았다. 최근 수십 년 동안 동아시아의 상황은 격렬하게 변동하여 연구자가 지닌 기성의 인식방식으로는 변동하는 상황을 따라잡기 힘들며, 지적 생산은 말 그대로 위기에 직면했다. 한국과 북한의 관계는 갈등과 교섭으로 일진일퇴를 거듭하고 있으며, 일본에서는 특히 3·11의 비상사태 이후 일본 사회의 맨얼굴이 적나라하게 드러나고 있다. 중국도 여러 문제를 끌어안으며 '현대화'를 진행하고 있다.

서양 이론, 특히 미국산 이론에 친숙한 동아시아 연구자는 격렬한 변화를 제대로 파악하고 분석하는 데 어려움을 겪고 있다. 특히 상호 교류에 나설 경우 언제나 넘기 힘든 장벽에 부딪친다. 추상적인 이야기는 꺼내지만, 구체적인 이야기는 나누지 못한다. 논리정연하게 말할 수는 있지만, 모호한 대목은 피해간다. 요컨대 표면적인 문화 '교류'는 가능하지만, 문화의 벽 뒤로 숨겨진 미묘한 내용은 발신하지 못한다.

현재 중국의 사상계에서는 대大이론과 대서사가 유행이다. 그것들은 추상적으로 서술하는 지적 형태다. 물론 대이론 자체는 가치가 있으나 구체적 분석에 기반하지 않는다면 생명력을 갖지 못할 것이다. 중국의 대학에서 박사과정 학생들은 대부분 구체적 분석으로부터 이론적 사고를 쌓아가는 것이 아니라, 거꾸로 이미 만들어진 이론의 결론을 빌려와 분석을 재구성하고 현실을 결론짓는다. 그 '이론'은 대체로 서양 이론을 원형으로 하며, 중국 역사에 적용하면서 적당히 수정하는 식이다.

우리 동아시아 연구자에게 독자적 이론 생산이란 몹시 지난한 과제다. 선진국 지식인에게 승인을 받아야 한다는 보이지 않는 헤게모니만이 아니라 우리 안에 잠재된 서양 이론에 대한 콤플렉스도 지적 생산을 제약하고 있다. 더욱이 특수성 추구에 관한 오해, 보편성이란 널리 여러 현상을 두루 아우르는 것이라는 오해는 동아시아에서 이론적으로는 서양화, 현실적으로는 본토화라는 풍조를 낳고 말았다. 그 결과 어느 샌가 우리는 서양 언어로 작성된 테제를 가지고서 대화하지 않으면 실어 상태가 되고, 서양 이론 없이는 현상을 분석할 때 그저 상식에 기대곤 한다.

가령 서양 이론에 의지하지 않고 일본 사상을 논할 때면 중국 그리고 한국과 무관한 '일본의 사상'을 상정하곤 하는데, 그런 사고방식이 '상식'의 대표적 사례다. 내가 종종 접한 사례를 들자면 "다케우치 요시미는 한국을 언급하지 않았다"며 그를 비판하는 경우가 있다. 그런 식이라면, 중국에 치중한 다케우치는 대국중심주의자로 비쳐질 것이다. 그런데 다케우치의 중국론은 결코 구체적인 중국만을 향하지 않았다. 그는 오히려 구체적인 중국론(특히 루쉰론)을 통해 어떤 철학적 성질을 띤 문제를 집요하게 추궁했다. 즉 서양에서 유래하는 '근대'라는 역사적 운동, 그 폭력을 받아들이면서 동아시아는 어떻게 자신의 주체성을 다져갈 수 있는지를 따져 물었다.

다케우치 요시미가 보여주듯 역사 속에서도 그리고 오늘날에도 동아시아에서 통찰력을 지닌 지적 생산이 부족한 것은 아니다. 그러한 지적 생산이 꼭 이론이라는 형태를 취하지는 않겠지만, 그것들은 이론적 상상력과 창조성을 풍부하게 갖추고 있다. 그리고 그것은 결코 서양에 맞서려고 생산한 것이 아니며, 서양이라는 지역(이것도 하나의 정체整體가 아니라 다원적인 구성체지만)을 역사적으로 상대화하여 서양에서 등장한 가치 있는 지적 유산도 받아들인다. 다만 서양 역시 어디까지나 다원성 속에서만 존재할 수 있기에 서양의 우수한 가치를 포함해 그것을 전제로 삼는 게 아니라 동양의 다원성과 마찬가지로 인류 사상의 일부로서 받아들인다.

일찍이 다케우치 요시미는 「방법으로서의 아시아」라는 강연에서 서양을 상대화한다는 발상을 내놓았다. 그가 루쉰을 주목한 이유도 이와 무관치 않을 것이다. 루쉰은 서양 이론을 끌어다가 아시아를 해석한다는 통상의 방식을 철저히 깨부수었다. 물론 중국에서도 루쉰을 이론화하려는 연구가 한때 유행했지만, 그것은 별다른 성과를 내지 못했으며 루쉰의 독특한 사상 유산을 계승하는 데도 그다지 도움이 되지 않았다. 왜냐하면 루쉰이야말로 추상적 이론(특히 수입된 이론 상품)에 의지하지 않고, 직관적 경험에 의지하지도 않고, 통찰력으로써 경험을 재구성한다는 지적 방식을 취했기 때문이다. 물론 이러한 지적 방식은 서양에도 있다. 니체, 벤야민 등은 모두 깊은 통찰력을 이론으로 가다듬지 않고 통찰력인 채로 제시해 세상에 공헌했다. 그렇다면 그들의 결론을 인용하는 방식으로는 그들과 엇갈릴 뿐 제대로 만날 수 없을 것이다. 그런 의미에서 루쉰도 다케우치도 그들의 담론 바깥에 존재하는지 모른다. 그들은 우리를 자신의 역사로 인도한다. 나는 그들로부터 '열린 동아시아'라는 시좌가 어떠한 것인지를 체득할 수 있었다. 나는 이 책을 그들에게 배워간 흔적으로서 독자들에게 바치고자 한다.

이 책은 4부로 구성되어 있다. 각 논문은 구체적 상황을 마주하여 작성했는데 모아서 읽어보니 뜻밖에 어떤 중심 문제가 눈에 들어왔다. 나 자신도 의식하지 못했지만 모두 기성이론으로부터 벗어나 자신의 눈으로 우리가 직면한 상황을 파고들어 안으로부터 사상 형성의 계기를 만들겠다는 전제 위에서 작성되었던 것이다.

동아시아의 역사를 되돌아보면 중국, 일본, 한반도 사이에는 일종의 '분단체제'가 존재했다. 그것은 분명히 한국과 북한 사이의 분단과는 다르지만, 어떤 의도적 단절이 있었다고는 말할 수 있다. 이 단절의 현대판이 바로 냉전이며, 냉전구조가 동아시아에서 성립할 수 있었던 뿌리 깊은 역사적 기반은 오히려 조공시대의 '중심 – 주변' 구조였다. 중심이었던 중국은 근대 이후 '근대화'의 위상에서 주변화되었다. 주변화 과정은 냉전 이데올로기와 합류해 중국 사회는 한국 사회나 일본 사회로부터 더욱 멀어져갔다. 그런 단절은 동아시아 공동체가 주창되는 오늘날 국가가 나서더라도 결코 극복할 수 없다. 아울러 우리 동아시아인의 일상 경험의 위상에서도 극복할 수 없다. 왜냐하면 그 불가시한 단절은 문화의 벽에서 발생하여 지속적으로 재생산되어왔기 때문이다.

나는 이러한 단절의 극복을 과제로 삼고 있다. 그리고 십수 년간의 지적 실천을 거치며 이것이 의지만으로 해낼 수 없는 일임을 통감하고 있다. 단절을 넘어서려면 국가 단위의 발상을 해체해야 할 뿐 아니라 직관적 발상법으로부터도 자유로워져야 한다. 다른 언어문화체에서도 유의미할 수 있는 사상의 계기를 특정 언어문화체로부터 추출해내려면 현상의 수준에서 논해봤자 소용이 없다. 그것은 어디까지나 인식론의 수준에서만 보편적일 수 있기 때문이다.

따라서 내게 중국인가 일본인가 한국인가는 부차적 문제다. 또한 나는 보편적인 것이라면 널리 쓰일 수 있다고 생각하지 않는다. 진정한 의미의 보편성은 직접 가져다 쓸 수 있는 사상 상품이 아니며, 오히려 그것을 매개해 인류가 공통의 과제를 각기 다른 조건 속에서 깊이 파고드는 과정일 것이다.

내게 이 책은 그러한 모색이다. 그런 의미에서 중국과 일본이라는 두 사회의 문제만을 다룬 것은 아니며, 한국 사회의 사상 과제와도 닿을 수 있기를 기대하고 있다.

이 책의 논문은 같은 시기에 작성되지 않았다. 2000년을 전후로 한 시기부터 거의 10년에 걸쳐 진행된 중국 사회의 격렬한 변동에 관해 자신의 생각을 기록한 것이다. 당연하게도 이 글들을 쓰는 동안 나의 사고도 조금씩 성숙해갔다. 그리고 그동안 '나와 일본 사상'이라는 과제는 이항대립하는 것이 아니라 기능적으로 서서히 얽혀들고 있다. 그때 일본이란 실체로서의 나라이자 사회이면서 동시에 특정 맥락을 갖는 사고 공간이기도 하다. 그리고 그때의 나란 실체로서 한 사람의 중국인이면서 사고를 담당하는 발화장치(전에는 '지식인'이라 불렸다)이기도 하다. 그렇게 현실을 인식하고 발화할 때 내게는 윤리성이 요구된다. 그것은 결코 나라 단위의 윤리성만은 아니며 개인의 도덕적 감정에 얽매이지도 않는다. 하지만 자기 사회에 대한 윤리성을 저버리고 개인적 감정을 덮어두면, 진정한 윤리성은 발생하지 않는다. 허공에 뜬 '보편적 윤리'라면 손쉽게 구할 수 있지만, 현실의 모순된 문제와는 대면할 수 없다. 그리하여 나는 내가 살아가는 중국 사회 '내부'에서 '내부의 윤리성'을 열어내도록 노력해왔다. 다시 말해 중국 내부에서 통용되는 윤리성을 상대화해 외부 세계와의 소통을 기도해왔다. 자기 사회에서 윤리성을 상대화하려면 외부 세계로부터 매개를 들여와야 한다. 그런 의미에서 일본은 내게 자기상대화의 매개다.

그런데 내가 일본 사상사를 연구해 일본을 매개로 가져오려면, 나는 또한 그 속으로 깊이 들어가야만 한다. 역의 과정도 발생하는 것이다. 나는 늘 일본 사상을 '여는' 일에 경주하고 있다. 즉 일본 사상을 그 맥락에 근거해 해석하되 다른 맥락에서 전환시킬 수 있는 요소를 그 안에서 *끄집어내려는* 것이다. 이러한 이중의 '여는' 과정을 거치며 나는 윤리성을 단련하고 있다. 그리고 그 결과 '나와 일본 사상'은 대립항으로 맞서는 게 아니라 내부와 외부의 윤곽이 직관적 위상을 넘어서서 거기서 복잡한 요소가 비어져 나오고 있다.

현재 중국의 지적 세계에서 주류인 발상법은 서구 지향의 연장선에 있다. 겉보기에는 서구 지향적이지 않지만, 서구중심주의를 부정하는 형태로 서구 지향성을 노출하고 있다. 그런 발상법은 동아시아를 한낱 '지역'으로 간주하며, 동아시아와 '세계'를 실체적으로 대립시키고 만다. 이러한 지적 상황에서 동아시아 연구는 원리성을 낳을 수 없다. 다행히도 우리의 지역에서 원리적 사상이 서서히 축적되고 있다. 서구 지향으로 말미암아 외면당해왔지만 우리의 사고가 제로로부터 출발해야 하는 것은 아니다.

내게는 일본과 한국에서 계승할 수 있는 지적 유산을 발굴하는 일이 절실하다. 한 사람의 연구자로서 능력이 모자라니 동아시아의 다른 사회를 아우를 수는 없지만, 자신을 열어감으로써 타자를 열어내는 과정에 근거해 인류가 공유할 사상 원리의 하나로서 '동아시아 원리'를 추구해가는 과제를 나 자신에게 부과하고 있다.

나는 아직 한국 사회를 잘 알지 못한다. 다만 이 책을 거쳐 한국의 독자에게 가닿을 수 있기를, 그로써 한국이라는 타자를 열어낼 수 있기를 바라고 있다.

쑨거

쏜거의 책은 이미 한국에서 출판된 바 있다. 창비의 '동아시아의 비판적 지성' 시리즈의 일환으로 번역된 『아시아라는 사유공간』은 동아시아를 지리적 실체가 아닌 문제의식의 지평으로 사고하려는 한국 사상계의 수요에 조응하며 주목을 받았다. 아울러 그린비출판사에서 나온 『다케우치 요시미라는 물음』은 다케우치 요시미를 사상적으로 재생하려는 시도로서 동아시아 사상사라고 불러야 할 담론영역이 있다면, 그곳에서 한 가지 중요한 결실이자 단초가 될 것이다.

이 책은 한국어판 선집을 꾸리기 위해 쏜거의 평론을 모은 뒤 4부로 나눠 담은 것이다. 제목을 『사상이 살아가는 법』이라고 붙였다. 이 제목은 동아시아 논자, 다케우치 요시미 연구자라는 명명으로 환원되지 않는 그녀의 다채로운 면모를 전달하고자 고른 것이다. 그리고 이 책은 함께 출판되는 대담집 『사상을 잇다』와 구성상 병행하고 있다.

쏜거는 중국의 드문 동아시아 논자로서 한국 사상계에 소개되었지만, 그녀의 사상 역정에 비춰보건대 동아시아론 자체가 그녀에게 가장 중요한 위상을 차지하지는 않으며, 차라리 그녀에게는 현실 분석과 역사연구의 장으로서 동아시아라는 지평이 구체적 내함을 지니는 것처럼 보인다. 따라서 쑨거의 동아시아 사유에서 진정한 효용성을 움켜쥐려면 중국발 동아시아론으로 받아들이기 전에 한 개체의 어떤 고민과 고투 속에서 동아시아에 관한 문제의식이 움텄는지, 그 사상 역정을 조망해야 할 것이다.

또한 쑨거는 다케우치 요시미 연구자로 알려져 있지만, 다케우치 요시미에 관한 그녀의 연구는 기존의 '연구'라는 말로는 좀처럼 담아내기 어려운 요소를 머금고 있다. 쑨거는 고집스럽다고 할 만큼 다케우치를 부여잡아 만나고 헤어지기를 반복했으며, 그 과정 속에서 역사와 현실을 대하는 자신의 감수성을 단련했다. 다케우치는 그녀에게 연구대상이자 사상적 입지점이었다. 그리고 다케우치에게 쑨거는 사상과제의 계승자였다. 쑨거는 과거 인물인 다케우치의 고뇌를 자신의 상황에서 되살리고자 분주히 노력했다. 그리하여 쑨거와 다케우치의 사상적 만남은 연구자와 연구대상이라는 정해진 틀을 깨고 공동생산으로 나아갔다. 각자가 낳은 고뇌의 농도가 어우러져 그 결과물은 시대와 상황을 달리하면서도 첨예한 문제의식을 환기해냈다. 이 책도 그러한 사상의 번역에서 나온 한 가지 흔적이다.

이 책의 본질이라고 할 사상의 번역을 탐구하기 위해, 혹은 이 책을 통해 사상의 번역을 시도하기 위해 잠시 우회해보고자 한다.

1950년 4월, 잡지 『군상』은 "일본에서 말살하고 싶은 것 세 가지를 꼽아주십시오"라는 설문을 몇몇 지식인에게 보냈다. 다케우치 요시미는 이 설문에 "첫째 천황제(인간의 해방을 위해), 둘째 문단(문학의 독립을 위해), 셋째 저널리즘(사상의 자유를 위해)"라고 회답했다. 물론 설문의 형식이 지나치게 단순하지만, 다케우치가 무엇을 적으로 삼았는지를 아는 데는 보탬이 된다. 그리고 짐작하건대 쑨거에게 같은 질문을 던진다면, 그녀도 다케우치처럼 둘째와 셋째의 항목을 택할 것이다. 좀더 정확히 말하면 쑨거는 문단보다는 '아카데미즘'이라고 답할 것이다.

그녀의 글을 읽으면 아카데미즘과 저널리즘을 향한 비판 의식이 곳곳에서 드러난다. 이 책은 현실 사건을 두고 발언한 그녀의 평론을 다수 수록하고 있다. 그때 그녀는 해당 사태의 추이를 예견하거나 정치적 판단을 내놓기보다 현실 사건의 배후에 있을 역사적 구조를 파악하는 데 주력했다. 그때 역사적 구조란 드러난 현상에 내재하는 불가시의 힘관계이며, 현상을 단편적 사건 이상으로 만들어내는 논리다. 이 책에 수록된 글을 평론이라고 부른다면, 그런 의미에서 평론이다. 그녀의 평론은 아카데미즘 그리고 저널리즘의 환경 속에서 작성되었으며 또한 그 환경과 대결하며 작성되었다.

쑨거가 비판하기에 아카데미즘은 현실 사건의 의미를 기성 이론에 기대어 재단하곤 한다. 아카데미의 세계는 안정된 개념을 통해 격동하는 현실을 분해하고 정태화한다. 그리하여 되레 현실에 관한 이론적 판단이 현실에서 유리되곤 한다. 만약 구체적 현실 상황을 이론적 차원에서 연역하여 해석한다면, 그 해석이 현실에서 제대로 기능하지 못할 뿐 아니라 소중한 현실 사건은 이론적 사고의 영양원이 되지 못한 채 순식간에 흩어져버리고 말 것이다. 즉 역사화되지 못하고 말 것이다.

이 대목에서 저널리즘 역시 비슷한 우를 범하고 있다. 역사적 관점을 체득하지 못한 채 선정성을 좇아 현실 사건을 단편적으로 나열하는 데 그친다면, 해당 사건은 사상성을 상실하고 얼마 지나지 않아 잊히고 말 것이다. 현실의 문제는 사상사적 전통과 관계를 맺어야만 단편적 사건이길 그치고 사상사에 값하는 요소가 그 안에서 드러날 수 있다. 반대의 각도에서 말하자면 개별 사건에 대한 분석은 그것이 사상적 전통 위에 자리 잡을 수 있는지 여부, 즉 그 사건이 끝난 이후에도 그 사건에 대한 분석이 사상사 안에서 계승할 만한 요소를 지니고 있는지 여부로 그 수준이 달라진다.

그리하여 그녀는 현실 사건을 대할 때 그것을 단발적 사건이 아니라 '사상사의 사건'으로 다뤄 역사적으로 자리매김하고 거기서 새로운 인식의 계기를 길어 올리고자 했다. 선험적 가치판단을 배제하여 현실 사건의 복잡함을 복잡함으로, 상황의 유동성을 유동성인 채로 인식하되 거기서 살아있는 원리를 발견하고자 했다. 그 원리란 역사적 구조에 관한 인식을 함유하는 것이어야 하며, 따라서 도그마는 아니지만 다른 현실 사건에 적용할 수 있는 참조틀로서 기능할 수 있어야 한다. 이 대목에서 다케우치는 그녀가 이론과 개념 세계의 유한성을 직시하는 거점을 마련해주었고, 현실과 역사가 결합할 수 있는 층위를 탐색하도록 인도해주었다.

그런데 아카데미즘이나 저널리즘이 아닌 천황제라면 어떨까. "일본에서 말살하고 싶은 것 세 가지를 꼽아주십시오"라는 설문에 다케우치는 '천황제'를 첫째로 꼽았다. 과연 이 항목도 쑨거는 같은 비중으로 택할 것인가. 아마도 천황제에 관한 문제의식을 공유하더라도 다케우치만큼 천황제와의 대결이 쑨거에게 절박한 과제는 아닐 것이다. 이는 환경적 조건이 다른 데서 비롯되는 결과이지 둘 사이의 사상적 어긋남을 보여주지는 않을 것이다. 다케우치는 천황제의 무게에 짓눌려 전쟁의 쓰라림을 체험한 일본인이었다. 하지만 쑨거는 중국인이며 그녀가 일본 사상계에서 열정적으로 활동한 시기는 쇼와기 이후다.

사실 이러한 차이가 환경적 조건에 따른다는 말에도 어폐가 있다. 그보다는 각 사상가의 문제 설정의 차이에서 비롯된 결과일 것이다. 다만 나는 저 설문에서 "일본에서"라는 조건을 곱씹어보고 싶다. 분명 쑨거는 학계와 언론계를 향한 다케우치의 비판 의식을 공유할 것이다. 그녀 또한 중국 사회에서 비슷한 적과 마주하고 있기 때문이다. 그러나 천황제라는 일본 사회 내부의 적이라면 어느 지점까지 다케우치와 공유할 수 있을 것인가.

이처럼 거친 물음을 내놓는 데는 이 책의 번역과 관련된 사정이 있다. 이 책에는 쑨거의 평론을 모았지만, 번역자의 능력이 부족한 탓에 일본어로 발표된 글만을 번역해서 실었다. 이 경우 일본어로 발표된 글은 두 가지 계열이 있다. 첫째 저자가 일본 사회를 향해 일본어로 발표한 글이거나, 둘째 중국 사회를 향해 중국어로 작성했으나 이후 일본어로 옮긴 글이다. 물론 작성 언어를 고르는 것이 어디를 향해 발언하고 누구를 독자로 삼을 것인지를 전적으로 결정하지는 않을 것이다. 특히 쑨거의 경우에는 '일본어/중국어 작성' = '일본인/중국인 독자 선정' = '일본/중국 사회를 향한 발언'이라는 도식을 거부한다.

다만 중국과 일본 사이의 첨예한 담론공간에서 중국어와 일본어로 동시에 집필하는 그녀가 작성 언어를 고를 때 그녀에게는 발언의 맥락에 관한 고민이 있었을 것이다. 그 고민이 어려 있는 이 책은 복잡한 번역의 산물이다. 그 번역은 문자의 번역만이 아니라 맥락의 전환까지도 포함한다. 하지만 이 책에 수록된 모든 글을 한국어로 옮겨서 내놓는 과정에서 그러한 맥락의 전환이 가려질까봐 조심스럽다. 한국어로 옮겨진다는 사실은 또 한 번의 맥락의 전환을 의미하는 데 말이다.

나는 이 책에 담긴 글들이 이처럼 복잡한 경로를 갖고 있음을 강조하고 싶다. 아울러 독자들이 이 책의 고유한 질감을 읽어주기를 당부하고 싶다. 쑨거는 외부인으로서 일본 사회에 어떤 각도로 개입하고 어떻게 표현하고 있는가. 그녀는 중국 사회의 어떤 측면을 문제로 취해 일본 사회로 어떻게 전하고 있는가. 중국과 일본 사이의 맥락의 전환 가운데서 보태지는 것은 무엇이고 걸러지는 것은 무엇인가. 그 과정에서 쓰인 말들이 한국으로 들어올 경우 어떤 대목이 공유 가능하고 혹은 번역 불가능할 것인가.

다케우치가 천황제를 비롯해 일본 사회를 비판한 글을 읽으면 거기에는 절박함이 배어 있다. 자신의 사회를 비판하면서도 그 비판이 효과를 거두지 못한다면 자신의 사회와 함께 무너지겠다는 절박함이다. 또한 절망감도 묻어난다. 그는 일본 국가를 향해 일종의 종말관마저도 상정해뒀다. 그러나 쑨거의 일본 사회 비판에서는 그 정도로 강한 정서가 느껴지지 않는다. 그녀의 글에서는 다케우치처럼 자신의 비판 대상과 함께 진흙탕에서 뒹군다기보다 일종의 인식론적 거리감이 감지된다. 쑨거는 자신도 마주한 환경이기에 학계와 언론계를 향한 다케우치의 문제의식은 공유하겠지만, 천황제의 문제라면 둘 사이에 정서의 번역이 좀처럼 간단하게 이루어질 수는 없을 것이다.

　나는 해당 사회의 문제는 해당 사회의 구성원만이 제대로 이해하고 잘 느낄 수 있다는 식의 문화본질주의를 들먹이려는 것이 아니다. 오히려 다케우치는 일본 사회 안에서 자신의 적만큼이나 자신과 적을 공유해주지 않는 동료 지식인들로 인해 괴로워했다. 비록 국적은 다르지만 쑨거는 최대의 폭에서 다케우치와 적을 공유했다. 또한 나는 쑨거가 중국인으로서 일본 사회로부터 멀찌감치 떨어져 일본 사회를 관조하고 있다고 말하려는 것도 아니다. 그녀야말로 외부인으로서 일본 사회를 향해 짙은 애정을 지녔으며, 일본 사회를 향한 혹독한 비판은 그 애정에서 연원하고 있다. 다만 애정의 맥락이 다르기에 애정의 표현법은 다케우치와 겹치기도 하고 갈리기도 하는 것이다. 만약 동아시아 사상사라고 부를 만한 담론영역이 있다면, 그리고 동아시아 사상사가 각국 사상사의 총합이 아니라 각국 사상사 간의 구획을 해체하는 무엇이라면, 일본 사회를 향해 다케우치 요시미와 쑨거가 보여준 애정 방식의 교착점을 밝히는 것은 그곳으로 진입하는 하나의 창구가 되리라고 생각한다.

　쑨거에게는 그녀가 추구하던 사상사의 전통이 나라 단위가 아니듯이 그녀가 존재를 내걸 지평도 한 나라로 한정되지 않는다. 여기서 동아시아라는 사유의 장이 마련된다. 아마도 쑨거가 사상하는 장소는 다케우치 요시미와는 또 달라서 일본과 중국이라는 서사구도의 외부 혹은 그 사이라고 여겨진다. 이 장소에서 그녀는 자기 사유의 임계점을 경험하고 있기에, 그곳이 그녀에게는 동아시아일 것이다. 쑨거가 동아시아 논자 혹은 다케우치 요시미의 계승자라면, 이러한 의미에서 그렇게 불려야 할 것이다.

　나는 번역자로서 그녀의 책이 한국 사회에서 갖게 될 의의를 적어 보려고 했다. 그러나 나로서는 역시 가늠하기 힘들다. 나는 다만 문자를 번역했을 뿐 문제의식의 번역은 독자들의 몫이다. 중국과 일본을 경유해온 글들에서 어떤 부분이 독자들에게 공유 가능하고 번역 가능할지 나는 알 수 없다. 다만 이 책이 그러한 번역 가능성을 타진하기에 소중한 텍스트가 될 것이라는 점만큼은 말할 수 있다. 그리고 저자와 독자 사이에서 문제의식의 번역, 고민의 연대가 실현된다면 거기서 저자가 말하는 동아시아라는 지평이 열릴 것이라는 점도 말할 수 있다.

　　　　　　　　　　　　　　　　　　　　　　　　　윤여일

일러두기

- 이 책은 함께 출간된 쑨거와 윤여일의 대담집 『사상을 잇다』(돌베개, 2013)의 토대가 되었다. 이 책에서 다뤄지는 문제의식들에 대해 보다 심화된 읽기를 원한다면 대담집을 참고하기 바란다.
- 본문 하단의 각주 가운데 숫자로 된 부분은 저자 주, *로 표시된 것은 옮긴이 주임을 밝혀둔다.

1부
상황적 사고

'사스'라는 사상사의 사건

2003년 봄과 여름, 중국의 광둥과 베이징 등지에서 사스*가 발생했다. 나는 현실에서 벌어진 그 사건을 사상사의 사건으로 다뤄보려고 한다. 지식인과 사회생활, 특히 정치생활의 관계를 사상사의 각도에서 분석해보고 싶은 것이다. 이 사건은 벌써 2년이나 지난 일이지만 사상사에서는 여전히 그 의미가 해명되지 않았기 때문이다.

1

사스에 관해서는 전염 경로는 물론 발병 원인도 아직 규명되지 않았다. 이 전염병은 2002년 말 광둥에서 발생하여 2003년 봄 베이징으로

* 사스(SARS)는 급성 호흡기 증후군Severe Acute Respiratory Syndrome의 약어다.

'수입'되었다. 이 사건은 전례 없는 재앙으로서 사고방식 자체를 되짚어볼 수 있는 소중한 계기였다. 사스로 인해 익숙했던 감각과 사고방식은 위기에 빠졌으며, 생과 사의 기로에서 사람들은 원하든 원치 않든 자신과 사회를 되돌아보게 되었다. 그리하여 이제껏 잠재해 있던 몇 가지 가능성이 인식의 지평 위로 떠올랐다. 이 사건을 계기로 중국의 지식계가 자신의 사고방식을 성찰해보는 일도 그 가능성 중 하나일 것이다.

광둥에서 발생하여 베이징으로 '수입'된 사스는 여느 전염병과는 다른 특징을 보였다. 첫째, 주된 감염자는 사회적으로 혜택 받지 못한 자들, 즉 빈곤층이 아니었다. 풍족한 생활을 향유하는 사람들이 먼저 감염의 대상이 되었다. 이러한 현상은 사스가 지닌 특성에서 기인한다. 사스는 밀폐된 공간에서 쉽게 퍼진다. 따라서 병원에서 감염당하기 쉽다. 그 결과 일상적으로 에어컨을 사용하는 사람, 병원에 자주 다니면서 보건진료를 받는 사람이 쉽게 감염당했다. 이러한 조건을 누리지 못하는 궁핍한 계층의 사람은 사스가 퍼지기 시작한 초기에 비교적 안전한 곳에 있었던 셈이다.

둘째, 여느 전염병과 비교하건대 사스의 감염력은 그다지 높지 않았다. 발병 이후는 감염력이 높았지만, 잠복기에는 다른 사람에게 옮겨가는 일이 드물었다. 바로 이러한 이유로 병원이 주요 전염지가 되었다. 대응책을 마련하지 못한 초기 단계에 의사와 간호사가 먼저 감염당해 목숨을 잃었다. 이러한 사정으로 사스는 여느 전염병보다 훨씬 강한 공포를 불러일으켰다. 최후에 의지할 병원마저 생명을 지켜주지 못한다는 생각에 환자는 진료를 거부하고 병원 밖으로 도망쳤다. 병이 만연하는 상황에서 이러한 혼란은 인간관계에 깊고 어두운 그림자를 드리웠다. 이른바 '사스 증후군'이 발생한 것이다.

셋째, 베이징에서 사스의 대량 확산을 막지 못한 일은 인재人災이기도 했다. 위생부의 전前 책임자가 진상을 은폐한 탓에 초기 단계에 효과적으로 제압할 기회를 놓치고 말았다. 이로써 중국 관료주의의 정체는 훤히 드러났지만, 베이징과 중국 각지의 시민은 큰 희생을 치러야 했다. 그래서 사스는 발생 초기부터 단순한 전염병이 아니라 정치적 문제로 비화되어갔다.

2003년 4월 중순부터 하순에 걸쳐 베이징 시 전체는 비상사태에 돌입했다. 상업시설과 오락시설은 영업정지에 들어가고 학교는 수업을 중단했다. 수많은 시민이 집에서 자주自主격리 생활을 시작했다. 돈벌이를 위해 지방에서 상경한 농민들은 베이징을 떠났다. 베이징, 그 시끌벅적한 도시에서 러시아워가 사라졌다. 그렇게 베이징은 한적해졌지만 동아시아 경제는 중국 경제와 함께 심각한 위기에 직면했다. 중국에 진출한 한국과 일본 기업의 입장에서 사스는 결코 강 건너 불구경할 일이 아니었다.

사스 사태는 이미 가라앉았다. 이라크 전쟁처럼 길게 지속되지 않았으며, 그동안 동남아시아에 밀려온 쓰나미 등 새로운 충격이 닥쳐오자 이 사건은 서서히 잊혀갔으며 그것이 지닌 문제성도 함께 떠내려갔다. 그럼에도 나는 지금 그 사건을 되돌아보고자 한다. 그것은 무엇 때문인가?

2

사스가 초기 베이징에서 국지적 감염으로 시작하여 대규모 폭발을 거쳐 제어되기까지 대략 4개월이 걸렸다. 당사자였던 베이징 시민끼리도 지금은 그 사건을 대체로 엇비슷하게 기억하고 있을 뿐이다. 당사자의 기억과 외부자의 추측은 내용이 다르면서도 형식적으로는 한 가지 공통점을 지닌다. 바로 사태의 결과로부터 사태의 과정을 떠올리거나 들여다본다는 점이다.

한 사건이 마무리되면 당사자와 외부자는 같은 결말을 두고 화제를 공유할 수 있지만, 사건이 진행되던 시기라면 상황은 전혀 다르다. 사건의 한복판에 놓인 당사자는 사건의 결말을 알 수 없다. 작은 선택 하나하나가 어떤 결과로 이어질지 예견할 수 없는 것이다. 최종 결말에서 보면 모든 판단은 늘 빗나갈 위험성을 지닌다. 그럼에도 그때그때 위험을 무릅쓰고 판단을 내놓는 길 말고 다른 선택지는 없다. 더욱이 당사자에게 사건의 결말은 먼 이야기다. 당장 직면한 문제를 어떻게 수습해야 할지가 절실한 문제이기 때문이다.

사스는 이 사실을 환기시켜준 사건이다. 삶과 죽음의 문제에 직면한 베이징 시민은 혹독한 상황에 내몰렸다. 상황의 추이에 따라 앞에 내린 판단은 유효성을 잃고 말았다. 상황과 함께 잘잘못에 대한 판단도 엎치락뒤치락 뒤바뀌었다. 당사자라면, 진정 '당사자'라면 매순간 사건의 흐름에 따라 모든 사태를 다시 짜 맞추어야 비로소 판단을 내릴 수 있었다. 반면 외부자는 국부적 문제를 고정시키고 다른 문제로부터 떼어놓아야 비로소 사태를 이해할 수 있었다. 그리하여 사스가 진행되는 동안, 나는 그 어느 때보다도 '내부 시좌'*와 '외부 시좌'의 차이를 분명히 인식할 수 있었다. 나는 사스 감염지에 있는 중국인(특히 지식인)이라고 해서 반드시 '내부 시좌'를 지니는 것은 아니라는 사실도 발견했다. 혹시나 해서 밝혀두는데, 여기서 '내부 시좌'와 '외부 시좌'는 물리적인 안팎에 대응하지 않는다. 또한 '내부'와 '외부'의 실체적인 차이를 강조할 생각도 없다.

시좌를 통해 내부와 외부를 비교하는 것은 이 때문이다. 즉 어떤 사건을 관찰할 때 내부와 외부의 차이는 분석자가 당사자인지 아닌지로 결정되지 않는다. 그것은 분석자의 '시좌'가 결정한다. '내부 시좌'와 '외부 시좌'의 근본적 차이는 '내부'로부터 상황성을 파악해 상황의 유동적인 특징을 이해하려는 자세와 상황을 고정시켜놓고 '외부'의 어떤 정지된 초점에서 사건을 재구성하는 자세에 있다고 할 수 있을 것이다. 외부자임에도 '내부 시좌'를 지니는 경우가 있고, 당사자임에도 '외부 시좌'밖에 못 갖는 경우도 허다하다. 이 점에 특히 주의를 촉구하고 싶다. 내친 김에 말하자면, 사상사 연구에서 '내부'와 '외부'라는 범주는 결코 매개 없이 대립하는 양극이 아니다. 언제나 유동적으로 자리를 옮길 수 있는 개념이다.

3월부터 4월 초순까지, 아직 베이징에서 사스가 만연하지 않은 단계에서는 어떻게 해야 진실을 거머쥘 수 있는지에 대해 사회적 관심이 쏠렸다. 정부를 향한 비판도 주로 이 시기에 집중되었다. 터져 나

* 시점視點과 유사한 뜻이지만, 본다〔視〕는 행위와 아울러 어디서 보는가라는 장소성〔座〕이 결합된 말로 저자의 글에서 자주 등장하는 개념이다.

온 불만과 비판은 몹시 구체적이었다. 언론 자유의 유무는 중요한 논점이 아니었다. 최근 몇 년 간 불거진 '부패'와 '관료주의' 문제가 특히 호된 질책을 받았다. 한편 인터넷에서는 진위가 뒤섞이고 공포와 불안으로 가득 찬 정보가 대량으로 유통되었다. 그러나 흥미롭게도 그런 정보를 진심으로 믿는 시민은 그다지 많지 않았다. 곧이곧대로 믿었다가는 생활이 파탄 나기 십상이었으니까.

4월 하순, 베이징 대학 부속 인민병원은 갑자기 자주격리를 시행했다. 사스의 대규모 폭발을 알리는 신호탄이었다. 4월 초순부터 중앙정부는 내부 조정을 거쳐 일련의 구체적 정책을 발표했다. 특히 대형 병원 사이에 협력을 도모하여 유효한 격리 및 치료 체계를 확립하는 데 주력했다. 정책이 투명해지자 미디어도 전에 없던 투명성을 보이기 시작했다. 미디어의 보도와 인터넷 정보가 맞물려갔으며, 경우에 따라서는 미디어가 더욱 대담한 보도를 내놓았다. 이 단계에 이르자 시민이 어떻게 사회를 총동원하여 전염병의 확산을 막을 수 있을지가 가장 중대하고도 시급한 과제가 되었다. 미디어 역시 이때는 상당히 능률적으로 역할을 수행했다. 이 무렵부터 정부에 대한 시민의 신뢰는 높아졌고, 시민이 내놓는 의견도 다양한 경로를 거쳐 정책에 반영되기 시작했다. 이처럼 사회적 협력관계가 활성화되자 사스를 억제해나갈 수 있었다.

6월 하순, WHO는 전염병 지역 리스트에서 베이징을 제외한다고 발표했다. 병원은 여전히 경계 태세를 유지했지만, 시민은 이미 마스크를 벗고 자유로운 생활의 시작을 자축했다. 사스는 물러갔지만 베이징 시민의 사회 참여의식과 자주정신이 함께 떠나가지는 않았다. 자, 이 사건은 앞으로 중국인의 사회생활에서 어떤 의미를 지니게 될 것인가.

만약 사스가 중국의 지식계에서 지식의 생산과정과 사상적 상황을 성찰하는 계기를 제공했다고 한다면, 이는 단지 자유주의적 판단이나 정치 이데올로기를 넘어 '생명'이란 관점이 부상했기 때문만은 아니다. 무엇보다 사스는 매순간 격렬하게 변화하는 '상황' 자체와 대면하도록 사람들을 내몰았다. 누구나 머리로는 상황의 유동성을 알고 있지만, 인간의 삶과 죽음과 밀접하게 연관되고 나서야 그것은 비로소 외면할 수 없는 신변의 문제로 받아들여졌다. 무엇보다도 먼저 상황의 유동성은 딱딱하게 굳어버린 개념적 판단을 깨부쉈다.

3

사스 사태가 폭발하자 외국의 미디어는 즉각 반응을 보였다. 그것을 체계적으로 조사한 적이 없는 나로서는 매우 제한된 정보만 가지고 판단할 수밖에 없기 때문에 총괄하여 논할 생각은 없다. 다만 미디어는 자신이 발 딛은 지역과 정치적으로 긴밀히 연관되어 있다는 사실에 근거해 다음과 같은 사항을 생각해보고자 한다.

먼저 중국과 지리적으로 멀리 떨어진 서구의 미디어는 중국의 정치제도에 주목했다. 미국의 『타임』지는 사스 특집을 꾸리면서 중국의 국기와 환자 엑스레이 사진을 포개서 표지를 디자인했다. 이 일이 상징하듯 서방 미디어는 중국에 나쁜 돌*이라는 이미지를 씌우는 데 주

---

* 나쁜 돌, 좋은 돌을 고르듯이 선험적 가치판단에 근거해 사물을 재단한다는 뜻으로 저자가 즐겨

력하는 모습이었다. 중국인의 낙후된 생활양식, 낮은 의료 수준, 지체된 문명 등을 맥락도 없이 뒤섞어 묘사했다. 개중에는 홍콩과 대륙을 비교하여 홍콩은 좋고 대륙은 나쁘다고 대비하려는 의도도 엿보였다.

이와는 달리 동아시아의 이웃 나라들은 중국을 나쁜 돌로 다루고 있을 만한 여유가 없었다. 사스는 중국 경제에 크나큰 피해를 안겼을 뿐 아니라 한국과 일본 경제에도 부정적 영향을 미쳤다. 더구나 이웃 나라들은 어떻게 해야 사스를 국경 바깥에서 막을 수 있는가라는 긴박한 과제에 직면했다. 일본 신문을 훑어보면 보도 방식이 서구 세계와는 미묘하게 달랐다. 단순한 '방관자'가 아니었다. 다른 색깔을 지닌 『아사히신문』과 『요미우리신문』을 읽어봐도 저간의 차이에 비하면 논조가 상당히 비슷했다. 주로 사상적 비판을 내놓는 『아사히신문』이나 주로 일반인과 비즈니스맨을 상대하는 『요미우리신문』이나 사스가 만연하던 시기에는 서구 세계와는 달리 강한 관심을 보이며 사태의 추이를 가급적 빠짐없이 전달하려고 애썼다. 특히 다음의 두 가지 공통점이 흥미로웠다.

첫째, 일본의 양대 신문은 사스의 모든 과정을 내리 보도하면서 중국의 전염병 예방책과 치료 과정, 그리고 정치체제의 변동을 한데 묶어서 다뤘다. 초점을 놓치지 않았다는 의미에서 중요한 사건은 대부분 보도했다. 다만 무엇을 보도하든지 어떤 준비된 결론으로 향했다는 점에서도 두 신문은 꽤나 닮아보였다. 여기에서 준비된 결론이란, 중국에는 정치적 민주주의가 실현되지 않았고, 언론의 자유가 없

쓰는 표현이다. 이 경우 좋거나 나쁘다는 이분법 속에서 대상의 복잡한 면모는 가려지고 만다.

으며, 시민의 인권 문제도 해결되지 않았다는 내용이다. 『아사히신문』이 『요미우리신문』보다 분석은 면밀했지만, 방향은 거의 매한가지였다.

하지만 안타깝게도 양대 신문은 다음과 같은 문제에 주의를 기울이지 않았다. 중국 사회가 상당히 효과적으로 사스를 극복할 수 있었던 것은 정부가 밀어붙여서도 시민이 거기에 끌려갔기 때문도 아니었다. 시민은 자주적이고 적극적으로 이 문제에 뛰어들었다. 중국의 시민이 보여준 참여 방식은 미국식 민주주의라는 고착된 이미지로는 설명하기 어려웠다. 사회체계에 따라서 상이한, 혹은 정치 과정을 달리하는 민주주의가 존재할 수 있음을 암시한 것이다.

둘째, 보도의 초점이 중국 사회의 비민주성에 맞춰진 데 따른 당연한 귀결이라 하겠는데, 이번 사스는 중국 시민에게 그저 재앙처럼 묘사되었다. 사건은 칙칙하게 물들여지고 중국 시민은 피해자로만 그려졌다. 특히 격리에 따른 사생활의 문제나 주민위원회의 감시 시스템 등 '관리'의 측면은 강조했지만, 거기에 뒤지지 않는 상호부조의 측면은 전혀 보도하지 않았다. 베이징 시민 당사자에게 사스는 분명 심각한 재난이었지만, 그렇다고 일상생활을 멈추지는 않았다. 당연한 사실이지만 사스 기간이라고 해서 잿빛 일색은 아니었다. 전염병 바깥에 있는 자라면 풍부한 의미의 이 사건을 그저 단순한 재앙이라고 이해할 수도 있겠지만, 그것은 어디까지나 외부자의 인식에 불과하다.

이러한 '외부의 시좌'에 기초하여 사실은 미묘하게 왜곡되었다. 전염병이 유행하던 지역에서 살아가던 내게 그러한 담론은 모두 허위였다. 그것들은 지엽적이거나 고착된 사실에만 의거한 까닭에 유동적 전체상을 포착하는 데는 완전히 둔감했다. 이렇듯 '외부의 시좌'에 얽매인 논자라면 이번 사건을 통해 중국을 새로 인식하는 계기를 얻기는 힘들 것이다. 이는 기본적 문제를 줄곧 등한시한 두 신문을 봐도 잘 알 수 있다. 초기에 우를 범했는데도 어떻게 단기간에 전염병을 제압할 수 있었는가? 이 과정에서 중국의 정치체계는 대체 어떻게 기능했는가? 중국의 시민은 실제로 어떤 감각을 지니고 있었는가? 『아사히신문』이든 『요미우리신문』이든 이러한 물음은 다 비켜갔다.

사스 기간 동안 외국의 미디어가 어떤 논조를 취했는지 따져 물을 생각은 아니다. 나는 대신 다음과 같은 문제에 관심을 갖고 있다. '외부 시좌'라고 곧 '외부인의 시좌'는 아니며, 오히려 내외를 불문하고 어떤 인식론을 공유할 수 있다는 점이다. 또한 중국의 '당사자' 특히 이른바 비판적 지식인을 포함한 동아시아의 진보적 지식인은 사스를 다루면서 의식적으로든 무의식적으로든 결국 미디어의 논리에 따르지 않았는가 하는 점이다. 그리하여 유감스럽게도 이번 사건은 중국 사상계뿐 아니라 동아시아 사상계에서도 새로운 인식을 낳는 계기가 되지 못했다.

그러나 사스의 발발은 중국 사회의 정치 과정을 관찰하기에 더할 나위 없는 사상사적 사건이었다. 나아가 사회 현실에 맞닥뜨렸을 때 이론적 분석도구를 어떻게 활용해야 하는가를 정면으로 묻기에도 좋은 기회였다. 부패나 관료주의는 오늘날 세계 정치에서 중요한 문제며, 중국 사회에서도 커다란 장애가 되고 있다. 빈부 문제나 도농의 격차는 중국 근대화가 낳은 몹시 부정적인 요소다. 그러나 그렇다고 중국의 정치가 그런 방향으로만 나아간다고 보아서는 안 된다. 현대 중국의 정치 과정은 부정적 요소를 낳았지만, 동시에 그것을 극복 대상으로 삼고 있기도 하다. 그 과정에서 빚어진 다양한 긴장관계로 인해 압력집단도 기존의 정치학 이론과는 다른 모습으로 움직이고 있다. 늘 운동하면서도 갈등과 충돌로 충만한 이 정치 과정은 낡은 정치학 이론으로는 제대로 인식할 수 없다.

4

사스가 이어지던 기간 동안 몇 가지 흥미로운 사건이 발생했다. 먼저 인민해방군 부속의원의 노 의사 장옌융蔣彦永 씨는 『타임』지에 중국 위생부의 전 부장이 진상을 숨긴 사실을 폭로했다. 이 행동은 중앙정부가 진정으로 사스의 감염 실태에 주의를 기울이고 적절히 대응하도록 이끄는 데 일조했다.

　이 사건을 두고 『아사히신문』은 다음처럼 보도했다. "장 씨에 따르면 베이징 시내의 다른 인민해방군 병원 한 곳에만 60명의 환자가 있으며, 사망자는 7명에 달한다고 한다. 이에 대해 중국의 장원캉張文康 위생상은 3일 기자회견에서 베이징 시 전체에 환자가 12명, 사망자는 3명이라고 발표했다. 장 씨는 기사를 기고한 동기에 대해 '정확한 수치를 밝히지 않으면 더 많은 사망자가 나올 것'이라고 같은 잡지에서 말했다(2003년 4월 9일 석간)."

　『아사히신문』은 나아가 중국 정부는 사실을 계속 감추었기 때문에 신용하기 어렵다고 보도했다(6월 1일, 5일, 25일자). 이러한 맥락에서 장옌융 씨의 투고는 불투명한 중국 정부의 정책 결정 방식을 폭로한 사건으로 평가받았고, 따라서 이 사건은 어디까지나 낡은 메시지밖에 전달하지 못했다. 중국에는 언론의 자유가 없고 정부의 태도가 투명하지 않다고 말이다.

하지만 상황에 바짝 다가서서 봤다면, 이 사건은 전혀 다른 의미를 지닐 수 있었을 것이다. 2003년 5월 19일 『베이징석간』에 「사스는 도덕의 상한선을 보여준다」라는 종합적 분석의 글이 실렸다.

> 사스를 덮어 가리려는 작업이 공공연하게 드러난 현재, 누구보다 먼저 미디어를 향해 전염병의 진실을 외면하지 말라고 호소하던 성실한 의사도 마침내 무대 위로 나왔다. (……) 한푸똥韓福東, 창핑長平은 이렇게 썼다. 장옌융 선생은 후난 성의 가오야오제高耀潔 의사를 떠올리게 한다. 후난 성에 에이즈가 만연하자 가오 선생은 침묵을 택하지 않았다. 다양한 선전 활동을 벌이며 치료에 전념하는 동시에, 안팎의 미디어와 넓은 협력 관계를 구축하여 미약한 힘으로나마 임금님은 벌거숭이라고 폭로했다. 가오 선생 등의 노력 덕택에 안팎에서 중국의 에이즈를 주목했고, 그 결과 중앙정부가 주의를 돌림으로써 에이즈 정책은 크게 개선되었다. 장 선생은 또한 2년 전 후베이 젠리 현의 향鄕 간부였던 리창핑李昌平 씨를 연상시킨다. 그는 당시 총리 앞으로 보내는 편지에 농촌은 궁핍하며 농민은 고달프고 농업은 진정 위기에 처해 있다고 적었다. 며칠간 편지를 품안에 간직하고 있다가 마음을 굳히고 나서야 우체통에 집어넣었다. 성실함이란 이러한 용기를 필요로 한다.

우리나라는 지금도 전환기다. 제도가 아직 틀을 갖추지 못했다. 비상시 대응체계, 바깥에서 정부를 감시하는 시스템은 몹시 불완전하다. 모두 침묵하고 있을 때 장 선생은 진실한 목소리를 꺼냈다. 그에게는 지극히 커다란 용기와 도덕이 필요했으리라.

훌륭하다고 할 수는 없지만, 이 기사는 '외부 시좌'와 다른 시각을 보여주기에 충분하다. 이 기사는 『아사히신문』이 '정부 비판'으로 단순하게 처리한 사건을 살아있는 정치 과정 속에서 분석하려 했기 때문이다. 여기에서 다룬 사건은 중국 시민이 정치 문제에 참여할 때의 감각을 전하고 있다. '정부 비판'이 목적이 아니라 사태를 개선시키기 위해 한 사람의 공민으로서 가능한 역할을 해내는 데 진정한 목적이 있었던 것이다. 『타임』지를 활용하는 방안을 포함해, 이들 모두는 난제를 해결하는 수단에 불과했다. 여기서 주목해야 할 점이 있다. 장 선생이 취한 방법은 중국의 공민이 정치에 참가하는 실로 유효한 유형 중 하나며, 결코 우연이 아니었다는 사실이다. 그것이 효과적인 까닭은 정부가 그런 방식에 종종 반응을 보이기 때문이다. 실제로 그 과정에서 정책이 조정되는 사례도 많다. 리창핑 씨의 「총리에게 보내는 편지」는 그 전형이다.

사스가 발발한 지 1년 반이 지난 2004년 말경 '인민내신내방'人民來信來訪[1]이 생산적인지, 부작용은 없는지를 두고 민간과 정부에서 격

---

[1] 통상의 행정절차를 거치지 않고 일반 시민이 직접 최상급 관련 기관에 호소하는 제도다. 이를 위해 행정관리 체계와 함께 '신방사무실'이라는 상설기관이 설치되어 있다. 그 사무실은 사건을 직접 처리하는 것이 아니라 상부 관리층에 보고하는 역할을 맡는다.

렬한 논의가 오갔다. '신방'은 일상적 행정조직과 어떻게 연관되는가? 지방에서 발생하는 관료주의와 부패를 효과적으로 다스리려면 문제를 처리하는 권한을 '신방'에 넘겨야 하는가? 아니면 통상의 감시체계에 힘을 불어넣고 '신방'과 같은 경로는 차단시켜야 마땅한가? 사스 시기에 논의된 정치 참여의 문제는 이 시기에 이르자 제도상의 개혁으로 이어졌다. 중국 시민이 '신방'이라는 경로를 운용하려고 할 때 가장 큰 걸림돌은 언론의 부자유가 아니었다. 각층의 관료들이 자기 이권을 지키려고 탄압하거나 복수를 가하지는 않을까를 걱정해야 했다. 거기서 "지극히 커다란 용기와 도덕이 필요"했다.

둘째, 베이징 시가 기자회견을 열었을 때 생긴 일도 음미해봄직하다. 베이징 시는 4월부터 주 1회 기자회견을 가졌다. 회견은 매회 1시간으로 책정되어 있었으나 통역이 포함되어 질의와 답변이 오가는 시간은 실상 30분 남짓이었다. 매번 주최자가 지목한 네 명의 기자만이 질문 기회를 얻었다. 흥미롭게도 거기에서는 『타임』지 기자가 연달아 세 번이나 지명받았고, 그 기자는 세 번 모두 같은 질문을 던졌다. 그것은 "장 선생에게 현재 언론의 자유는 있는가?"였고, 두말할 것도 없이 "있다"는 응답이 나왔다.

기자회견에서 오간 발언보다 흥미를 끄는 대목이 있다. 베이징 시 정부는 왜 이처럼 작위적으로 지명했을까? 만약 『타임』지 기자를 반복 지명한 것이 국제적으로 또 국내적으로 정부의 입장을 공표하려는 의도에서 비롯되었다면, 중국 대중의 반응에 그만큼 자신감이 있던 것이리라. 아니, 오히려 베이징 시 정부는 언론 자유의 유무가 중국 사회에서 가장 주된 관심사가 아니라고 확신했고, 그래서 미국 기자도 그 이상 질문을 던지지는 못하리라고 계산하고 있었던 게 아닐까? 나는 베이징 시 정부의 방식과 장 선생의 방식 사이에 어떤 미묘한 연관성이 있는 것만 같았다. 그리고 이 연관성이야말로 살아있는 정치를 이룬다고 생각했다.

확실히 중국의 정치 구조는 최근 정부가 사회의 요구에 얼마간 반응을 보이면서 변화하기 시작했다. 또한 여러 사회적 요구가 경합을 벌이고 그에 대한 정부의 반응이 체계로서 정착되고 있다. 관료주의와 부패는 이러한 '반응 체계'를 갉아먹지만, 중국의 정치 과정은 결코 관료주의 일색이 아니며, 더욱이 단순한 이데올로기 통제로 점철되어 있지는 않다. 2003년부터 2004년까지 중국 정부는 "인간을 기초로"라는 슬로건을 내세우며 농업 정책을 비롯해 맹목적 '근대화'에 희생당한 농민의 처우와 농촌의 실상을 개선하고자 노력하고 있다. 한편 민간에서는 이른바 시장경제가 국가와 자본의 결합이라는 비판이 제기되었는데, 이는 향후의 정책 결정에 영향을 미칠 것임에 틀림없다. 물론 일련의 변화는 사회 동향과 경제 상황에 제약을 받는다. 이러한 변화를 포함해 분명 지금은 혼란스런 전환기인 만큼 미국식의 "언론 자유가 있느냐 인권이 있느냐"라는 도그마로는 결코 현실의 윤곽을 그려낼 수 없다.

셋째, 광저우에서 외지 사람이 경찰의 폭행으로 사망한 사건이 있었다. 사스가 번지던 무렵 직장을 구해 우한에서 광저우로 넘어온 대학 졸업생이 신분증명서를 지참하지 않고 바깥으로 나갔다가 불법으로 객지벌이를 나선 사람으로 오인 받은 것이다. 그는 감금된 채 구타당했고 결국 사망했다. 광저우나 베이징의 신문과 인터넷 등은 연일이 사건을 다뤘으며, 베이징과 우한의 젊은 법학자 세 명은 살인범의 처형을 요구하는 서한을 인민대표대회에 보냈다. 이 사건으로 중국 전역에서 열띤 토론이 벌어졌으며 시민의 인권과 더불어 객지벌이에 나선 농민의 존엄과 이익을 보장하는 문제가 뜨겁게 달아올랐다.

6월 5일, 광저우 재판소는 2심에서 범죄와 연루된 스무 명 남짓의 경찰관과 책임자에게 유죄를 선고했다. 사스의 시기를 지나 오늘에 이르러 객지벌이를 나온 농민의 이익을 위한 정책이 공표되었다. 그리하여 약자를 얼마간 법률로 보호할 수 있는 장치가 마련되었다.

위의 세 가지 사건에 대해서는 더욱 깊이 조사하고 분석해야 마땅하겠지만, 여기서는 단지 정치학적 분석의 가능성을 거론하는 데 활용하는 정도로 그치고자 한다. 나는 여기서 기초적 사실을 짚어보고 싶다. 유감스럽게도 중국의 인텔리를 포함해 국내외의 중국 연구자들이 냉전 사고의 틀에 들어맞지 않는 중국의 복잡한 정치 과정을 신중하게 분석하고 해부하고 이해하고 있다고는 말하기 어렵다. 그렇기는 커녕 대개의 연구는 기존의 '비판 표적'을 들먹이며 정치와 사회 영역의 결함을 지적하는 데 만족하는 듯하다. 이리하여 결함을 지닌 '현실 상황'은 오히려 정적 분석이나 일방적 편견으로 덧칠되고 만다. 이처럼 사회의 여론과 정부의 조정 능력 사이에 존재하는 복잡한 긴장 관계가 다른 양상의 정치 과정과 민주적 생활양식을 만들어낼 가능성을 간직하고 있는지, 아니면 그저 미국식 민주주의에 뒤처져 있을 뿐인지, 늘 관官과 민民 양측에서 비판받는 관료주의와 부패 현상은 중국의 현실정치에서 대체 얼마 만한 파괴력을 지니고 있는지, 그것들은 어떠한 힘관계로 변동해가는지 등등, 아직 제대로 논의하지 못한 현실 문제가 이번 사스를 거치며 공공연하게 드러나자 중국의 지식계는 너무도 심각한 사상의 빈곤을 드러냈다.

5

사스 기간 중에는 중국의 비판적 지식인도 목소리를 높였다. 이른바 '신좌익'과 '자유주의자'도 이 시기에는 손을 잡는 모습을 보였다. 그러나 그런 것은 중요하지 않다. 그들은 정부의 책임, 사회적 차별, 시민 도덕 등을 모두 들춰냈지만 『아사히신문』의 논조와 별다를 바가 없었다. 중국 정부는 사스를 극복하고자 일련의 정책을 내놓으면서 자기를 조정해나갔건만, '외부 시좌'를 지닌 중국 인텔리에게 새로 구축되는 사회체계가 시야에 들어올 리 없었다. 그러나 놓쳐버린 이 대목이야말로 필시 음으로 양으로 향후 중국 정치에 커다란 영향을 미칠 것이다. 지식인들이 내놓는 단순한 비판을 보면 그들이 중요한 대목을 좀처럼 짚어내지 못했음을 알게 된다. 달리 표현한다면 중국의 비판적 지식인은 현장에 있으면서도 자신을 '외부 시좌'에 맡겨버린 것이다.

중국 정부는 사스를 효과적으로 제압할 때 힘으로만 내리누르지 않았다. 또한 정부와 시민이 서로 동떨어져 한쪽은 통치자, 다른 쪽은 피해자로 간주하는 기존의 구도는 현실에 들어맞지 않았다. 격렬한 변화의 한복판에서 정부가 보여준 일련의 자기조절 능력을 어떻게 봐야 할지, 저렇듯 응고하지 않고 활력으로 충만한 힘을 어떻게 이해해야 할지……. 이렇듯 복잡한 구도를 해명하지 못한 채 자나 깨나 정부 비판만 일삼는 것은 격동의 역사를 그저 바깥에서 바라보는 행위일 뿐이다. 실제로 인텔리들이 내놓은 '비판'은 장 선생이 지녔던 용기나 각오와는 하등 관련이 없었다. 어디까지나 자가소비용이었다.

인텔리를 비판하고자 이 글을 쓰고 있는 것은 아니다. 다만 사스를 계기로 삼아 한 가지 사실을 문제로 들추고 싶은 것이다. 그것은 1950년대 일본의 정치학자가 제기한 '결여 이론'*이라는 인식론의 문제가 지금도 여전하다는 사실이다. 사건의 당사자든 아니든 현실을 관념적으로 대하는 지식인은 실상 '이상적 민주정치', '이상적 평등사회'의 이미지를 은연중에 간직하고 있다. 그 이미지는 오랫동안 미국에서 흘러나왔다. 이렇게 '문명일원론'에 근거하여 아시아와 제3세계 지식인은 늘 '무엇을 결여하고 있는가?'를 검증하려 애썼다. 9·11 이후 국제사회에서 미국의 권위가 흔들리는 동안에도 지적 세계에서 문명일원론은 끄떡도 하지 않았다. '민주 아니면 독재'라는 추상적 이항대립 구도는 오늘날에도 갖가지 형태로 재생산되고 있다. 그 결과 지적 생산은 빈곤해져 풍부한 현실에서 사상을 가다듬는 노력은 여간해서 생기지 않는다. 그러면 다시 '결여 이론'이 유행하게 된다.

서양 이론으로 가장 담아내기 어려운 나라는 중국일지도 모른다.

* 마루야마 마사오가 사용한 표현으로 유럽을 이상형으로 삼아 거기에 못 미치는 '결여'된 지점을 비유럽 사회에서 들춰내는 지적 태도를 가리킨다. 마루야마 마사오는 「사상사의 사유방식에 대하여」에서 유럽의 사상사를 기준으로 삼아 일본의 사상사를 재단해서는 안 된다며 '결여 이론'을 이렇게 비판했다. "혹은 '결여 이론', 즉 유럽에 있는 것이 일본에 없으므로 일본은 아무것도 아니라며 늘 어놓는 사유방법이 나옵니다. 또한 이러한 결여 이론에 대한 반발 이론으로서 서구와 일본 사상 사이에는 조금도 당착적인 것이 없다며, 유럽 사상과 그에 대한 일본의 대응을 하나하나씩 찾아나가는 동향이 사상사에서 등장합니다."

서양 중심주의를 비판하려고, 중국을 추앙해보겠다고 이러한 말을 하는 게 아니다. 실제로 어떤 미국 학자가 그런 시도를 해본 바 있지만, 그렇게 해서 나온 담론이 중국의 원리를 해명할 수 있다고는 생각하지 않는다. 연구자라면 중국의 정치 과정을 긍정/부정하기에 앞서 그것의 살아있는 메커니즘을 인식해야 한다. 어떤 사실이 있다고 자연스레 결론이 도출되지는 않는다. 이제껏 의지해오던 분석틀을 잠시 내려놓는다면 중국을 어떻게 이해할 수 있을 것인가? 이것이 사스를 겪은 우리가 무엇보다도 씨름해야 할 과제인 것이다.

사스가 지나간 지 벌써 2년이다. 2년 동안 중국은 크게 변했다. 잠재적 모순이 표면화되고 확대되었으며 다양한 사회 세력이 정치, 경제, 사회 정책에 영향을 미치고자 투쟁을 거듭하고 있다. 비록 수는 적지만 기존의 패러다임을 바꾸지 않고서는 중국을 분석할 수 없다고 의식하는 연구자도 생기기 시작했다. 역시 소수지만 외국의 지식인 가운데도 '중국은 위협인가 아닌가?'라는 상투적 접근법은 그다지 현실적이지 않다고 주장하는 사람들이 등장하기 시작했다.

아마도 전에 경험한 적이 없는 변동기인 오늘날은 '내부 시좌'가 더욱 절실한 시기이리라 '내부 시좌'는 유동성을 유동성인 채 파악하며 유동적 상황에 몸을 맡기고 거기서 살아있는 원리를 발견한다. 이를 위해서는 사상사 연구에서 밟아야 할 절차로서 정적인 개념에 생명력을 불어넣는 노력이 필요하다. 외부자가 연구 대상을 '내재적으로' 이해하려면 무엇보다 이 과정이 요청된다. 일본에서 '내부'와 '외부'라는 말은 터부시되는 듯하다. 이 말에는 이데올로기적 발상이 배어 있기 때문이다. 그렇다고 이 말의 사용을 기피하는 것은 현명치 않다.

내재적으로 이해한다 함은 결코 비판을 버린다는 의미가 아니다. 오히려 내재적 이해를 결여한 비판은 생명력을 지니지 못한다. 지금까지의 정적인 '비판'은 중국의 복잡한 현실 상황을 이해하는 데 전혀 도움이 되지 않는다. 앞으로 이러한 생각을 갖는 사람들이 조금씩 늘어나리라고 믿는다. 그러나 문제는 그 전에 있다. 지금의 중국 그리고 지금껏 중국이 걸어온 역사적 궤적을 분석하고 정면으로 마주하려면 '비판적' 지식인은 먼저 폐색적인 자기만족에서 헤어나야 한다. 그렇지 않으면 아무것도 시작되지 않으리라.

사스를 경험하면서 연구자의 작업 윤리가 얼마나 중요한지, 나는 새삼 깨달았다.

사고의 습관
─ 도쿄재판과 전후 동아시아

1. 이라크 전쟁과 다케우치 요시미

"누구도 같은 강물을 두 번 건널 수 없다"는 서양 옛말이 있다. 사실이 말은 절반의 진실만을 전한다. 나머지 절반은 이러할 것이다. "이미 흘러간 강물을 두 번 건너는 사람 또한 같은 존재일 리 없다." 이세계는 시시각각 바뀌고 있으며 우리 개개인 역시 자기 의지와 상관없이 변하기 마련이다.

2년 전, 나는 사스 유행이라는 비상사태로 인해 한가해진 참에 집에 틀어박혀 다케우치 요시미*에 관한 논문을 손보고 있었다. 그리고

---

* 竹內好(1910~1977). 중국문학 연구자이자 평론가. 도쿄제국대학 지나철학·지나문학과를 졸업한 뒤 1934년 '중국문학연구회'를 결성하고, 기관지 『중국문학월보』를 창간했다. 1953년 도쿄도립대학 인문학부 교수가 되었으나, 1960년 안보조약 강행체결에 항의하여 사직했다. 1964년 '중국의 모임'을 조직해 잡지 『중국』을 발행했다. 저서로 『루쉰』, 『현대중국론』, 『일본 이데올로기』, 『국민문학론』, 『지식인의 과제』, 『불복종의 유산』, 『예견과 착오』, 『일본과 중국 사이』 등이 있다.

있자니 원하지도 않았는데도 나는 낯선 강물의 흐름에 발을 담그게 되었다. 지금껏 진입하려고 애썼던 역사를 지금까지와는 다른 시각에서 마주하게 된 것이다.

2001년 초여름, 나는 다케우치 요시미가 안보투쟁 당시 사직한 도쿄도립대학에 머물고 있었다. 캠퍼스는 이미 도쿄 도심에서 교외의 하치오지 시로 옮겼는데, 그곳은 미군 공군기지가 위치한 아쓰기와 요코다의 중간 지대였기에 나는 매일같이 두 기지 사이를 왕복하는 수많은 미군 전투기의 소음을 견뎌야 했다. 게다가 당시는 미군이 중국 하이난 섬에서 비행기 충돌 사건을 일으킨 지 얼마 되지 않은 시기였다.

그런 상황 속에서 나는 다케우치 요시미와 다시 한 번 만났다. 미군 전투기가 굉음을 울리며 지나가지만 전쟁의 음영은 조금도 드리워지지 않은 '평화로운' 캠퍼스 풍경을 바라보며 나는 역사 속으로 걸어 들어갔다.

다케우치 요시미가 활약하던 시기는 마침 중국과 일본 사이에 가장 비참한 전쟁이 벌어지던 때였다. 이 시기의 역사는 당시 청년기를 보내고 있던 다케우치 요시미 세대에게 공포와 폐색감閉塞感뿐 아니라 강렬한 정치적 열정 또한 안겨주었다. 이러한 공포와 폐색감, 그리고 정치적 열정은 전후에 태어난 우리가 관념적으로 추론한들 헤아릴 수 없다. 전후에 일본의 지식계는 전시 체제의 사상을 반성한다며 단순화된 비판을 내놓기도 했지만, 전쟁 시기의 기본적 상황을 여전히 효과적으로 파악해내지 못한 듯하다. 더욱이 사상을 계승한다는 의미에서 그 시기의 사상적 유산을 정리해내지는 못한 채다.

다케우치 요시미는 일본현대사에서 가장 격렬한 시기를 경험하면서 시종 그 역사와 함께 살아갔다. 그는 세계를 인식하는 나의 시각을 바꿔놓았으며 역사에서 선각자를 찾으려는 나의 습관도 고쳐놓았다. 다케우치 요시미 덕분에 나는 영구불변할 것 같은 이념을 다시 생각하고, 현실과 역사, 앞 세대와 이후 세대의 관계를 새롭게 사유하기 시작했다. 또한 '진보사관'이 사유의 방향을 규정할 때 생기는 배타성과 편협함을 새롭게 주시했으며, 나아가 당위성으로서의 정치와 가능성으로서의 정치의 의미를 재고하게 되었다. 동시에 다케우치 요시미를 통해 루쉰을 읽고 생각하는 과정에서 몹시 곤란한 문제에 다시 직면했다. 만일 우리가 역사적 상황에서 벗어나지 않는 것을 가장 중요한 사상적 전제로 삼는다면, 만일 우리가 사후약방문 식의 싸구려 '정확한 관념'을 사유의 출발점으로 삼지 않는다면, 이러한 '벗어나지 않음'의 진실성은 대체 어떻게 판단할 수 있단 말인가.

나는 2003년 초에 발발한 이라크 전쟁을 계기로 이 문제를 고민하기에 이르렀다. 이 전쟁의 복잡성은 태평양전쟁 시기 일본과 미국이 대치하던 때에 뒤지지 않는다. 이라크 전쟁으로 인해 나는 역사에 진입할 때 필요한 어떤 신체감각을 발견했고, 역으로 그것에 비춰 오늘날의 현실을 판단하기에 이르렀다. 전후 미국은 일본을 점령했으며, 문명의 이름으로 일본을 자신의 동아시아 군사 기지로 구축했다. 그리하여 한국전쟁, 베트남 전쟁의 발발부터 중국 해역에서 정찰 비행을 하기까지 일련의 정당하지 않은 군사 행동의 발판을 마련했다.

하지만 미국의 이라크 전쟁이 후세인 정권의 악행과 인과관계라고 말할 수 없듯이, 전후 동아시아에서 미국의 군사 행동도 일본의 진주만 공습에 따른 필연적 결과라고 할 수 없다. 또한 일본이 중국을 침략했던 시기에 저지른 범죄와 일본이 태평양전쟁에서 취한 제국주의 책략은 미국이 동아시아를 '준準식민지'로 삼았다는 결과를 핑계 삼아 덮어둘 수 없다. 더욱이 스스로 제국주의의 길을 걸었던 미국에 문명의 심판자 역할을 맡을 권리는 없었다.

그러나 역사는 결국 그렇게 쓰여졌고 그대로 묵인되었다. 제2차 세계대전이 끝난 시점에 이 모든 상황이 역사의 주요한 추이가 되리라고 예견하기란 결코 쉽지 않았다. 그렇게 곤란한 시대에 일본의 지식계는 가장 출중한 사상가를 배출했다. 역사의 뒤에 온 자로서 우리가 그 세대의 사상 활동에서 발견해야 할 것은 그들이 어떻게 과거를 재단하고 미래를 예언했는가 하는 것이 아니다. 무수한 가능성으로 인해 선택하기 어려운 매순간, 혹은 거꾸로 선택의 여지가 없는 극한 상황에서 그들이 어떤 어려운 결단을 내렸는지 살펴야 하는 것이다.

다케우치 요시미의 세대는 바로 무수한 결단을 통해 역사에 진입하고 역사를 창조했다. 바로 그런 의미에서 다케우치 요시미는 일본이 패전한 당시, 지금도 여전히 위용을 발휘하는 '미국 모델'과 사상적으로 맞설 수 있었다. 또한 '문명일원론'을 기초로 한 제국주의 모델이 동서양(사회 상류층과 지식계를 필두로)의 공모 아래 강화된 것임을 예리하게 지적할 수 있었다. 따라서 동아시아의 미국 헤게모니에 찬성하느냐 반대하느냐는 결코 실질적 분기점이 아니다. 실제로는 문명에 대한 이해로부터 갈린다.

전후의 사상 활동에서 다케우치 요시미는 줄곧 서구 중심의 문명관에 맞설 토착적 사상 자원을 발굴하는 데 온 힘을 쏟았다. 이를 위해 우익 색채가 짙게 드리운 일본 민족주의와 아시아주의 사조를 향해 "불 속에서 밤을 줍는" 노력을 아끼지 않았으며, 이로 인해 똑같이 서구 문명일원론에 기대고 있는 진보와 보수 양 진영으로부터 협공당하는 일마저 마다하지 않았다. 그것은 바로 동양 민족이 외부 세력의 도움을 받아서는 자신의 문명을 세울 수 없으며, 하물며 미국이 인류 문명의 대변자를 자처한다면 비서구 세계가 막심한 대가를 치러야 한다는 사실을 그가 절박하게 의식했기 때문이다.

이라크 전쟁은 당시의 문제를 더욱 또렷한 모습으로 역사의 무대 위에 다시 올려놓았다. 일찍이 미국이 제2차 세계대전이 끝난 후 극동군사재판을 조종하면서 '문명'의 이름으로 걸쳤던 정의라는 위장이 이 전쟁에서도 통할 것 같아 보이지는 않는다. 그렇듯 도도한 태도로 자주 갈아치우는 그들의 구실을 세계는 점차 믿지 않게 되었으며, 이라크 국민 또한 패전 당시의 일본인처럼 미점령군이 안겨준 '해방'에 감격하는 것 같지도 않다.

그렇다고 문명관의 기본 구조가 허물어지지는 않았으며, 미국의 '문명의 대변인' 자격 또한 충분히 심문받지 않았다. 그러나 오늘날의 이러한 상황이 불현듯 제2차 세계대전이 종결되던 시기로 우리가 진입할 수 있도록 역사적 동력을 제공해주는 것만 같다. 아마도 이처럼 잔혹한 '지금' 이 시각, 역사가 돌연 우리 눈앞에 자신을 드러냈다고 말할 수 있으리라. 만약 바깥의 '해방자'에 의존한다면 비서구 세계는 진정한 구원을 얻을 수 없다. 내부의 독재 세력과 보수 세력 또한 의지할 만한 정치적 힘과 사상적 에너지일 수 없다.

그렇다면 어떻게 해야 이원대립의 허구적 도식에서 벗어나 진실한 자유를 거머쥘 수 있을 것인가? 오늘날 이라크 국민이 "후세인도 원치 않고 미국도 원치 않는다"며 소리 높여 외치고 있듯이 패전 후 미군 점령하의 일본인에게 "미국식 민주주의도 원치 않고 천황제도 원치 않는다"고 외칠 만한 기력이 있었을까? 이 점이 바로 오늘날 대답해야 할 과제이리라.

2. 도쿄재판을 둘러싼 딜레마

일본제국주의에 대해서는 소박한 원한을 품고 있고, 미국의 추상적 '자유민주주의'에 대해서는 여전히 순진한 환상을 지니고 있는 중국 사회와 중국의 지식계는 우리와 밀접히 연관된 이 시기의 역사를 초보적 수준에서도 아직 정리하지 못했으며, 다음과 같은 가장 기본적인 역사적 문제에도 관심을 기울이지 않고 있다.

당시 극동군사재판은 대체 누가 주재하고 누가 심판했는가? 일본에 대한 미국의 전후 점령과 개혁은 민주주의를 가져다주었는가, 아니면 단지 침략이었는가? 이도저도 아니라면 민주주의를 수입하여 침략을 정당화시킨 것인가? 불안하게 동요하던 20세기 전반에 걸쳐 동아시아 내지 아시아와 서방 세계, 특히 미국과의 불평등 관계는 대체 어떻게 구축되었는가? 문명관과 자유민주주의 이념은 현실정치의 과정에서 어떻게 활용되고 재구조화되었는가? 또한 그것은 동서양의 공모 관계 속에서 어떻게 미국의 강권 정치를 위한 휘황찬란한 장식품이 되었는가? 이 모든 문제는 지금의 우리, 나아가 우리의 현대사와 긴밀히 관련되어 있다.

　이 논문을 집필하기 시작했을 때 나는 도쿄재판* 문제에 손을 대지 않았다. 왜냐하면 국제법에 대한 기본적 훈련을 받은 적이 없는데다가 엄청난 사료를 접하고 나니 이 문제를 경솔하게 시야에 담을 수 없었기 때문이다. 게다가 어느 정도는 근본적 딜레마에 직면해 있었다. 설사 도쿄재판을 일본 군국주의의 악행에 대한 최고 심판으로 간주하지 않더라도, 이 재판이 제2차 세계대전 당시 일본이 평화와 인도를 거슬러 저지른 악행을 정의의 이름으로 기소했다는 점만큼은 부인할 수 없다. 게다가 실제로 도쿄재판을 통해 국제법에 이 두 가지 재판 기준이 추가되었다. 도쿄재판은 결코 쉽게 부정할 수 있는 법률적 사건이 아니며, 그 안에 담긴 진정한 문제는 추상적으로 논의될 성질의 것이 아니다. 도쿄재판이 지닌 정당성을 수정하고 왜곡한 문제에 관해서는 역사화가 충분히 진행되고 나서 따져야 한다.

　따라서 나는 국제법 지식에 어둡기는 하지만, 다음과 같은 몇 가지 걱정을 품지 않을 수 없었다. 단순화되고 추상화된 이항대립적 사

---

* 제2차 세계대전 중 일본이 저지른 전쟁범죄를 추궁한 재판으로서 극동국제군사재판이라고도 불린다. 1945년 9월 11일 연합국 총사령부가 도조 히데키 등 39명에게 체포 명령을 내린 것을 시작으로, 일본에서만 1,000명 이상이 전범 용의자로 체포되었다. 1946년 1월 19일 연합국 최고사령관인 D. 맥아더는 전쟁범죄(평화·인도에 대한 죄, 전쟁 법규 위반죄)를 심리하고 처벌하기 위한 「극동국제군사재판소의 설립에 관한 명령」을 발포했으며, 이에 기초해 같은 해 4월 28일 A급 전범 용의자 28명에 대한 기소장을 발표하여 5월 3일 재판이 개시되었다. 2년 반 동안 심리를 거친 끝에 1948년 11월 12일에 판결이 내려졌는데 도중에 사망 등으로 인해 제외된 3명을 빼고는 모든 피고인이 유죄를 선고받았으며, 도조 히데키 등 7명의 피고는 같은 해 12월 23일에 처형당했다. 이 재판은 '평화·인도에 대한 죄'를 추가하여 국제법 역사에서 커다란 의의를 지니는 반면, 재판관이나 검사를 전승국에서만 구성하여 공평성의 원칙을 위배하기도 했다. 또한 일본 국민은 재판에 참가할 수 없어 전쟁책임을 스스로 철저히 추궁할 기회를 박탈당했다.

유가 지식계에 만연되어 있는 작금의 상황을 보건대, 도쿄재판에 대해 문제를 제기하면 자칫 재판이 강조했던 평화와 인도주의라는 전제에 회의를 품는 것처럼 비치지는 않을까? 도쿄재판을 역사적으로 분석하면 심지어 일본의 침략전쟁을 긍정한다고 곡해받지는 않을까? 애당초 내게는 이처럼 복잡한 문제를 파고들어 독자에게 정확히 전달할 만한 능력이 있는가?

그러나 나는 논문을 손보면서 이제껏 피해왔던 대목이야말로 가장 중요한 역사의 한 페이지임을 의식하기 시작했다. 최근 중국 지식인의 사상적 진영이 전쟁 지지와 전쟁 반대로 갈린 상황에서 오늘날 우리는 미국이 도쿄재판 때 사용한 바 있는 기본 모델을 잊고 있다. 상대에 대해서는 추상적인 정의의 이름으로 구체적인 비정의를 심판하되, 자신의 비정의와 비인도적 행적에 대해서는 입을 씻는 방식 말이다.

일본이 추상적인 정의의 구호로 내놓은 '대동아공영권'은 추상성과 보편성이란 면에서 볼 때 분명 미국이 내세운 '평화', '인도', '문명'이라는 구호에 필적할 수 없다. 그러나 일본 파시즘이 '대동아공영권'을 내세워 저지른 일은 미국이 인도나 정의 같은 개념을 내세워 행한 일과 본질적으로 다르지 않다. 그럼에도 미국이 정의의 이름으로 투하한 원자폭탄이 대규모 민간인 학살을 낳았다는 사실은 일본에 국가적 죄업이 있다는 명분 아래 깨끗하게 가려질 수 있었다.

더욱이 비참한 사실은 '731부대'를 위시해 세균전 연구를 진행하던 일본 부대가 중국에서 수많은 시민에게 저지른 만행이 도쿄재판에서는 교묘하게 은폐되었다는 점이다. '731부대'의 두목 이시이 시로石

井四郎는 뜻밖에도 재판과정에서 사면받았고, 미국은 관련 연구 자료를 독점한 채 거의 공표하지 않았다. 미국은 '731부대'가 중국 대륙에서 저지른 생체실험 결과를 독차지하기 위해 정의와 인도의 이름으로 진행된 이 재판에서 현대 전쟁사의 가장 잔혹한 한 페이지를 말소해버렸던 것이다.

2003년 미국이 이라크 공습을 실시하기 한 달 전, 나는 번역하고 있던 다케우치 요시미 논문집에 필요한 주석을 달기 위해 도쿄도립대학 도서관에서 일본인이 편찬한 도쿄재판 관련 자료를 살펴보고 있었다. 열람할 당시에는 이 문제에 직접 손을 대야겠다는 생각이 없었다. 방대한 자료 앞에서 자신의 능력을 회의할 수밖에 없었기 때문이다. 그러나 얼마 되지 않는 자료만 읽어보더라도 지금껏 지나쳐왔던 분명한 사실 하나가 드러났다. 일본의 양식 있는 사람들은 침략의 역사에 속수무책이었기 때문에 전후에도 도쿄재판의 결론을 뒤집을 마음을 먹지 않았지만, 도쿄재판의 불공정함에 대해서는 줄곧 적지 않은 의혹과 비판을 제기해왔다는 점이다. 천황의 무죄를 선포한 이 재판에서는 태평양전쟁이 주요 심리 대상이 되었고, 영미의 전쟁 포로 문제가 인도주의를 논하는 핵심에 놓여 단죄와 심판의 가장 중요한 근거가 되었다. 그러나 비록 법정에서 난징대학살이 심리되었다고는 하나 일본 군국주의자가 중국과 동남아에서 저지른 용서할 수 없는 야만적 행위는 이 법정이 다루려는 기본 문제에 결코 포함되지 않았다.

제국주의는 제국주의를 심판할 수 없다. 다케우치 요시미는 그렇게 말했다. 도쿄재판이 있은 지 이미 11년이 지난 시점이었다. 그 11년 동안 미국은 동아시아에서 침략 행위를 자행함으로써 도쿄재판 때 자임했던 문명과 정의의 역할을 스스로 저버렸으니 이러한 결론을 도출하는 데는 충분한 이유가 있었던 셈이다. 그러나 문제의 핵심은 거기에 있지 않다. 다케우치 요시미가 이 명제를 제시한 당시에도, 미국이 문명을 대표한다고 믿는 심리와 미국이 타국의 주권을 침탈한 일을 꺼림칙하게 여기는 심리는 일본 사회 안에서 결코 상충하지 않고 병존했기 때문이다.

여기에 까다로운 문제가 잠복해 있다. 그것은 바로 도쿄재판이 내놓은 문명과 야만이라는 구도를 원리적으로 부정하기 어렵다는 사실이다. 설사 10여 년이 지난 후 다케우치 요시미가 제국주의는 제국주의를 심판할 수 없다고 단언했다 한들, 그를 비롯한 대다수 사람들이 문명에 관한 원리마저 부정할 수는 없었다. 문제는 이러한 원리의 차원이 아니라 원리를 구체화하는 차원에서 발생한다. 달리 말하면, 누가 문명이란 것을 대변하는가? 문명은 일원적인가, 다원적인가? 이러한 구체적 차원에서 지식계는 갈라지고, 이러한 분기점에서 각각의 정치적 입장이 드러나는 것이다.

반세기 후 미국은 바그다드를 공격하면서 이라크 국립박물관의 소장품을 약탈하는 폭도들을 내버려뒀다. 또한 걸프 전쟁에서 미국이 투하한 열화우라늄탄 등 비정규무기가 초래한 '걸프전 증후군'의 그림자가 여전한데도 또 다시 같은 전철을 밟으려 하고 있다. 그런데도 미국이 과연 '문명'인지는 전혀 문제시되지 않는다. 이 모든 것은 후세인 정권이 쿠웨이트를 침략하고 연합국에게 비협조적이었다는 이유로 정당화될 수 없으며, 협애한 민족주의적 시각을 반대한다는 명목으로 감출 수도 없다. 왜냐하면 이 문제가 진정 문제로서 논의되지 않는 한, 우리는 전후 일본에 줄곧 존재해온 모순적 심리를 앞으로도 반복하게 될 것이기 때문이다. 바로 미국적 헤게모니를 규탄하는 동시에 미국을 문명의 대변자로 승인하는 모순 말이다. 그렇다면 잊어서는 안 될 다케우치 요시미의 저 명제—"제국주의는 제국주의를 심판할 수 없다"—를 그 누구도 기억하지 않게 될 것이다.

문제의 복잡성은 여기서 그치지 않는다. 만약 우리가 문제를 '미국 헤게모니에 반대함'으로 귀결시킨다면, 여전히 복잡한 현실에 다가갈 수 없으며 역사 속으로 진입할 수도 없다. 왜냐하면 반헤게모니와 반미가 같은 문제는 아니기 때문이다. 도쿄재판에 대한 태도만 놓고 보더라도, 적대적 입장을 선명하게 밝힌 쪽은 대개가 우익이다. 야스쿠니 신사에 A급 전범의 합사를 주장하는 우익과 보수파는 보통 가장 명쾌한 방식으로 일본 전범의 무죄를 선언하고, 이 방향에서 가장 단순한 방식으로 도쿄재판을 부정한다. 사실 근래 일본의 우익 지식인 중에는 단도직입적으로 반미 입장을 드러내는 이들이 있는데, 그 배경에는 협애한 민족주의적 이데올로기가 도사리고 있다.

바로 이러한 상황에 처해 있기 때문에 일본의 진보 인사들은 같은 방식으로 도쿄재판을 딱 잘라 비판하거나 지지하기가 어려운 실정이다. 만약 우리가 '반미' 혹은 '친미'를 척도로 사상적 입장을 재단한다면, 설득력 있는 해석을 손에 넣기란 불가능하다. 왜냐하면 반미, 배외를 표방하는 일본 우익은 단지 동아시아에서 미국이 갖는 헤게모니를 일본이 대신하기를 바랄 뿐이기 때문이다. 그렇다고 그들의 반미 입장이 반드시 거짓이라고 잘라 말할 수도 없다.

이처럼 뒤얽힌 문제를 다루고자 나는 논문에 도쿄재판에 관한 절을 추가해야 했다. '친미' 아니면 '반미'라는 수준으로 문제를 환원하여 끝맺는 게 아니라 문제의 복잡함을 있는 그대로 보여줘야겠다는 생각이 든 것이다. '문명' 혹은 '민주주의'의 이름으로 패권을 장악한 제국주의가 버젓이 통용되는 까닭은 이 새로운 헤게모니 구조가 제1세계와 제3세계의 '공모 관계' 위에 서 있기 때문이다. 문명에 대한 일원화된 이해는 그들을 공모 관계로 묶어둔다. 그러한 이해는 '문명의 충돌' 담론 따위로 해소될 수 있는 게 아니다. 이라크 전쟁에서 세계가 미국에 보여준 태도가 이미 이 점을 증명하고 있다. 경제적 이익과 자본의 힘에만 기대어 해석한다면, 문제의 소재를 바꿔치기하고말 것이다. 실제로 자본의 힘은 확실히 문명관의 형태를 취하지만, 문명관을 대신하지는 못하기 때문이다.

나 자신은 이러한 글로 만족할 수 없다. 왜냐하면 내게는 필요한 전공 지식이 부족한데다 고쳐 쓸 시간적 여유도 없었기 때문이다. 그러나 도쿄재판이 국제법 사건에 그치지 않고 이라크 전쟁 또한 단순한 군사 행동이 아니라면, 비록 문외한이지만 나는 다음과 같은 문제의식으로 지금 이 순간의 '현재'에 개입하고자 한다. 즉 우리들 중국인이 도쿄재판을 승리의 증거인 양 여기거나 일본 군국주의를 정의의 힘으로 처단했다고 보는 역사 서술은 의문시되어야 한다. 하지만 이렇게 의문을 갖는다고 일본 군국주의가 행한 죄업을 사면한다는 의미는 결코 아니며, 일본 우익의 '반미' 입장을 지지하는 것도 아니다. 더구나 도쿄재판의 역사적 공헌을 부정할 생각은 조금도 없다. 이 의문이 향하는 진정한 대상은 문명의 대변자라고 강변하는 미국의 패권 정치이며, 우리의 이항대립적 사유방식이며, 다케우치 요시미가 반세기 전에 추궁한 '문명일원론' 관념이다. 이항대립적 사유방식과 문명일원론 관념은 지금도 이라크 전쟁을 판단하는 기준으로서 우리를 사로잡고 있으며, 여전히 우리를 역사의 진행 과정 바깥으로 내몰고 있다.

3. 안보투쟁의 총괄을 둘러싸고

전후의 냉전구도로 인해 이항대립적 사고방식은 정치적으로 유용하게 기능했으며, 현실은 끊임없이 그 속으로 구겨 넣어졌다. 오늘날 현실은 더 이상 이항대립의 도식에 따르지 않지만, 사람들의 사고는 좀처럼 거기서 헤어나지 못하는 것 같다. 이라크 전쟁은 바로 이를 말해주는 좋은 증거가 되고 있다. 전쟁 지지와 반대의 의견 대립이 일단 누그러들자 우리는 다케우치 요시미가 안보운동 시기에 직면했던 이원적 대립의 문제를 다시금 마주하지 않을 수 없게 되었다. 미일 안보조약의 발효는 안보조약에 반대한 민중의 투쟁이 실패로 돌아갔음을 뜻하는가? 같은 의미에서 이라크 전쟁이라는 결말은 전지구적 반전운동의 패배와 참전파의 승리를 뜻하는가?

다케우치 요시미가 내놓은 대답은 그러한 구도에서 벗어나 있다. 그는 안보조약이 중상을 입은 상태에서 발효되었기 때문에 '전부 아니면 전무'라는 양극 가운데 하나를 택해서는 안 된다고 말한다. 정치는 바로 이 양극 사이에서 발생하고 운용되기 때문에 형식적 승부만 놓고 평가할 수 없다는 것이다. 당시 안보조약의 반대를 내건 일본의 민중운동은 결국 안보조약의 발효를 저지하지 못했지만, 다케우치 요시미는 '수확이 크다'고 결론 내렸다. 대규모 운동으로 인해 기시 노부스케* 총리가 사임하고 미국 대통령의 방일 계획이 취소되었기 때문만이 아니다. 그보다도 일본의 민중이 처음으로 국민적 규모의 저항을 체험했기 때문이었다. 지식인에게 정신적 지도자의 소임이 맡겨진 시대에 다케우치 요시미와 동시대인들은 전쟁 동안에 발생하지 않았고 전후에도 십수 년이 지나서야 등장한 국민적 저항의 경험을 움켜쥐고서 일본 역사상 출현한 적 없는 민주주의 전통을 창조하는 일에 나선 것이다. 그때의 민주주의는 결코 미점령군의 선물이 아니었다. 그것은 미국에 대한 저항을 통해, 기꺼이 미국과 공모하는 일본 정부에 대한 반항을 통해, 나아가서는 형식적 민주대의제가 실제로는 독재성을 띠고 있다는 역설에 대한 반성을 통해서만 가까스로 그리고 진정으로 탄생할 수 있었다.

일본의 안보투쟁 시기에 탄생한 민주주의의 경험은 결코 일회적인 제도상의 맛보기가 아니었다. 그 경험이 지닌 '군중운동'적 성격과 지식인이 운동과정에서 남긴 사상적 모색은 추상화·형식화된 민주주의 제도가 현실에서는 독재를 낳을 수도 있음을 추궁하는 것이었으며, 미국이 수출하는 민주주의 모델에 대한 저항이기도 했다. 다케우치 요시미를 비롯한 소수의 지식인을 제외한다면 당시 대부분의 일본

---

* 岸信介(1896~1987). 정치가. 1936년에 만주국 정부의 산업부 차관으로 일하다가 1940년 일본으로 돌아와 상공차관으로 전시경제 체제에 기여했다. 패전과 함께 투옥당했지만 재판을 받지 않고 석방되었다. 전후에는 사업가로 재기해 다시 정치활동을 시작했다. 1953년 중의원의원으로 선출된 뒤 민주당의 창당을 도왔으며, 민주당이 1955년에 자유당과 통합하여 자유민주당을 결성하는 데 큰 역할을 했다. 1957년 2월에 총리가 되었고 1960년 신안보조약 체결의 여파로 사임했다.

지식인은 '민주주의' 이념이 독재와 맞서는, 의심할 여지없는 전제라고 추상적으로 믿고 있었다. 그러나 적어도 안보투쟁에서 표방한 '민주인가 독재인가'라는 구호는 일본 사회의 구성 방식 자체를 근본적으로 되묻게 만들었다.

이로써 일본의 지식인들은 '민주주의'를 제도적 목표가 아니라 시민의 정치화 훈련을 위한 경로로서 운용하게 되었으며, 그런 운용을 통해 사회공간의 정치화를 꾀할 수 있었다. 민주주의는 단지 이념 투쟁의 장場에 머물지 않았으며, 독재와 대척점에 놓여 언제나 정치적 올바름political correctness을 보장해주는 추상적 기준으로 여겨지지도 않았다. 그 시대 일본의 지식인은 현실적인 정치감각에 근거하여 관념으로서의 민주주의를 넘어섰으며, 일본에서 정치사회를 일구기 위한 기본적 도정을 모색할 수 있었다.

아마도 안보운동 이후 일본에서 정치사회를 수립하려는 이러한 노력은 성공을 거두지 못했다고 할 것이다. 안보운동에서 정신적 지도자의 역할을 맡지 않았던 일부 보수 지식인이 1960년대 초반 토착적 사상 자원을 발굴하는 움직임을 주도한 사실이 그 증거의 하나다. 메이지유신 이래 100년의 역사를 오늘날 다시 서술하려던 자들은 대개 보수적이거나 감정에 치우친 지식인이었다. 다케우치 요시미도 이 작업에 몸을 던졌다. 그러나 일본의 '아시아주의'를 정리하겠던 그의 시도는 안보운동 시기 함께 활동했던 동료들에게 그다지 호응을 얻지 못했다. 그렇다고 보수 지식인들과 같은 길을 걸을 수도 없었다. '서구형', '반反서구형' 어느 쪽도 일본의 토착적 정치사회를 세우려는 시도의 활로가 될 수 없음은 마찬가지다. 이 점은 자명하다. 그렇다면 이러한 이항대립을 벗어나는 제3의 활로가 과연 어디에 있는가? 이것이 문제인 것이다.

4. 동아시아에서 '저항'이란 무엇인가

다케우치 요시미는 평생토록 그 가능성을 찾아 헤맸다. 그것이 루쉰에게서 읽어낸 "자기임을 거절하는 동시에 자기 아님도 거절하는" "깨어난 노예"의 숙명이다. 그는 루쉰 정신을 지식인의 관념 유희로 다루지 않았다. 모든 현실의 문제와 사상의 문제로 통하는 유일한 길로 삼았다. 일생에 걸친 다케우치 요시미의 사상적 실천이 보여주는 가장 두드러진 특징은 그가 전부 아니면 전무라는 이항대립 안에서 한 번도 선택을 사고하지 않았다는 점이다.

고정된 양극으로 수렴되지 않는 부단히 변화하는 과정 속으로 자신을 던지면서 그는 어떠한 '개념 조작'도 거부했다. 물론 다케우치 요시미가 개념을 사용하지 않았다는 말은 아니다. 다만 그는 어떠한 기성의 개념도 신용하지 않았으며, 정해진 문맥에 기존의 개념을 그대로 대입하지도 않았다. 사상가 유형의 지식인으로서 그의 이러한 태도는 어떤 문제를 다룰 때 기존의 지식 체계에 직접 기댈 수도 없었고, 지식계에서 널리 통용되는 유력한 사유양식에 의존할 수도 없었음을 의미한다.

바로 이러한 작업 방식으로 인해 다케우치 요시미는 '학자'의 지위를 거절하는 동시에 동서양 이원대립의 사유구조를 거부할 수 있었

다. 루쉰의 '쩡짜'掙扎*라는 말을 빌려와서 그는 개념만으로 주체와 타자의 관계를 논의한다면 흘려버리기 쉬운 문제를 드러냈다. 그리고 자기부정의 과정을 통해 타자와 자기가 진정으로 관계를 맺는다는 사상적 절차를 마련하여 세계의 사상계에 기여할 수 있었다. 그는 여러 논쟁을 거치면서 본토의 사상 자원을 찾아 나섰다. 그것들은 전환을 거쳐야만 현대 사상의 영양원이 될 수 있었다. 가령 그는 비역사적이라는 대가를 치르는 것도 마다하지 않고 메이지 천황의 「오개조 어서문」五カ條の御誓文**을 서양 이론이 주종인 민주주의론에 끼워 넣으려고 했다(이것은 실로 다케우치 요시미의 흥미로운 실패작 중 하나다). 이는 모두 토착 대 외래, 자아 대 타자라는 추상적인 이항대립 바깥에서 일본 근대화의 진정한 동력과 실현 가능성을 찾으려는 시도였다.

다케우치 요시미는 내셔널리스트가 아니었다. 비록 공공연하게 일본을 향한 자신의 애정이 그 누구에게도 뒤지지 않는다고 말했지만 말이다. 다케우치 요시미는 근대주의자도 아니었다. 비록 비이론적인 방식으로 시도한 그의 사상적 실천이 서양 근대성의 기본 문제와 상통할 뿐 아니라 포스트모던의 기본 문제에도 닿아 있지만 말이다. 다케우치 요시미는 이러한 부류의 바깥에 있다. 그는 우리에게 익숙하

* 다케우치 요시미는 『루쉰』에 '쩡짜'라는 표현을 사용하고는 각주를 달았다. "쩡짜란 참다, 용서하다, 발버둥치다, 고집을 세우다 등의 의미를 지닌다. 루쉰 정신을 이해하는 데 중요한 단서라고 여겨 원어 그대로 자주 인용한다. 억지로 일본어로 번역한다면 지금의 용어로 '저항'이라는 말에 가깝다."
** 1868년 3월 14일 메이지 천황이 반포한 국시다. 그 내용은 "널리 회의를 열어 모든 일을 공론으로 결정할 것", "위아래 한마음으로 국가시책을 활발히 할 것", "군에서 서민에 이르기까지 각기 그 뜻을 펴게 하여 인심이 나태해지지 않도록 할 것", "잘못된 옛 풍습을 버리고 천지의 공도에 근거할 것", "새로운 지식을 각 세계로부터 구하여 왕국의 기초를 다질 것" 등이다.

사고 범주를 바꿔놓았다. 루쉰, 타고르가 그러했듯이 말이다.

우리가 현대사를 기존의 서양 혹은 반서양이라는 틀 속에 집어넣으려 한다면, 과연 우리 자신의 '근대'를 손에 넣을 수 있겠느냐고 그는 묻는다. 근대성은 결코 사상이나 문화의 문제로 국한되지 않는다. 전쟁은 근대성의 가장 응집적이고 극단적인 표현 형식이다. 관련 지식이 부족하더라도 미국이 이라크에서 일으킨 전쟁은 누구든 전쟁이 근대성 문제에서 차지하는 중요한 위상을 의식할 수 있도록 이끌었다.

태평양전쟁이 발발한 직후 일본 지식계에 등장한 '근대의 초극' 논쟁은 전쟁과 근대성의 연관 관계를 무대 위에 올려놓은 사건이었다. 따라서 그것은 사상적일 뿐 아니라 정치적이었으며, 이론적일 뿐 아니라 실천적이기도 했다. 더구나 후대로부터 주로 비난을 샀던 이 혼돈스런 좌담회는 근대성 문제에 내재된 모순과 복잡성, 심지어는 폭력성까지도 암시했다는 점에서 더욱 중요했다. 이 좌담회는 후대에 사변적으로 정리해선 안 될 딜레마를 안겨주었다. 바로 후쿠자와 유키치가 서양의 '문명' 앞에서 맞닥뜨려야 했던, "천연두에 걸려야 면역력을 키울 수 있다"는 딜레마가 그것이다. 제2차 세계대전을 거치면서 일본은 후쿠자와가 「탈아론」에서 보여준 몹시 긴장감 넘치는 비유를 원래의 문맥에서 유리시켰으며, 결국 면역력을 거의 상실하고 스스로가 독이 되어버렸다.

그러나 제2차 세계대전 이후 일본의 양식 있는 자들은 버거운 딜레마를 끌어안으면서 건강한 사람의 대열로 돌아오고자 노력했다. '문명'은 일본에 대외확장이라는 독소만이 아니라 독소에 저항하는 힘도 제공했던 것이다. 전국을 휩쓴 전염병을 겪으며 이 민족의 양식 있는 자들은 어떤 이치를 깨달았다. 즉 병에 저항하는 힘은 체내에서 키워야지 비타민 알약을 먹는다고 생기는 게 아니라는 사실 말이다.

나는 다케우치 요시미가 문명을 천연두에 비유한 후쿠자와 유키치의 생각을 가장 잘 이해하고 있었다고 생각한다. 진보적 지식인이 자신들이 경시하던 '근대의 초극' 좌담회를 통해 불 속에서 밤을 줍는 모험을 감행한 까닭은 다케우치 요시미 자신이 후쿠자와 유키치와 동일한 사상적 과제에 직면했다고 느꼈기 때문이다. 내부에서 진정한 '저항' 정신을 길러내야만 외부의 재난을 막아낼 수 있다. 그러나 내부의 저항력은 선천적으로 타고나는 게 아니다. 다케우치 요시미는 감염당해 쓰러진 후에야 저항력이 자라난다는 사실을 우리에게 일깨워주었다.

사스는 이미 지나갔다. 그러나 우리 체내의 저항력은 혹독한 심문을 받았다. 어쩌면 두 번의 세계대전이 시작되기 전으로 돌아가 "무엇이 '문명'인가"를 다시 한 번 사고해야 할지도 모르겠다. 어쩌면 제2차 세계대전이 끝난 후 동아시아를 곤혹스럽게 했던, 무엇이 '저항'인가라는 기본적 물음을 다시 꺼내야 할지도 모르겠다. 나는 이것이 이미 지나간 역사에 대한 의문만이 아니라고 확신한다.

동북아의 '전후'戰後를 어떻게 논할 것인가
─ 고구려 문제로 떠오른 생각

2003년에서 2004년에 걸쳐 고구려 문제가 한국 사회에서 커다란 반향을 일으켰다. 하지만 양국 정부가 공통된 인식에 도달하는 바람에 다행스럽게도 외교적 충돌로 비화되지 않았다. 이는 중국과 한국 지식인 모두가 바라던 결과다. 오늘날 동북아를 살아가는 사람에게 평화 유지는 무엇보다 중요한 원칙이다. 따라서 우리는 어떻게 해야 이 지역의 평화를 이룩할 수 있는지를 생각해야 한다.

고구려 문제에 맞닥뜨리자 이 잠재적 물음이 수면 위로 올라왔다. 고구려 문제는 그것이 지닌 복잡성을 인식하도록 우리를 이끌어준 것이다.

1

우리는 위의 물음과 마주할 때 반드시 역사를 되돌아봐야 한다. 즉 전근대의 '조공 관계'가 해체된 이후 동북아의 국제 관계는 무엇을 계기로 새롭게 수립되었는가? 거기에는 어떤 특징이 있는가?

　20세기 동북아는 빈번히 전쟁에 시달렸고, 그것을 매개로 근대화가 진행되었다. 그리고 근대화는 동북아에 국민국가와 민족자결권의 확립을 가져왔다. 중국과 한반도는 일찍이 군국주의 일본을 공동의 적으로 경험하고 일본의 침략전쟁이 남긴 상처를 공유했지만, 이렇게 침략당한 역사가 중국과 한국 사이에 진정한 연대감을 만들어내지는 못했다. 달리 말하자면, 일본이 동북아의 이웃 나라를 침략했다는 시각만으로는 동북아의 국제 관계를 효과적으로 해석해낼 수 없다. 동북아의 '전후'를 이해하기 위해서는 역사를 보다 섬세하게 파고들 수 있는 관찰의 시각을 마련해야 한다.

　동북아의 '전후'는 1945년 일본의 패전으로 시작된다. 그것을 상징하는 사건이 도쿄재판이다. 어떤 의미에서 도쿄재판은 전후 동북아 국제 관계의 기본 방향을 결정했다. 도쿄재판에는 미국과 영국이 주도하는 패권적 구조가 담겨 있다. 그것은 정의의 이름으로 태평양전쟁에서 일본 군국주의가 범한 전쟁범죄를 심판했지만, 태평양전쟁 이전에 일본이 저지른 침략전쟁은 동등하게 다루지 않았다. 도쿄재판이 끝나자 미국은 일본을 점령했고, 이로써 한국전쟁과 베트남 전쟁의 군사적·물질적 토대가 마련되었다. 동북아에서 미국의 '내재화'가 시작된 것인데, 그것은 결코 일방적 과정이 아니었다. 동북아 각 지역의 반향도 뒤따랐다.

가령 미국은 일본의 '군사적 대리인'으로서 1950년대 일본의 신속한 경제 발전을 지원했다. 한국도 일찍이 주한미군을 활용해 안전을 보장받았고, 군비 지출을 줄여 경제 발전을 도모할 수 있었다. 중국의 경우, 한국전쟁을 거치며 비록 맹방에서 적으로 바뀌었지만 미국은 일정 기간 동안 여전히 일본의 군사력을 견제하는 한 가지 요소였다. 한편 중국 대륙과 적대 관계에 놓인 전후 타이완은 옛 식민국가였던 일본에 간단히 기댈 수 없는 곤경에 처했는데, 이 조건을 활용하여 미국은 틈을 비집고 들어올 수 있었다.

이렇듯 미국이 긴장 어린 동북아의 국제 관계 속으로 내재화되면서 일종의 '양방향 선택'이라는 괴권怪圈이 형성되었다. 다시 말해 동북아의 국가와 지역의 상호 적대로 말미암아 미국은 동북아에 내재하게 되었고 동북아 국제 관계의 한 요소가 되었다. 미국이 들어오자 동북아의 내적 긴장은 더욱 고조되었다. 냉전구조의 형성은 이러한 괴권의 존재를 선명히 보여주었다. 미국의 '내재화'는 또 다른 현실 과정을 수반했다. 중국이 동북아에서 '외재화'된 것이다. 이것은 단지 전근대적 조공 관계가 붕괴하여 원래의 종주국과 조공국 관계가 대등한 국민국가 관계로 변모했다는 사실만을 가리키지 않는다. 이는 중국 자신을 포함한 '탈중국화' 경향, 즉 사회제도와 문화 구성의 측면에서 중국 중심의 전근대적 전통에서 벗어나 바깥의 '선진' 모델을 끌어들이는 변화를 의미한다. 한반도와 일본은 모두 탈중국화를 거치며 자신의 독립적 위치를 확립하고자 했고, 더욱이 일본은 일찍이 중국이 차지한 위상을 대신해 새로운 종주국이 되고자 기도했다. 한편 중국의 탈중국화는 전통과의 부단한 단절을 낳으며 자신을 재인식하는 과정이었다. 중국의 현대사는 그저 '탈아입구'의 과정이 아니었다. 중국의 탈중국화는 단순한 자기부정을 의미하지도 않는다. 거기에는 몹시 복잡한 내재적 모순과 상이한 가치 지향이 깔려 있다.

근대 이후 중국의 반전통 경향과 전통 회귀의 움직임은 서로 뒤얽힌 내재적 과정이었다. 20세기 후반의 사회주의 실천과 반전통 경향의 관계는 여전히 정리되지 않은 문제며, 중국 내부의 '탈중국화'는 국면마다 다른 내포를 가졌다. 다만 분명한 점은 북한을 제외한다면, 전후 중국은 그 어느 때보다도 동북아 이웃 나라와 멀어졌다는 사실이다. 그리고 반세기 동안 중국 사회가 크게 요동친 까닭에 이웃 나라가 중국을 이해하기란 점점 더 어려워졌다. 이렇듯 상호이해가 부족한 상황에서 탈냉전이 시작되고 경제적 전지구화가 진행되면서 자본주의 시장의 일체화 국면으로 접어들자, 동북아에서 미국의 내재화는 더욱 심화되었다. 한 가지 풍자적 사실로서 시장화에 들어선 이후 9·11에 이르기까지 중국에서도 미국은 민주주의의 기호로 인식되었다. 정도의 차이는 있지만, 동북아에 만연해 있는 이러한 미국의 이미지는 중국에서도 예외가 아니었다.

이러한 맥락에서 우리는 곤란한 문제에 직면하지 않을 수 없다. 즉 동북아 지역의 부대낌 속에서 미국을 괄호 쳐 두고 인식할 수 있는 '동북아 내부 문제'가 존재하는가? 중국과 한국 사이에서 빚어진 상상된 긴장 관계와 현실 속 동북아에서 미국의 존재는 따로 떼어낼 수 있는 두 가지 문제로 볼 수 있는가?

2

동북아에서 발생하는 충돌 가운데 보다 음미할 만한 가치가 있는 충돌은 나라와 나라 사이에서 발생하기보다는 더 복잡한 지역구도 속에서 발생한다. 전후에 출현한 한국과 북한의 관계는 국민국가의 관계이자 민족적·문화적 내부 관계도 끌어안고 있기 때문에 여느 국제 관계와 나란히 논의하기가 어렵다. 중국 대륙과 타이완의 관계는 더욱 착종되고 복잡하게 얽혀 있다. 탈냉전 시기로 접어들자 자본과 대중문화의 거대한 파장이 동북아를 비이데올로기적 방식으로 일체화시켰다. 그러한 일체화로 인해 왕래가 자유롭지 않았던 냉전 시기의 국면이 바뀌었고, 동시에 상상 위에 구축된 적대와 모순 관계가 현실화되었다.

우리는 냉전기에는 상대적으로 단순했던 동북아의 긴장 관계가 탈냉전기에 들어서자 정확하게 파악하기가 매우 어려워졌다는 사실을 인정하지 않을 수 없다. 우리에게는 '사회주의—자본주의'라는 인식틀, 민족국가라는 분석틀이 익숙하지만, 실상 어느 것으로도 당면한 문제를 효과적으로 파악해낼 수 없다. 가령 국민국가라는 틀에서 본다면, 고구려의 유적지는 북한과 중국 동북부 국경에 걸쳐 있으니 한국이 북한을 대신해 이 사안에 직접 나설 이유는 없다. 그러나 한국 사회가 보여준 강렬한 반응은 고구려 문제가 국가간 문제로 환원되지 않는다는 사실을 보여준다.

그렇다면 어떻게 해야 이 문제를 효과적으로 다룰 수 있을까? 다시 예를 들어보자. 중국의 변경사 연구공정邊疆史研究工程은 한국 사회에서 한 차례 강렬한 반응을 불러일으켜 주목을 받았지만, 중국에서는 그저 하나의 국부적 항목이었을 뿐 지식계에서 별다른 관심을 일으키지 못했고 논쟁으로 번지지도 않았다. 이것은 어찌된 연유인가? 이는 분명히 중국의 여러 '공정' 가운데 이 '공정'이 차지하는 위치가 그다지 중요하지 않다는 사실과 직결된다. 하지만 보다 주목할 대목은 중국 사회의 정치 과정이 결코 상명하달식이 아니며, 따라서 국가 정책과 지식 생산의 관계가 직접적이 아니라는 점이다. 중국 지식계가 제안한 각종 공정과 그들의 비판이 현실 정책에 직접적으로 반영되지는 않으며, 둘 사이의 관계는 복잡하다. 그리하여 우리는 중국 사회의 정치구조는 무엇인지, 그 작동 원리를 어떻게 인식해야 하는지, 중국 지식계의 논쟁을 쉽사리 정치 과정의 고리로 여기는 것이 중국 실정에 부합하는지를 묻게 된다. 나아가 비판적 지식인이 내놓는 비판은 대체 어떻게 해야 현실에서 유리되지 않을 수 있는지도 물어야 한다.

안타깝게도 우리는 서방, 특히 미국의 정치 분석 모델에 지나치게 의존하는 탓에 이러한 물음에 효과적으로 답하지 못하고 있다. 국민국가와 민족주의의 인식틀로도 동북아 국제 관계를 제대로 아우를 수 없는 상황에서 어떻게 중국의 정치구조를 분석할 것인가, 어떻게 동북아 지역 정치에 대한 논의를 전개할 것인가는 지금껏 제대로 검토되지 않은 참신한 과제라고 생각한다.

자본력이 동북아 사회에 파장을 미칠 때, 정치적 패권 문제가 반드시 정치적 양상으로 등장하지는 않는다. 확장과 패권의 문제는 오히려 가장 평화로운 모습으로 드러날 수도 있다. 냉전기의 단순한 가치 판단은 오늘날 이미 유효성을 상실했으며, 이러한 상황에서 현실을 정확히 판단하는 일은 무엇보다 중요하다. 이는 한국만이 아니라 일본과 중국의 지식인 역시 회피할 수 없는 문제다. 만약 현실을 기성의 틀에 기계적으로 대입하려 든다면, 그것은 맨주먹으로 현실과 마주설 위험을 무릅쓰는 꼴이다. 따라서 우리는 때로 '정치적 올바름'이 제공해주는 안전하다는 느낌을 희생시켜야 하는 것이다.

3

동북아 평화에 관한 문제에는 또 한 가지 복잡한 차원이 존재한다. 감정기억의 차원이다. 이미 여러 문화연구가 밝혀냈듯이 어느 민족이나 국가든 감정기억은 대개 여론이나 사회 세력 혹은 정치적 이데올로기가 만들어낸다. 순수하게 개인적인 감정기억은 사회적으로는 거의 가치가 없다. 그래서 감정기억 속에서 사회적 성격 혹은 이데올로기적 성질을 구분해내는 일이 문화연구의 과제가 되기도 한다.

　여기서 강조해야 할 대목이 있다. 객관적 사실에 근거하여 감정기억이 얼마나 진실에 가까운지를 판단하는 것도 의미가 있지만, 감정기억이 동시대사 속에서 어떤 위치를 차지하고 어떻게 정치적으로 기능하는지를 주목하는 일이 중요하다. 달리 말하자면, 감정기억이 어떻게 만들어졌는가라는 문제와 감정기억이 현실정치에서 어떻게 작용하는가라는 문제는 서로 대체할 수 없는 별개의 문제다.

　동북아 지역에서 가장 자주 회자되는 감정기억의 문제라면, 일본의 침략과 식민 지배에 대한 중국과 한국의 사회적 기억일 것이다. 중국 사회와 일본 사회는 둘 다 이러한 감정기억이 현실에서 차지하는 위치를 여전히 파악하지 못했으며, 그리하여 감정기억의 '동시대사적 진실성'을 둘러싸고 공동인식에 도달할 수 없었다. 이른바 '동시대사적 진실성'이란 감정기억이 객관적으로 실증될 수 있는지를 묻는 게 아니라, 그것이 지닌 역사적이고 사회적인 기능을 가리킨다.

감정기억은 구체적인 사회적 사건으로 전화되어 일련의 사회적 반응을 추동하는데, 사회적 반응이 국경을 넘어선다면 한 나라의 판단 기준으로 그 상황을 정리하기란 어려워진다. 따라서 감정기억을 공적으로 사용하는 문제는 극히 복잡한 정치학적 과제이자 사상사적 과제가 된다. 이제까지 지식인은 이 과제에 충분히 주목하지 못했음을 인정해야 한다. 감정기억이 어떻게 형성되었는가에 대해서는 이따금 흥미를 갖지만, 감정기억이 모종의 사회적 분위기로 전화될 때 그것이 지니는 동시대사적 기능은 홀시해왔다.

고구려 문제를 둘러싸고 한국 사회에 출현한 논의도 감정기억과 관계가 있다. 그렇기에 한국 사회에서 등장한 고구려 관련 서사 속에서 감정적 요소를 추출해내는 일은 중요한 작업이며, 아울러 더욱 중요한 작업은 이러한 감정적 요소가 현실의 사회생활에서 어떻게 작용하는지를 분석하는 일이다. 한국과 일본에 대해 중국 사회의 분위기에 잠재한 기본적인 감정적 요소를 비교해본다면, 중국 시민은 일본보다 한국에 훨씬 호감을 갖는다. 구체적인 사례를 든다면, 중국 시민에게 '반일'反日은 하나의 화두가 되었지만 '반한'反韓 같은 말은 아예 존재하지 않는다. 더욱이 한국인의 반일 자세가 중국인보다 더 철저하고도 격렬하다며 찬사와 감탄을 표하는 중국인도 많다.

그러나 한국에 대한 중국 시민의 호감은 한국을 깊이 이해해서라기보다는 일본이 안긴 상처에 대한 기억에 비례하여 드러난 측면이 크다. 최근 수년간 출현한 중국의 반일 정서는 정치사회로서의 미성숙함을 드러냈다. 정치적 국민이라면 응당 하나하나 사회적 행동의 결과를 따져볼 것이지 감정에 이끌려서는 안 된다. 정서적 대응은 상황을 극단으로 몰아갈 뿐 문제를 해결하는 데 도움이 되지 않는다. 마찬가지로 중국 사회와 한국 사회 사이의 갈등이 격해지지 않도록 공동의 이해를 쌓는 일은 현실성 짙은 사상 과제다. 특히 중국 시민이 무의식적으로 '대국정서'를 드러낸다는 점이 이 문제를 더욱 까다롭고 미묘하게 만든다. '대국정서'라고 반드시 대외적 확장주의로 흐르지는 않지만, 중국의 지식인이 이것을 중국중심주의라는 극단으로 밀고 갈 것인가, 아니면 평등의 전제 아래 동북아에 대한 책임 의식으로 전환시킬 것인가는 매우 시급한 사상 과제다.

이러한 사상 과제가 실현되려면 중국과 한국 지식인의 협력이 절실히 요구된다. 여기서 세밀한 분석과 판단 능력이 요구되는데, 경솔히 다루면 앞으로 역효과를 낼 수 있다. 고구려 문제가 불거진 후 가장 우려스러운 대목은 이러한 의견 충돌이 양국의 시민 사이에 감정의 균열을 가져오지 않을까 하는 점이다. 일본의 침략전쟁이 중국 사회에 남긴 상처와 기억은 몇 세대가 지났지만 사라지지도 아물지도 않았다. 일본의 우호적 인사들이 몹시 노력하고 있음에도 양 국민은 여전히 진정한 화해를 이루지 못하고 있다.

건전한 상식을 지닌 중국인이라면 중국 사회와 한국 사회가 감정적으로 대립하는 것을 원치 않을 것이다. 하지만 이러한 대립은 이미

반감 섞인 무형의 정서가 생겨나고 있음을 의미한다. 전쟁 발발의 가능성을 효과적으로 제어하기 위해, 또 동북아의 평화를 유지하기 위해 우리는 있는 힘껏 전쟁의 정신적 토양을 솎아내야 한다. 그리고 이러한 정신적 토양이 민간 사회의 감정적 균열, 과거에 대한 무지, 이데올로기적 열광에 의해 조성된다는 사실을 역사는 말해주고 있지 않은가.

최근 중국 사회에서는 '환위사고'換位思考라는 논법이 조용하게 퍼져가고 있다. 상대방의 자리에 서서 입장을 바꿔 생각하듯이 상대방의 방식을 활용해 문제를 생각해보자는 것이다. 이러한 논법이 유행하는 것은 근년 중국 사회의 거대한 변동과 관련이 있을 것이다. 사회의 유동성이 중국 사회 내부의 영역 사이에 접촉을 발생시켜 계층적·민족적·지역적 차이가 쉽사리 충돌로 번져가며 여러 양상으로 소통의 곤란이 빚어지고 있기 때문이다.

여기서 곱씹어봐야 할 대목이 있다. 사실 중국 내부의 각 지역이 서로를 진정으로 이해하지 못하는 것은 중국인이 외부 세계를 이해하지 못하는 것과 거의 같은 성질의 문제라는 점이다. 이러한 상황에서 환위사고는 몹시 중요한 의의를 가지며, 비록 사회의 공동 인식이 되지는 못했지만 중국 사회가 진정으로 국제화되는 효과적인 길이기도 하다. 한 사회는 내부의 '환위사고'를 배워야만 외부 세계와 마주했을 때 어떻게 타자와 공생할 수 있는지를 알게 된다. 중국 사회와 중국의 시민은 아직 세계사 속에서 자기 위치를 사고하는 방법을 터득하지 못했으며, 그리하여 국제 관계 속에서 나라 안의 일을 사고하는 능력이 부족하다.

문제는 '대국심리'를 가졌느냐에 있는 게 아니다. 국제정치적 눈으로 대국의 상황을 분석하겠다는 의지를 갖고 있느냐에 있다. 일본의 침략 역사는 소국이라고 반드시 대국보다 덜 위험하지는 않음을 보여준다. 가장 위험한 것은 국제 관계를 정확히 판단하지 못하고, 사회 '내부의 일'과 '외부의 일'의 관계에 관해 환위상상換位想像을 못하는 경우다. 자본의 논리가 아무리 강하더라도 환위의 논리가 자본의 논리로 회수되어서는 안 된다. 그런 의미에서 중국인이 아시아적 시야를 어떻게 수립할 것인가는 확실히 하나의 긴박한 과제다. 이 과제의 의의는 아마도 현실을 바꾸는 것이 아니라 인식 방법을 바꾸는 데 있을 것이다. 만약 기존의 관성적 사유에 기대어 문제를 처리하려 들면 긴박한 사회 문제가 눈앞에 있어도 보지 못하게 된다.

나는 어떤 독일의 지식인에게 독일 사회가 전후 프랑스와의 관계를 어떻게 회복했는지 물어본 적이 있다. 독일과 프랑스 사이에는 줄곧 깊은 우호 관계가 존재해왔기에 전후에도 사회적 감정을 비교적 쉽게 회복할 수 있었다고 그는 답했다. 그 대답이 정확한지 나는 판단할 수 없다. 다만 중국 사회와 일본 사회가 상처의 기억을 좀처럼 떨쳐내지 못하는 까닭은 우호적 감정이 옅기 때문이라는 점만큼은 말할 수 있다.

우리는 중국과 한국 사이에 비슷한 문제가 생겨나지 않기를 바란다. 여기에서 두 사회의 시민이 감정적 대립에서 벗어나 어떻게 이해와 신뢰를 다져갈 수 있는가라는 긴박하고도 버거운 과제와 조우한다. 만약 중국 사회에서 '환위사고'를 일으키는 것이 중국 지식인의 몫이라면, 한국 사회도 내적 작동 원리를 달리하는 중국 사회의 변화와 난제를 이해해야 할 필요가 있지 않을까? 환위사고는 상대를 이해할 때 도움이 될 뿐만 아니라 자기를 아는 데도 도움이 된다. 그렇지 않다면 자신을 향한 사고 역시 타자에 대한 사고와 마찬가지로 일방적인 것에 그치고 말리라.

이러한 과제가 몹시 버거운 까닭은 그것이 때로 자기부정을 의미하기 때문이다. 그러나 동북아의 평화를 위해, 다시는 인위적으로 감정 대립을 조장하지 않기 위해 다른 선택지는 없다. 일본의 지식인은 근대사를 총결산하면서 일본이 동북아 이웃 나라와 신뢰를 수립할 수 있는 기회를 번번이 놓쳤던 것을 안타까워했다. 여기에 비추어보면 어쩌면 지금이 중국 사회와 한국 사회가 서로 간의 깊은 이해를 일궈낼 기회일지 모른다. 비록 우리가 현실을 좌우할 수는 없겠지만, 한국의 벗들이 이 기회를 놓치지 않기를 여전히 바라고 있다.

역사의 교차점에 서서

2005년에 들어 일본의 UN 상임이사국 참가 문제와 역사교과서 문제 등을 둘러싸고 한국과 중국에서 대규모 시위가 벌어지는 등 항의 행동이 잇달았다. 일본 정부는 초기에 외교적으로 해결할 수 있는 시기를 놓치고 말았으며, 중국에 대해 대단히 현명치 못한 태도를 취했다. 그런 사정으로 일시적이나마 긴장이 고조되었고 중일관계는 동아시아에서 중요한 문제로 부상했다. 시간이 흐르자 정세도 바뀌어 외교를 통해 해결한다는 공동 인식에 이르렀다. 아시아-아프리카 정상회의에서 고이즈미 준이치로小泉純一郎 수상은 무라야마 도미이치村山富市 전 수상의 담화*를 꺼내며 일본이 침략한 역사를 사과하였고 후진

---

* 무리야마 담화. 1995년 8월 15일 무라야마 도미이치 전 수상이 발표한 특별담화를 말한다. 이 담화는 미흡하나마 일본의 지도자가 최초로 식민지 지배와 침략을 공식적으로 인정하고 사죄한 것으로 평가받는다. "아시아의 주민에게 많은 손해와 고통을 주었으며, 이러한 역사적 사실을 겸허하게 수용하고 이를 반성하며 진심으로 사죄한다"는 문구가 담겨 있다.

타오胡錦濤 주석과의 회담을 이끌어냈다. 그 사이 일본에서도 중일관계를 좋은 방향으로 이끌어가자는 목소리에 힘이 실렸으며, 이에 응답하기라도 하듯 중국의 시민도 차분한 태도로 바뀌어 현재에 이르렀다. 말할 것도 없이 이러한 상황은 언제 어떻게 바뀔지 모르며, 바뀌더라도 이상하지 않다. 양국의 국민이 주목하는 가운데 어떻게 상황을 좀 더 바람직한 방향으로 이끌어갈 것인지는 여전히 과제로 남아 있다.

중국의 시위는 일본에서도 돌발적인 비상사태였다. 그러나 위기가 만연해 있는데도 통각이 무뎌진 오늘날에는 비상사태조차 인식의 새로운 계기가 되기는커녕 순식간에 낡은 인식의 패턴 속으로 회수되고 말았다. 지금껏 오랫동안 중국 대륙은 정치나 언론이 부자유스러운 '전체주의 국가'라고 여겨졌으며, 이 나라에서는 '정부의 의향'이 모든 걸 결정한다고 간주되어왔다. 눈여겨보면 이번 중일 간의 긴장된 상황에서도 일본 정부와 국민은 기본적으로 그런 시각을 취했다. 사태가 변하면서 일본의 여론도 조금씩 움직였으나 주된 인식의 패턴은 바뀌지 않았다. 바로 '정부의 소행'이라는 것이다. 시위의 주체였던 중국의 시민은 정부에 의해 이용당하거나 탄압받는 대상이라며 수동적 존재로 표상되었다. 그런 까닭에 일본의 주류 여론은 시위 중에 발생한 폭력사태를 잊지 않고 자기 논리의 연장으로 챙겼다. 논조를 분석하면 알 수 있지만, 시위에서 발생한 혼란과 폭력은 다른 요소들에서 떨어져나와 하나의 상징이 되어버렸다. 다시 말해 국제법을 따르지 않는 난폭한 중국 정부라는 이미지로 응축되었다. 중국 정부는 시위의 폭력을 제지하려 들지 않았다, 일본 정부에 사죄도 하지 않았다, 중국 정부는 갑자기 태도를 바꿔 그동안 선동하고 이용했던 폭력 가담자들을 탄압하고 체포했다고 말이다. 이러한 이미지는 최근 일본의 보수적 미디어가 반복해서 보도한 중국과 일본의 영유권 문제 등을 통해 보완되고 이러저러한 비상사태를 통해 증폭되고 있다.

따라서 시위를 다룰 때의 발상법이야말로 중국과 일본의 지식인에게 가장 중요한 사상적 과제였다고 생각한다. 일본의 극단적 우익 세력이 일본에 있는 중국의 주재 기관에 분풀이했다는 사실을 거론할 것도 없이 중국의 시위만 놓고 말하더라도 일본의 보수적 미디어는 시위에서 선정적 부분만을 골라내고 그 밖의 요소는 추상화하거나 아예 무시했다. 실로 이데올로기적 색채가 짙은 보도 방식이었다.

가령 시위에서 발생한 폭력사태에만 주의를 기울인 나머지 다음 문제들은 흘려버렸다. 폭넓게 발생한 이번 반일시위는 왜 주말에만 등장했는가? 왜 시위 참가자 대다수는 사회질서를 혼란시키지 않았는가? 왜 대학생이나 빈곤층이 아니라 신흥 중산계급으로 여겨지는 젊은 샐러리맨들이 시위를 주도했는가? 또한 중국의 시민 중에도 시위나 불매운동에 입장을 달리하는 사람들이 있었는데 그 까닭은 무엇인가? 다른 의견이 존재했다면 소수 의견은 평등하게 다뤄졌는가? 대립하는 의견은 또 어떻게 처리되었는가? 등등.

시위가 진행되자 실제로 시민, 특히 지식인 사이에서는 다양한 논점이 등장했다. 시위는 내셔널리즘의 표현인가? 시위는 상황을 개선시키는 데 유효한가? 불매운동의 한도를 어디까지로 해야 하는가? 그리고 만약 일본이 상임이사국이 된다면 어떤 국면이 연출될까? 이러한 문제들을 둘러싸고 논의가 오갔다. 논의 과정에서는 반일파도 극단적 친일파도 인기를 얻지 못했다. 논쟁은 중간 지대에서 행해졌다고 말할 수 있다. 불매운동도 그랬다. 불매운동을 제안한 사람은 제안을 내놓으면서 실제로 물건을 살 것인지 말 것인지는 개인의 자유라고 인정했다. 인터넷에서 불매운동은 격렬한 토론에 부쳐졌지만, 논의의 초점은 원리적 내용보다 구체적 상황 분석에 맞춰져 있었다. 일본 상표를 달았어도 중국에서 생산한 제품이라면 불매대상이 되는가? 불매가 이어진다면 중국의 종업원과 중국 경제에 미치는 타격은 어느 정도인가? 이러한 논의는 결론을 내기보다는 상황을 인식하기 위한 화제로서 기능했고, 때로는 불매운동의 수준을 넘어 중국 경제의 개혁 방향까지 분석하는 논의가 등장했다.

이와는 대조적으로 시위에서 발생한 폭력사태는 논의의 대상이 되지 못했다. 애당초 대다수의 사람은 비슷한 생각을 가지고 있었다. 폭력사태는 비판받아 마땅하다, 왈가왈부해보았자 별다른 소득이 없다고 말이다. 정부의 의향에 영향을 받은 탓에 미디어가 냉정한 입장을 견지하며 논의의 공간을 만들어내지는 못했지만, 인터넷 및 사회생활의 여러 영역에서 시민들은 논의를 이어갔다. 이러한 논의는 한 가지 기본적 추세를 암시한다. 요컨대 다수의 시민에게 시위라는 형식은 만족할 만한 것이 아니었다. 더군다나 폭력사태는 이목을 끌 수 없었다.

그보다 대부분의 중국인은 시위의 참가 여부를 떠나 다음과 같은 문제를 따져보는 데 흥미를 보이기 시작했다. 일본은 도대체 어떠한 나라인가? 고이즈미 수상의 야스쿠니 신사 참배를 어떻게 이해해야 하는가? 대체 평범한 일본인은 중국을 어떻게 보고 있는가? 등등. 간

혈적으로 이어진 이번 시위는 더할 나위 없는 공공의 화제를 제공했을 뿐 아니라 그 화제를 다룰 공간까지 창출해냈다. 화제는 바로 '일본'이었다. 중국 사회는 애당초 일본에 별다른 관심을 갖지 않았다. 개혁으로 인한 숱한 난제가 중일관계보다 긴박했기 때문이다. 그런데 서로 응답이라도 하듯 각지에서 시위가 발생한 결과, 의도하지 않았는데도 '일본'을 둘러싼 의문과 논쟁이 생겨났다. 드디어 '일본'이라는 가깝고도 먼 대상이 중국 사회의 공론 영역 안으로 들어온 것이다.

중국 사회가 일본에 이만큼 폭넓은 관심(이러한 관심은 일본에 대한 단순한 이해 방식, 즉 혐오감에서 벗어날 수도 있다)을 보였기에 이번 운동을 단순히 '5·4운동'의 재현으로 보아서는 안 된다. 국면이 진정되자 몇 가지 새로운 요소가 등장했다. 격한 반일 정서 속에서도 차분한 인식(혹은 논의) 공간이 자리 잡을 수 있었으며, 샐러리맨이 중심이 된 시위를 포함해 상당수 사람들이 이성적으로 정치 문제에 참가하는 방법을 모색하기 시작했다(배후가 불분명한 폭력 행위에 맞닥뜨리자 시위 행렬 속에서는 '이성'이라는 구호가 유행했다. 이러한 사태는 이번이 처음이다). 또한 정부가 일본에 어떤 자세를 취하는지 살피면서 자신의 진퇴 여부를 결정하는 사람이 적지 않았다. 이러한 요소는 여러 부정적 현상과 교차하면서 당면한 '반일'이 새로운 구조성을 마련해가고 있음을 암시했다.

그런데 사람들은 시위(특히 폭력적인 부분)에만 주목한 나머지 이러한 요소는 도리어 간과하고 말았다. 역설적이지만, 일본 미디어가 반복해온 '중국 정부의 통제'라는 정설에서 그 점을 확인할 수 있다. 이 정설은 다음의 전제 위에 성립한다—중국에는 국가의 의지만 있을 뿐 민중의 의지는 존재하지 않는다. 시민이 시위에 나오는 것은 정부의 조종 때문이며 시민이 시위에 나오지 않는 것도 정부가 조종한 까닭이다.

이러한 전제는 다음과 같은 발상으로 이어진다. 결국 일련의 모든 사태는 중국에서 정치와 언론의 자유가 보장되지 않은 탓이다. 나아가 일본의 시민은 냉전시대 기억의 단편을 꺼내면서 이러한 발상을 뒷받침할지도 모르겠다. 아니, 일본만 그런 게 아니다. 문화혁명이 끝난 지 이미 30년이 지났건만, 오늘날 중국에서도 일부 지식인은 그런 발상을 재생산하고 있다. 그것은 시간과 함께 굳어져 보이지 않는 인식의 올가미가 되어버렸다. 중국 사회는 늘 유동하며 유동성에 따라 자기를 조절해가지만, 중국을 분석하는 발상법은 도리어 굳어버려 스스로를 조절하는 능력조차 상실하고 말았다.

여기에 문제의 핵심이 있다. 중국을 전체주의 국가로 설정하는 한, 비상사태에 관한 해석은 모두 하나의 지점으로 회수된다. 정부와 민간의 복잡한 응답 관계는 오로지 '관민일치'로 치환되고, 시위에서 폭력 사건이 발생하면 참가자는 '난폭한 민중'으로 낙인찍힌다. 아직도 지엽적 반일사건(가령 축구 관중의 폭력)으로만 중국 사회를 바라보는 사람들에게 이번 반일 시위는 그야말로 '난폭한 민중'에 딱 어울리는 행동이었으리라. 그런 까닭에 그들은 정부의 강권만이 이 사건을 매듭지을 수 있다고 생각할 것이다. 그러나 정부의 요구도 있었고 직장이나 지역의 리더가 종용하기도 했지만, 그런 요구가 있었든 없었든 이번에는 중국 시민이 주체적 판단에 따라 움직였다고 이해하는 편이 실상에 가까울 것이다. 9·11 이후의 미국과 비교한다면, 지금 중국의 여론이 훨씬 유연하다. 겉으로는 이데올로기의 통제가 건재하지만,

그것은 시간이 지나면서 차츰 힘을 잃어 더 이상 사회를 통제하는 원리가 되지 못한다.

또 한 가지 지적하고 싶은 것이 있다. 중국 정부가 일본 정부를 향해 표명한 태도나 요구사항(가령 후진타오 주석이 고이즈미 수상에게 문제제기한 야스쿠니 신사 참배) 역시 기본적으로 중국 민간의 심정이나 동향에 부응한 것이지 정부 혼자 결정하지는 않았다는 점이다. 일본의 여론은 중국 시민의 정치적 요구가 정부에 복잡한 영향과 압력을 가한다는 사실을 인정하지 않는다. 그리하여 일본의 여론은 중국 정부가 민간의 기대에 응답한다는 사실 역시 인정하지 못한다.

그러나 문제는 더욱 미묘한 대목에 있다. 중국 사회의 이러한 기본적 동향은 하나의 사실을 암시한다. 다시 말해 정부와 민간 사이에는 잔뜩 긴장된 형태로 응답 관계가 형성되어 있지만, 그 관계는 아직 적당한 형식과 제도를 갖춘 법제화로 이어지지 않았다. 그로 인해 일상적으로 제도화된 틀에서 응답이 이루어지는 것이 아니라, 오히려 일시적 비상사태를 거쳐야 응답이 나타난다.

다시 한 번 강조하건대 이처럼 형성 중인 응답관계는 중국인조차 파악하기 힘든 신선한 현상이다. 제도화되어 있지 않은 까닭에 응답이 존재한다는 사실조차 놓쳐버리거나 왜곡되기 십상이다. 그 점에서 이번 시위는 비상사태였고 제도로 구획되지 않았기에 오히려 내실은 혼돈으로 풍요로웠다. 따라서 시위와 폭력의 관계가 아니라 시위가 중국 사회에서 대체 어떤 반응을 이끌어냈는지, 시위로 인해 사회구조적 측면이 어떻게 조절되었는지를 고찰하는 일이 관건인 것이다.

2년 전 중국에서는 사스라는 비상사태가 발생했다. 이를 계기로 중국 사회는 새롭게 편성된 정치적 역학관계를 바탕으로 정치 개혁을 추진하고 있다. 정부는 약자 계층에 힘을 쏟는 일에 그치지 않고, 사회 전체의 요구에 민감하게 반응하는 메커니즘을 만들고 있다. 이 과정에서도 종래의 관료주의와 그와 결부된 이데올로기 통치 수단은 여전히 꿈적 않는 타성으로 작용했으며, 기존의 이익집단 역시 역사의 발전을 자신들에게 유리한 방향으로 이끌고자 집요하게 움직이는 중이다. 중국에서는 하루가 멀다 하고 다양한 사회집단 사이에서 마찰이 발생하는데, 이러한 대립 관계가 바로 역사의 복잡한 회로를 좌우한다. 외견상 중국은 정부가 여론과 사회의 동향을 관리하는 듯 보이지만, 이것은 중국의 정치 과정에서 결코 중심축이 아니다. 가장 활력 있는 부분은 오히려 그러한 관성적 틀에서 점차 벗어나고 있다. 이렇게 말해도 좋을 것 같다. 중국의 정치는 새로운 형태를 모색하고 있으며 시위는 그 과정에서 발생한 것이라고 말이다. 이러한 모색이 어떤 결론에 이를지는 예견하기 어렵다. 다만 사상사 연구자로서 나는 현대사회에서 통용되는 기존의 인식 패턴이 새로운 모색 과정에서 아포리아가 되지는 않을까 염려할 따름이다.

중국이든 일본이든 시위가 다시 발생할 것인지 여부에만 관심을 기울인다면, 역사가 조용히 우리 눈앞을 스쳐 지나가더라도 그 움직임을 놓치고 말지 모른다. 양국 정부를 두고 서로 이러저러한 평론을 늘어놓는 동안에 우리 자신이 역사에 진입할 절호의 기회를 덧없이 잃어버릴지도 모를 일이다. 역사의 교차점에 서 있는 우리는 과연 역사와 함께 움직일 수 있을까? 이 질문이야말로 시위보다 더 중요하지는 않을까?

'종합사회' 중국과 마주하기 위하여

올해, 2008년은 중국에도 세계에도 무척 중요한 의미를 지니는 한 해가 되겠죠. 중국 국내에서 벌어진 일련의 사건이 세계적으로 주목받았고 줄곧 반향이 일었습니다. 그렇듯 격동의 동시대사 한복판에 서 있지만, 저 일련의 사태를 어떤 입장에서 바라봐야 할지는 그다지 자명하지 않죠. 저는 오늘 이 문제에 관해 개인적 견해를 밝히고자 합니다.

먼저 올해 있었던 세 가지 사건을 간단히 되짚어보겠습니다. 세 가지 사건이란 티베트 사태, 성화 릴레이 사태, 쓰촨 성 대지진을 가리킵니다. 세 가지 사건 모두 일본의 미디어에서 크게 다뤄졌습니다. 아마도 올해 전반기에 일본 사회에서 가장 화제가 된 사건들일 것입니다.

우선 3월에 티베트 사태가 발생했습니다. 일본의 미디어는 몇 가지 대목에 초점을 맞춰 이 사건을 보도했죠. 첫째, 이번 사태의 중심에 티베트의 승려들이 있었다는 사실입니다. 승려들이 티베트의 자유를 갈구하여 이번 사태를 일으켰다는 보도가 나왔습니다. 다만 그들이 갈구한 자유의 내용이 무엇인지는 일본의 미디어도 서구의 미디어도 거의 다루지 않았습니다. 결국 종교의 자유가 없다는 식으로 무척 추상적인 결론을 내렸습니다. 둘째, 최근 한족이 티베트 지역을 지배하자(혹은 티베트 지역으로 진출하자) 티베트족이 반발했다는 점이었습니다. 이는 사태가 발생했을 때 한족의 가게는 습격당했지만 티베트족의 가게는 무사했다는 점에서 입증되었습니다.

티베트 사태가 번져가자 중국 정부가 대응에 나섰습니다. 사태의 초기부터 당국은 몹시 가혹하게 탄압했습니다. 다만 '탄압'의 규모와 방식을 두고 여러 설이 분분했습니다. 여러분께 자료로 나눠드린 『마이니치신문』은 적어도 두 가지 보도 방식을 취했습니다. 우선 중국의 군대는 진압에 직접 나서기보다 방위적 수준에서 치안을 유지하며 사태가 가급적 확산되지 않도록 막으려 했다는 것입니다. 한편 미국 미디어의 설입니다만, 대규모 무력을 동원하여 탄압하고 학살을 자행했다는 보도도 나왔습니다. 그래서 티베트족의 대량 체포와 감금으로 이어졌다는 것입니다. 실상은 끝내 명확히 밝혀지지 않았습니다. 그러자 외신 기자들의 현지 출입을 중국 정부가 금지하는 상황이 부각되었습니다. '탄압'임을 보여주기 위해 '천안문 사태'의 이미지가 동원되기도 했죠. 그러자 "아, 그러면 그렇지" 하는 분위기가 확산되어 티베트 사태의 진상은 애매한 채로 매듭지어졌습니다.

그러고 나서 거의 틈을 두지 않고 두 번째 사건이 발생했습니다. 성화 릴레이였습니다. 당시는 어느 미디어든 이 사건에 관한 기사로 도배를 했죠. 하지만 성화 릴레이 또한 정말이지 혼란스러워서 그것의 표상이 무엇을 뜻하는지는 분석되지 않은 채 기묘한 인상만을 남겼습니다. 릴레이를 방해하려는 폭력 행위가 곳곳에서 벌어져 올림픽 진행에 차질을 안겼는데, 미디어는 되레 폭력을 휘두르지 않은 '중국'이 무섭다는 이미지를 정착시켰습니다. 여기에는 어떤 비약이 있었죠. 티베트 사태를 거치며 중국 정부는 천안문 사태 이후 독재 정치를 펴고 있다는 기본적 이미지가 다져졌고, 그 이미지는 성화 릴레이 방해 장면으로 고스란히 옮겨졌으니까요.

그러나 성화 릴레이의 사례에도 그런 이미지를 활용한다면 다소 곤혹스럽습니다. 주최는 중국이 하지만 성화 릴레이는 국제적 이벤트입니다. 각국 정부에는 순조로운 행사 진행을 도와야 할 의무가 있습니다. 따라서 각국의 현지 경찰이 동원되어 방해 행위에 대처했습니다. 중국 정부로서는 폭력을 사용할 이유가 없었습니다. 릴레이를 응원하던 중국인도 그럴 필요가 없었습니다. 국부적으로 발생한 충돌은 대개 현지 경찰과 시위자 사이에 일어났죠. 그런데도 복잡한 상황을 단순화시켜 모든 것을 "중국은 무섭다"는 이미지로 환원하는 것은 억지스럽습니다. 그리하여 우리가 텔레비전으로 접하는 화면과 귀로 들려오는 해설 사이에는 괴리가 컸습니다. 정도의 차이는 있었지만, 일본의 미디어는 티베트 사태의 장면과 성화 릴레이의 방해 장면을 거의 매개 없이 포개놓았다는 점에서 대체로 비슷했습니다.

티베트 문제가 발생하기 전에 프랑스의 한 인권단체는 성화 릴레이를 정치적으로 이용하려는 계획을 세워두었습니다. 그 후 티베트 문제가 발생하자 성화 릴레이와 합류했죠. 두 가지 다른 사건이 한데로 포개지려면 아무래도 단순화되어야 하니 결국 "티베트 문제는 인권 문제"라는 이미지가 부상했고, 성화 릴레이를 방해하는 일도 '인권'을 이유로 정당화되었습니다.

성화 릴레이가 아직 끝나지 않았는데 세 번째 사건이 일어납니다. 자연재해인 쓰촨 성의 대지진입니다. 대지진이 일어났을 때 세계의 미디어에는 성화 릴레이 방해 활동의 잔영이 아직 남아 있었습니다. 일본의 미디어에 관해 말하자면, 4월 하순에 나가노에서 성화 릴레이가 진행되었을 때 일본 시민의 불만, 중국인의 내셔널리즘, 그리고 중국 정부가 조장한 성화 릴레이 응원 등이 반복해서 보도되었습니다. 그런 와중에 지진이 일어난 것이죠.

지진은 앞의 두 사건과 질적으로 전혀 달랐습니다. 자연재해였으니까요. 아마도 인류 역사상 가장 거대한 규모의 자연재해 중 하나였을 것입니다. 일본에서는 일찍이 간사이關西 지역에서 대지진이 발생한 적이 있습니다. 일본 시민은 아직도 참혹한 기억을 간직하고 있습니다. 그리하여 쓰촨 성에서 대지진이 일어나자 일본의 일부 미디어는 따뜻한 메시지를 보냈습니다. 서구의 미디어와 비교하여 몹시 인정미가 배어 있었습니다.

그러나 인정미 넘치는 메시지가 나오기까지는 다소 시간이 걸렸습니다. 즉 성화 릴레이에 관한 비판 논조에서 벗어나기까지 적어도 사나흘 정도의 시간이 필요했습니다. 지진은 5월 12일에 발생했습니다. 물론 다음 날부터 미디어는 바로 보도에 나섰죠. 하지만 지진의 참상을 전하는 내용 말고는 별다른 입장을 표명하지 않았습니다. 하루가 더 지나자 성화 릴레이가 계속되는지, 중국 정부가 언론의 자유를 억압하는지 아닌지에 주목하는 보도가 흘러나왔습니다. 그렇게 이

틀 정도 이어지더니 그런 비판은 수그러들었습니다. 대신 중국 정부의 발 빠른 대처, 민간의 상호부조를 조명했습니다. 아마도 이러한 변화는 일본이 지진이라는 자연재해의 참혹함을 잘 이해하는 사회였기에 가능했다고 봅니다. 그런 체험을 갖지 않은 사회에서는 나오기 어려운 반응이었죠.

불과 2개월에 걸쳐 우리는 티베트 문제에서 대지진에 이르는 세 가지 사건을 연이어 경험했습니다. 각각 다른 사건이었지만, 그동안 우리는 일관되게 어떤 기본적 이미지와 마주하지 않았던가요. 세 사건이 닮은꼴로 묘사되자 "중국 정부는 여전히 독재" 혹은 "전체주의"라는 이미지가 공고해졌습니다. 또 한 가지, 중국인의 내셔널리즘도 부각되었습니다. 티베트 문제도 성화 릴레이도 쓰촨 대지진도 같은 내셔널리즘의 지반을 공유하는 것처럼 보도했죠. 한 가지를 더 꼽는다면 인권 문제입니다. 앞선 두 사건에서 인권이란 개념은 그 추상성에 힘입어 핵심어가 되었습니다. 지진의 경우에는 인권 문제가 전면에 떠오르지는 않았지만, 앞으로 이재민의 인권 문제가 등장하겠죠.

더 나아가 중국의 '민중'이란 존재도 그렇듯 고착된 이미지로부터 벗어나지 못했습니다. 기본적으로 정부에 조종당하거나 아니면 피해자로서 억압받고 있다는 식으로, 다시 말해 자유를 박탈당하고 주체성을 지니지 못한 존재로 묘사되었습니다. 중국 민중이 미디어에 등장할 때면 마치 불평을 늘어놓기 위해 존재하는 것처럼 보입니다. 그들이 사회 개조에 관해 무슨 생각을 하고 어떻게 행동하는지는 거의 다뤄지지 않습니다. 이따금 '반체제 활동가'의 보도가 나옵니다만, 마치 그것이 중국에서 유일한 '민주주의를 위한 노력'인 양 간주됩니다.

그리하여 이상의 세 사건에 관한 보도의 논리를 정리하면, 중국의 사정에 밝지 않더라도 아마도 다음과 같은 의문점이 생길 것입니다.

먼저 티베트 문제에서는 티베트를 독립시켜야 하는지가 중심적 화제가 되었죠. 그 경우 동서의 미디어에서는 독립을 지지한다는 내용이 주류였습니다. 표면으로 드러내지는 않더라도 그러한 입장에서 인권이나 자유 같은 관념을 동원하였습니다. 다만 티베트의 배후에 미국이 버티고 있는 이상 순수한 '독립' 혹은 '중립'이 있을 수 있는지, 실은 이 문제가 배경에 놓여 있습니다. 티베트가 미국의 전략적 거점이 될 것인지는 당장 논의할 필요가 없을지 모릅니다. 그보다 지진의 발생지에는 여러 소수 민족이 살고 있으며, 티베트족도 거기서 살아가고 있습니다. 이것이 중국의 다민족 공존의 모습입니다. 이를 간과해서는 안 될 것입니다.

이번 사태가 수습되는 과정을 보면, 여러 민족이 뒤섞여 사는 상황 속에서 통일국가의 중앙 정부 역할이 몹시 중요했습니다. 예를 들어 5월 16일 『마이니치신문』의 기사에 따르면, 중국은 13만 명의 군인을 동원했습니다. 일본에서는 상상하기 힘든 대규모 지진을 앞에 두고 이 정도로 신속하게 대처하고 대규모 구제 활동을 벌일 수 있었던 것은 통일국가의 중앙집권적 힘이 있었기 때문입니다. 일본을 포함한 국제 원조도 큰 보탬이 되었지만, 기본적으로는 자기 힘으로 넘어서야 할 사태였죠.

어쨌든 대지진은 70여 시간으로 해결될 문제가 아니며, 앞으로 재건 작업을 위해서는 보다 큰 동력이 필요할 것입니다. 『아사히신문』은 중국의 각 성省이 재건 작업을 위해 역할을 분담하기로 했다고 전했습니다. 경제적으로 풍부한 성이 물자와 인력을 조달해 피해지의 시민이 실질적으로 복구 지원을 받을 수 있도록 장기적 계획을 세우고 있는 것입니다. 이렇듯 역할을 분담하는 장면으로부터 확실하게 국민을 지키려고 기능하는 통일국가의 면모를 확인할 수 있습니다. 티베트의 독립을 주장하는 경우에도 이러한 요소를 무시해서는 안 됩니다. 그런 의미에서 '인권'이나 '자유'와 같은 개념으로 역사를 설명하려 할 때, 먼저 대지진과 같이 험난한 상황(나아가 지진보다도 심각한 인재人災도 있습니다. 전쟁처럼 말이죠)을 맞이하여 '국민에 대한 책임'을 시야에 담지 않으면 안 됩니다.

최근 2개월간의 보도를 보면 논리적 분열이 선명하게 드러납니다. 나가노의 성화 릴레이가 끝날 때까지 만연하던 중국 정부를 향한 혹독한 비판은 대지진이 일어나자 거의 증발되었습니다. 티베트 문제로 '나쁜 돌'이었던 중국 정부는 대지진을 맞닥뜨리자 최선을 다한다며 순식간에 '좋은 돌'이 되었습니다. 이러한 논리는 사실상 통일국가의 중앙정권이 지니는 역할을 정치적으로 사고하지 않고, '좋은 돌' '나쁜 돌'로 가르는 사고방식에 기초해 있습니다. 이러한 논리는 세상을 흑백 두 가지로 나누려고 합니다. 따라서 정치적 해석이 될 수 없습니다. 이 점에 관해서는 뒤에서 설명하겠습니다.

다음으로 대지진이 발생하기 전까지 중국인의 '내셔널리즘' 역시 '나쁜 돌'로 다뤄졌습니다. 티베트 문제에 그다지 사회적인 반응을 보이지 않던 중국인들은 성화 릴레이가 방해받자 자극되어 안팎으로 반응을 보였습니다. 특히 까르푸 불매운동에 나서자 '중국의 내셔널리즘'이 세계적으로 조명을 받았습니다. 다만 이 경우도 중국에는 언론의 자유가 없으며 중국인의 저런 행동은 정부가 조종한 것이라는 논리가 주류였습니다. 일본에서도 이러한 논리가 통용되었죠.

그러나 대지진이 발생하자 일본의 미디어도 중국인의 상호부조를 얼마간 다루기 시작했습니다. '티베트족 대 한족'이라는 대립 구도가 누그러들고, 정부의 구호활동과 아울러 민족을 불문하고 전국 각지의 중국인들이 자주적으로 구호활동을 벌이는 상황이 일본에도 얼마간 보도되었습니다. 그래서 의문이 생깁니다. 만약 중국인이 주체성을 지니지 못한 채 정부에 조종당하는 존재라면, 저렇듯 적극적으로 구호활동에 나설 리 없습니다. 만약 그들이 자주적으로 행동하는 주체적 존재라면, '내셔널리즘'에 한해서만 중국인은 조종당했다고 이해하면 되는 것일까요?

여기서 우리는 근본적 문제에 직면합니다. 중국에서 벌어진 일련의 사건을 이해하고자 할 때, 무엇보다 먼저 중국을 향한 우리의 시좌가 되물어지는데, 특히 정치(중국의 정치로 한정되지 않습니다)에 관한 이해 방식이 무겁게 추궁당한다는 것입니다.

정치를 도덕적으로 이해하는 일과 정치를 정치가에게 맡기는 일은 동전의 양면입니다. 우리는 주변에서 선이든 악이든 국가의 정치를 두고 남의 일처럼 논하는 현상을 자주 목격합니다. 비판이든 변호든 정치를 살아있는 과정으로 보지 않고 '선' 아니면 '악'이라는 판단으로 몰고 갑니다.

미디어는 신선함을 추구하다 보니 크고 작은 사건을 발생 당시에 집중적으로 보도합니다. 그 이후의 추이는 곧잘 무시하죠. 하지만 현실에서 커다란 사건은 이후 모습을 계속 바꿔갑니다. 그럼에도 초기 국면에 미디어가 만들어놓은 이미지가 그 후에도 남아, 우리는 그것에 의탁해 사건을 이해하려 듭니다. 이 대목은 '역사 시좌'에 관한 보다 일반적 문제로 이어집니다.

역사는 늘 움직입니다. 변화하면서 새로운 요소를 낳죠. 그렇게 인간이 가지고 있는 부동의 이미지와 고정된 판단을 무너뜨립니다. 역사를 대하는 이러한 시좌를 결여한다면, 고정된 가치관에 의거해 현실의 이미지를 선택하는 식이 되어버립니다. 올해는 이른바 선진국이 중국을 향해 내놓은 반응이 그랬습니다. 복잡한 현상은 정제되고 상황은 선과 악 어느 한쪽으로 귀착합니다. 하지만 그런 식으로는 중국의 복잡한 현상을 제대로 분석할 수 없겠죠. '반대할 것인가 지지할 것인가', '비판할 것인가 변호할 것인가'라는 이분법으로 사고가 갈리고 말테니까요.

그런데 미디어에서는 어째서 '좋은 돌' '나쁜 돌' 같은 이미지가 재생산되어 왔을까요? 저는 먼저 냉전 이데올로기의 문제를 거론하고 싶습니다. 사카모토 요시카즈坂本義和는 『지구 시대의 국제정치』에서 다음처럼 간결한 분석을 내놓았는데, 조금 인용하고 싶습니다.

> 델레스는 냉전 해석의 한 가지 형태를 대표한다. 주지하듯이 델레스 같은 해석에 따르면, 동서 대립이란 '민주주의' 대 '공산주의' 이데올로기의 대립이며, 선과 악, 신과 악마의 대결에 다름 아니다. (······) 악의 존재가 악일 뿐 아니라 선과 악 사이의 타협과 공존을 인정하는 행위도 악이며, 따라서 그러한 논리의 귀결로서 '반격 정책'rollback policy를 통한 공산권 내의 민중 '해방'이 요청된다.

이번 세 가지 사건을 두고 서구의 일부 미디어를 비롯한 선진국의 보도를 보면, 사카모토 씨가 정리한 냉전 이데올로기의 패턴을 그대로 따르고 있습니다. 민주주의와 전체주의(공산주의)라는 틀로 회수할 수 없는 현실에 그 틀을 고스란히 적용했습니다. 그리고 선과 악의 싸움으로 묘사했습니다. '인권'을 결여한 중국 민중이 정부에 조종당하고 있다는 주장은 국제적 '반격'으로 중국의 민중을 '해방'시켜야 한다는 발상을 암시합니다.

냉전기가 끝난 뒤에도 냉전 이데올로기는 홀로 남았지만, 국제정치에서 이전과 같은 이데올로기적 대립은 결코 유지될 수 없습니다. 탈냉전기에 서방 국가의 정부가 내보인 태도와 그곳 미디어의 보도 사이에는 분명히 어떤 어긋남이 엿보입니다. 이데올로기가 현실에서 유리되는 문제는 단지 세계 언론이 중국을 적대시한다는 데서 그치는 게 아닐 것입니다. 오히려 냉전 붕괴 이후의 세계 정치 상황과 그 상황에 대한 인식 사이의 간극을 집중적으로 반영한다고 생각합니다.

현실에서 세계 정치는 크게 바뀌어 세계를 양대 진영으로 가르는 과거의 사고방식으로는 파악하기 어렵습니다. 하지만 거기에 상응하는 인식은 아직 생산되지 않았습니다. '인권'이나 '자유'는 냉전 이데올로기에서 불가결한 핵심어였습니다. 이것들이 중국을 다룰 때 추상적으로 사용된다면, 오히려 그 이데올로기적 성격을 노출하는 셈입니다. 주류 미디어에 부합하지 않는 발언은 좀처럼 나오지 않는 여론의 일률적 국면이 바로 '민주주의' 원칙을 위배하고 있는 것은 아닌지 물어야 하지 않을까요. 흥미롭게도 이러한 국제적 이데올로기의 압박은 중국 사회 안에서 유사한 이데올로기적 국면을 불러일으킴으로써 중국인의 반응에도 이데올로기적 색채가 짙어졌습니다. 올해 상반기에 저는 분명히 또 한 차례 냉전 이데올로기의 싸움을 목도할 수 있었습니다.

그렇다면 문제는 바로 이곳에 있습니다. 진정한 과제는 아마도 어떻게 냉전 이데올로기를 넘어 중국의 복잡한 동시대사를 파악할 수 있는가 하는 것이겠죠.

그리고 지금의 중국을 다룰 때 먼저 물어야 할 것은 중국을 어떻게 생각하는지가 아니라 '역사'와 '정치'를 어떻게 생각하는지라는 기본 문제일 것입니다. 냉전 이데올로기는 쉽사리 극복할 수 없습니다. 일본과 중국 사회는 '민주주의'에 대한 상상력이 몹시 관념적이고 약합니다. 이 점이 냉전 이데올로기의 극복을 더욱 어렵게 만들고 있습니다. 역사 속에 존재하는 민주주의라는 정치 형태는 실로 다양해서 일률적으로 말할 수 없습니다. 늘 '선'이라고 단언할 수도 없습니다. 정치는 이상 상태에 도달하는 법 없이 항상 긴장 관계 속에서 움직이고 있기에 '선'과 '악'을 동시에 머금으며 그 사이에서 유동합니다. 그렇다면 우리는 사회 안에서 어떤 정치 구조가 형성되었고, 어떤 역관계에 의해 그것이 조정되는가라는 문제에 주목해야 합니다. 더구나 한 나라의 정치 상황에는 늘 그 나라의 경제, 문화 내지 풍토의 문제 등이 반영되며, 국제정치의 역관계도 큰 영향을 미칩니다. '인권'이나 '자유'는 이러한 맥락에서 사고하지 않는다면 전혀 의미를 갖지 못합니다.

이쯤에서 티베트 사태로 돌아가보죠. 저는 중국의 근대를 어떻게 이해할 것인가라는 문제를 말씀드리고 싶습니다. 저는 티베트 전문가가 아닙니다. 자세한 분석을 내놓을 수는 없으니 아주 상식적 수준에서 초보적으로 말씀드리고 싶습니다.

티베트 문제를 두고 일본 미디어가 보도하는 양상을 보면 이러한 물음이 떠오릅니다. 승려들이 요구하는 '자유'란 대체 무엇인가? 왜 승려들이 사건의 중심이 되고 있는가? 한족이 대거 이주하여 티베트인에게 불이익을 초래했다면, 이것은 최근 수년 동안 벌어진 일입니다. 그렇다면 역사상 티베트에는 어떤 문제가 있었을까요.

여기서 저는 몹시 상식적 내용을 지적해두고자 합니다. 중국공산당이 정권을 쥐고 나서 티베트에 들어가 토지개혁을 단행했다는 사실 말입니다. 사원이 독점하던 토지를 무력으로 빼앗아 토지를 전혀 소유할 수 없었던 노예 신분의 티베트 민중에게 나눠주었습니다. 이는 몹시 격렬한 과정이었습니다. 다만 토지개혁은 중국의 전 국토에서 진행되었습니다. 티베트에서만 일어난 일은 아니었습니다. 티베트에서 토지개혁이 이뤄지기까지는 민족 간 대립 등 민감한 문제가 끼어 있어 한족 지역보다 오랜 시간이 걸렸죠. 거의 10년 가까운 시간이 필요했습니다.

여기서 책 한 권을 소개하겠습니다. 『티베트 근대화를 위한 투쟁』이라는 책입니다. 미국의 티베트 전문가 멜빈 골드슈타인Melvyn Goldstein과 윌리엄 지벤슈William Siebenschuh가 기록한 타시 체링Tashi Tsering(1937~)이라는 티베트족 인물의 전기입니다. 그는 티베트의 시골 출신으로 옛 티베트 사회에서는 사회적 지위가 낮았지만, 어린 시절 어떤 기회를 통해 티베트의 상류사회로 진입합니다. 그 후 공산당이 티베트에 진출하는 과정을 겪고 나서 1956년 인도로 건너가 달라

이 라마의 형 밑에서 일하고, 1960년 미국으로 유학을 떠납니다. 유학 도중에 유럽의 역사를 공부한 그는 티베트 사회가 '정교일치'의 유럽 중세 봉건사회와 닮았음을 발견합니다. 그러고는 티베트 종교에 관해 달리 생각하게 되죠. 상류사회가 궁핍한 노예를 착취한다는 사실을 은폐하는 장치로서 종교를 활용한다고 인식하게 된 그는 티베트에서 혁명을 일으켜 근대화로 나아가야겠다고 마음먹습니다. 한편 티베트 족으로서 그는 중국공산당도 못 미더웠습니다. 하지만 공산당이 진출 하면서 진행된 일련의 개혁에 관해 역사적 고찰에 나섭니다. 그는 공 산당이 티베트에서 실시한 토지개혁과 정치개혁은 티베트 역사상 초 유의 일이었고, 이로써 티베트인을 대신해 공산당이 사회혁명에 불을 지폈다고 판단합니다. 나아가 그것을 어떻게든 활용해 티베트인을 위 한 티베트 근대사회를 일궈야겠다고 고민합니다.

타시 체링은 그런 이유에서 인도로 가자는 달라이 라마 형의 권유 를 뿌리치고 1964년 중국으로 돌아왔습니다. 문화대혁명 직전이었죠. 귀국하고 나서 여러 시련을 겪었습니다. 어떤 의미에서는 중국과 함 께 좌절했습니다. 문화대혁명이 지나가자 그는 자유롭게 미국 등지로 떠날 수 있었지만 티베트에 남습니다. 그는 행정력을 활용해 지금까 지 티베트에 예순여섯 개의 초등학교와 한 개의 전문학교를 세웠습니 다. 티베트족 아이들에게 계몽의 기회를 제공하고 문화적인 분야에서 티베트의 근대화에 매진했습니다.

타시 체링의 전기는 결코 단순하지 않습니다. 그는 어떤 묵중한 문제를 제기합니다. '근대'는 중국에, 그리고 티베트에 대체 무엇을 의미하는가 하는 물음입니다. 바로 여기에 티베트 사태의 본질이 있다고 생각합니다.

다소 비약일지 모르겠으나, 여기서 영국의 정치학자 해럴드 라스키*의 『현대 혁명의 고찰』도 조금 참조하고 싶습니다. 라스키는 이 책에서 소련의 '근대'를 다루고 있습니다. 혁명 후 소련 정부에는 두 가지 선택지가 있었습니다. 하나는 외부의 자본을 도입해 이른바 신경제 정책을 속행하는 자본주의화의 길이었고, 다른 하나는 자력으로 러시아를 전면적으로 공업화시키는 길이었습니다. 결국 소련은 후자를 택했죠. 그 결과 소련은 국민을 독재 체제로 내리눌러야 할 상황에 직면하게 되었다고 라스키는 말합니다.

1949년 이후 중국의 정치체계는 소련과 상당히 다르지만, 다음과 같은 상황은 몹시 닮았습니다. "이러한 공업화의 대가로서 소비 물자를 엄격히 제한하고 농업을 집약화해야 했다." 같은 상황이 중국에서도 벌어졌습니다. "미국에서조차 한 세기 반을 요구한 경제개발, 더구나 미국은 외국 자본을 대대적으로 도입해 성사시킬 수 있었던 경제개발을 불과 30년도 안 되는 단기간으로 압축시키는 노력이었다. 더구나 이러한 노력의 주체여야 할 국민은 대다수가 목표를 달성하는 데 필요한 훈련을 전혀 거치지 않은 사람들이었다. 또한 지금의 막대한 희생을 미래에 보상받을 것이라며 갖가지 의의로 아무리 포장하고 선전해보았자, 적어도 농민층의 경우 자유롭게 선택하도록 내버려두었다면 경제개발에 따르지 않았을 것이다."

* Harold J. Laski(1893~1950). 영국의 정치학자. 페이비언 사회주의 이론가로 분류되지만 자유주의 이론에도 정통했다. 1945~1946년에는 노동당의 의장을 맡았다. 저서로『카를 마르크스』, 『근대 국가에서의 자유』, 『위기의 민주주의』 등이 있다.

서유럽의 여러 나라에서 무력에 기대어 근대화를 실현하는 과정은 식민화로 나타났으며, 미국에서 그것은 제2차 세계대전과 그 후의 세계 제패를 뜻했습니다. 그러나 러시아와 중국 등 이른바 공산주의 국가가 자력으로 근대화를 꾀하려면, 외부의 압력 아래서 단시간에 내부를 '착취'하는 길 말고는 다른 선택지가 없었습니다. 그렇다면 문제의 핵심은 '근대'라는 역사 과정을 어떻게 봐야 할 것인가로 옮겨갑니다.

"현대 문명에서 알력이 발생하는 중요한 원인은 프랑스혁명에서 손을 잡았던 자유와 평등의 이상이 이후의 역사에서 서로를 참혹하게 배신했던 데 있다." 마루야마 마사오*는 「세 번째 평화에 대하여」 1, 2장에서 이 문제를 제출했습니다. 자유를 표방해 평등을 희생시킨 '민주주의'식 근대, 그리고 평등을 내세워 자유를 희생한 '사회주의'식 근대는 어느 쪽도 성공했다고 말할 수 없습니다. 그 지점에서 우리는 오늘날 바로 '현대문명의 알력'과 조우하고 있으며, 어떻게 자유와 평등을 함께 실현하는 사회체계를 만들어낼까라는 묵직한 과제와 마주하고 있습니다.

중국에는 애초부터 '국가'보다 '천하'라는 사상 전통이 강합니다. 근세 이후 유럽 체계에서 출현한 민족국가는 자라나기 어려운 조건입니다. 지극히 복잡한 틀에서 다민족이 공존하고 있으며, 이 틀은 아직 정치적으로 충분히 분석되지 않았습니다. 티베트 문제가 발생하자 중

---

* 丸山眞男(1914~1996). 정치학자. 일본정치사상사 연구의 최고봉으로 전후 민주주의 사상의 지도적인 존재였다. 저서로는 『현대정치의 사상과 행동』, 『일본정치사상사 연구』, 『충성과 반역』 등이 있다.

국의 여론은 다민족 공존의 역사를 되돌아볼 기회를 얻었습니다. 물론 민족 간 모순, 한족의 헤게모니 등이 실제적 문제로 존재하지만, 그것은 문제의 일면이며 진정한 관건은 오히려 "어떠한 공존의 모습일 수 있는가"에 있습니다. 모순은 민족 사이에만 있지 않습니다. 티베트족, 한족 등 모든 민족의 내부에서 격렬한 충돌이 일어납니다. 그 점을 역사적으로 분석해야 합니다. 아마도 이데올로기만으로는 파악할 수 없겠죠. 한발 더 내딛어 말하자면, 티베트 문제를 '근대'라는 틀 안에서 자리매김하고 자유와 평등의 문제, 즉 "참혹하게 배신했던" 까다로운 아포리아를 어떻게 넘어설 수 있는가를 사고해야 합니다. 지금껏 그래왔듯 티베트족과 한족이라는 두 실체를 만들어 추상적으로 대립시킨다면, 실제로 움직이고 있는 정치적 결단과 작용, 가령 방금 전 말씀드린 타시 체링 같은 사고방식과 노력은 정말이지 묻혀버리고 말 것입니다.

타시 체링 씨는 이제 여든 살 가까이 되셨습니다. 그의 전기는 먼저 홍콩에서 번역되어 나왔고 2006년 7월에는 대륙에서도 출판되었습니다. 올해 티베트 사태를 거치면서 이 책은 한족 사람들 사이에서도 평판을 얻었습니다. 어느 민족이냐를 떠나, 정치적 참가를 자신의 과제로 삼는 보통 사람들이 이 책에서 감명을 받은 까닭은 그의 결단과 희생정신에서 느낀 바가 컸기 때문일 것입니다. 타시 체링 씨의 노고는 정말이지 대단한 것이었습니다. 투옥과 감시를 비롯해 그토록 고초를 겪었지만, "불평을 내뱉는" 것과는 전혀 어울리지 않는 인간이었습니다. 그는 상황마다 자신이 '무엇을 어떻게' 할 수 있는지를 분명하게 판단하고, 그때마다 나름의 결단으로 행동에 나섰습니다. 정치는 정치가에게 맡겨두고 불평만 일삼든지 늘 바깥에서 비판만 하는 사람들과 달랐습니다. 타시 체링 씨는 그처럼 '흑/백'의 알기 쉬운 위치가 아니라 어디까지나 보통 사람의 자리에서 '정치 참가'를 시도했습니다. 그런 의미에서 그의 입장은 흑/백으로 판단할 수 없습니다.

여러 민족의 구성원이 그의 노력에 감동했습니다. 또한 여러 민족 안에는 이러한 유형의 사람이 많습니다. 그들의 노력으로 중국의 정치는 조금씩 바뀌어왔습니다.

쓰촨 대지진이 발생하자 다음 날부터 사람들이 움직였습니다. 제가 직접 알고 있는 사례인데, 허베이河北의 어느 마을 지도자가 사업으로 모은 재산을 털어 구호대를 꾸렸습니다. 구호대는 지진이 발생하고 이틀이 지난 14일에 진원지를 향해 떠났습니다. 구호대는 스물세 명으로 구성되었습니다. 같은 마을에서 열다섯 명의 농민이 짐을 꾸렸고, 그때까지 줄곧 농촌건설운동에 매진하던 자원봉사자 여덟 명도 참가했습니다. 그들은 젊은 연구자와 활동가들이었습니다. 구호대는 떠나기 전에 구호활동의 내용을 두고 밀도 있게 논의했습니다. 재해 지역의 민간단체와 협력하고 정부의 힘을 활용해 구호물자를 실질적으로 확보하고, 특히 재해지역의 농민과 힘을 합쳐 재건 작업을 해나가기로 의견을 모았습니다. 줄곧 농촌건설운동을 해왔기 때문에 현장 경험도 풍부하고 몹시 단련된 팀이었습니다. 그 사실을 알고는 그들이 공개한 은행계좌로 시민들이 구호금을 보내며 지원에 나섰습니다.

일본의 미디어가 중국을 '정부'와 '민간'으로 구분하여 구호활동을 보도했을 때 민감하게 포착한 부분과 둔감하게 놓치고 지나간 부분이 있습니다. 일본의 미디어는 중국의 행정체계 내부에서 발생한 부패 문제와 사회 격차 문제를 민감하게 다뤘습니다. 이는 결코 거짓이 아니며 실제로 존재하는 문제입니다. 다만 중국의 시민, 즉 일본의 미디어가 '피해자'로 보도하는 그들이 부패 및 격차 문제와 어떻게 싸우고 있는지, '자유와 평등'의 사회적 기반을 조금씩 넓혀가고자 어떻게 노력하고 있는지, 이처럼 중요한 대목은 완전히 놓쳤습니다.

올해 발생한 일련의 사건을 통해 중국의 시민은 이제껏 축적해놓은 성과에서 한 걸음 더 나아가 정치적 훈련을 거칠 수 있었습니다. 가령 까르푸 불매운동은 목적보다 방식에 주목하는 편이 더 가치가 있으리라고 생각합니다. 많은 참가자는 정서적 반응을 경계했으며, 프랑스에 대한 반발을 까르푸 이외의 프랑스 기업으로 확대시키지 말자고 호소했습니다. 2005년 반일시위의 경험도 참조하여 말씀드리건대, 저는 중국 정부가 불매운동을 벌였다고 생각하지 않습니다. 정부의 힘을 이용할 수 있을 때, 시민들이 그것을 적극적으로 활용했다고 하는 편이 실상에 가까울 것입니다.

지진이 일어나자 우선 쓰촨 성의 시민, 그리고 인터넷을 통해 참가한 자원봉사자는 어떻게 해야 공평하게 구호활동을 벌여나갈 수 있는가라는 몹시 버거운 과제에 당면했습니다. 이처럼 지형도 험하고 피해 면적도 광범하고 피해 인구도 엄청난 재해에 직면한 만큼, 이를테면 재건 공사 과정에서 피해를 입은 자들의 문제, 구호물자를 유용하는 문제, 특권계층의 비리 문제 등 어느 것 하나 간단히 해결할 수 없었습니다. 중국의 보통 사람들이 그저 유언비어를 흘리고 불평을 늘어놓기만 한 것은 아니었습니다. 그들은 스스로 행동했습니다. 모든 지역은 아닐지 모르지만 재해지역 가운데 가령 청두成都에서는 재난 이후 시민이 자발적으로 '감시체계'를 꾸렸습니다. 원조물자가 부정하게 유용되지는 않는지, 정부의 구호활동이 적극적인지 등을 감독하여 여론을 동원하고 때로는 경찰에 압력을 가해 구호활동이 순조롭게 진행되도록 애썼습니다. 그러던 중 쓰촨 성 정부의 임시지휘부 요청으로 '임시 감시체계'가 제도적으로 인정받아 역할을 맡게 되었습니다. 중국의 민주주의는 이러한 일련의 우발적 사건을 거치며 서서히 훈련을 쌓아가고 있습니다. 이상적 상태에 이르지 못했음은 말할 나위도 없습니다만, 중국 사회의 진정한 정치 과정은 이러한 일련의 사건을 거치며 초보적이나마 윤곽을 그려간다고 말할 수 있지 않을까요.

되돌아본다면 이러한 훈련은 올해 시작된 것이 아닙니다. 사스, 반일 시위, 그리고 일본에는 알려지지 않았던 일련의 국내 사건을 통해 훈련의 효과는 축적되어왔습니다. 중국 시민은 불평만 늘어놓는다는 이미지와 더불어 추상적 '인권' 개념에만 의지할 뿐이라면, 그럴듯 잡다한 요소가 잠복해 있는 중국 민주주의의 논리는 읽어낼 수 없을 것입니다.

1968년, 다케우치 요시미는 요시모토 류메이*와 대담을 나눈 적이 있습니다. 그때 중국을 어떻게 볼 것인가라는 화제가 나오자 다케우치 요시미는 흥미로운 발언을 했습니다.

---

* 吉本隆明(1924~). 일본의 사상가. 근로동원 중에 패전을 맞았다. 전후에는 문학가의 전쟁책임론을 주창했고, 1960~1970년대에는 신좌익에 반당파적 자립사상의 이론적 토대를 제공했다. 『전위를 위한 열 편』이 초기 대표작이며, 『의제의 종언』에서 공산당을 비판했다.

지금 중국은 근대국가로서 잘 정비되어 있습니다. 그렇지 않으면 핵개발 같은 것을 해낼 리 없죠. 그러나 중국 역사상 처음으로 정비된 근대국가가 만들어졌음에도 중국 사회 자체는 우리가 생각하는 형태의 근대국가가 아닙니다. 상당히 유동적이며 내부 구조는 복잡합니다. 노예제 사회부터 자본주의 사회까지, 그리고 인민공사 등이 이상으로 삼는 미래의 공산주의 사회까지 모든 역사의 단계를 끌어안고 있는 사회입니다. 중국 사회란 일종의 종합사회인 것이죠. 그러니 우리가 가지고 있는 국가관이나 세계관을 척도로 삼아 판단하기란 어렵지 않겠습니까.

오늘날 중국은 크게 변화했습니다. '종합사회'라는 특징도 내실은 바뀌었을 것입니다. 하지만 단순히 '격차사회'라고 총괄할 수 없는, 훨씬 복잡한 틀을 가지고 있는 중국 사회는 역시 일종의 종합사회입니다. 그 점을 원리적으로 분석하는 작업은 여전히 불충분합니다.

하지만 올해 '민족국가'라는 유럽 원리와 충돌하며 이 작업은 점점 긴박한 과제로 다가오고 있습니다. 까르푸에 저항하거나 성화 릴레이를 응원하는 등 표면적 사건에 사로잡힌다면, 또한 '반체제'나 '인권 요구' 같은 기성의 인식회로에 의지한다면, 중국 사회를 결코 읽어낼 수 없습니다. 대립하는 현실의 배후에 잠재하는, 대립보다 훨씬 복잡한 정치 원리를 발견하는 일은 '좋은 돌' '나쁜 돌' 식의 발상법에 기댄다면 성취될 수 없겠죠.

이것은 티베트로부터 성화 릴레이를 거쳐 대지진에 이르기까지, 우리가 살아가는 동시대사가 우리에게 부과한 사상적 과제라고 생각합니다.

2부
중국과 일본 사이

'상호인식', 세우는 법과 말하는 법

최근 들어 여러 곳에서 '상호인식'이라는 말을 접한다. 막연하나마 어떤 전제가 되었다는 인상마저 든다. 그러나 가령 이번 심포지엄에서 우리처럼 일본어를 얼마간 구사할 수 있는 외국 연구자가 일본의 이미지에 대해 말한다고 그것이 '상호인식'의 밑바탕이 될 수 있을까. 여기에는 논의의 여지가 많다. 우리처럼 외국에서 온 연구자가 내놓는 일본의 이미지로도 '상호인식'에 도달할 수 없거나 그런 공간을 일궈낼 수 없다면, '상호인식'은 대체 어디서 가능한가라는 문제도 있겠으며, 이 물음에 이어 '상호인식'은 누가 담당하는가라는 문제도 나올 것이다. 또한 '이러한 문제를 왜 추궁해야 하는가' 하는 '왜' 역시 문제로 남는다. 요컨대 '상호인식'을 화제로 꺼내는 것은 그다지 가벼운 일이 아니다. 꽤나 번거로운 수속을 거쳐야 하기 때문이다.

'상호인식'은 당연히 다른 문화에서 온 사람, 혹은 적어도 두 나라에서 온 사람이 모여야 발생한다는 전제가 존재한다. 오늘 이 자리는 더욱이 여러 나라의 연구자들이 참석하여 '상호'는 한층 복잡한 양상을 띠고 있다. 그러나 방금 말했던 번거로운 수속을 밟는다면, 여러 나라라는 '물리적' 조건은 '상호인식'의 전제로 여전히 불충분하다는 사실이 드러나지 않을까. 누구나 '상호인식'을 필요로 하는 게 아니라면, 국적의 차이가 있다고 '상호인식'이 저절로 발생할 리는 없기 때문이다.

이야기가 점점 뜨고 있는데, '상호인식'은 어디서 발생하는가라는 문제로 되돌아오자. 그것이 다른 문화 사이에서 발생한다고 막연히 생각한다 해도, 역사를 들여다보면 그렇지가 않다. 오히려 상호인식이 발생하는 지반은 하나의 문화 안에서 만들어진다. 그리고 그 조건으로서 담당자가 있어야 한다. 즉 '상호인식'을 원하는 인간이 필요하다.

이러한 문제를 설명하기 위해 한 가지 사례를 들어보겠다. 바로 번역의 경우다. 번역이라는 행위와 번역이 낳는 특수한 언어 교환 현상은 지금껏 그다지 주목받지 못한 것 같다. 특히 번역은 정치적 문제이자 문화 충돌의 문제이며, 아이덴티티의 해체와 구축의 한 가지 과정이라는 점이 제대로 검토되지 않았다고 본다. 그러나 어느 나라든지 근대문화사에서 번역은 늘 심각한 논쟁을 불러일으켰다. 대개 처음에는 기술적 문제에 관해, 그러니까 번역이 옳은지 그른지를 따지다가 이윽고 사상 문제로 접어든다. 여기서는 두 가지 사례를 내놓으려고 하는데, 아마도 비슷한 사례는 얼마든지 더 있을 것이다.

먼저 일본의 경우를 놓고 번역의 본질에 대해 이야기해보자. 1941년을 전후로 일본의 지나학과 중국학 내지 중국문학연구 안에서는 번역을 둘러싼 논쟁이 일어났다. 다케우치 요시미가 그 주역이었다. 그는 요시카와 고지로*라는 유능한 지나학자가 내놓은 번역론을 신랄하게 공격하고, 그 밖의 다른 지나학자도 엄중히 비판했다. 발행부수가 얼마 되지 않는 『중국문학월보』라는 잡지가 있는데, 다케우치 요시미는 이것을 생애의 지적 출발점으로 삼았다. 그는 이 잡지를 통해 요시카와 고지로와 왕복서한을 주고받으며 논쟁을 전개했다. 거기서 몹시 흥미로운 문제가 떠올랐다.

요시카와 고지로의 중국어 실력은 출중했다. 그는 번역을 끝까지 기술의 문제로 다루며 중국어를 제대로 공부한다면 반드시 좋은 번역이 가능하다고 믿었다. 그는 다케우치 요시미와의 논쟁에서 자신의 번역이 얼마나 올바른지를 열심히 변호했다. 반면 다케우치 요시미는 기본적으로 번역의 올바름보다는 번역의 입장이란 무엇인가, 말하자면 지나학의 학문적 입장과 번역에 대한 요시카와의 입장이 지니는 관련성이 무엇인가를 거세게 몰아붙이면서 그의 정치적·사상적 빈곤함을 폭로했다.

여기서 구체적 논점을 다룰 여유는 없지만, 다케우치 요시미의 번역론은 번역 행위를 통해 일본의 새로운 아이덴티티를 형성한다는 데 핵심이 있었다. 번역론만이 아니라 지나학에 대한 비판도 함께 포개 읽어보면, 다케우치 요시미의 아이덴티티론이 근대 일본에서 종종 등

---

* 吉川幸次郎(1904~1980). 일본의 중국문학자. 실증주의적 입장에서 언어예술로서 문학을 연구했고 당시唐詩, 원곡元曲 등에 대한 뛰어난 연구 업적을 남겼다. 일본의 중국문학 연구를 종래의 지나학에서 근대적 문학 연구로 독립시킨 공적도 크다. 저서로서 『한무제』, 『두보사기』, 『송시개설』 등이 있다.

장한 이른바 내셔널리스트의 아이덴티티론과는 본질적으로 다르다는 사실을 알 수 있다. 즉 다케우치 요시미는 나라를 전제로 삼아 번역을 논하지 않았다. 또한 아이덴티티를 말할 때도 민족이나 인종을 기반으로 삼지 않았다. 그는 사대주의의 발상을 깨뜨렸다. 나라를 전제로 삼는 발상과는 정반대로 일종의 기능론, 일종의 자기부정이라는 유동적 입장에 서 있었던 것이다.

그리하여 그는 번역이라는 행위를 하나의 언어체계 안에서 다른 언어체계 안으로 무언가를 운반한다는 식으로 이해해서는 안 된다는 문제, 즉 자기 존재를 먼저 되묻지 않으면 번역이라는 행위가 성립하지 않는다는 문제를 제기했다. 다케우치 요시미는 여기에 바탕을 두고 전후 평생의 사상적 실천을 가로지르는 사상적 입장을 다져나갔다. 그가 1950년대 이후에 자주 입에 담았던 '내재하는 중국'內なる中國, 즉 중국이 일본 안에 있다는 표현에서 드러나듯이 그것은 늘 자기부정과 자기파괴를 통해 새로운 아이덴티티를 구축한다는 입장이었다. 이러한 아이덴티티는 직관적이지 않다. 순수한 일본이라는 아이덴티티가 아닌 것이다. 또한 지나학자 가운데 간혹 등장했던 지나광支那かぶれ*과도 다르다. 다케우치 요시미는 내셔널리스트나 경박한 국제인과는 다른 독특한 입장에서 몹시도 복잡한 일본의 현실 문제에 평생토록 개입했던 것이다.

---

* 지나학자 아오키 마사루靑木正兒의 「지나광」에 나오는 표현이다. 이 글에서 아오키 마사루는 학창 시절 '중국식 취향'을 기르는 과정에서 처음에는 자신의 '일본식 취향'이 중국식 취향을 배척했지만, 결국 융합에 이르렀던 일을 회상하고 있다. 거기서 그는 자신의 중국식 취향을 '지나광'이라 불렀다.

이와 관련하여 양상은 정반대지만 실질적으로는 매우 닮아 있는 또 하나의 논쟁을 거론하고 싶다. 다케우치 요시미와 요시카와 고지로의 논쟁보다 10년이 앞선 1931년을 전후로, 중국에서는 루쉰과 미국 유학을 마치고 돌아온 량스추*라는 문학가 사이에서 번역을 둘러싼 논쟁이 벌어졌다. 겉으로 보기에 루쉰은 이 논쟁에서 다케우치 요시미와는 정반대로 문제를 제기했다. 다케우치 요시미는 직역은 가능하지 않다, 아이덴티티를 구축해야 하며 주체성이 없으면 번역은 성립하지 않는다고 강조했다. 반면 루쉰은 직역이 반드시 필요하며, 의역이나 알기 쉽게 고쳐놓은 번역은 신용할 수 없다고 강하게 주장했다. 바로 유명한 「경역과 문학의 계급성」이라는 글에서 제기한 내용이다. 그러나 실은 이 논쟁에서 루쉰은 좀 더 복잡한 방식으로 중국 근대의 기본적 문제, 즉 5·4운동 이후 중국의 지식인뿐 아니라 중국 전체가 맞닥뜨린 실로 버거운 문제를 다뤘다.

루쉰은 저 유명한 잡문 「가져오기 정책」もってこい政策을 집필한 바 있다. 중국어 원문은 「나래주의」拿來主義다. 오늘날 중국인은 종종 이 글을 단순하게 해석하여 외국 것이라도 필요하다면 가져다 쓰라는 이야기로 읽곤 한다. 하지만 루쉰은 복잡한 양면작전을 수행하면서 이 문제를 내놓았다. '가져오기 정책'이란 '보내기 정책'과 '보내오기'의 압력에 반발하여 나왔다고 생각한다. 이 잡문에서 루쉰은 이렇게 말한다.

---

* 梁實秋(1902~1987). 작가이자 번역가. 문학 창작은 미학적 면모를 추구하는 데 목적이 있다고 주장했다. 번역가로도 활동하여 셰익스피어 전집 이외에도 『피터 팬』, 『폭풍의 언덕』 등을 번역했다. 또한 중국어로 영문학사를 저술하고 중영사전을 편찬하기도 했다.

"지금껏 중국인은 배타적 정책을 취해왔다. 그러나 어째선지 최근에는 '보내기 정책'으로 간단히 바뀌어버렸다. '보내기 정책'이란 중국이 지닌 이러저러한 물질적·문화적 자산을 쉽사리 외국에 보내 중국의 풍부함을 과시하려는 정책을 말한다. 그와 동시에 외국이 보내오는 것도 늘어났다. 그러나 어느 경우든 강요된 일이며, 중국인에게는 굴욕과 아픔이 따를 뿐이었다. 즉 보내기 정책과 외국이 보내오는 일은 훌륭하게 한 쌍을 이룬다. 그리하여 나는 우리도 '가져오기 정책'을 취하자고 주장한다."

그러나 동시에 루쉰은 가져오기를 하면서도 섣불리 배타적 입장으로 돌아가서는 안 된다고 강조했다. 루쉰이 보여준 이러한 기본적 입장은 '상호인식'을 세우는 법, 그리고 말하는 법과 직접 관련된다고 생각한다.

루쉰의 다른 작품과 함께 아울러 이를 그때의 상황에 비추어 독해한다면, 그의 입장이 지닌 복잡함을 알 수 있다. 그것은 다케우치 요시미가 강조한 기능적 아이덴티티와 닿아 있다고 말할 수 있다. 중국인의 아이덴티티, 특히 근대 이후 거듭되는 침략 속에서, 다시 말해 서양식 근대화 과정 속에서 늘 좌절해야 했던 중국인의 아이덴티티는 배타적 입장에서 구축된 것이 아니다. 동시에 세계 속으로 보내는, 달리 표현하면 세계에서 헤게모니를 쥔 강국들이 요구하는 대로 그저 따를 수도 없었다. 그리하여 루쉰은 양쪽 방향을 모두 거절하여 늘 자기파괴를 이루며 자신의 전통을 개조하고, 자기부정을 통해 새로운 입장을 수립하는 것만이 중국인이 아이덴티티를 만들어내는 유일하고도 올바른 길이라고 생각했다.

그는 만년에 이렇게 말하곤 했다. "나는 선각자가 아니라 역사의 중간물이다." 이는 무얼 뜻하는가. 동양의 근대에서 아이덴티티를 형성하고 주체를 성립시키는 일은 선진적인 것, 앞서간 것을 가져온다고 해서 성사되지 않는다. 오히려 앞선 자리에서 한 걸음 몸을 빼고 질척질척한 전통 속에서 자기를 비판하고 부정하면서 새로운 가능성을 도모해야 현실의 문제에 가장 잘 맞설 수 있는 것이다. 이는 루쉰, 그리고 다케우치 요시미가 남긴 귀중한 유산일 것이다.

다시 처음의 문제로 돌아가자. 앞에서 나는 번역이라는 정치적 과정을 깊이 들여다보면, 동양의 근대 형성에 관한 몇 가지 문제를 발견할 수 있지 않을까라고 물었다. 즉 번역 행위를 통해 공고한 것처럼 여겨온 혹은 어떤 의미에서 분절화되지 않았던 우리의 주체성을 되물을 수 있다고 생각했던 것이다. 깨지지 않고 자기부정하지 않고 자신을 잃지 않는다면, 우리는 이문화를 만날 수 없다. 그런데 번역 과정에 발을 들여놓는 순간, 주체는 예전처럼 서 있을 수 없게 된다. 번역을 둘러싼 논쟁에서 반드시 나오는 한 가지 쟁점은 충실한 번역은 가능한가라는 것이다. 이 물음이 나오는 까닭은 무엇인가. 알맹이를 훼손하지 않고 하나의 언어체계에서 다른 언어체계로 그대로 옮기는 일이 현실에서는 불가능하다고 생각되기 때문이다. 말과 말이 일대일로 대응하는 상황은 세상에 존재하지 않는다. 그렇다면 번역을 거치며 어느 부분을 잃어버리고 어떤 문제가 은폐되었는지 하는 문제가 생긴다. 그 경우 번역에서 곧잘 나타나는 두 가지 패턴이 있다.

하나는 공백, 다른 하나는 전환이다. 공백이란 이쪽 언어체계에는 존재하지만 저쪽 언어체계에는 대응할 만한 것이 없을 때 옮겨지면서 그 요소가 떨어져나가는 경우다. 자기 안에 없으면 거절하는 것이다. 루쉰은 이 공백을 거부하고자 '경역'硬譯을 내놓았다. 지금까지 없던 어휘를 무리해서라도 만들어내려 했다. 하지만 그는 공백보다는 전환이라는 번역 방식을 더욱 경계했다.

루쉰과 량스추의 논쟁은 '전환'의 정치성을 둘러싼 대립이었을 것이다. 전환은 대응하는 어휘가 없는 경우 다른 말을 가지고 옮기는 것이다. 그러나 종종 그 나라의 문화적·정치적 조건에 따라 원문의 뜻과는 뒤집힌 방향성을 갖기도 한다. 그런 의미에서 전환은 플러스와 마이너스 양면을 갖는다. 루쉰은 마이너스의 전환에 맞서고자 '경역'을 제창했으며, 다케우치 요시미는 플러스의 전환을 이끌어내고자 '의역'을 주장했다. 그들은 자국의 문화정치에 민감했기에 '전환'의 과정에서 긴장감을 느꼈지만, 그들과 대립한 량스추와 요시카와 고지로는 '전환'의 정치성을 인정하지 않음으로써 결국 번역의 정치성을 외면했다. 그리하여 루쉰과 다케우치 요시미는 상호인식의 담당자가 될 수 있었지만, 량스추와 요시카와 고지로는 그러지 못했다.

상호인식의 문제를 다루면서 다케우치와 루쉰의 사례를 끌어오는 까닭은 그들의 번역 논쟁이 상호인식의 본질은 주체의 분절화에 있다는 점을 일깨워주기 때문이다. 다케우치 요시미는 '내재하는 중국'이라는 표현을 내놓았고, 루쉰은 '깨어난 노예'라는 이미지를 창조했다. 그들은 주체가 분절되는 상황에 직면해 있었다. 그리고 분절된 상태를 그대로 인정하는 게 아니라, 이문화가 안긴 충격을 '가져오기주의'의 입장에서 자신을 재구축하는 에너지로 전환시켰다. 그 과정에서 다케우치 요시미도 루쉰도 보편적 자유인이라는 가설을 해체했다. 이는 결코 우연이 아니다. 다케우치 요시미는 루쉰의 '깨어난 노예'라는 시좌로부터 동양의 근대를 설명하면서 절망에서 출발한 근대가 진정한 근대라고 강조했다. 동시에 주체성의 자기해체를 거치지 않은 우등생은 근대의 담당자가 될 수 없다는 지적도 잊지 않았다.

마지막으로 간단히 문제를 정리해보자.

첫째, 중심과 주변이라는 발상만 가지고는 상호인식에 도달하기 어렵다. 하나의 문화 속에서는 중심과 대립하며 주변으로 존재할 수 있지만, 그렇다고 이문화의 주변과 효과적으로 교류할 수 있는 건 아니다. 오히려 이문화의 중심부로 회수되어 활용되는 경우도 적지 않다. 한편 중심부의 발상에서 상호인식을 시도한다면, 양쪽 다 상처 입지 않은 채 스스로를 보강하는 데 머문다.

둘째, 번역의 정치라는 표현을 사용했지만, 그것은 결코 현실정치와 대등하지 않다. 번역 논쟁에서 잘 드러나듯이 한쪽 논자는 어김없이 번역을 기술로 다루며, 다른 논자는 기술만 가지고 될 문제가 아니라고 지적한다. 대신 나는 번역으로 현실을 직접 움직일 수는 없다고 말하고자 한다. 앞서 제시했던 두 가지 사례는 모두 그런 특징을 지닌다. 따라서 번역의 정치는 현실정치와 대칭관계에 있지 않으며, 어떤 내재적 긴장감에 기초해 조성된다. 그 긴장감은 주체성이 파괴되는 곳으로 우리를 이끌 것이다.

이상의 내용을 정리하면 이러한 결론이 나온다. '상호인식'을 이야기하면서 우리가 만약 자신을 '상호인식'을 말하는 화자로서 내세운다면, 이미 자신의 주체성은 완성되어 있는 것처럼 행세하는 셈이다. 만일 우리가 자기 주체성의 완전성에 의문을 품지 않는다면, '상호인식'을 말해보았자 독백에 머물고 말 공산이 크다.

끝으로 '상호인식'을 말할 때는 자신이 속해 있거나 살아가는 맥락, 그리고 자기가 국적을 가지고 있는 나라와 자신이 맺고 있는 관계도 자문해봐야 한다. 당연히 누구든 자기가 자국을 대표할 수 있다고 생각하지 않겠지만, 실상 국적은 상황에서 도망치는 샛길로 종종 활용된다. 만약 그 길을 완전히 막아둔다면 우리는 어떤 문제에 직면하게 될까. 자국을 대표할 수 없다는 사실과 자국 안에서 사회적 책임을 지는 태도는 양립해야 한다. 특히 '인식'이라는 위상에서는 그러하다. 국가에 얽매이지 않는 아이덴티티는 자국의 문제에 깊이 파고들 때 비로소 형성할 수 있다. 그것이야말로 '자기부정'의 조건이리라. 자국과의 관계를 물을 때, 이러한 자기부정의 조건도 물음의 대상이 된다. 그런 상황에서야 비로소 '상호인식'은 어떤 리얼리티를 띠게 되지 않을까.

'풀 한 포기 나무 한 그루'로 보내는 시선
─중국에서 본 천황제 논의

시작하며

어느 회합 자리였다. 어느 일본인이 중국인에게 물었다.

> 제게 고향은 몹시 소중합니다. 일본인은 고향에 애착이 짙습니다. 지
> 금 중국의 상황을 보고 있노라면, 객지로 벌이를 나서느라 농민들이
> 대거 농촌을 떠나 도시로 나가는데, 그러면 그들이 고향을 잃어버릴
> 위험성은 없나요.

이 질문의 의도를 헤아리지 못한 그 중국인은 중국의 실정을 설명
하느라 급급했다. 중국 농촌은 궁핍하다, 향수를 품을 만한 여유가 없
다, 수많은 농민이 유출되고 있다는 현실과 생활을 개선하는 문제가
고향을 잃느냐 마느냐보다 중요하다, 고향을 향한 애착이 생긴다면

그것은 장래에 생활이 좀 피고 나서다, 이렇게 말이다.

이 대화는 어떤 전형적 사례다. 이러한 식의 대화는 비교문화 연구자에게 더할 수 없는 곤란함을 안긴다. 애초에 비교가 불가능한 상황임에도 언어의 유사성을 뒤집어쓰자 차이가 가려지는 것이다. 어떤 매개나 조작도 없이 다른 상황을 연결할 수 있다는 사고방식이 지성의 세계에서 수박 겉핥기식의 '비교'를 떠받치고 있는 것이다. 한편 비교는 불가능하다는 '문화특수론'에 비판적인 사람들은 비교의 절차를 더욱 복잡하게 다듬기보다는 간단하게 처리하려 드는 경향이 있음도 부정할 수 없다.

지금 '왕에 대한 시선'이라는 주제를 받고 나는 문득 앞의 대화 장면을 떠올렸다. 일본의 맥락에서라면 의미를 지닐 왕에 대한 시선이 중국에는 유감스럽게도 존재하지 않는다. 근대 이후 일본에서는 사회 편성 체계이자 이데올로기 혹은 터부나 비판의 대상이 되어온 '천황제'와 왕권에 관한 문제가 중국에서는 거의 논의된 적이 없다.

물론 중국에도 옛날에는 왕권이 있었다. 왕권을 둘러싼 터부도 없지 않았다. 또한 중국 고유의 왕권 체제는 중국 근대에 복잡한 그림자를 드리웠다. 그러나 '왕권'이 역사서술의 대상이기는 했지만, 황국사관처럼 '왕권'에 기초한 역사서술의 방식이 발달하지는 않았다. 따라서 중국의 역사서술 방식으로 일본의 천황제나 왕권의 '주박'呪縛을 풀기에는 너무나 역부족이다.

나는 이처럼 희박한 '시선'을 중국에서 억지로 끄집어낼 생각은 없다. 또한 그런 시선이 왜 존재하지 않는가를 논할 생각도 없다. '왜'에 관해서라면 방대한 사회사와 경제사 연구가 벌써 답을 내놓았을 것이며, 미진한 대목은 앞으로의 과제로 남을 것이다. 나는 더 낡은 논제로 다가가고 싶다. 일본의 천황제든 중국의 왕권이든, 그것은 하늘에서 뚝 떨어진 게 아니라 사회라는 토양에 깊이 뿌리를 내리고 거기서 끊임없이 자양분을 얻고 있다는 문제 말이다. 벌써 오래전에 다케우치 요시미는 "나무 한 그루 풀 한 포기(一木一草)에 천황제가 있다"고 표현한 바 있다. 이러한 그의 발상은 '천황과 왕권'에서 조금 물러나 거리를 유지하면서 '물화'된 천황제 담론을 응시하는 곳으로 나를 이끌었다.

1. 루쉰의「고향」— 중국 근대의 아포리아

루쉰 작품 가운데「고향」이라는 명작이 있다. 일본인의 고향관을 접할 때마다 나는 늘 이 작품을 떠올린다.

　「고향」의 줄거리는 단순하다. 잠시 도시에서 귀향한 주인공 '나'는 대가족이 붕괴되자 가족 명의의 땅에서 자기 몫을 정리해 어머니와 딸을 데리고 고향을 등진다는 이야기다. 고향을 떠나는 과정에서 '나'는 어린 시절의 동무를 만나 그리운 추억을 떠올린다. 그러나 혹독하게 변해버린 현실로 인해 추억을 떠올리는 데서 그쳐야 했다.「고향」에서는 루쉰의 냉철한 작품 세계에서 좀처럼 맛보기 힘든 따뜻함이 묻어난다.

　작품이 시작하면 '나'가 고향으로 돌아가는 장면이 나온다. 20년 만에 귀향한 '나'는 황폐해진 정경을 마주하고는 기억에 남아 있을 법한 고향의 편린을 떠올리려 애쓰지만 그게 좀처럼 안 된다. "내가 기억하는 고향은 이렇지 않았다. 내 고향은 훨씬 좋았다. 그러나 내가 그 아름다움을 떠올리고 그 훌륭함을 말하려 들면 그 형체는 흩어지고 말은 사라진다."

그런데 집에 도착한 다음 날 어머니에게서 '룬투'라는 이름을 듣자 "번개가 치듯이 어린 시절의 기억이 순식간에 고스란히 되살아나 아름다운 고향이 눈앞에 펼쳐지는 것만 같았다."

'룬투'는 어린 시절 '내' 집에서 부리던 머슴의 자식이었다. 도련님이었던 '나'와는 소꿉친구였다. 그러나 우정이라고는 해도 룬투와 나는 사실 딱 한 번 대화를 나눴을 뿐, 신분이 다른 두 소년은 그 후 만날 기회도 없이 상상의 세계에서 아름다운 우정을 간직해야 했다. '나'에게 룬투는 깊은 남색 밤하늘에 떠 있는 황금빛 둥근 달, 초록의 수박 밭, 흰 눈 속의 새들, 해변의 조가비로 연상되는 아름다운 자연 속 영웅이었다. '나'는 그 세계를 한 번도 들어가본 적이 없지만, 그런 상상을 하노라면 룬투의 세계에 대한 동경은 짙어갔다. 그리하여 "나의 아름다운 고향"은 현실에서 거리를 둔 채 '향수'를 불러일으켰다.

하지만 20년 만에 룬투와 재회한 순간, '내'가 품어왔던 아름다운 고향은 허무하게 무너져내렸다. 어른이 된 룬투는 "내 기억 속에 있는 룬투가 아니었다." 생활의 버거움에 시달린 성년 룬투에게서 소년 시절의 생기발랄한 활력과 기민함은 눈을 씻어도 찾아볼 수 없었다. 더구나 옛날에는 내 이름을 부르던 룬투가 이제는 "공손한 태도를 갖추고" "나리"라고 부른다. 이리하여 '내' 머릿속에 주마등처럼 떠오른 저

"뿔닭, 파닥거리는 물고기, 조가비" 등 아름다운 고향의 상징은 그 세계의 안내자인 소년 룬투를 잃자 일순 무너져내린다.

소설이 끝날 무렵에 이르면, "고향의 산수도 차츰 멀어진다. 그러나 나는 헤어진다 해도 별로 섭섭할 것 없다. (……) 저 수박 밭, 목에 은목걸이를 건 작은 영웅의 모습도 전에는 몹시 또렷또렷했는데 이제는 갑자기 멍해져버려 나를 슬프게 만든다"고 적는다.

이 소설은 1921년에 5·4운동의 정신을 대변한다고 주목받던 잡지 『신청년』에 발표되었다. 어떤 의미에서 「고향」은 5·4시대 문화의 전형을 표현한다고 말할 수 있을 것이다. 가족제도에 반하는 분위기가 물씬 나던 시대에 고향은 재고의 대상이었다. 그런 의미에서 루쉰의 「고향」은 「광인일기」보다 복잡한 시대감각을 전한다. 고향에 대한 애착을 끌어안으면서도 고향을 떠나야 한다는 복잡한 심경은 바로 그 시대의 풍경이기도 했다. 고향의 추억이 무너진 것이 꼭 소년 룬투가 사라져서는 아니었다. 숨 막히게 타산적인 이웃 사람들, 궁핍한 생활, 남을 헐뜯는 말과 근거 없이 떠도는 소문도 견디기가 힘들었다. 고향이 현실로 다가오자 고향은 더 이상 현실에서 달아날 길을 내주지 못했다. 루쉰은 달아날 길이 없는 그곳에서 '희망'을 이야기한다.

"희망이란 원래 있다고도 없다고도 말할 수 없는 것이다. 땅 위의 길과 같다. 애초 땅 위에 길이란 없다. 많은 사람이 걸어가면 길도 생겨나는 것이다." 이리하여 루쉰은 '전통 회귀'와 선을 긋고 이제껏 없었던 길을 찾고자 고향을 해체했다.

「고향」이 발표된 1920년대는 중국 사상계가 '농업 입국立國'이냐 '공업 입국'이냐를 놓고 논쟁을 벌이던 시기였다. 또한 '향촌재건'운동의 준비기에 해당하는 시기기도 했다. 같은 해인 1921년에 량수밍*은 『동서 문화와 그 철학』을 출판했다. 나중에는 향촌 개조에 힘을 쏟아 1930년대에 『향촌건설대강』鄕村建設大綱등을 발표했다. 그런 흐름과 함께 1920년대 후반부터 옌양추** 등의 '중화평민교육촉진회'나 옌양추가 초대 주석을 맡은 '후베이 농촌건설협진회'가 허베이의 딩셴을 중심으로, 또 량수밍 등이 꾸린 '산둥향촌건설연구원'이 산둥 성 등지에서 본격적으로 향촌재건운동을 전개하기 시작했다. 지식인의 손으로 추진된 농촌개조운동은 결국 일본의 침략전쟁으로 맥이 끊기지만, 이 운동은 농업국 중국이 어떻게 자신의 근대화를 모색해야 하는가라는 귀중한 물음을 남겼다.

아직껏 루쉰의 「고향」을 '향촌재건'이라는 운동이나 사회사조 같은 구도에서 다루는 시각은 확립되지 않았다. 양자의 '관련성'은 직관적으로 파악할 성질의 것이 아니기 때문이다. 그러나 만일 직관적인 수준을 벗어나 1920년대부터 1930년대에 걸친 중국 사회의 '전체상'을 헤아리려고 한다면, 아무래도 양자의 관련성은 인정하지 않을 수 없다. 왜냐하면 둘 다 현대 중국인의 고향관을 형성하는 데 빠뜨릴 수 없는 위치를 점하기 때문이다.

---

* 梁漱溟(1893~1988). 중국의 사상가로 1921년 『동서문화와 그 철학』을 저술해 서양사상에 대한 동양사상, 특히 유교의 우월성을 주장했다. 또한 농촌 공동체를 조직해 중국이 당면한 문제를 해결하고자 노력했다. 산둥 성 일부 지역에서 도덕성 함양을 중심으로 한 교육을 통해 농민들을 계몽시키고, 일종의 자치제도와 협동조합 형태의 경제방식을 통해 소농 및 농촌 공동체의 자립 기반을 다지고자 했다.

** 晏陽初(1893~1990). 교육자. 영국과 미국에 유학해 정치경제를 연구하던 중 제1차 세계대전이 일어나자 YMCA의 권유로 프랑스에 가서 중국인 노동자의 교육을 맡았다. 1920년에 귀국하여 평민교육운동 조직에 착수했다. 베이징에서 중화평민교육촉진회를 결성하고 『평민천자과』를 교재로 삼아 후학을 양성하는 등 교육운동에 매진했다.

만일 우리가 루쉰의 「고향」에만 눈길을 돌린다면, 전통사회 비판, 특히 가족제도 비판의 시각으로만 저 시대를 읽게 되리라. 그러면 루쉰이 말하는 '희망'도 공허한 구호에 머물고 만다. '고향'에서 희망을 실현하겠다고 분투했기에 중국의 근대정신은 묵중함을 지닐 수 있었다. 루쉰의 「고향」이 전통사회를 '있는 그대로' 가차 없이 폭로하고 그것을 내부로부터 파괴하여 새로운 가능성을 모색하려 했다면, 향촌재건운동도 사회 속에서 새로운 방향을 모색하고자 했다. 농촌을 재건해야 중국을 근대화시킬 수 있다고 믿었기 때문이다. 가령 옌양추는 '농촌재건' 운동이 '농촌구제'가 아닌 '민족재건' 운동이라고 강조했으며, 량수밍도 『향촌건설이론』에서 향촌조직을 다루면서 '신사회 조직 구조'를 만들어내야 한다고 설파했다. 이처럼 1920년대부터 1930년대까지 이어진 '향촌건설' 운동은 향촌의 구조를 뜯어 고치고 중국 근대의 묵중한 원리를 모색하려는 시도였다.

그러나 량수밍, 옌양추 등의 시도는 미완으로 끝났다. 루쉰은 이와 상당히 근접한 방향에서 중국 근대의 아포리아를 토로했다. 이는 냉엄한 '개국'의 파고 속에서 "고향을 지킨다"가 아니라 "고향을 개조한다"는 입장을 택했을 때 어쩔 수 없이 직면해야 하는 자기해체의 위기를 뜻한다. 그 쓰라린 과정 속에서 중국의 전통 세계가 이상으로서, 따라서 상징으로서 자리 잡을 수 있는 여지는 조금도 없었다. 루쉰의 문학세계에서 '향촌'의 이미지에는 늘 애착과 고뇌와 울분이 담겨 있다. 에덴동산으로부터 영원히 멀어질 수밖에 없었다. 「고향」과 거의 같은 시기에 씌어진 「풍파」風波에도 그런 특징이 드러난다.

문인이 연회를 열어 배를 강에 띄우면 문호文豪는 이를 보고 시흥詩興에 젖어 말하리라. '번민할 것이 무엇 있겠느뇨. 이야말로 시골살이의 즐거움 아니겠는가?'라고. 그러나 문호의 말은 다소 사실과 들어맞지 않는다. 그도 그럴 것이 그들은 구근九斤 할머니*의 이야기를 듣지 않았으니까.

'다소 사실과 들어맞지 않는' 구석을 문제 삼으면서 루쉰은 얼마나 아파했을까. 그러려면 좋든 싫든 고향을 향한 단순하고도 아름다운 추억을 파괴해야 했으니 말이다. 작품「고향」의 마지막 대목, 즉 '내'가 고향을 뒤로 하는 장면에서 '나'는 문호의 시흥을 철저히 깨고 시흥과는 "들어맞지 않는" 현실과 맞서겠다는 결의를 내비친다. 그 결의는 분명 중국의 근대정신, 그것이리라.

루쉰은 늘 자신을 두고 '역사적 중간물'이라 불렀다. 바깥에 서서 손쉬운 비판을 내놓는 것이 아니라 비판하는 상대의 모든 결함을 꾹 눌러 참으면서 받아들이고, 그것을 매정하게 폭로하여 재생을 모색했기 때문일 것이다. 루쉰은 사상의 근원과 투쟁의 역동성을 모두 '시흥'에 어울리지 않는 '고향'에서 구했다.「아Q정전」이 그러하듯 루쉰의「고향」은 문호의 시흥에 어울리지 않을 뿐 아니라 새로운 사조를 추구하는 인텔리의 '사상'과도 맞지 않았다. 자기를 파괴하겠다는 결의를 갖고 자기를 '재건'하는 일은 앞서 있는 사상을 바깥에서 들여오는 것과 전혀 다른 길이었다. 이리하여「고향」은 '향수'를 불러일으킬

---

* 「풍파」에 등장하는 인물 중 가장 어른이다. 그녀의 증손녀는 육근이다. 태어났을 때 단 무게로 이름이 지어졌다. 작품에서 구근 할머니는 "대대로 못해져가고 있다니까"라며 줄곧 불평을 늘어놓는다.

여지를 전혀 남기지 않았다.

2. 잃어버린 '고향'―근대 인식의 차이

루쉰의 「고향」은 근대 전환기 중국의 풍경을 담은 대표작이지만 그 방면의 유일한 작품은 아니다. 선충원[1]의 「고향의 노래」라는 작품도 있다. 이 작품은 현대 문명 바깥에 있는 땅을 향한 애착을 노래한다. 세대로 볼 때 선충원은 루쉰 다음 세대다. 중국 서남부에 살아가는 중국의 소수민족을 다룬 대표작 「변성」邊城은 '향촌재건운동'이 중국의 동부지방에서 활발히 전개되던 무렵, 그러니까 「고향」이 발표된 지 20년 이상이 지난 1934년에 출판되었다.

　　언뜻 보면 「변성」은 일본문학에서도 자주 접할 수 있는 '비애의 아름다움'을 묘사하고 있다. 문명에 오염되지 않은 샹시 지역의 순수한 소녀 취취. 강에서 뱃사공 일을 하는 두 형제는 모두 취취를 사랑한다. 하지만 소녀의 아버지는 좀처럼 사위를 고르지 못한다. 취취 역시 남동생 쪽을 사랑하지만 자기 심정을 털어놓지 않는다. 혼담은 질질 늘어진다. 그 사이에 형제는 서로 한 여자를 사랑하고 있음을 알게 된다. 이럴 경우 그곳의 풍속에 따르면 결투를 해야 했지만, 두 형제

1　沈從文(1902~1988)은 중국현대문학에서 이른바 '경파'京派의 대표격 작가다. 그는 묘족과 토가족 등 소수민족이 살고 있는 후난 성 서부지방 출신이다. 무武를 숭상하는 문화에서 자랐으며, 십대 후반에 처음으로 바깥세계에 나왔다. 5·4시기에 「시골사람」을 잡지에 발표해 문화인의 세계에 들어갔다. 굴절된 경험을 갖고 있는 선충원은 말년에 인생의 전반부는 고향의 위안수이 부근에서 보냈고, 후반부는 그 강을 추억하면서 보냈다고 술회했다.

는 결투를 피해 취취에게 노래로 마음을 전하기로 한다. 먼저 남동생이 노래를 불렀다. 그러나 노래가 서툴렀던 형은 동생의 아름다운 노래 소리를 듣고는 단념하고 이튿날 배를 타고 바깥 세계로 나간다. 그러다가 강에 빠져 죽는다. 충격을 받은 동생도 형을 따라 배로 나선다. 천둥 번개가 치고 폭우가 쏟아지는 밤, 마을의 안녕을 상징하는 강가의 흰 탑이 무너지고 취취의 아버지도 영영 돌아오지 못할 넋이 되고 만다. 이제 취취만이 강가에 남아 사랑하는 사람을 기다린다. 그리고 소설은 이렇게 끝난다. "그 사람은 영원히 돌아오지 않을지 모른다. 하지만 내일 돌아올지도 모른다."

선충원의 작품에는 유독 뱃사공이 주인공으로 자주 등장한다. 이 점은 상징적이다. 물을 터전으로 삼는 인생은 늘 유동적이며 위험에 노출되어 있다. 하지만 동시에 자극과 신선함으로 충만하다. 그리하여 야성이 넘치는 그의 문학세계에서 슬픔은 언제나 힘을 지니며, 비극에도 생생한 인간성이 어려 있다. 확실히 그 점에서 선충원의 문학세계는 일본식 '모노노아와레'もののあはれ*와는 다르다. '강'이 고향인 작가에게 고향은 어느 한 곳으로 딱히 정해지지 않는다. 그런 까닭에 선충원은 현대 중국에서 가장 즐겨 읽히는 작가 가운데 한 사람이 되었다.

문제는 여기서 끝나지 않는다. 결혼하고 막 써낸 작품이 「변성」

---

* 어떤 대상에 접했을 때 내면에서 우러나오는 애절한 감동을 일컫는 말이다. 에도시대의 국학자인 모토오리 노리나가가 저서 『겐지모노가타리 다마노 오구시』源氏物語玉の小櫛에서 『겐지모노가타리』 전편에 흐르는 미적 이념은 '모노노아와레'라고 주장했던 데서 비롯된다. 모토오리 노리나가는 주자학적 지知와 도덕에 대해 모노노아와레라는 공감 또는 상상력의 우위를 강조했다.

같은 아름다운 비극이었다면, 선충원에게는 불안을 자아내는 무언가가 있었음에 틀림없다. 그 불안이 훌륭한 문학가를 낳았다. 나아가 그는 미의식만으로 불안을 껴안지 않았다. 그 불안에는 근대 중국의 운명이 드리워져 있었다.

루쉰부터 선충원의 시대에 이르기까지, 혹은 오늘날에 이르기까지 중국인에게 '고향'은 늘 유동적이었다. 현실세계 속의 격한 변동은 논외로 하더라도, 정신세계에서 '고향'은 루쉰 세대에 한 번 '해체'되더니 선충원 세대에 이르면 동경할 수는 있어도 어디라고 정할 수는 없는 이미지를 띠게 되었다. 여기서 고향이 지니는 유동적 이미지를 '민족'의 이미지로 바꿀 수도 있을 것이다. '황하'가 중화 민족의 상징일 수 있는 까닭은 그 유동성이 광활한 대지를 이어주고 있기 때문이다.

이 땅에서 근대는 빈곤과 전란으로 얼룩지고, 굴욕적인 반식민의 역사 기억을 품어야 했으며, 굴절된 시선을 통해 단련되어야 했다. 일본에는 "지진, 벼락, 화재, 아버지"라는 속담이 있는데 이는 무섭기는 해도 '일회성'에 머문다. 그러나 중국에서 '유동성'은 결코 벗어날 수 없는 숙명이 되었다.

선충원이 「변성」을 발표한 것과 거의 같은 시기, 고바야시 히데오*는 1933년에 「고향을 잃은 문학」을 썼다. 이 명문은 흥미로운 구절이 많은데, 여기서 고바야시 히데오는 근대 일본인의 '추상성'을 비판한다. 그는 이렇게 말한다. "추억이 없는 곳에 고향은 없다." "자기의 생

---

* 小林秀雄(1902~1983). 평론가. 1933년 『문학계』를 창간했다. 프랑스 상징주의의 영향을 받아 근대적 자의식과 언어관의 문제를 파고들었으며, 프롤레타리아 문학을 넘어서는 근대비평을 확립했다고 평가받는다. 저서로 『다양한 의장』, 『사소설론』, 『모토이노리나가』 등이 있다.

활을 돌이켜보면 뭐랄까 구체성이란 게 몹시 결여되어 있음을 알게 된다." 무엇을 결여하고 있는가. "현실적인 생활감정의 흐름"이다. 이 흐름은 그야말로 자연주의적이라고 할 근대 일본의 육체문학이 아니라, 오히려 현실생활에서 동떨어진 '시대물'이나 칼싸움 영화 속에 존재한다. 따라서 현실에서 동떨어진 서양 것도 일본인의 생활감정에 호소력을 갖는다.[2]

「고향을 잃은 문학」이 전하려는 내용은 고바야시 히데오의 『사소설론』과 그가 마사무네 하쿠쵸正宗白鳥와 벌인 '사상과 실생활'에 관한 논쟁을 함께 읽으면 더 뚜렷해진다. 여기서 고향은 인텔리의 추상적인 '감각'의 대립물로서 거론된다. 서양이 곧 근대라던 당시의 풍조 속에서 고바야시 히데오는 '고향'을 매개로 하여 이데올로기 이전의 '전통감정'을 표현하고자 했던 것이다.

고바야시 히데오는 동양과 서양, 근대와 전통의 대립을 일반론으로 꺼내지 않았다. 그는 그런 개념을 '사물'처럼 대하지 않았다. 오히려 동양의 자기해체(그는 현실의 '나'에 대한 부정이라고 정의한다)를 통해 전통으로 돌아갈 것을 생각했지만, 이 시도를 관철하지는 못했다. 자신이 늘 비판하던 상대가 그러했듯이 그는 '생활감정'을 무매개적으로 물화시켰다. '고향'을 통해 현대 일본의 인텔리가 지닌 단조로운 관념을 비판했을 때, 그는 결국 루쉰의 「파문」波紋 속 문호들처럼 '고향' 바깥에서 고향을 이상화하고 평면화했던 것이다.

나는 여기서 고바야시 히데오의 예술론을 논할 작정이 아니다. 다

---

2 『고바야시 히데오 전집』 제3권, 新潮社, 1968년.

만 한 가지 기본적 상황을 지적해두고 싶다. '고향 상실'이란 근대 중국이나 근대 일본이 피해갈 수 없는 한 가지 특징일 것이다. 또한 고향 상실은 가족제도와 그에 따른 전통적 가치 체계의 해체를 뜻한다. 하지만 고바야시 히데오의 '고향론'에 담긴 '추억'이 머무는 곳 같은 '고향'은 중국에 존재하지 않는다. 혼돈스러웠던 중국의 근대에서 추억의 장소는 루쉰의 「고향」과 선충원의 「변성」에 깔려 있는 '불안'으로 구축되었고, 그렇기에 유동성과 현실성을 지닌다.

그러나 고바야시 히데오의 고향은 어떠한 불안이나 유동성도 보여주지 않는다. 그가 고향을 말할 때 거기에는 어떤 자명성이 버티고 있다. 그것은 현실생활에서 동떨어진 '옛날'이라는 이미지다. 그의 '고향'은 인텔리의 현실이 지닌 '추상성'을 들추는 장면에서는 가치를 지닐 수 있지만, 현실에서 비껴나 분석의 대상이 되기를 교묘하게 피해간 결과 똑같이 추상적이 되었다. 그리하여 그가 떠올리는 '고향'은 알맹이를 따질 수 없는 이미 만들어진 심상이다. 마찬가지로 되물어질 일 없는 '추억'도 "현실적 생활감정"이라는 애매한 어휘로 공유되었다.

나는 물음에 놓이는 법 없는 안정된 '고향'이나 '추억'을 비판할 작정이 아니다. 또한 근대 중국에서 늘 되물어진 '고향'과 해체된 '추억'이 훌륭하다고 생각하지도 않는다. 다만 초보적이나마 한 가지 문제의식을 내놓고 싶다. 즉 같은 말을 쓰는 이유로 가려지는 중국과 일본의 '고향' 감각의 근본적 차이, 분석이 가능한 '고향'인지 그렇지 않은 '고향'인지에 따라 사회에서 다른 위치를 점한다는 사실, 여기에 중국과 일본의 근대 인식에 관해 새롭게 논의해볼 만한 여지가 있지 않겠느냐는 것이다.

흥미로운 대목이 있다. 일본에서 전혀 추궁되지 않는 '고향'은 그 추상성 탓에 오히려 개인의 것이 되지 못한다. 도리어 사회화된 감각의 패턴이 되어 "아, 그거요?"라며 암묵적으로 공유된다. 그리하여 일본의 사상공간에서 '고향' 담론은 일종의 '달아날 길'이 되었다. 진즉에 분석의 대상이 되었던 '가족제도'의 대용물로서 분석되지 않는 '고향'은 외래적인 '근대'에 대항하는 장소일 뿐 아니라 정신세계에서도 하나의 터부로 자리 잡았다. 태어나면서부터 주어지는 '고향'은 일본에서는 눈에 보이지 않는 어떤 정신의 족쇄로 작용할지 모른다.

하지만 중국의 사상공간에서 '고향'은 루쉰 등의 노작이나 '향촌 재건운동'을 비롯한 여러 사회운동에 힘입어 추상적이지 않은 현실적 존재가 되었다. 그런 의미에서 중국의 '고향' 담론은 이데올로기적 역할을 담당할 수 없고 사회적 통합력을 발휘하지도 못한다. 바로 이 점으로 인해 오늘날 중국인이 '고향'을 현실생활에서 멀찌감치 떨어진 일종의 '추억'으로 삼는 일은 개인적으로는 가능할지 몰라도 사회적 행동 양식은 될 수 없다. '근대'라는 과제를 앞두고 중국인은 비록 '고향'을 잃을 수는 있겠지만, 고바야시 히데오와 같은 지식인을 낳지는 못할 것이다. 정적이고 추상적으로 고정할 수 있는 '고향', 정신을 위로해주는 장소로서의 고향이 우리 중국인 사이에는 존재하지 않는 까닭이다.

3. 루쉰에서 다케우치 요시미로

다케우치 요시미는 한 시대 앞서 저 유명한 "나무 한 그루 풀 한 포기에도 천황제가 있다"[3]는 테제를 제출했다. 이 테제는 다케우치 요시미가 내놓은 몇 가지 문제의식과 함께 검토해야 정확히 이해할 수 있다. 먼저 천황제라는 정치체계, 그리고 국가종교와 천황을 믿는 민중의 신앙은 구분되어야 한다.[4]

다음으로 천황제는 고체가 아니라 액체나 기체처럼 작용하여 일본인의 일상생활로 스며든다. '천황제 조직 원리', 즉 부락 공동체적 질서는 학계나 문단 세계에도 관철된다. 따라서 '상명하달'이라는 뿌리 깊은 전통에서 벗어나려는 정당과 노동조합의 노력은 변질되든지 실패한다.[5] 그런 까닭에 천황제를 '물화'된, 하나의 독립된 대상으로 다루면 오히려 파악할 수 없게 된다. "권력이 권력으로서 현상하지 않는다", "살포시 공기처럼 감싼다"는 것이 천황제의 특징이기 때문이다. 정신구조로서의 천황제는 하나의 가치 체계라기보다는 복합적인

---

3 이 구절의 출처는 이러하다. "'토르소torso(흉상)에 모든 그리스가 있'듯이 나무 한 그루 풀 한 포기에 천황제가 있다. 우리의 피부감각에 천황제가 있다"(「권력과 예술」, 『다케우치 요시미 전집』 제7권, 筑摩書房, 1981년, 170쪽).

4 1961년 다케우치 요시미는 「공포로부터의 자유」에서 묵직한 문제를 제기했다. "인텔리는 천황 신앙이 존재한다는 사실을 잊고 싶어 하는데, 이것이 그들의 한 가지 맹점이다. 전통에서 빠져나오기 위해 전통과 주관적으로 단절해버린 일본 인텔리의 약점이 여기서 드러난다. 천황 신앙은 엄연히 존재하며, 그것은 다른 종교를 존중하듯이 존중해 마땅하다. 제도로서의 천황제와는 별개로, 국가종교가 아니라 개인이나 민족의 신으로 존재하는 천황은 사라지지 않았다. 현신現身 혹은 상징으로서의 천황과 직접 관계가 없는 형태로, 어느 정도는 가톨릭을 닮은 형태로 살아있는 것이다(『다케우치 요시미 전집』 제9권, 260쪽)."

5 「리더십」, 『다케우치 요시미 전집』 제6권, 275~290쪽.

체계며, "체계라기보다는 모든 가치를 상쇄하는 일종의 장치다."[6]

마지막으로 다케우치 요시미는 일본의 전위적 지식인이 내놓는 '천황제 비판'에도 상당한 의구심을 품는다. 근대주의자들이 제아무리 무기를 정밀하게 갈고 다듬어도 천황제의 원시적이고 질긴 생명력은 당해낼 수 없다. 따라서 창조적 지도자가 필요하다. 창조적 지도자는 기존의 가치나 상징에 얽매이지 않고 그것을 파괴하여 새로운 가치와 상징을 창조하는 역할을 맡는다.[7]

"나무 한 그루 풀 한 포기에 천황제가 있다"라는 그의 테제는 이와 같은 맥락을 고려해야 비로소 의미가 분명해진다. 다케우치 요시미가 심사숙고한 것은 천황제라는 정치체계나 국가종교가 소멸될 수 있는가라는 '물화'된 문제도 아니었고, 교육을 통해 민중 속에 자리 잡은 천황에 대한 믿음을 솎아낼 수 있는가도 아니었다. 그에게 절실한 문제는 '권력의 소재'를 분명히 밝히는 것이었다. "머리를 쥐어박을 뿐만 아니라 쥐어박은 머리를 다른 손으로 어루만진다."[8] 이러한 일이 생기는 까닭은 '미풍양속'의 본거지인 '이에'*가 일본의 근대화 속에서 해체되지 않았기 때문이다.

시마자키 도손**의 「집」家이나 시가 나오야***의 작품이 이에의

---

6 「권력과 예술」, 『다케우치 요시미 전집』 제7권, 157쪽, 160쪽.
7 「리더십」, 『다케우치 요시미 전집』 제6권, 290쪽.
8 「권력과 예술」, 『다케우치 요시미 전집』 제7권, 157쪽, 170쪽.
* '이에'家란 일본 고유의 전통적 가족제도를 가리킨다. 이에 안에서 가장은 이에 성원의 행동이나 사고방식에 영향을 미치며 강력한 힘을 갖는다. 하지만 가장의 권력은 가장의 인격체에 귀속된 것이 아니라 이에라는 조직체 안에서 가장이 차지하는 지위로부터 나온다. 이에는 가족제도인 동시에 일본 문화의 원형이자 일본식 사회조직의 기본 단위를 이룬다고 평가받는다.
** 島崎藤村(1872~1943). 시인이자 소설가. 메이지유신 당시 급속한 근대화 과정으로 열병을 앓고 있던 일본에서 낡은 가치관과 새로운 가치관이 일으키는 충돌을 훌륭하게 묘사했다. 『파계』, 『동

구조를 움켜쥐는 일에 실패했다고 말하면서 다케우치 요시미가 루쉰의 「고향」을 떠올렸는지는 알 길이 없다. 하지만 그의 '일목일초론'一木一草論이 루쉰의 시점에서 출발했다고는 말할 수 있다. 그는 천황에 관한 논의를 천황제에 대한 기존 범주가 아니라 민중의 실생활로 끌고 가려 했기 때문이다. 1958년에 그는 민중이 천황제 아래에서 정서적으로 한데 뭉쳐 끊임없이 서로의 사생활을 감시하고 있다고 하면서, 그런 민중에게 둘러싸여 있기에 일본의 예술가는 "고독해질 수 없다"[9]고 토로했다. 이러한 말을 할 정도의 다케우치 요시미라면 일본에서 '고향'이라는 아성이 얼마나 견고한지 잘 알고 있었으리라.

오늘날 중국의 젊은 세대가 루쉰을 읽어내기란 결코 쉬운 일이 아니다. 「고향」은 학교 교과서에도 실려 있지만 절망감은 전해지지 않는 듯하다. 그렇다고 루쉰이 과거로 밀려난 것은 아니다. 고향의 해체를 딛고 일어선다는 '희망'은 오늘날 중국에서 아직 실현되지 않았기 때문이다. 마찬가지로 오늘날 일본 사회에서 다케우치 요시미가 체감한 천황제에 대한 공포는 '무관심'으로 바뀌고 천황과 왕권은 지식의 장에 노출되었지만, 그의 '일목일초론'은 한물 간 고물이 되지는 않을 것이다. 왜냐하면 아무리 일본 사회에 민주주의가 자리를 잡았다고 해도, 전위적 지식인이 제아무리 주관적으로 전통과 거리를 두

방의 문』 등의 작품이 있다.
*** 志賀直哉(1883~1971). 일본의 소설가로 잡지 『시라카바』白樺를 창간했다. 강한 개성이 표출된 간결한 문체로 산문 표현의 극치를 보여주었다. 『화해』, 『어린 중의 신』, 『암야행로』 등의 작품이 있다.
9 「예술가의 자아와 민중」, 『다케우치 요시미 전집』 제7권, 131쪽.

려 해도, 다케우치 요시미의 시선에 의지해야 우리는 비로소 "고독해질 수 없는" 일본 사회의 실상을 알아차릴 수 있기 때문이다.

다문화 공생과 '문화-정치'
─ 난징, 히로시마, 9·11을 둘러싸고

1. 뒤얽히는 국가와 문화

2002년 아시아인을 비롯해 전 세계 많은 사람들의 이목을 끈 이벤트라면 단연 월드컵이었다. 한국과 일본, 중국 팀이 참가하는데다 한국과 일본의 공동개최로 열리게 되어 우리 동아시아인은 '관객'에서 '주역'으로 자리를 옮길 수 있었다. 물론 월드컵은 벌써 끝났다. 하지만 그 기간에 생각한 문제들은 여전히 뇌리에 남아 있다.

월드컵 기간에 이러한 문제를 생각했다. '다문화'가 공생한다고들 하는 이 세계에서 '공생'은 과연 어떠해야 하는가? 나아가 정치·경제·군사·외교 등의 기능을 아우르는 오늘날의 국가체계와 '문화'는 어떻게 관련되는가? 국가는 문화가 귀속하는 곳이거나 그 지반으로 보이지만, 이따금 문화와 분리되어 대립하기도 한다. 어찌되었든 국가는 우리에게 하나의 '존재'로서 사물처럼 거기에 '있다.' 이와 표리

일체로 '문화' 역시 마치 질감을 갖는 사물처럼 여겨진다. '문화재'는 시각에 잡히는 형태를 취하며 그런 감각을 뒷받침한다. 국가와 문화가 서로 이질적인 양, 때로 관계가 없는 것처럼 이야기되는 까닭도 두 메커니즘이 '사물'처럼 간주되기 때문이리라.

동아시아의 역사를 되돌아보면 얼마간 사고해야 할 방향을 가늠할 수 있다. 국가라는 정치구성체가 때로 폭력에 의지한다는 사실을 무시할 수 없기에 우리는 당연히 국가의 묵직한 존재감을 간과해서는 안 된다. 특히 20세기를 빼곡히 메운 전쟁에 관한 기억은 '국가 단위'로 남겨져 동아시아인에게는 여전히 공유하기 힘든 역사적 유산이 되었다. 하지만 '문화'라면 그런 딜레마가 있을지언정 교묘히 피해나가 안팎의 모순 없이 '교류'할 수 있을지 모른다. 그러나 설령 그렇더라도 문화를 논할 때 정치구성체인 국가 말고 무엇을 기반으로 삼을 수 있을까? 우리는 이 물음에 아직 답하지 못하고 있다.

월드컵은 바로 이 문제를 들춰냈다. 지금껏 국가는 정치를 관리할 뿐 스포츠와 오락은 정치와 관계가 없다고 인식하는 사람도 있었다. 그런데 올해의 월드컵은 스포츠가 지니는 정치성을 한껏 과시했다. 월드컵은 오늘날 세계에서 이미 새로운 정치적 동원력을 지닌다. 지금껏 누려온 국가의 정치적 통제력을 대신할 정도는 아니지만, 반쯤은 뒤섞인 형태로 어떤 힘을 보여주었음에 틀림없다. 경기를 할 때 '우승'을 목표 삼아 뛰는 것은 어쩌면 당연하다. 선수만이 아니라 관객인 응원단도 모두가 우승을 바라며 흥분한다. 하지만 월드컵처럼 세계적 규모로 벌어지는 국가 단위의 스포츠 경기가 '우승'이라는 목표 아래 결과적으로 국가의 기능을 재조정한다는 사실을 의식하는 사람들은 드문 듯하다.

중국, 한국, 일본의 삼국으로 말하자면, 축구팀의 감독과 주요 코치는 모두 외국인이다. 뿐만 아니라 실력이 출중한 선수는 유럽으로 건너가 그곳의 축구팀에 소속되어 월드컵 기간 말고도 여러 시합에 참가한다. 월드컵에서는 상대팀 선수로 싸우지만 같은 팀에서 호흡을 맞추기도 한다. 이렇듯 복잡한 '개인 관계'는 막상 나라 단위로 경기가 벌어지면, 국가國歌를 부르자마자 사라지는 것일까. 그때의 '나라'는 대체 얼마나 실체성을 가지고 있는가. 경기가 끝나 '나라' 단위에서 '클럽' 단위로 선수들이 돌아갈 때, 만약 선수와 응원단 모두 이러한 변신에 이의를 제기하지 않는다면, 그때 '나라'란 대체 무엇일까.

한국의 축구팬이 네덜란드인 감독을 대통령으로 세우자며 달아올랐을 때, 나는 그것이 어쩌다가 나온 말은 아닐 거라고 생각했다. 물론 진심에서 그런 이야기를 꺼낸 한국인은 없었으리라. 하지만 그 순간의 발상이야말로 보통의 한국인이 일상적으로 정치나 정치성을 어떻게 대하는지 집약적으로 표현해주는 것 같았다. 실제로 현재 한국에서는 축구협회의 책임자가 대통령선거에 후보로 나와 정치성을 한껏 표출하고 있다. 한국인만 그런 게 아니다. 유행가, 드라마, 스포츠 등이 인터넷으로 확산되면서 지금은 '민족 문화'만이 아니라 '국가 정치'도 모습을 달리하고 있다. 국가가 일방적으로 강제하는 메커니즘이 지금의 정치를 떠받치는 한편, 동시에 국민도 정치를 일상적으로 '소비'하고 있다. 특히 '우승'을 목표로 겨루는 경기에서 '국가'가 얼마만큼 국민의 무의식을 동원할 수 있는지, 얼마만큼 개개인의 바람을 흡수할 수 있는지를 놓쳐서는 안 된다. 아마도 국가 단위의 스포츠

만큼 이 점을 잘 보여주는 사례도 드물 것이다.

　문화다원론을 강조할 때 우리는 이러한 문제를 간과하거나 무시하곤 한다. 왜냐하면 문화다원론이나 국제적 평화공존과 같은 담론은 복잡하게 뒤얽힌 실상에서 유리되어 있으며, 우리는 문화와 국가를 독립적 '사물'로 상상하는 경향이 짙기 때문이다. 국민국가나 내셔널리즘을 독립된 실체로 전제하면서 내놓는 비판도 이러한 발상에서 유래한다. 그러나 체계를 갖춘 국가나 네이션은 다만 현실적 상황의 한 측면에 불과하며, 그마저도 늘 유동적이다. 국가를 위해 뛴 선수가 방금 전까지 상대팀에 있던 동료와 함께 소속팀의 경기에 나서는 장면은 '국민국가'가 다른 '비국가적인' 장치와 얽히면서 공시적이고 유동적으로 통합의 기능을 발휘한다는 사실을 보여준다.

　여기서 나는 이 점을 강조하고 싶다. 국가와 문화는 논리적으로 양립하지만, 현실에서는 뒤얽힌 채로 그 '양립성'을 유지하고 있다. 그런 의미에서 정치는 '문화' 안에서 살아가는 개개인과 떼려야 뗄 수 없는 복잡한 관계를 지닌다. 정태적 사유는 늘 국가를 실체로 만든다. 모든 국가 기능을 정적으로 다루고자 절대시하고 고립시킨다. 따라서 우리는 어떻게 국가를 뛰어넘을 수 있는지를 고민하기에 앞서 국가는 어떻게 기능화되어 다른 메커니즘과 연동하고 있는지를 인식해야 한다.

2. 현대 중국의 '구식 눈뜨기'—루쉰의「후지노 선생」에 관하여

월드컵을 중계하는 동안 우연히 루쉰의 글을 읽고 있었다. 무샤노코지 사네아쓰*의『어느 청년의 꿈』을 중국어로 번역하면서 적은「역자 서문」이었다.

루쉰은 저 유명한 5·4운동이 일어난 해인 1919년 가을에 이 희곡을 번역했다. 5·4운동이라 불린 학생운동은 1919년 1월 파리강화회의에서 일본이 산둥 성의 특권을 내놓으라고 중국에 강요하자 몇 년 전 체결된 불평등조약의 '21개조'까지 함께 반대하여 일으킨 것으로, 중국에서는 신문화운동의 개막을 알린 사건으로 평가받는다. 5·4운동이 발발한 지 3개월이 지났을 때 원고 청탁을 받은 루쉰은 원고를 쓰는 대신『어느 청년의 꿈』을 번역하고 싶다고 했다. 하지만 중국과 일본이 서로 증오심에 가득한 시기인지라 루쉰은 일본인이 쓴 이 희곡을 반기는 중국인은 없을 것이라고 예상했다. 당대에는 받아들여지지 않을지도 모른다는 걱정과 망설임을 안고 루쉰은 번역을 시작했던 것이다.

그런 심경을 토로하며 루쉰은「역자 서문」에 이렇게 적는다.

밤, 등불을 켜고 책 뒷면의 금빛 문자를 보며 낮의 일을 떠올리자니 갑

---

* 武者小路實篤(1885~1978). 소설가이자 희곡작가. 1908년 처녀작『황야』를 썼다. 1910년『시라카바』가 창간된 이후 중심적 존재로 활약했다. 1914년『그가 서른 때』를 전후로 하여 그의 작품은 인도주의적 색체를 띠게 되며 인류애를 설파하기 시작한다. 1918년 노동과 예술 활동에 적극적으로 나서 잡지『새로운 마을』을 창간했다.

자기 나 자신의 근성이 믿음직스럽지 못해 두렵고 부끄러워졌다. 사람이 이래서는 안 되겠다. 그래서 나는 번역에 착수했다.

이 짧은 서문에는 묵직한 내용이 담겨 있다. 루쉰은 무슨 연유로 "두렵고 부끄러워졌다"고 말한 것일까.

서문에 그 단서가 나와 있다.

현재 국가라 하는 것이 옛날처럼 존재하고 있기는 하나, 날이 갈수록 진정한 인간성도 그 모습을 드러내고 있다. 외신이 전하기를 유럽에서는 세계대전이 끝나기 전에도 양측 군대가 전투를 멈춘 동안에는 서로 즐거움을 나눴으며, 전투가 끝나면 우애를 나눴다고 한다. 아직 국가라는 것이 눈앞을 가로막고 있지만, 마치 경기를 하는 것처럼 시합 동안에는 경쟁 상대가 되어 싸우더라도 경기가 끝나면 친구가 되었던 것이다.

파리강화회의 반대, 당시 베이양北洋 군벌정부의 무능함, 거기에 외적과 싸우기보다는 내부 권력투쟁으로 동란이 계속되던 중국의 쓰라린 상황. 이러한 현실을 일본 유학 중 '지나인'이라는 트라우마를 겪어야 했던 루쉰은 무엇 하나 외면할 수 없었다. 전국에서 '반일' 감정이 비등한 와중에 '일본'을 향해 가슴속 응어리를 쏟아내는 것은 자연스럽고, 달리 선택의 여지도 없는 일이었다. 그런데도 루쉰은 그러한 극단적 상황에서 거꾸로 된 선택을 했다.

루쉰은 서문에 이렇게 적는다.

루쉰이 무샤노코지 사네아쓰의 희곡을 번역하면서 토로한 "두렵고 부끄러워졌다"는 감각이란 이처럼 날카로운 통찰에 근거하고 있다. 그는 '국가'를 간단히 부정하지 않았지만 절대시하지도 않았다. '우승'이라는 가치를 부정하지 않았지만, '우승'을 두고 다투느라 우정이라는 인간성을 잃어버릴까봐 우려했다. 바로 1919년 무렵 중국의 고난 속에서 루쉰은 "여기에도 당신의 형제들이 있다"고 외친 당시의 무샤노코지 사네아쓰와 만났다.

그러나 흥미로운 것은 그 만남 이후에도 루쉰은 일본식 인도주의자가 되지 않았다는 점이다. 그는 중국의 복잡한 상황에 처하여 중국과 존망을 함께하며 중국을 해부하고 변화시키고자 애썼다. 그런 루쉰이 가장 우려하던 것은 중국인이 눈을 뜨지 않았다는 사실이 아니다. 그보다는 눈을 떴다고 하여 이목을 끈 중국인을 보니까 그것이 '구식 눈뜨기'에 불과했다는 점이다.

오늘날 우리가 5·4시기의 사회 상황을 추체험하기란 결코 쉬운 일이 아니다. 열강에 내몰려 나라의 존립마저 불투명한 위기와 더불어, 또 한편으로는 '개국'을 겪으면서 서양의 새로운 사상과 지식이 혼란스럽게 밀려들어왔다. 정부가 너무도 무능한 까닭에 사회에는 새로운 사상 공간이 자라날 가능성이 생겼다. 학생운동은 일종의 대의제 역할을 맡아 사회의 요구를 대변했다. 여러 마찰 속에서 '중국은

어디로 갈 것인가', 즉 중국은 약소국이라는 현실을 어떻게 돌파할 것
인지가 가장 중요한 문제로 떠올랐다. 이러한 문제는 일본에 굴욕적
'강화조약'을 강요당하자 분출의 계기를 맞이했다. 그런데 과연 그렇
다고 중국인은 눈을 떴다고 말할 수 있을까.

　루쉰은 바로 그런 이유에서 무샤노코지 사네아쓰를 번역했다. 그
는 말한다.

> 중국인 자신은 분명히 전쟁에 자신이 없다. 하지만 결코 전쟁을 저주
> 하지도 않는다. 자신은 전쟁에 나설 생각이 없지만, 전쟁하러 나가기
> 를 원치 않는 사람을 동정하지도 않는다. 자기 일은 걱정해도 남의 일
> 은 남의 일이기 때문이다. 가령 요사이 일본이 조선을 병탄한 이야기
> 가 나오면 곧잘 이렇게 말한다. 원래 조선은 우리 속국이었는데……

　5·4운동이 폭풍처럼 휘몰아치던 시기에 루쉰만이 한밤중에 등불
을 켜고 홀로 생각에 잠겨 있었다. 그는 현대 중국의 위대한 '눈뜨기'
는 '국가의 독립'을 요구하는 것이기에 중국의 구식 가치관과는 본질
적으로 다르며 획기적 의미를 지니지만, 국가를 대전제로 삼는 발상
은 과거의 자기중심주의를 감추고 있기에 '구식 눈뜨기'가 될 가능성
도 동시에 존재한다고 여겼다. 이러한 자각 속에서 '구식 눈뜨기'를
경계하면서 루쉰은 '국가'가 독립할 필요성과 역설적으로 국가를 절
대시하는 위험성을 파악했던 것이다. 그는 이 역설을 추상적 휴머니
즘으로 해소하려 들지 않았다. 어디까지나 역설로서 자기 삶으로 품
어냈다.

그로부터 조금 지난 1926년에 루쉰은 「후지노 선생」이라는 명문을 내놓는다. 이 글이 실린 산문집의 제목이 암시하듯이 "아침 꽃을 저녁에 줍다"朝花夕拾의 결정結晶이었다. 「후지노 선생」은 그저 '회상'이 아니었다. 루쉰은 시간적 거리감각이 빚어내는 독특한 힘을 매개해 생의 체험에서 눈에 보이지 않는 의미를 추출해냈다. 1919년 인류의 입장에서 전쟁을 반대한다는 무샤노코지 사네아쓰의 다소 단순한 테제로부터 '구식 눈뜨기'를 비판하는 데로 훌륭히 옮겨간 사상적 노정도 「후지노 선생」의 구조를 떠받치고 있다.

「후지노 선생」은 일견 담담해보이지만 실은 팽팽한 내적 긴장으로 충만하다. 더구나 그 긴장관계는 나라 단위에서 생긴 것이 아니다. 이 점은 주목해 마땅하다. 약소국인 중국 국민을 저능아 취급하던 러일전쟁 이후의 일본 사회, 중국인 유학생에게 진심으로 친절을 다하는 일본인 선생님과 동급생, 한편 유언비어를 흘리며 중국인을 멸시하는 분위기를 조성하려는 학급 간사, 그리고 계속되는 불쾌한 사건 속에서 보게 된 영상. 중국인이 일본군에게 총살당하는 장면에서 "빙 둘러서 그것을 보고 있는 자들도 중국인이다. 그리고 강당에는 또 한 명의 내가 있었다." 이러한 요소를 묶어주는 것은 '중국', '일본'이라는 틀이 아니었다. 보다 큰 틀이었다.

「후지노 선생」의 서술자인 '나'는 영상을 보던 일본인 학생들이 "만세" 소리를 지르는 것에 질려 그 길로 의학 공부를 관둔다. 그리고 문학으로 옮겨가 중국인의 국민성을 개조하려 했다. 이 산문은 통상 이렇게 해석된다. 이러한 해석은 일리가 있지만 작품의 전체 맥락에서는 미묘하게 어긋난다. 애초 이 작품은 중국 대 일본이라는 구도로 짜여 있지 않았기 때문이다. 확실히 '강한 나라 일본'과 '약한 나라 중국'이라는 이미지는 꽤 효과적으로 그 시대의 냉혹함을 표현하고 있지만, 그것이 이 작품의 유일한 전제는 아니다. 오히려 루쉰은 중국인 동포의 무지와 둔감함과 잔인함에 더 큰 충격을 받았다고 할 수 있다. 그로 인해 후지노 선생이 '학술'을 통해 보여준 인간 정신력의 풍부함에서 루쉰은 묵직한 정치적 함량을 읽어냈다. 이를 이해하려면 「후지노 선생」의 저 유명한 구절을 들춰봐야 한다.

> 선생은 내게 뜨거운 기대를 품었고, 지도해주실 때 결코 게으름을 부리지 않았다. 소小로는 중국을 위해, 즉 중국에서 새로운 의학이 태어나기를 희망하고, 대大로는 학술을 위해, 즉 새로운 의학이 중국에 전해지기를 바라는 마음에서 그리했다.

루쉰은 중국을 사랑했다. 그 사랑 때문에 그는 중국인의 우둔함과 무지를 외면할 수 없었다. 무샤노코지 사네아쓰나 저우쭤런*과는 달리 루쉰은 일생을 거쳐 '소'로서의 중국과 '대'로서의 학술이라는 두 위상에서 동시에 시대적 과제와 씨름했다. 여기서 '중국'은 국가와 사회·정치를 포함한 모국의 현실 상황 전체를 가리킨다. 한편 여기서 '학술'도 결코 후지노 선생의 의학만을 뜻하지 않는다. 루쉰의 이미지에서 보자면 정치나 국가의 모든 기능을 자신 속에 품는 인류의 정신

---

* 周作人(1885~1966). 작가이자 번역가. 루쉰의 동생이다. 일본 유학 후에 미국과 유럽 그리고 러시아 문학을 번역하고 소개하는 작업에 매진했다. 귀국 후에는 베이징 대학 교수로 취임해 루쉰과 함께 5·4신문학운동을 주도했다. 저서로 『영일집』永日集, 『과두집』瓜豆集 등이 있다.

을 말한다. 그러한 루쉰의 '학술'을 대변하기에 후지노 선생이라는 의학자는 너무도 평면적인 인물일지 모르겠다.

「후지노 선생」의 난해함은 확실히 거기에 있다. 이 산문의 핵심은 후지노 선생의 주관이나 의학의 역할에 있지 않다. 오히려 핵심은 후지노 선생의 행동과 시대 분위기 사이의 '낙차'에 있다. 후지노 선생은 일본인 학생의 차별 의식에 아랑곳하지 않았다. 그런 까닭에 악의적 비난을 무릅쓰고 힘을 다해 루쉰에게 의학 지식을 전수했다. 중국인이 살해당하는 영상을 보며 일본인 학생들이 "만세"라고 환호하던 시대에 그는 '학문'을 가지고 약소국의 유학생에게 뜨거운 기대와 우애를 전했던 것이다. 이처럼 주체와 환경 사이에 본질적 '낙차'가 있었기에 루쉰은 후지노 선생을 "내 마음속 위대한 분"으로 간직했으며 사상적 창조력의 에너지로 삼을 수 있었다.

그러나 「후지노 선생」은 주인공의 모델인 후지노 선생에게 머물지 않고, 5·4시대의 급진적 풍조 속에서 '구식 눈뜨기'를 응시하겠다던 루쉰 자신의 다짐으로 이어진다. 이리하여 루쉰은 '정치'와 '학문'이 대립 혹은 양립한다는 사고방식에서 벗어나 학문으로 정치를 감싸 안는다는 사고방식을 일궈냈다. 그리고 감싸 안는 과정에서 발생하는 긴장, 갈등, 패배와 절망을 통해 루쉰은 자신의 문화정치적 입장을 구축했다. 그 입장은 국가나 사회의 현실정치를 '뛰어넘지' 않으면서도, 그것과는 다른 위상에서 현실정치의 '뿌리'를 폭로했다. 루쉰이 남긴 사상적 유산은 우리에게 '사상'이라는 '무용無用의 용用'의 존재 가치를 분명히 일깨워준다.

3. 현실정치가 은폐하는 문화의 정치성

루쉰은 다문화 공생이라는 말을 사용한 적이 없지만, 이 말에 담긴 곤란함을 루쉰만큼 자각했던 이도 드물다. 다문화 공생은 국가 단위(각도를 바꿔 민족문화 단위라고 말해도 좋다)의 사고에서는 발생하지 않는다. 국가를 넘어서는 수준을 상정한다고 해도 마찬가지다. 전자의 경우, 공생은 정적인 이미지를 지닐 뿐이어서 접촉 없는 '공생'과 '교류'만 상정될 따름이다. 후자의 경우, '국가'의 기능을 경시한 까닭에 실질적 힘관계 혹은 폭력관계가 그 말을 빌려 둔갑해 '문화의 정치성'이 은폐된다.

루쉰이 살아가던 시대에 '다문화'의 공생은 늘 폭력에 짓눌리는 불평등한 환경 아래서 이뤄졌다. 특히 '비정치적' 문화라는 가면을 두르고 진행되는 '교류'는 패권적 본질을 쉽사리 가리고, 자국의 지식 엘리트를 통해 본토의 패권 관계를 바꿔놓았다. 그에 맞서고자 루쉰은 유명한 '가져오기 정책'이라는 테제를 내놓았다. 그의 문제의식은 이렇다. 국제적으로 행해지는 외교, 무역, 문화 같은 '교류'는 무엇 하나 평등하지 않다. 중국의 경우는 정부가 무능해서 열강으로부터 '가져 온' 것을 자기가 선택한 것처럼 위장하는 동시에 열강의 요구를 만족시키고자 자신의 '국수'國粹를 '보냈다.'

아편 유입을 시작으로 정부는 자신의 이름 아래 불평등조약 등을 받아들였지만, 중국인의 선택은 아니었다. 이와 반대로 상대의 요구에 따라 자신의 가장 소중한 문화재를 국제교류라는 명목 아래 내준 것은 루쉰이 비판한 '보내기주의'의 전형이었다. 루쉰은 '가져오다'와

'보내다'가 서로를 떠받치고 있으며, 활기차보이는 '교류'가 실상은 한쪽에게만 유리하다고 날카롭게 지적했다.

이와 선을 긋기 위해 내놓은 '가져오기 정책'은 '타자'를 통째로 받아들이지는 않는다는 전제 위에 다른 원칙을 세운 것이다. 그 원칙이란 '타자'를 해부한 다음 '인간성'(때로 루쉰은 '학술'이라고도 부른다)의 기준에 따라 선택하여 받아들인다는 것이다. 루쉰의 눈에 국가를 초월한 인간성은 가짜지만, 국가에 속박된 인간성도 진짜는 아니다. 양쪽 모두에서 자신을 끄집어내 '국가'와 '인간성'의 긴장감 어린 공생을 껴안으면서 인간 사회의 우매함과 부정함, 그리고 거기에 기초를 두는 폭력과 타협 없이 싸우는 것, 이것이 루쉰 정신의 핵심이라 할 수 있다.

루쉰은 이미 거의 한 세기 전에 시합과 국가, 운동경기의 승부 다툼과 전쟁 폭력을 나란히 두고 논한 바 있다. 그는 '우승을 놓고 겨루는 싸움'을 단서 삼아 국가와 인간이 어떤 형태로 결합해 전쟁 폭력을 낳는지 보여주었다. 루쉰은 모든 정적인 카테고리를 해체하고 신변의 현실 상황을 통찰한 결과 유동성이 넘치는 카테고리를 가다듬어냈다. 그것은 다름 아닌 '문화정치' 자체였다.

문화정치란 국가나 사회집단의 현실정치와 복잡하게 얽히면서도 거기로 회수되지 않는 '주체'의 장이다. 주체는 현실정치와 관계를 맺으면서 자신을 생성하지만, 루쉰의 사상적 노정이 보여주듯이 현실의 정치 판단에 그대로 따르지 않는다. 자신의 판단 기준을 마련하고, 그 기준에 의거해 현실정치가 권력구조에 기대어 절대화하고 있는 전제들을 깨부수고 정치 과정의 진실에 육박한다. 루쉰은 국가를 작다 하고 학문을 크다 했다. 그때 그가 말하는 문화정치성이 '크다'에 존재하는 것은 아니다. '대'와 '소'는 같은 위상에서 병존하면서 복잡한 역관계를 낳는다. 루쉰은 이러한 자각을 가지고 있었다. 그 위에서 루쉰은 평생 '학문'이 '정치'와 대립한다는 거짓 일반론을 폭로하고 '학문' 가운데서 문화정치성의 존재 양식을 훌륭히 그려냈다.

얄궂게도 현실정치와 대립하며 그것을 '초월한다'는 '순수 학문'의 입장은 거의 예외 없이 현실정치의 전제로 회수되어 '정치화'되는 운명을 면치 못한다. 이는 전시 중 교토학파가 잘 보여주고 있지 않은가. 루쉰은 자신과 자신이 처한 5·4시대 사회정치적 풍조 사이의 간극, 러일전쟁 이후 일본 사회의 분위기와 그가 묘사한 후지노 선생 사이의 낙차를 통해 '학문을 위한 학문'이 어떤 과정을 거쳐 정치적 주체성을 확보할 수 있는가라는 물음을 훌륭히 암시해냈다.

4. 평화와 전쟁은 표리일체다—9·11이 시사하는 것

'국가'를 하나의 사물로, 고립된 대상으로 간주하는 일은 오늘날 거의 현실적 근거를 잃었을지 모른다. 하지만 역사적으로는 결코 그렇지 않다. 20세기 역사는 국민국가의 역사로서 자신의 기록과 기억을 남겼다. 근대의 가장 극단적 표현인 전쟁은 그 역사를 낳는 힘이었다. 전쟁은 국민국가와 보완 관계를 지닌다.

오늘날 우리 전후세대가 지나간 전쟁을 추체험하기란 어려운 노릇이지만, 사상적 상상력을 동원한다면 전혀 불가능한 일도 아니다.

왜냐하면 오늘날의 세계는 여전히 전쟁 속에 놓여 있기 때문이다.

9·11은 그런 인식을 획득하기 위한 절호의 기회였다. 차이는 있겠지만, 9·11은 벌써 '역사'가 되었음에도 여전히 살아있는 사건이라는 점에서 과거 전쟁의 역사에 다가가는 데 유효한 창구를 제공해준다. 불과 일 년 동안 주류 담론은 그 복잡한 사건을 폭발 당시의 생생한 충격에서 분리해내 재빠르게 '반테러주의'의 상징으로 바꿔놓았다. 이제 와서 생각해보면 가공할 일이다. 9·11이라는 날짜마저 상징이 되어버려 "9·11 이후"라는 말은 해당 사건과 관계가 없는 장면에서도 유행어로 유통된다. 따라서 이 사건이 발생한 당시의 감정기억을 지금 다시 환기하는 일은 결코 무의미하지 않을 것이다.

세계에 충격을 안긴 9·11사건은 '무차별 살인'이라는 점보다 무차별 살인의 '장소'가 미국의 번영과 위력을 상징하는 세계무역센터였다는 점에서 이목을 모았을 것이다. 반면 지구상에서 매일같이 발생하는 '무차별 살인', 가령 가난에 시달려 매일 몹시 많은 사람이 생명을 잃고 있다는 상황은 눈길을 끌지 못한다(UN의 통계에 따르면 9·11 하루 동안에만 3만 5,000여 명의 아이들이 기아나 병으로 목숨을 잃었다고 한다). 시선의 차별구조가 엿보이는 대목이다.

이리하여 어떤 역설적 상황이 연출된다. 9·11에 관한 대립과 논쟁은 미국중심주의를 흔들어놓았지만, 동시에 세계를 대하는 사람들의 시선 속에 감추어진 '차별구조'도 은연중에 보완하고 있다. 분명 1년 동안의 논쟁은 무의미하지 않았다. 다만 세계화의 발상을 떠받치기도 한다는 의미에서 반세계화가 일종의 세계화를 대변하는 행동이듯, 미국중심주의 반대라는 한 가지 사고방식으로는 미국중심주의를 좀처럼 해체할 수 없다는 사실을 여기서 지적해두고 싶다.

9·11이 정말 역사를 바꾸었는지를 두고 지금껏 많은 논자가 관심을 보였는데, 나는 이 사건이 월드컵보다 국가체계의 기능성을 선명히 드러냈다는 점에 주목하고 싶다. 월드컵이 평화로운 상태의 국가 기능을 보여주었다면, 9·11은 비일상적 상태의 국가 기능, 즉 국가가 미디어, 국민감정, 나아가 사망자의 희생을 얼마나 교묘히 활용하여 이익을 꾀하는가 하는 진실을 폭로했다고 할 수 있다. 현재 미국 정부는 '국민의 안보'를 구실로 삼아 새로운 전쟁을 일으키려 하고 있다. 이 점은 누가 봐도 명백하다.

문제는 거기서 그치지 않는다. 2001년 9월부터 2002년 초까지 '민주주의 대국' 미국에서는 얼마간 반대의 목소리가 있었지만, 전체적으로는 정부를 지지하는 목소리가 주류였다. 이는 대체 무엇을 의미하는가. 언론이 부자유한 탓인가. 그렇지 않다. '국민' 대다수는 거의 무조건으로 '국가'를 '지키려' 했다. 2001년 9월 이후 미국 사회에서 횡행한 인종차별을 떠올린다면, 그 몇 개월 동안의 '민주주의 실종' 상태는 무엇보다 대다수 미국인 자신의 선택이었다고 해야 할 것이다. 더 나아가 우리는 9·11을 통해 테러에 대한 미국 시민의 공포감이 어떻게 미국 사회의 '미국중심주의'와 인종차별을 떠받치는지, 또한 '국가'는 어떻게 국민감정에 호소하고 구체적으로 그것을 이끌어내는지, 그리고 '생명의 안전'이 위협에 놓였다는 불안감을 통해 국민은 어떻게 스스로 국가와의 일체감을 형성하는지, 그때 '국가'는 어떻게 절대화되고 추상화됨으로써 개개인이 긍지에서 생존에 이르는 모든 것을 국가에 투영하는지 등등을 알 수 있었다. 이처럼 미국이 '반테러'를 명분 삼아 당당히 일으킨 새로운 침략전쟁, 아니 국가가 정당화한 '테러'를 바라보면서 우리 동양인 마음속에 잠재해 있던 '민주주의 천국' 미국을 향한 동경에도 금이 갔다.

나는 이러한 일련의 사건에서 국가와 국민, 사회와 개인이라는 이분법이 전쟁의 역사를 인식하는 데 필요하다는 사실을 인정하는 동시에, 그 이분법만으로는 역사의 진실에 육박할 수 없으며 다른 시각도 아울러 마련해야 한다는 생각에 이르렀다.

거의 한 세기 전 루쉰이 시합을 두고 인간성과 평화를 향한 애착을 함께 말했던 때는 제1차 세계대전이 끝나고 우리 동양인이 국민국가를 '우승'에 이르는 대전제로 삼던 시기였다. 그 무렵 루쉰은 평화와 전쟁이 전혀 다른 것은 아니라고 생각했다. 그는 일상적 차별, 오만, 독점 등이 때를 얻으면 쉽사리 전쟁의 동력으로 바뀐다는 사실에 주목했다. 미국 사회는 '민주주의' 상태로 돌아오고 나서도 최근 일년 동안 이 과정을 밟고 있다. 확실히 여기서 동서를 불문하고 동일한 사상적 과제와 조우한다. 전쟁을 막는 일은 일상적 인종차별이나 자기중심주의에 맞서는 일과 늘 이어져 있다.

한 세기 전 중국은 격렬한 내전을 거치면서 국력이 쇠약해졌다. 당시 일본은 호전적 '국가'였으며 또한 승리로 이득을 보았다. 그리하여 중국 전역에서 반일감정이 들끓는 와중에 루쉰은 일본에도 평화를 요구하는 인간이 있음을 내다보며, 중국인이 전쟁을 잘하든 못하든 전쟁에 반대하는 일을 가장 긴박한 시대과제로 삼았다. '우승'을 절대적 가치로 삼아 경기를 그저 승리를 위한 수단으로만 여기는 심리는 말할 것도 없고, 세계 제국이었다는 감각에 상처를 입자 갑자기 폭발

한 복수심에 이르기까지, 오늘날 세계 정세를 루쉰의 눈으로 들여다
본다면 '우애의 정'을 모른 채 '전쟁 근성'에 기댄 강자의 논리가 판치
는 것으로 비칠 것이다.

'인류의 입장'은 여전히 살아있는 말이다. 그러나 이 말은 언제든
현실정치에 떠밀려 허공에 매달릴지 모른다. 왜냐하면 '인류의 입장'
이 세워질 곳은 국가 정치의 바깥도, 국가 정치와 대립하는 곳도 아니
기 때문이다. 그것은 항상 국가 정치와는 다른 차원에서 국가 정치의
'기초'를 흔들 때 비로소 정치성을 가질 수 있다. 루쉰은 생애에 걸쳐
국가 정치(특히 폭력과 혼란으로 점철된 1920년대 중반부터 1930년대에 걸친 암흑
기의 국가 정치)에 직접 대항하지 않고, 얼핏 보면 거기서 동떨어져 있는
민중의 우매함과 전위를 자처하는 인텔리의 실상을 폭로하는 일에 정
력을 쏟았다. 루쉰 문학의 정치성은 '옛 사상의 오랜 병'을 치유하는
데 있었다. 그는 '소'와 '대'가 뒤얽히는 역설적 장에서 국가 정치가
기반으로 삼던 여러 종류의 '옛 사상'과 맞서 싸웠다.

이리하여 루쉰이 제시한 '인간성'은 정치성을 지니며, 오늘날에도
단조로움과 개념화에 물들어 있는 우리의 사상을 치유하는 데 효력을
발휘하는 것이다.

5. '난징'과 '히로시마'라는 상징

국가 정치의 메커니즘은 어떤 현실적 과정을 거치는가? 그것은 어떻
게 국민의 일상감각과 연결되는가? 이러한 문제에 눈을 뜨게 만든 계

기가 9·11과 월드컵만은 아니다. 여기서 우리는 중국과 일본 사이의 역사기억을 반드시 떠올려야 한다. 특히 난징, 히로시마의 경우는 우리가 어떤 발상법으로 전쟁기억을 국가 단위로 재생산하는지를 보여주는 더할 나위 없는 사례다.

난징대학살은 중국 시민이 15년 전쟁 동안 겪은 모든 피해의 기억을 상징한다. '30만'이라는 수치는 일본군이 15년간 중국 대륙에서 저지른 죄악을 상징적으로 표현한다. 그렇게 여느 숫자보다 무겁다. 따라서 '30만'은 산술 이상의 성질을 지니며, 계산으로 검증해낼 수도 없다. 그런 의미에서 상징으로서 난징대학살은 난징대학살을 사실로서 다루는 '역사연구'와 다른 위상에 놓인다. 사실을 가지고 상징을 대신할 수는 없다. 때로 난징대학살의 실상을 꼼꼼히 따지는 연구는 의도와 무관하게 일반 중국인에게는 '30만'에 담긴 감정을 거스를 셈인 양 간주되기도 한다.

실제로 중일 양국의 역사학자들이 중국인의 감정을 존중한다는 전제 위에서 난징대학살을 규명하는 공동 작업을 벌이지만, 그때 존중하는 감정이 중국 전역의 시민이 지닌 감정기억과 반드시 일치하지는 않는다. 문제는 일본 정부가 난징대학살을 공식적으로 사죄하지 않을 뿐 아니라 일본에 '마보로시파ま ぼ ろ し派*'가 여전히 존재하는 이상, 중국 시민의 '난징 기억'은 피해국의 반발로 옮겨가기 쉽다는 점이다.

이러한 상황 아래서 역사적 사실을 검토하는 작업은 현재진행형

---

* 난징대학살은 꾸며낸 이야기에 불과하다고 주장하는 일파를 일컫는다

의 국제정치 관계를 '살아있는 역사'로 다루지 않는 한 현실에서 제 기능을 발휘하지 못한다. 유감스럽게도 중국에서 이른바 자료에 충실한 연구는 국제정치 관계를 염두에 두기보다는, 오히려 현실정치의 틀에 매여 '중일의 대립구도'를 보완하는 그럴싸한 재료를 제공하곤 했다. 그것은 역사연구, 특히 전쟁사 연구 특유의 '문화정치'가 자라나지 않은 탓이다.

'문화정치'는 일시적으로 현실의 정치적 목적에 봉사하든 거스르든 개의치 않고 자료에 근거해 전쟁의 과정과 메커니즘, 나아가 사회의 동향과 거기에 내재하는 모든 역관계를 되도록 역사적으로 포착하고, 정의의 문제나 인간성 파괴의 비참함 등과 아울러 그것을 인류의 사상적 유산으로서 기술해 남기는 역할을 맡는다. 그것은 현실의 정치적 목표와 일치할 수도 거기서 빗겨나갈 수도 있으며, 또한 정면으로 대립할 수도 있다. 하지만 현실정치와는 다른 위상에서 존재하기 때문에 현실정치에 의해 규정되지도 않는다. 그런 역사연구야말로 다른 위상에서 현실정치를 상대화한다. 역사학에서 그렇듯 '다른 위상'의 감각이 생겨나지 않기 때문에 빠져나갈 샛길로서 '순수한 역사연구'가 강조되곤 하는 것이다. 하지만 '순수 학문'은 결국 현실정치로 회수되고 만다.

중국 시민의 기억에 남아있는 '상징으로서의 난징사건'은 역사연구에서 다뤄야 할 '역사적 현상'이다. 그러나 복잡한 전환을 거치지 않으면 역사연구의 대상으로 삼을 수 없다. 하지만 대개는 그렇지 못하다. 그래서 난징대학살에 관한 연구는 '상징'으로서의 난징대학살과 관련을 맺지 못하거나 심지어 대립하곤 한다. 여기서 중요한 일은 난징대학살이 어찌하여 역사적 사실을 넘어 역사적 상징의 역할을 맡고 있는지를 이해하는 일이다. 달리 묻는다면, 난징대학살 말고도 731부대, 충칭 대공습 같은 다른 비인도적 범죄 행위가 있는데도, 그것들은 어찌하여 같은 위상에서 공유되지 않는 것일까.

9·11의 그날, 텔레비전 화면에서 비행기가 세계무역센터라는 '상징'을 파괴하는 장면을 보았을 때 나는 '상징'이 지닌 가공할 힘을 느꼈다. 세계의 시선을 일제히 한곳으로 집중시킨 이 행위로 '상징을 파괴하는' 순간의 격렬한 효과를 알게 되었다. 상징이 파괴되자 미국인은 자신들이 결코 안전하지 못하다는 사실을 깨달았으며, 전 세계 사람들은 이제껏 무시해오던 아랍권에 비로소 시선을 돌리게 되었다. 되돌아보건대 세계무역센터의 붕괴는 수많은 사상자를 냈지만, 이 비참한 사건의 의미는 거기서 머무르지 않는다.

난징대학살은 9·11과 역사적 함의도 다르고 위상도 전혀 다르지만, 상징이라는 점에서는 같은 구조를 지닌다. 난징대학살은 분명 중국인에게 전쟁의 트라우마를 상징한다. 지극히 복잡한 감정도 난징대학살로 간결하게 전해질 수 있다. 따라서 이 상징을 파괴하는 어떠한 행위도 중국인의 분노를 사기 쉽다. 게다가 난징대학살이라는 상징은 죽은 자의 비참함과 살아남은 자의 트라우마에 머물지 않는다. 그것은 반세기 동안 일본에 대한 중국 국민의 원한, 위화감, 혐오 등 여러 정서를 집약해서 짊어지고 표현한다. 특히 일본의 우익이 난징대학살은 지어낸 얘기라는 이데올로기를 퍼뜨릴 때마다 '상징을 지킨다'는 감정은 증폭된다. 그런데 이러한 대항 구도가 지속되면 상징은 점차 내용을 잃어간다. 죽은 자들의 비참한 운명에 대한 관심과 동정, 살아남은 자의 애도는 점차 세간의 관심에서 멀어져 상징을 지킬 것인가 말 것인가 하는 문제만이 남는다. 그런 의미에서 망각은 이미 사회 속으로 번지고 있다. 이러한 상황에서 '난징대학살'을 입에 담는 일은 중국의 다수 시민들에게 국제정치를 대하는 일종의 자세이자 ('관'官의 정치라고 잘라 말할 수 없는) 현실정치에 개입하는 태도를 뜻하기도 한다.

이러한 상황을 냉정히 관찰하면 어떤 구조성이 눈에 들어온다. 일본 국내의 대립과 중국 내부 상황의 엇갈림이 빚어내는 구조성 말이다. 일본 국내에서는 '난징대학살'이 존재했는지 아닌지 하는 '사실확인'이 난징 문제를 둘러싼 논의의 근저를 이룬다. 여기서 '사실'과 '실증'은 현실정치의 대립을 반영할 뿐 문화정치를 이루지는 못한다. 그런 의미에서 '학문'이란 이름 아래서 진행되는 싸움은 현실의 정치투쟁을 흉내 내는 데 머문다. 왜냐하면 루쉰이 「후지노 선생」에서 말했던 "크게는 학술을 위해"와 같은 입장이 존재할 여지가 없기 때문이다. 일본 국내에서 난징사건을 둘러싼 대립은 분명히 루쉰이 몸소 보여준 '비정치적 정치성'을 결여하고 있다. 왜냐하면 일본 국내의 틀 안에 대립이 한정되어 직접적으로 현실 사회의 정치적 목표를 따르고 있기 때문이다. 물론 나는 현실정치의 대립이 무의미하다고 생각하지 않으며 가벼이 여길 마음도 없다. 다만 그것만으로는 난징 문제를 둘러싼 사상투쟁의 한계를 넘어설 수 없음을 지적하고 싶다.

한편 일본 국내에 존재하는 이러한 대립의 논리가 중국 시민에게는 거의 의미를 갖지 않는다. 중국 국내에서는 난징대학살이 일어났는가 아닌가 하는 '사실 천착'을 둘러싼 대립이 존재하지 않기 때문이다. 중국 시민에게 난징사건은 오로지 일본 침략의 역사에 분노를 담는 상징이다. 그 상징은 실증이라는 절차를 필요로 하지 않는다. 실증 대상이 되는 일 자체를 때로는 모욕으로 느낀다. 이러한 사정으로 고증을 거쳐 사건의 존재를 증명하려고 애쓰는 일본 진보파의 고심은 이해를 얻지 못한다. 오히려 본의 아니게 '상징을 부수는' 우익의 행위와 본질적으로는 같다고 오해를 사는 경우도 있다.

이러한 사실은 일본인의 히로시마 피폭 체험이라는 좀 더 복잡한 사례를 함께 생각하면 의미가 분명해질 것이다. 물론 히로시마만 원폭으로 피해를 입은 것은 아니다. 그러나 히로시마가 일본의 피해를 상징하게 되었다. 중국에는 히로시마의 피해를 '지어낸 이야기'라고 왜곡하는 움직임이 없다. 그래서 난징사건을 두고 일본에서 벌어지는 대립 같은 것이 중국에서 히로시마 원폭 투하를 둘러싸고 일어나지는 않는다. 그러나 비록 전후의 세계사에서 히로시마의 피해는 '지어낸 이야기'가 되지는 않았지만, 미국을 위시하여 국제적으로 히로시마의 피해를 정면으로 들추기 꺼려하는 움직임은 지속되어왔다. 그로 인해 핵병기는 여전히 세계에서 생산되고 실험되고 있다.

수십 년간 난징대학살을 부정하려는 움직임이 일본에 존재해왔기에 '원폭 피해'라는 역사상 공전의 참극을 중국의 난징대학살과 같은 위상에서 다루는 일에 중국 국민은 아직 감정의 정리도, 마음의 준비도 되어 있지 않은 듯하다. 중국에도 히로시마를 전쟁 피해의 상징으로 받아들이는 사회적 분위기가 있기는 하지만, '난징'과 '히로시마'를 직관적으로 연결하는 토양이 없는 까닭에 히로시마의 실상으로 관심을 이끄는 회로가 만들어지지 않는다. 이리하여 중국에서 '히로시마'라는 상징은 몹시 단순해지고 만다. 하지만 일본에서 '히로시마 피해'는 패전 후 일본의 부조리한 역사를 집약하고 있다. 더하여 '히로시마'의 역사는 '난징'보다 굴절되어 있다. 복잡하게 뒤틀려 있기에 도저히 한 가지 감정으로는 히로시마의 상징성을 감당할 수 없다. 한편 중국에서는 난징대학살을 접할 때 '분노'라는 한 가지 감정이 그 상징을 거의 다 채운다. 그리고 일본을 향해 그 감정을 직접 표현하고 사죄와 배상을 요구할 수도 있다.

일본의 '히로시마'라는 상징은 "세계에 평화의 메시지를 전한다"는 몹시 함축적인 메시지를 퍼뜨리기는 해도, 미국에 사죄나 배상을 요구하는 움직임으로 좀처럼 이어지지 않는다. 히로시마에서는 '피해'라는 일본어에 중국어보다 훨씬 복잡한 감정이 담겨 있을 것이다. 패전 이후의 역사를 보면, 일본은 피해의 기억을 떠올리며 "다시는 전쟁을 일으키지 않는다"는 결의를 표명했다. 그때 히로시마와 같은 피해의 상징은 '가해'의 기억을 딴 곳으로 돌리는 데 활용될 수 있었으며, 이 경우 침략의 역사를 날조할 위험성이 생겨난다.

한편 전후 미국의 점령에 여러 방식으로 저항하거나 전 세계 핵실험에 반대하는 입장을 천명함으로써 국제정치의 헤게모니 문제를 일본 내부로 끌어들이려는 움직임도 엿보인다. 히로시마라는 복잡한 상징은 매년 히로시마의 평화기념비 앞에서 발길을 멈추는 많은 일본인에게 역사적으로 일본인이 일궈낸 다양한 투쟁과 노력의 결실이다. 그것은 결코 원폭 피해의 비참함만을 상징하지 않는다. 따라서 히로시마는 아무리 역사학이 분석 대상으로 삼으려 해도 끝내 다 분석할 수 없는 감정기억의 응어리로 남을 것이다.

6. 학문의 정치성과 역사성

중국과 일본 사이에는 아직도 사죄와 용서가 이뤄지지 않았다. 이를 우려하여 혹은 '히로시마'가 단지 '피해'의 상징으로만 비쳐질 것을 염려하여 일방적 '가해'의 기억을 환기하고자 '난징-히로시마'라는 구도를 만들려는 사람도 있다. 그러나 이러한 발상이 현실적으로 양국의 시민 사이에서 받아들여지리라고는 생각하지 않는다. 이 두 가지 상징은 내실과 역사적 맥락이 너무도 달라 치환하기란 도저히 불가능하다. 피해 체험만 따로 떼어내 강조한다면, 역사의 복잡한 경위가 그 속으로 수렴되어 단순화되거나 반역사적이고 추상적인 휴머니즘으로 떠버릴 위험성이 생기지 않을까.

그렇기는 하나 '난징-히로시마'라는 구도가 전혀 유효하지 않은 것은 아니다. 다만 그 문제를 해결하기 위해 중국과 일본 사이에 공동의 장을 만든다는 전제 아래 두 상징을 낳은 사회적 요소를 분석할 때 비로소 그 구도의 유효성은 발휘될 수 있으리라. 만약 자국 안의 투쟁 논리를 절대화하여 그것을 상대국에 밀어붙이는 '싸움'으로 피해 체험을 역사화하려 든다면, 애석하게도 두 상징은 피해 체험의 역사적 관련성을 유기적·입체적으로 드러내지는 못하고 말 것이다. 이렇듯 복잡한 작업은 나라 단위에서 이뤄지는 현실정치의 투쟁으로는 결코 완수될 수 없다. 그 작업을 가능케 하는 것이 바로 루쉰이 말한 "작게는 나라를 위해 크게는 학술(혹은 인류)을 위해"라던 문화정치이리라.

무고한 사망자를 내는 전쟁이 여전히 계속되고 있다. 그럼에도 죽어가는 자들이 국경 바깥에 살고 있는 인간이라서, 또는 우리와 인종적으로 다르다는 이유로 그들을 외면하고 있지는 않은가. 나아가 시위를 벌이고 서명운동을 한다고 전쟁을 막을 수 없는 현실에서 어떻게 반전 활동을 넓혀갈 수 있을까. 부시에게 이라크를 침략할 권한을 넘긴 미국 의회는 미국 민주주의의 위기를 보여주는가, 아니면 민주주의 자체가 전쟁을 지지하기에 이르렀는가. 이 물음들에 간단히 결론을 내릴 수는 없지만, 이러한 현실에서 등을 돌린다면 모든 이성적 사고는 생명력을 잃고 말리라.

바로 이러한 국제 정세 아래서 중국인과 일본인은 좋든 싫든 역사의 복잡한 맥락과 마주하게 된다. 난징과 히로시마라는 두 상징과 관련된 감정적 충돌에서 학문적 노력에 이르기까지, 국가의 비이성적 정치 행위에서 국민의 사회적 책임에 이르기까지, 이 모든 것은 간단한 도식으로 정리될 수 없으며 개념적이거나 논리적인 수준에서 포착할 수도 없다. 국민 한 사람 한 사람은 직접적이든 간접적이든, 찬성하든 반대하든 혹은 침묵하든, 모든 위상과 모든 문제에서 국가 정치와 관계를 맺고 있다. 국가와 국민 사이에는 분명 불균형한 정치적 관계가 놓여 있지만, 그렇다고 국민의 정치적 책임을 쉽사리 내팽개치거나 '학문'의 정치성을 은폐하려고 한다면 오히려 '문화정치'를 말살하는 공범자가 되고 말리라.

월드컵이 보여주었듯 국민은 몹시 복잡한 형태로 국가 정치의 바탕을 이루며 국가의 기능을 소비하고 있다. 이렇듯 '평화'로운 시기에 국내적으로도 국제적으로도 여전히 인종차별을 조장하거나 우승만 앞세우는 사고, 자기 일은 걱정해도 남 일은 아랑곳하지 않는 심리 등이 '비정치적'인 국민 사이에서 '합리적'으로 공유되고 있지는 않은

가. 그런 정신 풍토에서 만약 '난징', '히로시마'와 같은 상징이 뿌리를 내린다면 어떠한 논리의 대립이 생겨날지는 쉽게 상상할 수 있으리라. 이러한 토양을 철저히 갈아엎지 않는다면 중국과 일본 사이에 '난징'과 '히로시마'를 논의할 공동의 지반이 생겨날 리 없다.

9·11 이래 오늘날까지 미국에서 이어지고 있는 인간성의 비극이 언젠가 '난징'과 '히로시마'라는 상징과 모순하지 않고 우리 안에서 발생하지 않으리라고 누가 장담할 수 있겠는가. 이를 막으려면, 그리고 난징과 히로시마를 비롯한 과거 전쟁의 모든 희생을 헛되이 하지 않으려면, 상징을 상징으로 존중하되 그 상징을 받아들이지 못하는 현실과 타협 없이 싸워야 한다. 그러려면 우리가 아직 이를 위한 싸움에 나서지 못했음을 자각해야 하지 않겠는가.

나하에서 상하이로

나는 2004년 크리스마스를 오키나와의 나하에서 보내게 되었다.

비행기는 오키나와에 착륙하려고 저공비행을 했다. 그때 나는 기묘한 체험을 했다. 창 너머 눈 아래로 속이 들여다보이는 아름다운 바닷물은 서로를 뒤쫓듯 갖가지 모양새로 일렁였으며, 비행기는 물살 위를 스치듯이 날았다. 착각이었을까. 어렴풋이 바닷물 아래로 산호초를 본 것 같았다. 산호는 죽으면 희게 변하고, 하얀 산호는 짙은 남색 바다를 아름다운 에메랄드 그린으로 물들인다고 한다. 오키나와의 어민은 바닷물이 녹색이면 죽은 색이라고들 하는데, 그 부근에 죽은 산호의 잔해가 남아 있기 때문이다.

비행기가 날개를 떨면서 각도를 바꿔 선회하니 창 바깥의 하늘과 바다가 기울어지면서 하나로 이어졌다. 하늘과 바다가 하나의 색을 이루어 하늘 위인지 바닷속인지 알 수 없는 환상을 경험했다. 얼마 동안이나 그렇게 낮게 날았을까. 세세하게 떠올릴 수는 없지만, 다른 공항과는 착륙 방식이 전혀 달랐다. 그때 맛본 저공비행은 아름다운 시간의 한 장면이 되어 기억 속에 남았다.

며칠 뒤 나는 오키나와 사람에게서 나하로 들어오는 모든 비행기는 이륙한 뒤와 착륙하기 전에 반드시 일정 시간 동안 낮게 날아야 한다는 이야기를 들었다. 이유인즉슨 오키나와의 영공은 미군이 점령하고 있어 민간 항공기가 높게 떠서는 안 되기 때문이란다. 그래서 비행기는 더욱 위험을 떠안고 더 많은 연료를 소모해야 한다. 이 사실을 알게 된 순간, 며칠 전 아름다웠던 장면이 산산조각 나버렸다. 그리고 수년 전 하이난 섬 중국 영공에서 발생한 미군기 충돌 사고의 한 장면이 떠올랐다.

오키나와는 점령당했던 섬이다. 미군은 1945년 오키나와를 점령했고, 그때 섬의 남과 북을 가로지르는 요로가 끊겨 현지 주민은 정해진 장소에 모여 살아야 했고 자유로운 통행도 금지당했다. 섬은 구획되고 군사기지가 들어섰다. 그 후 미군이 오키나와 도민에 대한 금지령을 해제하자 이 섬은 미군기지를 중심으로 생활 터전을 꾸리는 기묘한 정치·문화적 풍경을 연출하기 시작했다. 이러한 정세가 오늘날 나하 시의 골격을 이루고 있다. 오키나와 시민은 살아가기 위해 미군기지를 생계의 방편으로 삼았으며, 전후에는 기지 주위에 많은 업종이 생겨났다.

나하 시 북쪽에 자리 잡은 기노완 시 중심에는 미군의 후텐마 기지가 있다. 이 기지가 떡하니 들어서 있는 까닭에 현지인들은 시의 중심부를 가로지르지 못하고 돌아야 한다. 현지인들은 기지와 등을 맞대고 살아가다보니 많은 문제에 직면한다. 섬에서는 악질 사건이 빈발하고 시민의 고통은 끊이지 않고 있다.

　나는 동행한 연구자와 함께 오키나와 국제대학을 방문했다. 이 사립대학은 후텐마 기지 가까이에 있다. 대학과 기지는 좁은 길을 사이에 두고 있을 뿐이었다. 들은 바에 따르면 기지에 인접한 이 토지가 비교적 저렴한데다 정부도 매년 보조금을 지급해주기 때문에 대학의 터를 여기에 잡았다고 한다.

　몇 개월 전 기지에서 이륙한 대형 헬리콥터가 대학의 1호관 외벽에 충돌하는 사건이 발생했다. 불이 붙어 건물이 반쯤 타고 나무가 소실되었다. 그 헬리콥터는 이라크에서 귀환한 지 얼마 되지 않았다고 한다. 추락한 헬리콥터의 잔해에서는 염화우라늄보다 독성이 강한 스트론치움 90을 함유한 방사성 부품이 발견되었다. 하지만 안타깝게도 수거에 나섰으나 어찌된 일인지 부품 하나를 찾아내지 못했다. 헬리콥터 추락 사고는 여전히 어두운 그림자를 캠퍼스에 드리우고 있다. 이 대학에 재직하는 교원은 자신들이 언제 암에 걸릴지 모르며 그것을 막을 방법도 없다고 말했다.

　나하에 머무른 며칠 되지 않은 기간 동안 공교롭게도 중대한 사건이 터지고 말았다. 현지 군중의 항의가 잇따르자 미군은 후텐마 기지를 폐쇄하고 다른 장소로 이전하기로 결정했다. 1996년 미일특별행동위원회의 보고서에는 나하 시에서 그다지 멀지 않은 나고 시 해노코라는 이름이 올라왔다. 유명한 산호초 서식지인 해노코는 바닷물이 깨끗해서 여러 진귀한 해양생물이 살고 있다. 개중에는 멸종해가는 희귀종도 있다. 해초가 청정한 것으로도 널리 알려져 있다.

　새 기지를 건설하려고 미군은 이 아름답고 풍요로운 바다를 메우려 했다. 이는 물론 이 땅에서 대대로 바다와 함께 살아온 어민의 생활 터전을 파괴하는 일이다. 1997년 12월, 나고 시민은 투표로 신기지 건설을 거부했다. 한편 일본 정부는 나고 시를 제지하고 나섰다. 그럼에도 항의 활동은 이어졌다. 수년에 걸친 항의 활동은 분명히 공사 착공을 늦출 수 있었다. 하지만 저지할 수는 없었다. 2002년 7월이 되자 일본 정부는 해노코 앞바다에 신기지를 건설하기로 결정했다. 미군은 바다를 메우는 기지 건설 공사를 경쟁 입찰에 부쳤다. 그들은 대형 종합건설회사에 공사를 '청부'하고는 높은 자리에서 팔짱을 끼고 구경했다.

시공업자가 시추를 하려고 바다 위에 비계를 설치하자 2004년 4월 19일부터 현지 주민들은 완강하게 저항하기 시작했다. 우리가 방문했던 때는 이미 해노코 사람들의 투쟁이 200일 이상 이어지던 무렵이었다. 그들은 매일 바다 위의 비계에 버티고 앉아 공사를 지연시키고 건설 계획을 철회시키고자 시간을 벌었다. 때는 엄동으로 접어들어 바다에는 뼈를 깎는 듯한 북풍이 불어왔다. 두세 시간마다 시위하는 사람을 교체해야 했다. 바다 위에는 벌써 예닐곱 군데 비계가 설치되었지만, 항의 활동에 참여하는 일손은 너무도 부족했다.

이 투쟁은 일본 전국의 뜻있는 사람들의 주목을 받았고 각지에서 투쟁을 거들겠다며 사람들이 급히 달려왔다. 하지만 일본 본토에서 온 사람의 참가를 인정할지 여부를 두고 현지 주민 사이에서 논의가 오갔다고 들었다. 우리가 바다에 도착했던 때는 이미 본토에서 온 사람들이 몹시도 버거운 항의 행동에 참가하고 있었다.

크리스마스, 우리는 해노코에 가서 시위를 조직하거나 참가하고 있는 사람들의 이야기를 들었다. 그들은 이 오랜 싸움 동안 투쟁의 합법성을 확보하고자 일관되게 '비폭력 저항'의 원칙을 고수했다고 한다. 보트를 타고 비계에 접근하면 작업원들이 그들을 강제로 바다로 떠민다. 바다에 빠진 사람들이 보트로 기어올라 다가가면 다시 바다로 빠뜨리는데, 그런 일이 반복되었다. 이렇듯 너무도 뻔한 열세에도 그들은 경찰에 구속의 빌미를 내주지 않고 싸움의 권리를 쟁취할 투쟁 방식을 유지했다. 해노코 사람들은 부조리하고 불공정한 세상 속에서도 투쟁의 합법성은 여전히 중요하다는 사실을 잊지 않았다.

해변에서 들은 또 다른 이야기가 내 마음을 흔들었다. 1990년대 후반부터 투쟁에 힘을 다해온 어느 노부인의 이야기였다. 나는 그녀에게 이 투쟁에서 이길 수 있겠느냐고 물어보았다. 그랬더니 그녀는 그런 기대는 하지 않는다고 냉정하게 말했다. 그녀는 이 투쟁을 통해 다음 세대에 역사가 전해지기를 바라는 마음에서 전력으로 싸우고 있었다.

우리는 일찍이 자유로운 류큐에서 살았습니다. 동아시아나 동남아시아와 자유롭게 무역을 할 수 있었어요. 그런 시대를 다시는 손에 넣을 수 없겠죠. 하지만 잊어서는 안 됩니다. 저는 우리의 세대가 자유를 향한 이상만큼은 버리지 않았다는 걸 어떻게 해서든 아이들과 손자들에게 알려주고 싶습니다.

해노코의 바닷가에서 몇 명의 오키나와 연구자는 자신이 어떤 상황에 처해 있으며 무엇 때문에 주저하고 있는지를 털어놓았다. 오키나와는 제2차 세계대전 당시 미국이 일본에서 유일하게 상륙 작전을 개시한 땅이다. 다만 이 말은 전쟁의 기억이 일본 본토와 일치한다는 뜻이 아니다. 전후 사상사에서는 일본 본토의 진보적 지식인이 오키나와를 늘 일본의 피해자로 간주하는 경향이 존재해왔다. 그것은 오키나와가 태평양전쟁에서 희생되었기 때문만은 아니다. 전후에도 미군기지에 유린당하며 막대한 대가를 지불했기 때문이며, 일본 정부가 미국을 추종하는 정책으로 일관하여 지금도 오키나와의 피해를 외면하고 있기 때문이다. 미군기지를 철거하라는 오키나와의 요구에 일본 정부는 아직도 답하지 않고 있다. 역사를 되돌아본다면 오키나와는 일본에 편입되는 과정에서 천황제 같은 이질적 문화를 강요당했다. 본토의 진보적 지식인은 그래서 더욱 죄책감을 느낀다. 일본 본토에서 온 진보적 지식인은 오키나와에 해를 끼쳤다는 듯이 "여기는 일본은 아닙니다"라고 말했는데, 무척 복잡한 감각이 배어 있는 발언이었다.

그렇기는 하나 내가 만난 몇 명의 오키나와 지식인들은 피해자의 입장에 머물기를 원치 않는 듯이 보였다. 가해자와 피해자라는 관계는 미국 내지 일본과 오키나와 사이만이 아니라 여러 양상으로 오키나와에 내재해 있다고 말했다. 류큐 대학의 나미히라 츠네오 씨는 전후 사상사 연구에서 나하와 오키나와의 주변 섬들 사이에는 끊임없이 중심과 주변의 관계가 반복되었으며, 전후에는 미군의 점령과 기지 건설이 오키나와 본도와 주변 섬들 사이에 기형적 분화를 낳으며 차별 문제를 야기했다고 지적했다. 또한 일본 문학을 연구하는 신조 쿠니오 씨는 오키나와 남성과 미군 병사의 동성애를 묘사한 소설을 분석하면서 가해자와 피해자 사이에 역할이 뒤바뀔 가능성을 거론했다. 미군기지에 반대하고 일본 정부에 항의하면서도 그들은 풍부한 시선을 지니고 있었다.

회의는 며칠간 이어졌다. 나는 짬이 나는 대로 거리의 상가나 음식점으로 나가 되도록 오키나와의 일반인과 접촉하려고 애썼다. 내가 만난 오키나와 사람들은 미군기지 철거에 상당히 유보적 입장을 취했다. 다소 놀랐다. 그들은 미군기지가 오키나와의 안녕을 깨뜨린다면서도 기지가 철거되면 곤란하지 않겠느냐며 현실적 우려를 내비쳤다. 토산품 가게의 주인은, 미군이 분명히 나쁘지만 기지가 철거된다면 일본이 그 구멍을 무엇으로 메울지 모르겠다며, 핵시설이나 더 험한 것이 들어오지 말라는 보장은 없다고 말했다. 어차피 일본은 오키나와를 위해 좋은 일을 할 리 없다는 것이었다. 또한 음식점에서 만난 옆 테이블에서 식사를 하던 부인도 미국인을 쫓아낸다면 좋기야 하겠지만, 문제는 그 다음이라고 했다. 현재 오키나와의 예산 중 절반은 미군기지가 있기 때문에 일본 정부가 대주는 보조금으로 충당된다고 한다. 만약 기지가 철거된다면 자기 산업을 거의 갖추지 못한 오키나와는 어떻게 살아갈 것인가.

나미히라 츠네오 씨는 이러한 형태로 발달한 전후의 경제구조를 '기지 경제'라고 불렀다. 나는 독일에서도 비슷한 상황을 접한 적이 있다. 미군이 독일에 진주하는 부대를 부분적으로 철수하겠다고 결정하자 기지 주변에서 생계를 꾸려가던 독일인들이 항의했다는 것이다. 그러나 독일에 진주하는 미군은 그렇게 많지 않다. 독일의 사회 생활에 미치는 영향도 오키나와와는 비교가 되지 않는다.

오키나와의 면적은 일본 국토의 1퍼센트에 불과하지만, 일본에 있는 전체 미군기지 가운데 75퍼센트가 몰려 있다. 기지 경제는 오키나와 경제의 근간을 이루며 오키나와 전체의 숨줄을 쥐고 있다. 이러한 사정으로 미군기지를 몰아내려는 사회운동은 곤란에 직면한다. 미국을 추종하는 일본 정부의 정책에 맞서야 할 뿐 아니라 생존의 곤란함도 해결해야 한다. 이 땅에서 '자유'란 그저 아름답기만 한 수사가 아니다. 크나큰 대가를 지불해야 하는 곤란한 선택이다. 나는 오키나와 연구자의 발언에서 이러한 사실을 감지했다.

그로부터 1년이 지났다. 2005년 일본 본토와 오키나와의 운동가들은 해노코 투쟁에서 승리를 쟁취하고자 전면적 항의 활동에 나섰다. 해노코에서 연좌농성을 벌이는 동시에 도쿄의 방위청 앞에서 항의 시위를 계획하고 실행했다. 오키나와 현청도 민중의 요구에 밀려 결국 일본 정부를 향해 조심스럽게 항의를 시작했다. 일본과 미국 양측 정부는 2005년 10월 26일, 기지 건설 부지를 해노코에서 연안으로 옮기는 데 합의한다고 발표했다. 이에 이나미네 게이이치 지사가 반대하자 일본 정부는 2006년 국회에 특별조치법안을 제출해 오키나와 공유 수면의 사용 권한을 오키나와 지사에서 국가 소관으로 이전할 것을 계획했다. 동시에 미군이 재편되는 과정에서 자위대와 관련된 군사 시설의 이전 비용뿐 아니라 미군기지의 이설 비용도 일본 정부가 전적으로 부담하겠다고 발표했다.

이리하여 오키나와와 일본의 여론은 '법제사회'의 유효성을 의심하게 되었다. 어떤 사람은 정부는 언제라도 국민의 의사에 아랑곳하지 않고 입법을 강행할 수 있으며, 법제는 한 가지 수순에 불과할 뿐

공정한 사회를 보장하지 않는다고 주장했다. 오키나와에서 미일 정부가 취한 행동은 대개가 법제라는 이념과 정치적 실천이 따로 놀고 있음을 속속들이 드러냈다. 서구 사회 내부에서는 여전히 부분적으로 유효할 '법제'가 동양과 서양의 불평등한 관계 속에서는 어떠한 모순도 일으키지 않고 노골적인 강권 정치로 변질될 수 있음을 폭로한 것이다.

같은 해 중국 사회에서도 은근한 변화가 일어났다. 일본이 안보리 상임이사국에 가입하고자 하는 동시에 일본 정부의 각료가 야스쿠니 신사를 참배하자 이에 항의하려고 중국 각지에서 4월에 자발적 시위가 일어나면서 항전 승리 60주년의 서막을 열었다. 또한 타이완 해협을 사이에 둔 양안兩岸* 관계가 극적으로 변화하여 동북아시아의 정치적 틀에 새로운 가능성이 생겼다. 이러한 변동 가운데 중국 사회가 일본을 향해 전에 없던 관심을 내보였다는 사실은 특히 주목할 만하다. 일본은 오랫동안 멀찌감치 떨어진 존재였는지라 그 관심에는 다소 순진한 구석도 엿보이지만, 중국인 특히 젊은 세대는 단순히 일본을 적대시하는 감정보다는 성찰적 정신과 생산적 태도를 보여주기 시작했다.

바로 이러한 사회적 분위기 속에서 나는 2005년 크리스마스를 이번에는 상하이에서 보냈다. 일본의 사상가 다케우치 요시미에 관한 국제심포지엄이 상하이에서 개최된 것이다.

다케우치 요시미의 글은 이미 중국어, 한국어, 독일어, 영어 등 네

---

* 타이완 해협의 양안에 해당하는 대륙 중국과 타이완을 가리킨다. '양국'兩國이라고 하면 타이완을 하나의 국가로 인정하는 문제가 발생하기 때문에 이를 우회하는 표현으로 '양안'이라는 말이 쓰인다.

가지 언어의 번역본이 나와 있다. 모두 2004년과 2005년에 걸쳐서 이루어진 일이다. 다케우치 요시미에 관한 심포지엄은 2004년 9월 독일의 하이델베르크 대학에서 최초로 열린 이래, 이번 상하이 심포지엄이 두 번째였다. 이 심포지엄에는 일본 연구자보다 일본어를 못하는 중국문학 연구자들이 대거 참가했으나 분위기는 한껏 달아올랐다. 어쩌면 애초 이 심포지엄은 한 사상가의 힘을 증명하는 자리임과 아울러 그 사상적 유산을 다른 문화에서 효과적으로 활용하는 길을 모색하는 장이었는지 모른다.

전후에 태어난 중국인이 다케우치 요시미를 받아들이기란 결코 쉬운 일이 아니다. 왜냐하면 전쟁과 전후의 냉전구조가 우리와 일본 지식인 사이에 혹시 가능했을지도 모를 소통을 가로막았기 때문이다. 우리는 앞 세대 사람들처럼 위기의 상황 속에서 일본의 지식인과 '친밀한 접촉'을 나눠본 경험이 없으며, 가혹한 정치투쟁이 한창인 때 이성적 선택을 내놓아야 하는 곤란한 지경에 놓인 적도 없다. 역사적 상황 속에서 개별적으로 일본의 지식인과 만날 수 있었던 앞 세대와 달리, 우리는 중국과 일본의 관계를 선험적 전제로 삼고 있다.

바로 이러한 의미에서 '루쉰과 다케우치 요시미'를 주제로 상하이 대학에서 개최한 심포지엄은 값진 시도일 수 있었다. 일본학을 전공하지 않는 중국의 연구자들이 일본 사상 속에서 곤란한 탐구에 나서야 했기 때문이다. 루쉰이 생애의 마지막을 보냈던 도시 상하이는 노구교 사건* 이전에는 혼돈과 동요로 충만한 곳이었다. 이 공간에서는

---

* 1937년 일본·중국 양국 군대가 노구교에서 충돌하여 중일전쟁의 발단이 된 사건이다.

더할 나위 없이 복잡한 사상투쟁의 양식이 태어났다. 따라서 이곳에서 다케우치 요시미를 읽는다 함은 한 명의 일본 사상가를 연구한다는 의미뿐 아니라, 우리가 자신의 사상적 상황으로 내딛는다는 의미기도 했다.

하지만 상하이에 머무는 동안 내 눈앞에는 일 년 전 크리스마스를 보냈던 나하가 떠올랐다. 마치 일 년이라는 세월 속에 묻혀 있었던 정경이 되살아나듯 말이다.

나하 남쪽에 있는 이토만 시에는 평화기념공원이 있다. 나는 지금도 이 공원의 모습을 또렷이 기억한다. 바다 가까이 조성된 이 공원은 정확히 말하면 전사자의 묘지다. 그곳에는 같은 모양의 묘비와 기념비가 정연하게 늘어서 있다. 공원 입구의 커다란 광장에는 검은 석제의 묘비가 가지런하게 놓여 있으며, 표면에는 작은 글씨로 전사자의 이름이 새겨져 있다. 광장 뒤편에는 오키나와 전투의 전몰자를 위한 위령비가 일본의 각 도시·부·현 단위로 세워져 있다. 광장의 묘비에는 같은 방법과 크기로 평등하게 일본의 일반인과 병사, 미국 병사의 전사자 이름이 새겨져 있다. 그 안에는 징집을 강요당했던 조선인 병사도 포함되어 있다.

매년 8월 15일이 되면 이곳에서는 어김없이 죽은 자를 추도하는 일본 시민과 미군 병사가 각각 나란히 헌화하는 기묘한 광경이 펼쳐진다. 고이즈미 준이치로 수상은 야스쿠니를 참배할 때면 일본의 풍습을 들먹이며 죽은 자는 부처이니 살아생전에 선행을 쌓았든 죄업을 치렀든 죽으면 모두 평등해진다고 변명을 늘어놓는다. 그러나 일본에서 진실로 그런 풍습을 간직하고 있는 곳은 강한 배타성을 띠는 야스쿠니 신사가 아니라 바로 이곳 평화기념공원이다. 막 취임한 고이즈미 수상은 마침 어느 날을 골라 야스쿠니 신사를 참배할까 주저하던 차에 이 공원으로도 발길을 옮긴 적이 있다. 어떤 방송국의 카메라가 그에게 렌즈를 맞추었다. 묘비 앞에서 어깨를 나란히 묵도하는 미군 병사와 일본 시민 뒤에서 고이즈미 수상은 잠시 멈춰 무표정하게 서 있다가 헌화도 합장도 하지 않은 채 되돌아가버렸다.

나는 오키나와의 친구에게 이 공원의 유래를 물어보았다. 그가 들려준 이야기는 이렇다. 1990년대 후반 당시의 오키나와 현의 지사가 미국을 방문했다고 한다. 그는 거기서 미국인이 제2차 세계대전의 전사자를 추도할 때 혈육만 기리는 모습을 보고는 오키나와에는 국경을 초월해 죽은 자를 추도하는 공원을 꼭 만들어야겠다고 마음먹었다. 그래서 현지 주민의 반대를 무릅쓰고 많은 시간과 정력을 들여 이곳에 공원을 조성했다고 한다.

나는 거리에서 오키나와 사람들에게 이 공원을 어떻게 생각하는지 물어보았다. 물론 그들의 대답은 한결같지 않았다. 가본 적이 없는 사람도 있었고, 장례를 치르는 자신들만의 장소가 있다는 사람도 있었으며, 이러한 공원 자체가 우스울 뿐이라며 일축하는 사람도 있었다. 반면 평화기념공원의 의의를 받아들이는 사람들은 사람은 죽으면 두 번 다시 죄를 범하지 않는다, 그러니 명복을 같이 빌고 공양하는 일은 자연스럽다고 말했다.

나는 이 공원의 조성에는 책략적으로 경제적으로, 이런저런 사연이 있지 않을까 짐작해보았다. 그러나 유래만으로 모든 것을 해석할 수 있다고 장담할 수는 없는 노릇이다. 공원이 조성되어 그러한 추도

방식이 등장하면, 애초의 유래에서 벗어나 독자적으로 자신의 운명을 갖기 시작한다. 나는 이처럼 품이 넓은 묘비와 해노코의 싸움, 그리고 '기지 경제' 안에서 살아가는 오키나와인의 고뇌와 애환을 분리해서 대할 수는 없었다. 오키나와 현의 지사가 항의해도 아랑곳하지 않고 오키나와의 긴초에 있는 해병대 기지에서 도시형 전투훈련을 전개한 미군이 작은 마을을 총포 소리로 뒤덮을 때, 또한 미군의 수륙양용 장갑차가 바다로 진입하여 청정한 바다를 오염시켜도 해노코의 비폭력 투쟁으로 저지할 수 없었을 때, 나아가 미군 병사의 소녀 성폭행이 빈발하여 오키나와의 일상생활에 불안이 드리웠을 때, 저 평등과 관용을 상징하는 평화기념공원을 파괴하려는 오키나와 사람이 어째서 한 사람도 나오지 않았는지 이해가 가지 않기도 했다. 혹시 오키나와인의 정치 본능에는 단순한 노여움을 이겨내는 깊은 정념과 판단력이 숨겨져 있는 것일까…….

이는 내가 상하이에서 곱씹었던 문제와도 닿아 있었다. 상하이에서 근현대문학을 전공하는 학자 한 분은 루쉰을 비롯해 취추바이*, 마오둔**, 궈모러*** 등이 살았던 옛 집과 좌련기념관左連記念館 등 사적지를 안내해주었다. 상하이의 인문지리에 통달한 이분은 이러저러한 설

---

*　瞿秋白(1899~1935). 공산당 지도자. 1927년 공산당의 총서기가 되었다. 공산당은 도시를 점령해야만 승리할 수 있다는 천두슈의 주장을 계승했다. 저서로『다여적화』多餘的話,『아향기정』餓鄉紀程,『적도심사』赤都心史 등이 있다.

**　茅盾(1896~1981). 마르크스주의가 요구하는 계급성과 역사적 전망을 치밀하게 결합하는 작품을 남겼다. 1930년대에 나온『새벽이 오는 깊은 밤』은 중국에서 마르크스주의와 리얼리즘을 결합한 최초의 작품이라 일컬어진다.

***　郭沫若(1892~1978). 시인이자 사학자. 낭만주의 문학단체인 창조사를 결성하고, 국민혁명군의 북벌에 정치부 비서차장으로 참가했다. 저서로는『중국고대사회연구』,『여신』女神,『측천무후』등이 있다.

명도 곁들어주었다. 루쉰이 옮겨 다니며 지낸 우거寓居와 장서실에서
는 루쉰이 이곳에서 네이샨 서점에 드나들며 내객을 맞이하고 서신을
수취했다고 이야기해주었다. 또한 일찍이 좌련 작가들이 살았던 옛
집도 안내해줬는데, 루쉰이 생을 마감한 따루씬춘 9호 아파트 말고는
대개가 외양이 완전히 바뀌었다고 한다. 상하이 시 문물국이 벽에 박
아놓은 표찰만이 오랜 가옥에 숨겨진 역사를 가까스로 증명해줄 뿐이
었다.

옛 집들은 서로 거리가 꽤 가까웠다. 조금 의아했다. 루쉰이 세
번째로 기거했던 집과 일본인 명의로 빌렸던 장서실도 그다지 멀지
않았다. 이유를 물어보니 그는 당시의 네이샨 서점에서 가까이 위치
한 건물을 가리켰다. 은행 간판이 걸려 있는 이곳이 당시는 일본 해
군 육전대 본부가 있던 자리라고 알려주었다. 이 근방은 육전대 본부
가 들어서면서 일본 교민이 흘러넘쳤기 때문에 국민당 특무特務가 활
동하기 어려웠다는 것이다. 루쉰이 상하이에서 구한 두 번째 우거 방
향에 있는 라모스 아파트는 마침 이 테러 건물의 맞은편에 위치하여
루쉰은 매일 창밖으로 일본군 보초가 교대하는 장면을 볼 수 있었고,
'1·28사건'* 때는 창문으로 총탄이 날아오기도 했다. 바로 국민당 특
무의 위협으로부터 몸을 숨길 수 있었다는 이유로 당시 중국의 좌익
작가들은 일본인들의 코앞에 모여 살았다. 그들은 지척에서 함께 지

* 항일운동을 진압하고 만주를 독립시키는 음모로부터 열강의 주의를 돌려놓고자 일본군이 상하
이에서 중국인을 매수해 니치렌종日蓮宗의 탁발승을 저격시킨 사건이다. 그 결과 1932년 1월 28일
조계租界 경비를 담당하던 중국의 십구로군十九路軍과 일본의 해군 육전대 사이에서 전투가 발발
했다. 제1차 상하이사변이라고도 불린다.

내고, 안전하다고 단언할 수 없는 일본인 거주 지역을 돌아다니며 힘겨운 문화구국운동에 나섰다. 중국 민족의 혼을 지키고자 일본 침략자의 어두운 그림자를 이용했던 것이다.

온갖 함정과 술수로 뒤얽혔을 전쟁 시기의 상하이. 그곳에서 함께 생활하는 일본인들을 친구라고 단정할 수 없지만, 동시에 적이라고 잘라 말할 수도 없었다. 마찬가지로 중국 동포라고 해서 모두 믿을 수도 없었다. 하물며 "남을 이용하여 상대를 거꾸러뜨린다"는 아슬아슬한 곡예가 나날이 연출되는 상황에서는 더욱 그러했으리라. 일본인 사이에서 살아가던 중국의 진보적 지식인은 그처럼 위험하고 불안정한 관계 속에서 대체 어떠한 질시와 의심과 압박을 느끼고 있었을까. 그리고 일본 해군 육전대 본부 가까이서 생활하던 루쉰은 만년에 일본인과 긴밀한 교류를 나누면서 대체 믿음과 의심의 문제에 어떻게 대처하고 있었을까. 나아가 말하자면, 그는 민족의 존망이 걸려 있는 절박한 위기의 시대에 '일본' '일본인'을 어떻게 감지하고, 또 문화정치의 선택 가운데 어떻게 자신의 판단 기준을 연마하고 있었을까.

상하이 특유의 시끌벅적하고 사람들로 뒤엉킨 골목에서 나는 옛 거리의 숨결을 한껏 들이키고 싶었다. 역사로 들어가는 시도가 만만할 리는 없겠지만 말이다. 사료 안에서 내력을 추적하면 역사의 정경을 복원하는 일도 아주 불가능하지야 않겠으나, 어떻게 해야 루쉰의 집과 네이샨 서점을 연결하는 이 좁다란 골목길에서 저 시대가 빚어낸 극도의 긴장감을 체험할 수 있을까. 나는 루쉰이 『차개정잡문』且介亭雜文에 수록한 「운명」에서 "나는 곧잘 잡담하러 네이샨 서점에 간다. 나를 아니꼽게 여기는 가엾은 '문학가'들은 이를 구실 삼아 내게 '배신자'라는 칭호를 주겠다며 기를 쓰고 있지만, 유감스럽게도 그들은 아직 자신의 바람을 성취하지 못했다"라는 구절을 떠올렸다. 그리고 「아이들 사진에서」에서 원수라도 훌륭한 구석이 있다면 배워야 마땅하다는 이야기에 이어 "나는 결코 '제국주의의 지도를 받들어' 중국인을 노예로 이끌고 가려는 게 아니다. 또한 입만 열었다 하면 맨날 애국이니 만신국수滿身國粹니 떠들어도 실상 노예가 되는 일을 막을 수 있다고는 믿지 않는다"던 문구도 떠올렸다.

나는 네이샨 서점으로 빠지는 골목길을 걸으며 비로소 1934년에 루쉰이 남긴 아이러니를 헤치고 들어가 그것이 까닭 없이 공격을 받고 분해서 한 소리가 아니라, 역사적 상황 속에서 정치적 선택을 할 때 그가 견지하던 태도에서 비롯된 발언임을 진실로 이해할 수 있었다. 나날이 나라가 위태로워지던 엄혹한 시대 속에서 루쉰은 '민족'을 직접 내세우지 않고, 본질적으로 "노예임을 거부"하고자 했다. 부자유한 상황 속에서 고뇌하면서도 '자유'를 기르는 자세를 견지했던 것이다.

사물을 미리 마련해둔 결론에 비추어 쉽사리 처리하는 발상은 평화로운 시대의 산물일지 모른다. 혹은 관념을 실체인 양 의지하는 태도 역시 위기의식에서 눈을 돌릴 때 나타나는 특징일지 모른다. 상하이 홍커우 구, 오후의 시끌벅적함 속에서 나는 일본 해군 육전대 본부였던 건물의 옥상을 바라보았다. 그곳에는 부러 남겨둔 낡고 망가진 망루가 주위의 풍경과 좀처럼 섞이지 못하고 있었다. 그 망루를 멀리서 응시하면서 아득히 먼 나하와 해노코에서 벌어지고 있는, '미군 기지 반대'라고 간단히 정리할 수 없는 그 모든 것을 이해했다는 느낌이 들었다. 나아가 투명한 개념으로 전달할 수 없는 것이 바로 역사임을,

그렇듯 불투명한 역사가 우리 땅에서도 살아있음을 이해할 수 있을 것 같았다.

오늘날 상하이 사람들은 홍커우 구 거리 곳곳에 붙어 있는 표찰의 뒷이야기에서 떠오르는 역사가 아니라 당장 말할 수 있는 푸둥 구의 현재를 자랑으로 여기리라. 푸둥 구에는 진마오따샤라는 88층짜리 전망대가 있다. 그 전망대를 삥 두르고 있는 유리 면에는 세계 각지의 대도시 이름이 방위 및 거리와 함께 적혀 있다. 그곳에서 나는 상하이를 중심으로 세계가 뻗어가는 듯한 착각에 빠졌다. 진마오따샤의 최상층에서 '나하'라는 두 글자를 발견할 수는 없었지만, 동남쪽 방향에서 나는 분명히 그 존재를 느꼈으며, 나하와 상하이 그리고 중국이 서로 이어져 있음을 실감했다.

중국인이 미국식 민주주의와 법제를 마음속으로 소리 높여 찬양하고 투명한 이념처럼 여기며 그 환상에 사로잡혀 있을 때, 오키나와는 불투명한 '법제'에 유린당하고 있다. 일찍이 다케우치 요시미는 서구 내부의 평등이 아시아와 아프리카에 대한 식민지적 착취 위에서 구현되었다면서, 그런 가치는 결코 인류 전체에 관철될 수 없다고 지적한 바 있다. 그렇다면 우리는 어떻게 해야 위기 속에서 활로를 개척할 수 있을까. 어떻게 해야 표면적 입장의 차이에 구애받지도 않고, 추상화되어 역사적 실질을 잃어버린 서구 관념을 추종하지도 않고서 우리 사회와 역사가 요구하는 가치 판단을 마련할 수 있을까.

나는 나하에서 다케우치 요시미를 존경하는 한 명의 오키나와 지식인과 만났다. 그는 학생운동을 하던 시절, 다케우치 요시미로부터 힘을 얻었다고 한다. 본토의 일본인이 오키나와를 일본의 일부로 대하면 정치적으로 올바르지 못한 게 아닐까 하는 의문을 품고 있을 때, 그 사람은 본토의 지식인이라는 사실에 개의치 않고 다케우치 요시미를 받아들였다. 왜냐하면 다케우치 요시미로부터 중국과 혁명에 관한 가장 적합한 이미지를 얻었기 때문이다.

오늘날 오키나와는 이중 삼중으로 포개진 압박으로 시달리고 있다. 미군기지 철거 문제는 빙산의 일각에 불과하다. 어쩌면 몇 겹의 압력 아래 놓여 있기에 평화기념공원의 묘비는 해노코 노부인이 보여준 자유를 향한 갈망과 만나 같은 역사를 짊어지고 있는지도 모르겠다. 나는 일찍이 루쉰이 네이샨 서점을 향하며 지나갔을 100미터 남짓한 돌계단 골목을 걸으면서 몇 겹의 압력 아래 있었던 저 간단치 않은 역사를 느꼈다. 또한 루쉰의 사상적 유산이 얼마나 풍부한지를 깨달았다. 잇따른 두 번의 크리스마스를 거치며 중국과 일본, 그리고 루쉰과 다케우치 요시미에 대한 감각은 내 안에서 분리되어 따로 존재할 수 없게 되었다. 그것들은 각각 존재하면서도 섞여 들어가고 길항하면서도 끊임없이 변해갔다.

나하에서 상하이로. 약동하고 착종하는 역사 관계 속으로. 윤곽을 그려낼 수는 없지만 나는 그곳에서 사상의 한 가지 지평을 응시했다. 그 지평 속에서 우리는 '중국과 일본'에 관한 사고를 새롭게 열어젖힐 수 있을지 모른다. 하지만 그보다 먼저 해야 할 일이 있다. 그것은 현실의 위기의식 속에 잠재해 있지만 아직 숙성되지 않은 정치적 힘을 발굴하는 일이다.

오키나와가 우리 눈에 비칠 때

1. 중국의 오키나와 인식

중국에서는 여전히 오키나와가 보이지 않는다.

오키나와에 관한 지식이 부족하다는 말이 아니다. 오키나와에 관해서라면 꽤 많은 중국 연구자가 소개도 하고 논문도 내놓았다. 옛적 류큐를 향한 기억은 이따금 향수에 가까운 정서로 떠오르기도 한다. 하지만 이를 두고 오키나와가 중국의 담론 공간에서 자리를 잡았다고는 말할 수 없다.

애당초 지식만 가지고는 세계 인식을 구성하지 못한다. 인식론이 있고 거기에 발 딛은 시좌가 생겨야 비로소 대상이 보이기 시작한다. 중국에서 오키나와에 관한 인식은 아직도 이러한 자각이 결여되어 있다.

미국의 기지 문제를 둘러싸고 지금 오키나와는 주목을 받고 있다.

중국 사회도 남의 일이라고 말할 수는 없을 것이다. 그러나 '외부'에 있는 인간은 기지 문제를 비롯해 오키나와를 어떠한 시선으로 바라보고 무엇을 생각해야 한단 말인가.

대륙의 중국인에게는 '타이완'이 있다. 통일이냐 독립이냐 하는 무미건조한 대립을 반복하면서도 최근에는 양측의 문화 교류가 활발해졌다. 나도 이러한 배경 아래서 타이완을 체험했다. 타이완은 역사적으로 대륙과 깊게 얽힌 지역이며, 또한 나의 소중한 벗들이 살고 있는 곳이다. 하지만 연구자로서 내가 중시하는 대목은 따로 있다. 내가 타이완에 관심을 기울이는 까닭은 무엇보다도 대륙에서는 얻을 수 없는 문화적·사상적 요소가 잠재되어 있고, 그것을 연마해낸다면 대륙에 관한 인식, 나아가 세계에 관한 인식을 심화시킬 수 있지 않을까 싶어서다.

그것은 바로 아이덴티티를 상대화할 수 있는 인식론적 가능성을 가리킨다. 생각하건대 거리를 둔 채 국민국가나 내셔널리즘을 규탄하기란 논리적으로 어렵지 않다. 그런 비판이라면 이미 오늘날 이른바 '비판 진영'의 상식으로 정착했다. 그러나 그런 비판은 대체 어떻게 해야 생명력을 지닌 사상적 원리로 숙성될 수 있는가. 그러려면 비판만으로는 부족하다. 우리는 인식론적으로 국민국가를 상대화할 수 있는 아이덴티티를 정면으로 인정하고, 그것을 새로운 가치로서 소중히 길러내야 할 과제에 직면하고 있지는 않은가. 그런 의미에서 우리는 아직 사상적으로 충분히 준비되지 않았다.

2. 사람들의 삶에 침투하는 국민국가

국민국가란 통치체계만을 일컫지 않는다. '국가'는 인간의 사고나 감각의 주름에 스며들어 인간의 행동에 영향을 미친다. 대륙 중국인이 타이완에 대해 품고 있는 일종의 우월감이 그러하며, 타이완을 향한 호의에 찬 '동정'도 내실은 마찬가지리라. 우리 동아시아는 근대사를 거치며 '국민국가'로 회수할 수 없는 지역 문제를 엄연히 끌어안게 되었다. 그러나 국민국가나 내셔널리즘에 대한 비판은 오히려 그 대목을 간과하곤 한다.

일본 본토에서 오키나와의 위치가 타이완이 대륙에서 점하는 위치와 같다고 할 수는 없겠지만, 원리적으로 생각한다면 비슷한 지점이 있다. 오키나와에는 국민국가로 회수할 수 없는 풍부한 아이덴티티가 존재한다. 하지만 사람들은 그것을 가치로서 긍정하기보다 부정적이라고 보는 경향이 강하다.

여기서 피해갈 수 없는 한 가지 까다로운 문제가 있다. 현실적으로 국민국가가 헤게모니를 쥐고 있는 이상 루쉰이 말하듯 머리카락을 잡아당겨 몸을 지면 위로 띄우기란 불가능하겠다. 지금은 이미 국민국가라는 장치에 의해 현실적으로 중심부와 주변부가 형성되고, 그 격차에 의해 국가의 권위가 유지되고 있다. 이러한 상황에 맞서 현실의 위계질서를 비판하는 일은 정치와 경제 헤게모니를 해체하는 일로서 반드시 필요한 작업이라 하겠다.

문제는 그러한 해체가 무엇을 겨냥하여 어떻게 이루어지는가다.

나는 오키나와에 몇 번밖에 가보지 못했다. 그럼에도 일본 본토에서는 경험한 적 없는 자유로운 정신과 억센 생활감각을 맛보았다. 물론 오키나와인은 다양한 정치감각을 지니고 있다. 여느 사회가 그러하듯 서로 모순하고 대항하며 복잡한 집합체를 이루고 있다.

글을 쓰고 연구하는 인간으로서 나는 사유의 빈곤함을 경계하며 오키나와에 대한 이해를 연마하기로 마음먹었다. 일본인이 아니기 때문일까. 나는 본토의 양심적 일본인이 느끼는 '떳떳치 못한' 감각을 면할 수 있었다. 아니, 일본인인지 아닌지를 떠나서 내가 오키나와라는 공간에서 배운 바가 컸기 때문일 것이다. 오키나와 사람들과 만나면서 그들의 사고 속에 움터 있는 끈덕진 힘에 이끌렸다. 혹독한 상황 속에서 그들은 질척질척한 형태로 자신들의 정치감각을 단련시키고 있다. 그것은 아마도 국민국가라는 단위에 머물지 않는 감각이리라.

3. 오키나와의 쓰디쓴 자유

그러던 중 오키나와에서 미군기지 문제가 발생했다. 이 문제를 둘러싸고 오키나와에서는 여러 반응이 엇갈린 가운데 반대운동이 벌어졌다. 비슷한 시기에 일본군의 강요로 '집단 자결'한 오키나와인에 관한 서술이 교과서에서 삭제당한 데 반대하는 항의 행동이 일어났다. 오키나와-미국-일본 정부라는 부조리한 삼각관계가 표면으로 떠오른 것이다.

세계적 규모에서 볼 때 오키나와 사람들이 미군기지를 반대하면 세계평화에 공헌할 수는 있겠지만, 경우에 따라서는 그에 따른 희생도 감수해야 할지 모른다. 기지 경제는 오키나와 경제의 기본 축을 이룬다. 하지만 기지 건설 및 유지는 오키나와에 심대한 피해를 안기고 있다. 이러한 딜레마를 견디면서 오키나와는 국가를 단위로 삼는 발상에서 자유로워지고 있는 것이다. 이 얼마나 쓰라린 자유인가!

중국인이 오키나와의 상황을 이해하려면 몹시 노력해야 할 것이다. 중심―주변이라는 인식 구도를 근본적으로 뜯어고쳐야 한다. 나라를 전제로 한 아이덴티티의 단순화 경향을 돌파해야 한다. 나아가 이데올로기에 근거한 정치 판단을 떨쳐내야 한다. 이로써 역사를 직시하여 동아시아사의 역동성을 끌어내야 한다.

이러한 일련의 노력이 있을 때 비로소 오키나와는 하나의 원리가 될 수 있을 것이다. 그때에야 비로소 오키나와가 품은 깊은 내실이 우리 눈에 비칠 것이다.

3부
현재 속의 역사

다케우치 요시미의 역사철학
– 어떻게 해야 역사와 함께 살아갈 수 있는가

역사적 시간을 상징하는 다케우치 요시미

이 단상에 서자니 몹시 긴장이 되는군요. 이 자리에는 츠루미 선생, 마츠모토 선생처럼 다케우치 요시미와 가까이 지내셨던 분들을 비롯해 다케우치 요시미와 같은 시대를 호흡하며 살아오신 분들이 많이 계십니다. 저의 긴장감은 근거리의 역사적 시대와 만났을뿐더러 그 시대가 과거로 밀려나지 않았다는 데서 오고 있습니다. 여전히 살아 있는 시대와 해후했다는 느낌입니다.

오늘 이 자리에서 저는 '다케우치 요시미의 역사철학'을 어떻게 생각하는지 말씀드리고자 합니다. 추상적인 이야기를 꺼낼 생각은 없습니다. 살아있는 시대와 만나는 일은 역사에 진입하는 행위기도 합니다. 저는 이미 지나갔다고들 하지만 아직 끈질기게 숨 쉬고 있는 역사의 시대로 들어가고자 합니다.

역사의 시대로 들어가려면 마음의 기력이 필요합니다. 문헌학과는 달리, 역사학은 자료를 모아 객관적으로 연구한다고 성사되는 학문이 아닙니다. 역사는 늘 움직입니다. 움직이는 역사의 시간은 균질한 시간 즉 자연적인 시간이 아닙니다. 역사의 시간이라는 특수한 시간이 있습니다. 그 시간에는 긴장이 서려 있습니다. 긴장이 시간을 이어 맵니다. 거기서 역사감각이 생겨납니다. 다케우치 요시미는 이러한 역사적 시간을 상징하는 인물이라고 생각합니다.

저는 살아있는 다케우치 요시미와 만날 기회가 없었습니다. 다케우치 요시미를 읽기 시작한 것도 그가 죽은 지 11년이나 지난 1988년이었습니다. 따라서 다케우치 요시미를 어떻게 읽을 것인가는 제게 커다란 과제였습니다. 그를 단지 과거 인물로 다룰 수는 없었습니다. 그의 고민, 그의 망설임, 그가 줄곧 품고 있던 기본적 물음은 여전히 살아있습니다. 그의 과제는 저의 세대, 저의 다음 세대의 과제기도 합니다. 그 과제란 무엇인가요. 방금 전 마츠모토 선생께서 이와 관련해 힘찬 말씀을 들려주셨습니다. 그 말씀을 받들어 이야기를 이어가고 싶습니다.

역사 속으로 진입한다는 어려움

츠루미 선생은 무척이나 흥미로운 말씀을 하셨습니다. 다케우치 요시미의 「대동아전쟁과 우리의 결의」를 어떻게 읽어야 하는가에 대해서입니다. 몹시 흥미로운 문제제기였다고 생각합니다. 츠루미 선생은 그가 일본이라는 나라가 망하기를 바라며 선언을 내놓았다고 하셨습니다. 그 말씀의 방향만큼은 정말이지 동감합니다. 패전하고 나서 8년이 지난 시점에 다케우치 요시미는 「굴욕의 사건」이라는 유명한 글을 썼습니다. 굴욕의 구체적인 내용을 두고 그는 이렇게 설명했습니다.

"일본국이 패전해서 굴욕적인 게 아니다. 패전하자 모두들 일제히 패배를 인정했다, 그런데도 혁명은 전혀 일어나지 않았다. 이것이 가장 큰 수치다." 그는 이렇게 말했습니다. 일본에서 혁명은 없었습니다. 그는 이 점이 수치스러웠습니다. 만약 혁명이 발생했다면 일본은 어떻게 되었을까요. 그는 이렇게 상상했을 것입니다. "미국 군대가 상륙하여 일본은 쪼개진다. 일본군은 빨치산이 되어 격렬한 내전으로 치달으리라. 그때 난 어떤 부서에 속해야 할까." 그는 이렇게 정열을 담아 혁명을 동경했습니다. 그러나 현실에서 혁명은 발생하지 않았고, 그는 낙담했습니다.

같은 글의 말미에서 그는 「오개조 어서문」의 이야기를 꺼냅니다. 다케우치 요시미는 대체 무얼 노렸던 걸까요. 저는 현실에 비추어 이 글을 읽지 않습니다. 「대동아전쟁과 우리의 결의」도 그렇게 읽지 않습니다. 저는 그가 현실의 전쟁을 말한다고 생각하지 않습니다. 자신의 역사관을 밝히고 있다고 생각합니다.

다케우치 요시미는 「베이징 일기」를 쓰면서 여러 사람과 사건을 무대 전면에 올려놓았습니다. 저는 그 글에서 배후에 숨어 있는 초조함을 읽었습니다. 그 초조함이 무엇인지에 대해서는 일기에서 분명히 밝히지 않았습니다만, 같은 시기의 편지를 살펴보면 그 내용이 나옵니다.

그는 친구에게 속내를 털어놓으며 초조함을 표현합니다. 다케다 다이쥰*에게 보낸 편지가 그것입니다. 그 무렵 다케다 다이쥰은 제일선에서 사람을 죽이고 있었습니다. 아시다시피 이 쓰라린 체험은 이후 『사마천』이라는 저작으로 이어집니다. 그러나 다케우치 요시미는 이 체험을 전혀 다르게 다룹니다. 다케다 다이쥰에게 보내는 편지에 이렇게 적습니다.

우리처럼 군대에도 들어가지 못한 무리는 지금 시대의 사상적 맥박을 젤 수가 없습니다. 게다가 그런 노력 역시 헛된 것임을 알고 있기에, 허둥대며 혼돈 속에서 지내는 인간에게 군인인 당신의 편지는 아플 만큼 선명합니다.

역사 속으로 들어가는 일이 다케우치 요시미에게 얼마나 중요했는지, 저는 이 편지를 통해 알았습니다. 그 역사란 바로 일본의 침략 전쟁입니다. 그가 이 전쟁을 경계하고 비판하고 반성하지 않았던 것은 아닙니다. 그러면 왜 이러한 편지를 썼을까요. 제게는 커다란 수수께끼입니다. 그 수수께끼를 풀려면 먼저 제 자신의 역사관을 되물어야 합니다. 다케우치 요시미를 읽으면 읽을수록 역사는 무르지 않다는 걸 깨닫습니다. 도덕이나 윤리만 가지고서는 판단할 수 없으니까요.

그러나 그렇다고 해서 나쁜 것이 역사의 축이나 동력이 된다는 이

---

* 武田泰淳(1912~1976). 소설가. 승려 집안에서 태어났으며 좌익운동을 경험했다. 전쟁 중에는 상하이로 출정했으며, 전후 문학을 대표하는 작가가 되었다. 『사마천』, 『풍매화』 등이 대표작이다.

야기는 아닙니다. 역사라는 힘은 우리들 개인의 주체적 역량만으로는 도저히 감당할 수 없습니다. 가공할 만한 것입니다. 다케우치 요시미는 이를 실감했지 싶습니다.

다케우치 요시미를 읽다보면 때때로 이러한 이야기가 나옵니다. 안보투쟁 때의 일인데, 그는 기시 노부스케를 면담하러 가서 이렇게 말했습니다.

총리는 역사를 만드는 사람이고 나는 역사를 쓰는 인간이다. 역사를 쓰는 인간으로서 한마디 하고 싶다. 역사에서 어떤 인물은 종종 마지막 행위로 인해 평가가 판가름 난다. 총리는 크게 한 번 용맹심을 발휘하기 바란다.

그러나 기시 노부스케는 역사를 저렇게 만들었고, 같은 시기에 안보투쟁에 참가했던 보통의 일본인 한 사람 한 사람은 다른 역사를 만들었습니다. 역사는 기시 노부스케가 설정한 방향에 따르지 않았을 뿐 아니라, 안보투쟁에 가담했던 이들의 의지도 좇지 않았습니다.

역사는 어느 개인의 의지로 통제할 수 없습니다. 그런데 오늘날 역사학은 역사를 어떤 올바른 방향을 쫓아가는 투명한 힘인 양 간주하곤 합니다. 그런 까닭에 다케우치 요시미를 만나면서 저는 자신의 역사관을 깊이 반성했으며, 어느새 그로부터 역사철학을 배웠습니다.

다케우치 요시미는 개인의 체험을 몹시 소중하게 여기는 편이었습니다. 동시에 체험이 그대로 사상의 원천이 될 수는 없다는 자각도 강했습니다. 다케우치 요시미가 한 시대의 상징이 될 수 있었던 까닭도 거기에 있다고 생각합니다. 구체적인 사건을 다루고 구체적인 이야기를 꺼내면서도 늘 배후에 있는 역사의 차갑거나 뜨거운 움직임을 응시했습니다. 다케우치 요시미가 내놓은 원리적 언설은 모두 그렇게 만들어졌습니다.

다케우치 요시미의 반철학적 철학

저는 여기서 네 편의 논문을 역사철학의 텍스트로 취하고 싶습니다. 『루쉰』, 「근대란 무엇인가」, 「근대의 초극」, 그리고 「방법으로서의 아시아」입니다. 다케우치 요시미는 철학의 형태를 취한 적이 한 번도 없습니다. 그가 작성한 가장 추상적인 텍스트도 더할 나위 없는 구체성을 함유하고 있습니다. 「근대란 무엇인가」가 그렇습니다.

여기서 꼽은 네 편의 논문은 모두 난해합니다. 그가 제시한 핵심어를 손에 쥐고 논리적으로 의미를 따라간다 해도 좀처럼 수확을 얻기가 힘듭니다. 그러나 힘을 다해 읽으면 점차 행간에서 여러 철학적 문제들이 떠오릅니다. 다케우치 요시미의 철학적 사고는 일종의 반철학적 특징을 지니고 있는 셈입니다.

그럼에도 제가 구태여 철학임을 강조하는 이유는 그가 내놓은 구체적 발언이 오늘날 상당 부분 효력을 잃었기 때문입니다. 특히 다케우치 요시미 같은 유형의 평론가는 잊히기 십상입니다. 그렇게 시대에 의해 버려졌을 텐데도 다케우치 요시미에 관한 심포지엄만 열리면 그 시대를 함께 살아가신 분들이 이렇게 모이는 이유는 무엇일까요.

무효가 된 다케우치 요시미의 담론 배후에는 아직 무언가가 있는데, 그 무언가를 저는 굳이 철학이라고 불러보고 싶은 것입니다.

그 철학이 동양의 철학인지 아닌지는 제게 중요하지 않습니다. 동양의 철학이든 서양의 철학이든 상관없습니다. 중요한 것은 지금껏 우리가 마주해온 시대의 과제를 풀어낼 소중한 열쇠가 거기에 있는가입니다. 대체 다케우치 요시미는 시대의 과제를 어떻게 풀어냈을까요. 아니면 그저 줄곧 간직한 채 결국 풀어내지 못했던 것일까요. 제 관심은 거기에 있습니다.

역사 바깥에 선 지식인을 비판하다

책을 읽으면서 느낀 감상을 조금 말씀드리겠습니다. 다케우치 요시미는 정신적 죽음을 경험하고 나서 『루쉰』을 내놓았습니다. 정신적 죽음이란 그가 설립하여 10년 가까이 운영했던 '중국문학연구회'를 자기 손으로 해산시킨 경험을 말합니다.

이 모임을 그만둔 사정은 상식에서 벗어납니다. 모임이 잘 운영되지 않거나 주목을 받지 못해서 접은 게 아니라 그 반대였으니까요. 당시 일본에서 이 모임은 꽤나 유명해져서 중국문학연구의 대표적 단체가 되었습니다. 그는 자기가 낳은 자식을 제 손으로 죽여버렸지요. 바로 츠루미 선생이 지적하신 대로 이렇게 죽음을 노렸습니다. 그는 '정간'이 아니라 굳이 '폐간'이라는 표현을 사용했습니다. 죽음에 관한 그의 태도가 엿보이는 장면입니다.

그 후 『루쉰』을 씁니다. 『루쉰』을 어떻게 읽어야 할까요. 독해 방식은 여러 가지가 있겠죠. 저는 그중에서 하나를 택했습니다. 즉 루쉰 연구서가 아니라 역사철학 텍스트로 읽기로 했습니다.

『루쉰』에서 가장 난해한 부분은 역사진화론을 부정하는 대목인 듯합니다. 역사가 늘 진보하지는 않습니다. 인간은 늘 변화하지요. 그러나 그런 것이야 아무래도 좋습니다. 가장 중요한 것은 변하지 않는 것 속에 깃든 근본정신입니다. 루쉰이 말하는 그 정신이란 무엇인가. 이것이 『루쉰』이라는 텍스트의 중핵을 이루고 있습니다.

다케우치 요시미에게는 중국의 현대사, 특히 현대문학의 역사와 함께 살아간 현역의 문학가는 단 한 사람, 루쉰뿐이었습니다. 왜냐하면 루쉰은 선구자가 아니었기 때문입니다. 선구자가 아니란 말은 그가 제시한 방향이 늘 올바르지는 않았다는 뜻입니다. 올바른 방향을 제시하지 못한 루쉰은 중국 역사와 함께 흔들리고 좌절했습니다. 다케우치 요시미는 그렇게 생각했습니다.

저는 여기서 배운 바가 컸습니다. 루쉰에 대한 평가가 아닙니다. 오히려 역사의 중간물이라 불린 루쉰을 통해 역사의 특질을 엿볼 수 있었습니다. 역사는 어떠한 모습으로 존재하고 있는가. 가령 우리는 지금 살아있고 동시대사 안에서 살아가고 있습니다. 그러나 우리는 결코 동시대사 안에서 살고 있다고 장담할 수 없습니다. 역사의 바깥에서 살아가는 일도 얼마든지 가능하기 때문입니다. 아마도 지식인이라는 종류의 인간은 역사 바깥에 서 있을 가능성이 가장 크지 않을까 싶습니다.

어제부터 종종 등장한 '정치적으로 올바른' 좌익에 대한 비판을 좀 더 파고들자면, 역사 바깥에 머물러 있는 인간을 향한 비판이라고 생각합니다. 오늘날 일본만이 아니라 중국에서도 '역사를 살아가려면 대체 어떠한 소질이 필요한가'는 중요한 물음입니다. 이를 좌익이네 우익이네라며 나눠보았자 제대로 된 설명은 나올 리 없습니다.

자각을 거쳐 근대는 태어난다

다케우치 요시미는 「근대란 무엇인가」에서 힌트를 줍니다. 운동이라는 카테고리에서 역사를 본다는 것, 그리고 역사를 다시 쓴다는 사고 방식입니다.

그는 옛것과 새것에 관해 남다른 견해를 가지고 있었습니다. 『루쉰』에 나오는 이야기죠. 역사는 진보하며 역사에는 발전 단계가 있다는 사고방식에 따른다면 옛것에는 거의 가치가 없습니다. 새로운 시대의 과제에 맞닥뜨렸을 때 옛사람의 말과 행동은 대개 한계를 노정하기에 낡았다고 치부됩니다. 일본뿐 아니라 중국에서도 옛것은 점차 버려지고 있습니다.

그러나 다케우치 요시미에 따르면 옛것은 새것이 될 수 있습니다. 어떤 자각에 의해 그리됩니다. 그것은 겉으로 드러난 새로운 시대의 현상으로부터 배후에 버티고 있는 역사의 구조를 읽어낸다는 자각입니다. 그때 낡은 것 속에서 새로운 가능성이 드러납니다. 그리고 역사는 소생합니다.

역사는 살아날 수 있습니다. 그렇지 않으면 옛것은 점차 버려지고 새것을 추구하게 됩니다. 미국의 어떤 학자는 이러저러한 이론이 한풀 꺾이면 '포스트 이론'의 시대가 도래한다고 합니다. 그런 태도를 취한다면 옛것은 영원히 새것이 될 수 없겠죠.

지식인이란 인종은 헌 옷을 벗고 새 옷으로 갈아입는 숙명에 시달립니다. 그래서 진정한 의미의 역사와 만날 기회를 영영 놓치고 맙니다. 다만 옛것이라고 그대로 새것이 되지는 않습니다. 다케우치 요시미는 「근대란 무엇인가」의 서두에서 이를 강조합니다.

사실 중국에서 근대라는 것은 진즉에 있었습니다. 송대宋代에 시민사회가 생겼고 자유무역이 성행했습니다. 따라서 근대가 있었어야 하는데, 실제로는 없었습니다. 왜냐하면 근대라는 시대는 자각이 없으면 태어나지 않기 때문입니다. 외부의 충격을 받고 나서 비로소 자각은 생겨났고, 그리하여 중국은 근대를 낳았습니다.

역사의 긴장된 순간을 거머쥐려는 노력

아마도 미조구치 선생은 이러한 테제에 동의하지 않으시리라 생각합니다. 이러한 분석은 확실히 허술해서 중국 역사의 실제 상황에 걸맞지 않습니다. 그럼에도 저는 이 대목을 몹시 무겁게 받아들입니다. 그 까닭은 다케우치 요시미가 이 대목에 앞서 루쉰이 역사를 다시 쓰게 만들었다는 테제를 내놓았기 때문입니다.

역사를 다시 쓴다는 행위는 역사를 섣불리 지어낸다는 의미가 결코 아닙니다. 방금 전 소개했듯이 다케우치 요시미는 역사의 차가움,

인간이 통제할 수 없는 성질을 자각했습니다. 그가 문화대혁명을 두고 침묵한 까닭도 여기에 있다고 생각합니다. 그가 문화대혁명을 어떻게 보고 무엇을 생각했는지 저는 모릅니다. 다만 그가 문화대혁명을 한 가지 역사적 단계로서 결코 만만치 않게, 몹시 묵중하게 여겨 줄곧 응시했다는 것만큼은 말할 수 있습니다.

그는 1950년대에 『평전 마오쩌둥』을 출간했는데, 그리 성공적이지 못했습니다. 그 책 말미에 비록 짧지만 몹시 깊숙하게 중국의 원리를 언급합니다. 마오쩌둥에게는 '근거지 철학'이라는 것이 있습니다. "적의 것을 내 것으로 삼는다"는 원리인데, 그는 이것이 중국의 원리라고 여겼습니다.

따라서 마오쩌둥 군대는 도쿄에 무기생산 공장이 있습니다. 이를 단지 '변증법'이라며 한마디로 정리해서는 안 됩니다. 그것은 역사를 대할 때의 시선 자체입니다. 아마도 문화대혁명이 일어나기 전에 그는 불원간 다가올 저 역사의 시대, 그것을 예감하고 있지 않았을까요.

다케우치 요시미는 역사를 결코 가볍게 대하지 않았습니다. 역사는 쉽사리 심판할 수 없습니다. 그래서 「오개조 어서문」에서 메이지유신 이후 일본의 가능성을 찾아 나서는 한편, 아시아주의와 더불어 일본에서 거듭 부정된 고약한 좌담회 '근대의 초극'을 신중하게 다뤘습니다.

역사의 뒤에 온 자라고 해서 역사를 간단히 심판할 수는 없습니다. 따라서 우리가 역사 속에서 어떠한 가능성을 건져 올릴 것인가는 결코 만만한 과제가 아닙니다.

다케우치 요시미는 끝까지 버텼습니다. 가장 격한 역사의 소용돌이에 몸을 던져 그 속에서 조금이라도 역사의 방향을 바꾸려고 애썼습니다. 그의 노력이 성공을 거뒀다고는 생각하지 않습니다. 하지만 성공이라 부를 수 없는 그의 노력을 우리는 오늘날 왜 다시 떠올리고 있을까요.

다케우치 요시미의 역사철학은 상식의 위상에서 정립되지 않았습니다. 하지만 상식의 위상에서 일본의 인텔리가 전개해온 이른바 합리주의 정신과 맞서면서 진정으로 합리적인 정신을 일궈내고자 노력했습니다. 진정한 의미의 합리주의 내지 합리적인 정신이라면 역사의 긴장된 순간을 움켜쥐고 거기서 새로운 가능성을 만들어내야 합니다. 그 위상에서 저는 다케우치 요시미의 모든 글 속에서 역사를 읽어내는 법을 배웠습니다.

그리고 무엇보다도 역사를 다루는 신중함, 자기 힘으로는 역사를 움직일 수 없을 뿐 아니라 역사를 심판할 수도 없다는 자각을 늘 배웁니다. 그 속에서 문학으로 작업을 하는 한 사람으로서 중국에 대한 책임, 일본에 대한 혹은 인류에 대한 책임을 신중히 생각하게 되었습니다. 저는 다케우치 요시미를 통해 역사에 관한 인식을 바로잡을 수 있었습니다. 그리하여 올바르지 않은 텍스트를 포함해 역사를 신중하게 다루는 습관이 조금은 몸에 배기 시작했습니다. 앞으로도 이러한 방향에서 계속 노력하고자 합니다.

다케우치 요시미를 읽는다는 것,
역사를 읽는다는 것

여름, 뇌우의 계절. 나는 학술회의에 참가하려고 후쿠오카로 향했다. 그날은 베이징에서 출발하는 직항이 없어 다롄을 거쳐야 했다.

비행기는 오전 9시 10분에 출발할 예정이었지만, 탑승 수속을 마치고 나니 천둥 번개와 함께 비가 쏟아지기 시작했다. 다롄으로 가는 항로가 비행 기준에 못 미쳐 출발이 늦어진다는 안내방송이 나왔다. 더구나 마침 일본의 큐슈 지방에 태풍이 상륙하는 바람에 다롄에서 후쿠오카로 가는 항로는 장담할 수 없는 상태였다.

모든 승객은 대합실에서 대기했다. 두 시간쯤 기다려 11시 반이 되자 탑승 안내방송이 나왔다. 하지만 이륙을 앞두고 한쪽 바퀴에서 이상을 발견해 부품을 교체해야 했다. 그리하여 잠시 무의미하게 시간을 보내다가 결국 버스에 올라 대합실로 돌아왔다. 비행기 정비로 다롄에 도착하는 시각은 많이 늦어졌는데, 이륙의 지체로 다롄에서 후쿠오카로 가는 비행기 편이 늦춰질지, 아니면 결국 결항이 될지는 예측할 수 없었다.

나는 초조했다. 후쿠오카에는 꼭 정해진 시간에 도착해야 했기 때문이다. 내일 아침 첫 분과회에 참석하기로 예정되어 있었는데, 점심이 되면 분과회는 해산하고 참가자는 모두 돌아간다. 만약 오늘 비행기가 뜨지 못한다면 나는 후쿠오카에 갈 이유가 없으며, 후쿠오카에 가지 못한다면 항공권을 취소해야 했다. 이때 나는 '불가항력'의 의미를 진실로 이해하고 개체의 무력함을 절감했다. 비행기가 오늘 뜰지 내일 뜰지, 다롄에 도착해서 하룻밤을 보내며 날씨가 바뀌기를 기다려야 하는지. 나라는 미소한 개체에게 각각의 상황은 전혀 다른 의미를 지녔다. 나는 선택을 요구받았다. 정보도 충분치 않고 더구나 가지고 있는 정보도 확실한지 알 수 없는 상황에서 나는 취소를 서둘러야 하는지, 아니면 다롄으로 날아가야 하는지, 아무튼 결단해야 했다. 탑승구의 젊은 여직원은 내 사정을 듣더니 무척 안타까워하면서 "그 회의에 꼭 가야 하나요. 이참에 취소하는 편이 낫지 않을까요. 다롄에 도착하더라도 비행기가 뜨지 않으면 후쿠오카에 갈 수 없는데, 거기서는 항공권을 취소할 수도 없잖아요. 부러 화를 좌초할 필요가 있나요?" 하며 취소를 권했다.

물론 나도 알고는 있었다. 앞길이 불투명한 상황에서 가장 확실하고 안전한 방법은 행동하지 않는 것임을. 그렇게 하면 시시각각 변화하는 상황에서 멀찌감치 떨어져 있을 수 있다. 그러나 나는 모험을 결심했다.

오후 1시 반, 비행기의 수리가 끝나자 탑승했다. 기내에 올라 착석하니, 어찌된 일인지 베이징 공항에 갑자기 비가 억수같이 쏟아지기 시작해 비행기는 또다시 이륙하지 못했다. 그러나 이미 비행기 문은 닫혔다. 내게 선택의 여지는 없으며, 하늘에 맡기는 수밖에 없었다. 그렇게 또 두 시간이 지나 비행기는 가까스로 이륙했다. 오후 4시 반, 다롄에 도착했다. 다행스럽게도 거기서는 발이 묶이는 일 없이 바로 후쿠오카로 출발했다. 항로의 대기 상태가 불안정해서 비행기는 원래 경로를 벗어나 상하이로 우회해야 했다. 예정 시간을 두 시간이나 넘겼지만, 이미 우여곡절을 겪은 터라 그 정도는 이미 문제도 아니었다.

그리하여 12시간도 넘는 긴 여정 끝에 후쿠오카에 겨우 도착했다. 만약 베이징에서 제대로 출발했다면 두 시간 남짓 걸렸을 것이다. 여러 준비로 분주하던 현지 관계자는 내가 도착하자 기뻐하며 마음을 놓았지만, 12시간 동안 내가 겪은 일에 관해서는 그다지 관심을 보이지 않았다. 그들에게는 내가 도착했다는 결과만이 의미가 있었으리라. 그 순간, 만일 오늘 이러한 '대단원'이 아니라 다롄 공항에서 발이 묶였더라면 상황은 전혀 달랐겠지 하는 생각이 뇌리를 스쳤다. 그렇게 가정한다면 탑승을 고집한 것은 잘못된 결단이다. 그렇다면 베이징 공항 탑승구의 친절한 젊은 여직원의 조언을 듣지 않고 탑승을 고집한 내 '현명치 못한' 결정은 어떤 평가를 받아야 하는 것일까. 나아가 결과에 맞춰 상황의 추이를 거슬러 오른다면, 내가 몸으로 체험한 저 12시간 남짓의 동요와 망설임은 모두 지나간 일이 되어 의미를 상실하는 것일까.

하나의 사건에서 결과가 나온 다음에 그 일을 되돌아보며 과정 전체를 검토할 때, 특히 결과와 맞물리지 않는 요소를 다시 검토할 때,

우리는 여러 수준에서 '잘못'을 쉽게 식별해낼 수 있다. 역사 해석에서 가장 자주 접하는 소위 '인과해석'이란 바로 이러한 논리에 기초한다. 겉으로 보기에 인과해석은 원인에서 결과로 다다르지만, 실제로 사고의 회로는 거꾸로 결과에서 원인으로 거슬러가야만 기능할 수 있다. 그런데 사건이 진행되는 과정 속에 몸을 맡긴다면 상황은 전혀 달라질 것이며, 이 과정 속에서 인과해석은 전혀 유효하지 않을 것이다.

어떤 복잡한 사건의 한복판에서 올바른 판단을 내리기란 몹시 힘들다. 정보가 불충분하고, 더구나 손에 쥔 정보마저 확실하다고 보증할 수 없는 상황에서는 어떠한 판단도 모두 '도박'의 성질을 띠게 된다. 모험을 동반한 결단인 이상, 그것이 옳을지 그를지는 반반의 확률이며, 결과를 근거로 해서 판단할 수는 없다. 하물며 옳음과 그름 사이에 넓은 '회색지대'가 존재하고, 어느 쪽도 다중적 가능성을 띠고 있다면 선택의 버거움은 가중된다. 후쿠오카에 도착했을 때, 내게 가장 의미가 있었던 것은 결과가 아니라 취소를 권고받고도 모험을 결심한 '결단'이었다. 왜냐하면 그 결단을 내렸을 때, 그에 따르는 착오를 준비하고 손실을 감수해야 한다는 것을 나는 확실히 알고 있었기 때문이다.

이것은 한 차례의 여행, 한 차례의 회합에 불과하다. 그 결정이 옳았든 글렀든 실제로 대단한 의미는 없다. 하지만 나는 이러한 개인적 감상을 통해 한 가지 물음을 내놓고 싶다. 우리가 역사와 마주할 때, 우리가 역사적 과정 속에서 중요한 사건에 직면했을 때, 하잘것없는 여행에서 얻은 내 체험을 역사 속으로 비집고 들어가기 위한 기본적 상황으로 간주해볼 수 있지 않을까?

역사나 역사학을 두고 이미 여러 학파의 다양한 정의가 나와 있다. 우리는 "무엇이 역사이며 무엇이 역사가 아닌가"를 간단히 잘라 말할 수 없다. 하지만 그렇더라도 역시 문제설정을 위한 물음은 가능하며, 역사를 읽는 법과 역사를 말하는 법에 관해 논의할 수 있다. 첫째로 역사에는 자체의 한계가 있다. 어떠한 역사적 사건도 모두 시대 상황에서 떨어져 있을 수 없으며, '지금·여기'의 규준으로 역사를 따져 묻거나 재단하는 일은 반역사적이다. 바꿔 말해 역사적 태도라면 과거와 현재의 차이를 신중하게 다뤄야 한다. 현재의 기준으로 과거를 내리눌러서는 안 된다. 하지만 이는 역사의 한계를 무조건 승인하는 것이 아니며, "실재했다면 정당하다"는 것을 의미하지도 않는다. 오늘날의 시각에서 역사적 사건과 인물의 한계를 분석하는 일은 역사학의 임무 가운데 하나인데, 이러한 분석은 반드시 역사의 논리를 존중해야지 멋대로 해서는 안 된다. 역사학은 상상력과 아울러 높은 기술을 요구한다.

둘째, 역사학에는 다양한 방식이 있을 것이다. 가령 인물을 연구할 수도 그렇지 않을 수도 있고, 긴 기간이나 짧은 기간 중 어느 쪽을 택할 수도 있고, 사건을 대상으로 삼을 수도 있고 그렇지 않을 수두 있다. 하지만 어떤 경우든 내용이 담긴 문제를 역사학이 다룬다면, 그럴듯하게 겉만 어루만지는 식이어서는 안 된다.

셋째, 역사 해석이란 하나의 초험적 행위이니 상식에 의거해서는 안 된다. 어떤 개인도 비행기가 잘 뜨도록 날씨를 통제할 수 없듯이, 역사적 과정은 다중적 힘이 길항하는 산물이다. 개인의 직관적 경험에 의지해서는 결코 파악할 수 없다. 한 사회가 지닌 역사 해석의 풍부함은 그 사회의 '고뇌'가 직관적 경험을 넘어서서 얼마나 상상력과 창조력을 지니고 있는지에 의해 결정된다. 역사를 깊이 읽어내는 능력은 사회 전체의 예지叡智가 얼마나 축적되었는지에 달려 있다. 달리 말해 역사학의 질도 사회 성원의 예지에 직접 영향을 받는다.

그렇다면 깊이 있는 역사 독해이기 위해 반드시 구비해야 할 규준이 존재하는 것일까. 역사학에 관한 논의가 분분한 오늘날, 아마도 하나의 일반적 규준을 내놓기는 어렵겠지만, 적어도 깊이 있는 역사 독해라면 기본적으로 기성의 관념과 이데올로기적 사고 회로를 답습하는 방식과는 맞서야 한다는 점, 역사를 읽는 자는 기존의 틀 내지 결론의 바깥에서 새로운 발견을 일궈내야 한다는 점만큼은 말할 수 있겠다.

그렇다면 무엇이 '발견'이며, 또한 어떻게 해야 '발견'이 가능한가.

나는 앞서 언급한 개인적 경험으로 돌아가고자 한다. 그런 경험을 진술할 때는 곧잘 한 가지 요소가 누락된다. 사건 과정이 지니는 불확정성, 그리고 그로 인해 결단을 내리기 어려웠던 주체의 상황이다. 나는 무사히 후쿠오카에 도착했다. 결국 목표 달성을 위해 '탑승'을 선택한 일은 사리에 맞는 것처럼 보였다. 그러나 어느 시점에서는 취소도 한 가지 선택지였으며, 그 선택 또한 사리를 벗어나지 않았다. 탑승과 취소라는 양극 사이에는 수많은 주저와 동요가 존재한다. 주저와 동요 가운데 결국 탑승으로 기울었지만, 취소도 한 가지 결론으로 존재할 수 있었다. 만약 사태가 거꾸로 진행되었다면, 기상 불순으로 다롄에서 발이 묶여 후쿠오카에 도착할 수 없었다면, 굳이 비행기를 타겠다고 고집을 부린 것은 잘못된 처사였을 것이다.

이러한 상황은 다음의 사실을 말해준다. 사건이 진행되는 동안에는 선택의 기능을 평가할 수 없다. 제대로 된 선택인지를 알아보려면 결말을 기다려야 한다. 진행 중인 사건 속의 모험적 선택은 결과가 좋을 수도 나쁠 수도 있다는, 적어도 두 가지 성질을 반드시 함께 머금는다. 만일 우리가 사건의 결말을 알고 있다면, 결말로부터 거꾸로 거슬러 올라가 각 과정이 결과적으로 옳았는지 글렀는지를 판단할 수 있다. 결과로 향하는 과정 속에서 일어난 매순간의 선택은 의미를 잃고, 마치 모든 과정이 결과에 의해 규정되고 한 가지 선택밖에 있을 수 없었던 것처럼 되어버린다. 이렇듯 끊임없이 변동하는 상황 속에서 주체가 무언가를 선택한다는 고도의 긴장을 수반하는 행위는, 만약 결말로부터 거꾸로 추론한다면 옳은 결정이냐 아니냐 하는 식으로 단순해지고 입체감을 잃어버린다.

물론 내가 비행기를 타고 후쿠오카로 향했던 12시간의 체험과 역사 과정을 동일시해서는 안 될 것이다. 내 체험은 하나의 비유에 불과하다. 그러나 종잡을 수 없는 기후를 역사 과정이라고 가정해본다면, 누구도 어찌해볼 수 없는 과정의 한복판에서 주체가 할 수 있는 일이란 큰 모험으로 다가오는 사태 속에서 몹시 제한된 '선택'을 내리는 것뿐이다. 제한된 선택의 맞은편에는 안전을 위해 선택을 감행하지 않는다는 입장이 있다. 모험을 피하려는 주체는 역사 속으로 들어가지 않는다.

한 시대가 끝나면 이후에 반드시 역사적 사건의 결말에 근거해 역사 과정 전체를 거슬러오르며 판단을 내리는 '후後지혜'적 태도가 등장하기 마련이다. 그때 사건의 과정이 지닌 불확정성은 무시되고 역사는 하나의 확정된 과정으로서 그럴듯하게 기술된다. 역사 과정이 확정되면 모험성을 동반하는 주체의 선택은 의미를 잃고, 결과와 일치하는 선택만이 가치 있다고 평가된다.

이는 사실 아주 오래전부터 역사학에서 존재해온 문제지만, 오래된 만큼이나 늘 새롭다고 하겠다. 역사철학의 영역에서 역사를 확정적이고 단선적인 진화 과정으로 서술하는 역사가는 이미 사라진 듯하다. 하지만 그렇다고 사람들이 역사를 판단할 때 '후지혜'적이지 않다는 뜻은 아니다. 생각해보라. 만일 누군가 역사적 인물을 심판한다면, 그것은 자신이 그 인물보다 우월하고 '진화'했다고 가정한다는 의미이지 않겠는가. 안타깝게도 '후지혜'적 역사 독해는 역사 과정의 불확정적 특징을 간과하고, 역사 과정을 하나의 확정된 대상으로 치환해버린다. 따라서 결과에서 출발해 거꾸로 역사 행위의 잘잘못을 가리는 일이 역사 독해의 중심 과제가 된다면, 역사 속에서 무언가를 '발견'할 수 없다. 이 점이 '정치적으로 올바른' 역사 독해 방식이 지닌 최대의 폐해다.

그렇다면 역사를 읽을 때 어떻게 해야 '발견'의 계기를 찾을 수 있는가?

나는 다케우치 요시미를 읽는 것이 가장 좋은 훈련 가운데 하나라고 생각한다. 다케우치 요시미는 생애에 걸친 저술 활동에서 여러 명문을 남겼다. 하지만 그의 글이 명문일 수 있었던 것은 글의 관점이 훌륭하거나 결론이 탁월해서가 아니다. 바로 문제제기의 방식으로 인해 명문이 될 수 있었다. 다케우치 요시미는 역사를 불변의 실체로 간주하지 않았다. 동시에 지식인의 말이 현실 사회를 움직일 수 있다고 직관적으로 생각하는 법도 없었다. 그 점에서 그는 늘 일관적이었다. 그런 태도를 견지하여 '후지혜'적 역사 독해를 거부하고, 동시대의 진보적 지식인이 외면한, 정치적으로 올바르지 않은 문제, 나아가 오늘날 보아도 여전히 문제적인 여러 대상을 생애에 걸쳐 탐구했다. 다케우치 요시미는 일본에서 적어도 두 세대에 걸쳐 영향을 남겼다. 전후에 성장한 세대와 전후에 태어난 세대가 그들이다. 전후에 태어난 세대는 1968년 학생운동의 주력이기도 한데, 오늘날 그들과 교류하면 다케우치 요시미는 여전히 자신의 중국과 중국혁명 이미지의 기점이라는 이야기를 듣는다.

다케우치 요시미의 저작을 읽으면, 진실로 투철한 그의 사고가 오늘날 '무엇을 해야 하는가'를 가르쳐주지도 않으며, 그렇다고 그가 살아간 시대에 처방전을 내주지도 않았다는 사실, 그렇지만 역사의 유동성에 관한 고도의 감수성을 담고 있다는 사실을 알게 된다. 그는 일본 근현대사를 불확정성으로 가득 찬, 따라서 전화轉化의 계기로 충만한 것으로 그려냈다. 아울러 일본의 동시대사에서 보다 이성을 함양하고자 근현대사에서 전화의 요소를 발견하려고 애썼다. 그리하여 우리는 다케우치 요시미를 통해 당대의 복잡성이 드러나는 역사문헌을 손에 넣을 수 있으며, 다케우치와 같은 시대를 걸어온 자들의 작업에 비견해보건대 이미 지나가버린 그 시대와 다케우치의 논고 사이의 진정한 관련성을 깨닫게 된다.

다케우치 요시미의 중국관에는 확실히 '미화'의 혐의가 있다. 하지만 동시대 일본의 진보적 지식인들이 종종 취한 서양 '미화'와는 동공이곡同工異曲*의 묘妙가 있다. 그의 중국관은 특정한 역사 단계에서

---

* "솜씨는 같으나 표현된 형식이나 맛이 다름". 한유韓愈의 『진학해』進學解에 나오는 말이다.

고유의 문화를 새롭게 일궈내려 시도한 전략의 산물이었다. 만약 중국의 역사가 지닌 유동성이 그의 중국 이미지 안에서 누락되었더라면, 그를 여느 '일중 우호 인사'로부터 구분해내기란 어려웠을 것이다. 실제로 1950년대, 1960년대에 걸쳐 그는 "중공으로부터 돈을 받고 있다"는 유언비어에 시달렸으며, 그 후에도 그의 저술을 제대로 읽지 않은 성급한 학자들은 그의 중국 이미지가 머금고 있는 이상화된 부분만 골라내서 부각시키고 그의 '역사관' 자체는 무시했다. 그러나 그의 역사관은 때로 '옳고' 때로 '그른' 그의 결론처럼 '기성품'이 아니다. 그는 스스로가 자신의 역사관을 이러한 것이라며 단정한 적이 없다. 우리는 그의 텍스트를 정독하고 그 시대의 역사적 맥락을 재구축하여 그의 역사관을 신중히 스케치해볼 수 있을 따름이다.

이 대목에서 역사 독해의 수완이 요구되는바, 그런 의미에서도 다케우치 요시미는 역사 독해의 훈련을 거칠 때 가장 좋은 조력자가 되어준다.

전후 일본 사상사에서 다케우치 요시미만큼 상반된 평가를 받은 인물도 드물다. 일본 및 국제 학술계에서, 그가 살았던 동시대부터 오늘에 이르기까지 그러했다. 우리는 다케우치 요시미의 다양한 면모의 전체상을 아직 유기적으로 조립해내지 못했다. 누군가는 그를 친중 지식인으로 부르는가 하면 '대아시아주의'의 현대적 선동자로 보기도 하고, '반근대'적 토착주의자로 간주하는가 하면 특이한 모더니스트 내지 포스트모더니스트로 보기도 한다. 내셔널리스트로 보는가 하면 깊은 의미에서 인터내셔널리스트로 보이기도 하고, 일본의 전후 민주주의와 대립하고 반천황제 운동에 나선 정신적 영수로 보는가 하면 일본낭만파 내지 천황제 국가주의의 옹호자로 여겨지기도 한다.

이렇듯 대립하는 다양한 견해가 나오는 까닭은 다케우치 요시미가 동시대의 좌우 어느 쪽 지식인과도 달랐기 때문이다. 그는 좌파와 우파라는 정치적 범주 어느 쪽에도 속하지 않았다. 그렇다고 현실정치에 초연했다는 말은 아니다. 가령 '대아시아주의' 이념(다케우치 요시미는 궁극적으로 '대동아공영권'이 아니라 역사상 이념으로 등장하여 군국주의 이데올로기로 변질해간 '대아시아주의'를 연구 과제로 삼았다)처럼 보수파나 우파 지식인으로 불리는 자들이 주로 건드리는 문제를 그는 굳이 다뤘다. 그는 천황제 이데올로기와 직접 닿아 있는 '일본낭만파' 사조의 경계를 따져 물으며 "상대방의 발생 근거로 들어가 내재적 비평"을 시도한다는 사상투쟁의 방식을 일궈냈다. 그는 이것이 "적을 타도하는 유일한 방법"이라고 강조했다.[1]

나아가 동양의 지식인이 거의 본능적으로 받아들이는 이른바 서양화된 '민주주의'조차 대담하게도 메이지천황의 「오개조 어서문」과 포개 읽으려 했다. 이렇듯 다양한 시도는 편의대로 단편만 들먹이는 자들에게 적잖은 빈틈을 내주었으며, 실제로 한 면만 부각시켜 공격하는 자들이 나왔다. 반대로 그로부터 사상적 자원을 건져내려는 자들은 그에게 불리한 사실은 덮어두고 주로 그의 공적만 조명했다. 하지만 한 인간이 이렇듯 몇 가지 대립하는 모습으로 분열된다면, 잡아 찢긴 대상이 아니라 잡아 찢는 자들의 인식론에 문제가 있는 것은 아

---

1 1950년대 말 하시카와 분조橋川文三는 다케우치가 1950년대 초반에 작성한 「근대주의와 민족의 문제」를 통해 진정한 의미의 일본낭만파 비판의 계기를 이끌어냈다고 밝혔다. 하시카와 분조의 『일본낭만파비판서설』은 현재도 일본낭만파 연구의 필독서다.

닐까. 일본 사상계든 중국 사상계든, 우리는 지금껏 다케우치 요시미를 다룰 만한 사상적 방법을 제대로 마련하지 못했다고 시인하지 않을 수 없다.

그리하여 다케우치 요시미는 여전히 전체상이 그려지지 않았다. 단편적 독해에 기댄 비판도, 깊이를 잃고 "웬만한 것에는 눈감는" 옹호도 '다케우치 요시미 연구'를 가로막는다. 진정한 문제는 '다케우치 요시미 연구'라는 학술적 시야를 만들어내지 못한다는 것이 아니라, 우리가 그 시도에 나서지 않아 인식론을 조정할 계기를 잃고 있다는 사실이다. 근년 일본과 중국의 학계에서는 다케우치 요시미를 조명하고 있다. 하지만 아직도 그를 통해 자신의 인식론을 되묻는 데까지는 이르지 못했으며, 오히려 그는 기존의 지식틀 안으로 상당 부분 회수되고 있다. 그 틀이란 진화론적 틀을 말한다. 진화론적 틀은 역사의 가장 높은 자리에서 지나간 인물들을 내려다보듯 검토하고 재평가한다. 그리하여 오늘날의 학자들은 역사적 과정 속에서 과거의 인간이 행한 선택과 결단의 상황성을 외면하는 사태를 초래한다. 그래서 역사 인식은 개념에 물들고 이데올로기에 빠져버린다.

하지만 더욱 중요한 문제는 현실에 대한 인식도 관념화된다는 점이다. 동시대사도 역사의 일부며, 다케우치 요시미를 읽는 일은 동시대사를 읽는 일과 닿아 있다. 그의 공적이나 착오만을 찾아낼 뿐이라면 현실 사회를 분석할 때도 이미 마련된 '결론'으로 흐르기 십상이다. 나아가 유동적 상황의 맥을 짚어내지 못하고 결과에만 주목한다면, 문제의 진정한 소재를 놓치고 직관에 의지해 문제와 무관한 인물이나 사태에 책임을 맡겨버릴 위험이 다분하다.

일본근현대사상사에서 진화론적 역사관은 잠재적으로 늘 주도적 위치에 있었으며, 일부 마르크스주의 역사학자도 이 경향을 따랐다. 특히 일본사를 전공하는 학자들은 역사를 분석할 때 일본적 마르크스주의 정치 분석을 응용하여 이를 현대적 과제에도 들이댔다. 일본의 전후 학술계에서 일본공산당(물론 정치당파로서 일본공산당은 끊임없이 내부 분열과 조정을 거치고 있으니 뭉뚱그려 다룰 수는 없지만)을 배경으로 하는 마르크스주의는 여러 출중한 지식인에 힘입어 우수한 학술적 성과를 냈다. 그들 지식인은 '정당정치' 특유의 이데올로기적 요구에 맞닥뜨려야 했기에 학술적 문제를 다룰 때도 당파투쟁이라는 현실정치적 판단과 자유로운 정신에 근거한 지적 생산 사이의 모순이라는 커다란 딜레마에 직면했다. 그런 상황 속에서 '과학성'을 통해 모순의 해결을 도모하는 인물이 등장하기도 하여, 확실히 일부 우수한 학자는 현실정치의 이데올로기적 제약에서 벗어나 지적 생산을 일궈냈다. 가령 이시모다 쇼*와 도야마 시게키** 같은 역사학자는 일본 학계에서 마르크스주의가 지나치게 개념화되어 있다며 성찰을 요구했다. 그러나 역사성을 잃지 않고 정치의식을 갖춘다는, 고도의 수완이 요구되는 '한도감각'限度感覺은 좀처럼 흉내 내기 어려우며, 그런 까닭에 대개의 일본 마르크스주의 사학자들은 '정치노선'에 따라 생산물을 내놓았다. 또한 탁월한 역사학자들도 일본사 안에서 몹시 민감한 정치 문제와

---

* 石母田正(1912~1986). 역사가. 정통파 유물사관의 소유자로 평가받으며, 황국사관의 강요와 붕괴로 혼란을 빚던 전후 일본사학계에서 지대한 영향을 미쳤다. 저서로는 『중세적 세계의 형성』, 『일본의 고대국가론』, 『역사학의 방법』, 『전후 역사학의 사상』 등이 있다.

** 遠山茂樹(1913~2001). 역사가. 마르크스주의자였지만 일본의 근대성을 탐색하는 작업에도 공헌했다. 저서로는 『후쿠자와 유키치』, 『메이지유신』, 『유물사관과 현대』 등이 있다

마주하면 '정치적으로 올바른', 따라서 평면화된 입장을 선택하여 본래라면 더 밀어붙였을 법한 논의를 덮어두곤 했다.

다케우치 요시미는 전후에 여러 유형의 지식인과 논쟁을 벌였다. 그중에는 일본 마르크스주의자와의 논쟁도 있었다. 그는 거듭되는 비판과 반비판에 직면했는데, 그것은 마르크스주의 진영에서 자주 엿보이는 이데올로기적 방식이었다. 그는 여지없이 비학술적인 '큰 비판'에 맞닥뜨려야 했다. 당연히도 학술적 상식에서 벗어난 비판, 특정한 정치적 분위기 속에서 사회적으로 유행하는 '오독'(정확히 말하자면 '오독'은 '불독'不讀이다. 비판자는 참을성을 갖고 비판 대상의 글을 읽지 않고, 내키는 대로 단편을 골라 말꼬리를 잡거나 죄목을 날조할 뿐이었다) 내지 공격에 그는 격노했다.

하지만 안타깝게도 그 분노는 반박문의 사상성과 학문적 깊이에 부정적으로 작용했다. 대표적으로 논쟁하는 동안 써낸 「학자의 책임에 대하여」가 그렇다. 이 글은 원래 도야마 시게키의 물음에 회답하려는 것이었는데, 다른 연구자들의 수준 낮은 '큰 비판'에 너무 신경을 쓴 나머지, 도야마 시게키와 대화한다는 본줄기에서 벗어나 완성도가 떨어졌다. 애석한 일이다. 그러나 이 글은 역시 한 가지 중요한 논의의 단초를 제공하고 있다.

1960년대 초 다케우치 요시미는 메이지유신 100주년을 기해 메이지유신을 다시 검토하겠다는 구상을 세웠다. "국가는 있으나 민족이 없다"면서 메이지유신은 실패하고 이후 군국주의와 뒤얽혀갔다고 생각했다. 그는 메이지유신을 재검토하여 일본 근현대의 사상적 전통 속에서 전환 가능하며 미래 지향적인 사상을 발굴하고, 몹시 뭉뚱그려져 있던 '군국주의' 역사 속에서 군국주의에 대항할 수 있는 요소를 건져내고자 했다. 그러나 그의 구상은 이해를 얻지 못했다. 거꾸로 문단은 메이지유신을 전면적으로 긍정하는 풍조였다. 그것이 조야朝野* 합작의 '메이지유신 백년제'로 변질되자 그는 자신의 구상을 거둬들인다고 선언하고 물러서는 수밖에 없었다.

1965년 마르크스주의 역사학자인 도야마 시게키는 '메이지유신 백년제'라는 시대 분위기를 배경으로 「메이지유신 연구의 사회적 책임」이라는 글을 발표했다. 이 글은 메이지유신 연구를 기본적인 소재로 삼으면서도 학문 일반의 원칙, 학자의 사회적 책임과 협력의 문제를 다뤘다. 또한 도야마 자신이 1966년 「일본 근대와 동아시아」를 발표해 일본 마르크스주의 역사학 방법론의 결함을 성찰하는 공동연구를 조직하는 일에 나섰다. 다케우치 요시미가 말했듯 우수한 역사학자인 도야마 시게키는 마르크스주의 진영 내부에서 양면 작전을 펼쳐야 했다. 일본에서 마르크스주의 역사학은 성과가 빈곤할 뿐 아니라 논단에서 급속하게 지위를 잃어간다는 실상을 직시하고, 마르크스주의와는 다른 역사관에 서 있는 역사학자와 지식인(다케우치 요시미를 포함해)에게 적극적으로 배우자고 주장했던 것이다.

그는 마르크스주의 역사학 내부의 강한 배타성과 신경질적인 꼬리표 달기를 완곡하게 비판하는 동시에 학술과 사상의 정치적 기능과 사회적 책임은 '당파성'에 달려 있다는 생각에서 '당파성'을 굳게 지키고자 했다. 그리하여 도야마 시게키는 다케우치 요시미가 존경하는

---

* 조정과 재야 혹은 정부와 민간을 함께 가리키는 말이다.

몇 안 되는 마르크스주의 역사학자의 한 사람이 되었다. 다케우치 요시미는 마르크스주의자에게 혹독한 비판을 가했지만, 도야마 시게키에게는 "공감 어린 이해"라는 최대의 성의를 보였다.

도야마 시게키를 향한 다케우치 요시미의 "공감 어린 이해"는 두 사람 공히 간직하던 현실적 위기감에서 유래한다. 그것은 "역사학, 넓게는 학문 일반에서 황폐함을 느끼고, 학자의 책임(굳이 사회적 책임이라고 말할 필요는 없다) 문제를 생각한다"[2]는 것이었다. 여기서 다케우치 요시미는 '학자의 책임'과 '사회적 책임'을 두 가지 다른 범주로 제시했으며, 더욱이 '학계의 황폐함'에 주안점을 두어 도야마 시게키와 미묘한 입장의 차이를 보였다. 비록 도야마는 마르크스주의 역사학의 꼬리표 달기를 반성하고 비판에 나섰지만, 현실정치의 당파성을 지적 생산에 직접 응용할 수 있는가라는 까다로운 문제를 피해갔다.

달리 말하자면, 문화정치를 강조하는 까닭은 그것이 현실정치와 대등한 위상에 있으며 또한 직접적으로 관계하는지를 묻기 위함이다. 마르크스주의 진영 안에 늘 존재해온 꼬리표 달기라는 지적 생산양식은 그 후 마르크스주의 진영에 국한되지 않고 아카데미 좌파의 세계적 병폐가 되었다. 이것은 바로 이치를 제대로 따지지 않은 채 현상을 재단하는 소위 '정치적 올바름'의 문제기도 하다. 당시 마르크스주의자가 봉착한 곤경에서 알 수 있듯 '정치적 올바름'은 인식론의 함정에서 기원하며, 학술 행위를 현실의 정치행위로 곧장 가져가 현실투쟁의 '결과'에 기대어 정신활동이 지닌 복잡한 면모를 이것 아니면 저것

---

2 다케우치 요시미, 「학자의 책임에 대하여」, 『다케우치 요시미 전집』 제8권, 246쪽.

이라며 단순화시킨다.

가령 도야마 시게키는 역사 과정의 불확정성과 복잡성을 외면하지 않은 우수한 학자였다. 그러나 그는 학자로서의 책임이 사회적 책임으로 직접 이어진다고 생각했다. 그리하여 사회적 책임을 지기 위해 현실 문제를 그대로 학술 문제로 환산하지 않는다면 현실에서 유리되어 '상아탑'에 틀어박힌다는 이분법적 사고방식을 오히려 공고하게 만들었다. 그 결과 역사 과정 속에서 '정치적 올바름'과 어긋나는 문제에 직면하자 본능적으로 역사학적 학식과 교양을 등지고 단순한 판단으로 기울었던 것이다.

다케우치 요시미는 이러한 사고방식으로는 유효한 사상투쟁의 전통을 수립할 수 없을 뿐 아니라 거꾸로 '학계의 황폐'를 초래하리라고 보았다. 따라서 자신처럼 학계의 황폐를 감지하고 그 상황을 개혁하려던 도야마 시게키와 만났을 때, 그는 분노보다 무력감을 느꼈을 것이다. 왜냐하면 방금 언급한 글에서 도야마 시게키는 몹시 중요한 인식론의 문제를 다루며 건설적 의견을 개진했지만, 동시에 '정치적 올바름'에 따른다는 상투적 태도로 인해 문제성을 소거했기 때문이다.

여기에 주목해야 할 대목이 있다. 두 편의 글에서 도야마는 문제가 변질되자 하는 수 없이 다케우치가 거둬드린 저 구상을 검토하고, 일본근대사의 아시아주의를 평가한다는 맥락에서 메이지유신 백년제를 사고하는 지평을 넓혀가고자 했다. 그러나 당시 상황에서 메이지유신 백년제에 관한 담론은 일본의 보수파 지식인이 거의 독점하고 있었으며, 다케우치가 내놓은 '비판적 계승'의 사고방식을 받아들일 토양은 부재했다. 동시에 재검토하자는 제안 이후 다케우치가 그의 구상을 충분히 발전시킬 시간적 여유도 없었다(1965년의 「'메이지 붐'을 생각하다」에서 다케우치는 메이지유신 백년제에서 스스로 물러나면서 「근대의 초극」, 「일본과 아시아」, 「아시아주의의 전망」 등을 집필해 자기 구상의 윤곽을 독자적으로 조금씩 그려내려 했다고 말한다).

중요한 사실은 당시의 지적 상황에서는 다케우치의 구상 내지 작업 방식을 이해할 기반이 마련되지 않았으며, 도야마 역시 그 문제를 다루면서도 다케우치에게 어떻게 대응해야 할지를 몰랐다는 점이다. 같은 글에서 도야마는 다른 비판자가 비꼬듯이 다케우치가 일본제국주의를 변호하는 것은 아니라고 인정하면서도 "불 속에서 밤을 줍는" 다케우치의 방식은 거부했다. 도야마는 이렇게 말한다.

> 다케우치 씨는 일본이 아시아에서 유일한 제국주의 국가였고 전후에도 제국주의 부활의 길을 걷고 있다는 점, 이로써 일본인에게 심각한 사상의 문제가 초래되었다는 점, 그리고 일본인은 국민으로서 주체적 책임감이 약하며, 그리하여 그런 정황에서 벗어날 가능성을 잃고 있다는 점을 일관되게 논하고 있다. 그리고 이 오랜 폐단의 근원을 찾아 역사를 거슬러 올라가 언제 어떠한 조건에서 그 길을 선택하고, 아시아를 인식하는 능력을 잃고 말았던가를 따져 묻고 있다. 나는 다케우치 씨의 문제의식을 이렇게 이해하는바, 그런 문제의식을 보건대 '아시아 나라들의 연대(침략을 수단으로 삼는지는 불문하고) 지향'으로 아시아주의를 정의하는 일이 어떠한 현대적 의의를 지니는지 의문을 갖지 않을 수 없다.[3]

3 도야마 시게키, 「메이지유신 연구의 사회적 책임」, 『전망』 1965년 12월호, 27~28쪽.

이것은 자기모순이다. 도야마 시게키가 역사학의 수완을 지녔다면 애초 오독하지 않았을 것이다. 왜냐하면 「일본의 아시아주의」에서 다케우치가 말한 일본의 아시아주의는 도야마의 지적처럼 단순하지 않기 때문이다. 다케우치는 역사의 맥락에서 더구나 섣부른 가치 판단을 경계하면서 아시아주의와 연대의 문제를 다뤘다. 나아가 일본의 아시아주의가 후일의 침략 이데올로기에서 맡은 역할을 짚어낸 다음에 초기 아시아주의자의 동기를 섬세히 구분하고 그 안에 잠재한 '연대'의 가능성을 발굴하려 시도했다. 결국 도야마와 다케우치는 역사를 거슬러 오를 때 비판할 요소에 주목하는가, 발굴할 가능성에 주목하는가에서 갈라진 것이다.

도야마의 판단은 그의 인식론에서 유래했다. 말로는 그렇지 않다면서도 논의의 와중에 일본 마르크스주의 역사가가 곧잘 외면하는 기본적 인식론의 입장이 있다. "적에게 배운다"는 것이다. 적에게 배운다 함은 가치판단을 내리기에 앞서 모든 대상을 동등하게 대하고 분석한다는 의미다. 대상이 적이든 아군이든, 이러한 일시동인一視同仁적 분석은 역사 과정의 불확정성을 인지하고 대상의 내적 논리를 고려하여 거기에 합당한 평가를 내린다. 이 과정에서 "이기면 관군"勝てば官軍* 같은 방식은 분석의 함량을 떨어뜨리는데, 왜냐하면 역사가 유동하고 추이가 불투명한 상황 아래서 이뤄진 결단을 검토할 가치가 없는 대상으로 치부하기 때문이다. 결과적으로 선명하게 드러난 현상

---

* 메이지시대 천황 측과 에도 막부가 싸우던 때 이기는 쪽이 정통성을 갖게 되고 지면 반란군이 되는 상황을 빗대던 표현이다

만을 주목하고, 여백으로 밀려나 다른 전개의 가능성을 지닌 잠재적 요소들은 외면한다. 이것이 바로 일본 마르크스주의 역사학의 기본적 인식론이었으며, 도야마도 예외는 아니었다. 다른 이들처럼 텍스트를 멋대로 무시하거나 교조적으로 꼬리표 달기에 나서지는 않았지만, 도야마도 정치적 입장이 다른 역사 대상을 '내재적으로' 분석한다는 자세를 결여했던 것이다.

도야마에게 회답할 때 다케우치는 이러한 인식론에 대해 분노와 아울러 무력감을 느끼고 있었다. "어떻게 말해야 도야마 씨가 이해해 줄까?"[4]라며 토로했을 때, 다케우치는 구체적 관점이 아닌 학술상의 전제부터 도야마와 어긋나 있음을 알고 있었다. 다케우치는 말한다.

"진리 탐구를 위해서라면 상대가 도깨비든 뱀이든 가야할 곳에 가고, 봐야할 것을 보고, 들어야 할 것을 듣지 않으면 안 된다. 그게 싫다면 학문에 발을 담그면 안 된다", "마르크스주의 역사학이 주장하는 '사회적 책임'도 좋고 '당파성'도 좋다. 하지만 그 전에 먼저 학문의 존엄과 학자의 책임을 되찾으라고 제안하고 싶다."[5]

다케우치는 절절하게 자신의 감회를 토로했다. 문맥을 무시하고 자기 글에서 멋대로 죄목을 날조하는 학자들을 향해 그는 "문장을 해체하여 재구성한다면, 참으로 별일이 다 가능하구나!"[6]라며 쓰라림을 갖고 비아냥거렸다. 여러 곡해와 맞닥뜨리자 다케우치는 인용에 근거한 작법을 강조하며 "원칙은 상대 주장의 요지를 이끌어내는 데 있다.

<hr>

4 다케우치 요시미, 「학자의 책임에 대하여」, 270~271쪽.
5 같은 책, 266쪽.
6 같은 책, 256쪽.

인용을 보면 인용자가 얼마나 똑똑한지 알 수 있다. 전체 문맥에서 벗어나 형편에 맞게 단편만을 취하거나 원래 뜻을 왜곡하는 인용자를 만난다면 재난이다"[7]라고 하소연하는 수밖에 없었다.

이러한 재난이 자주 발생하면 학술도 존엄을 잃어버린다. 다케우치는 생애에 걸쳐 이러한 '재난'을 자주 겪었다. 진보파 학자의 곡해도 적지 않았다.

다만 다케우치는 도야마가 그런 종류의 지식인이 아님을 알고 있었다. 그랬기에 진심으로 도야마와 대화를 나누려고 했다. 도야마를 향해 반비판을 내놓았을 때, 문제가 보다 심화될 수 있었던 것은 도야마 역시 학문의 원칙을 중시하는 학자였기 때문이다. 바로 그런 이유에서 그들의 대화는 우리 세대에도 계발의 여지를 갖는다. 가령 일본 근대사의 아시아주의 사조가 연대인지 침략이었는지를 판단해야 한다는 도야마의 주장에 대해 다케우치 요시미는 "나는 거꾸로 연대와 침략이라는 이분법을 의심하는 데서 출발하고자 한다"[8]고 답하고 있다. 이러한 이의 제기는 다케우치의 역사인식론에서 나온다. 이분법을 자명한 틀로 삼아 역사 과정 안에서 이질적이거나 대립하는 요소를 구별해내는 일은 역사의 결말에 입각해야만 비로소 유효하다. 만일 단계론적 역사의 결말을 역사인식의 기점으로 삼지 않는다면 이분법은 의미를 갖지 못할 것이다. 역사 과정 속에서는 이질적 요소가 뒤섞이게 마련이며, 이를 변별하려면 역사적 방법을 취해야 한다. 다케

7 같은 책, 249쪽.
8 같은 책, 272쪽.

우치는 이러한 방법을 두고 "내게 관건은 연대와 침략이 조합하는 여러 유형을 생각하는 것"[9]이라고 표현했다.

다케우치는 "내가 보기에 역사가의 문헌 독해는 물러 터졌다. 문자의 표면만을 훑고 있다. 안광지배眼光紙背*에는 이르지 못하더라도, 하다못해 눈빛이 종이 위에 스치기를 바란다"[10]고 비판했다. 문자의 표면을 훑고 지나갈 뿐 '종이', 즉 텍스트에서 유리되었는데도 여전히 학문이고자 하니 텍스트 바깥에서 기성품을 가져오곤 한다. 기성품이란 사회에 유통되는 이데올로기, 시대의 위기의식, 그때마다 생기는 사회적 요구 등을 말한다. 그렇게 작업을 하면 텍스트 독해는 얕아지고, 나아가 형편에 맞게 단편만 취하는 독해 방식이 만연한다. 악의가 담긴 곡해에 비하자면 이러한 독해 방식은 그럴듯해서 '재난'에는 이르지 않겠지만, 적어도 재난을 정당화하는 지적 토양을 낳을 것이다.

하지만 이러한 비판은 도야마 시게키에게 들어맞지 않는다. 다케우치와 도야마의 차이는 인식론의 차이지 독해력의 차이가 아니었다. 다케우치는 "도야마 씨에게 인간은 동기와 수단을 명료하게 구분할 수 있으며, 타자에 의해 전체를 파악할 수 있는 투명한 실체다. 그러나 나는 유동적 상황을 통해서만 자타를 파악할 수 있다고 여긴다. 역사는 도야마 씨에게도 무거운 소여所與이나, 내게는 만들 수도 분해할 수도 있는 구축물이다"[11]라며 둘 사이의 차이를 정확히 짚어냈다.

---

9 같은 책, 272쪽.
* 눈빛이 종이를 뚫는다는 뜻으로 이해력이 뛰어남을 이르는 말이다.
10 같은 책, 272쪽.
11 같은 책, 273쪽.

역사로 진입할 것인가 그렇지 않을 것인가. 그것은 역사를 읽는 자에게 말장난이 아니라 전혀 다른 역사 독해의 시각과 규준이 요구될 수 있음을 의미한다. 동시에 동시대사에 진입하는 것은 개체의 의지만으로 성사되지는 않으며, 또한 인식론과 객관적 대상에 의해 제약된다는 것을 의미한다. 다케우치가 말하는 "유동적 상황을 통해서만 자타를 파악할 수 있"는 대상을 이해하려면 역사 과정의 불투명성을 드러내고, 주체가 결단을 내릴 때마다 맞닥뜨려야 하는 복잡성을 주시해야 한다. 그런 전제 위에 서지 않으면 다케우치의 주장은 그저 그럴듯한 수사가 되어버린다. 역사를 갑갑한 '소여'로 간주하는 풍토가 널리 퍼져 있는 상황에서는 진보파 지식인이 '외재적 비판'의 태도를 취하더라도 나름의 이유를 인정받을 수 있을 것이다. 그러나 '정치적 올바름'에 매달리는 것은 역사의 '소여'에 대응하는 태도를 결정하는 것일 뿐, 역사를 어떻게 분해하고 내재적으로 바꿔갈 것인가라는 역사 참여에는 이르지 못한다. 역사란 그저 과거지사가 아니라 비선형적으로 현재로 이어져 미래를 향해 나아가고 있다.

1960년대 중반, 건강상의 이유로 다케우치 요시미가 도야마 시게키와 같은 우수한 마르크스주의 역사학자와 논쟁의 수준을 끌어올리지 못한 일은 못내 아쉽다. 이는 물론 다케우치 요시미 개인의 학술적 방법상의 한계와 무관하지 않지만, 그보다는 당시 일본사학계(마르크스주의 역사학만이 아니라)가 인식론의 문제에 그다지 자각적이지 못했다는 한계를 더욱 지적해야 할 것이다. 실제로 우에하라 센로쿠*와 같

---

* 上原專祿(1899~1975). 역사가. 사회과학을 종합적으로 다루는 사회학부 설립에 진력하여

은 우수한 역사학자도 일본사학계에 영향을 주며 학술계의 토양을 바꿔나가지는 못했다. 이데올로기적 역사 독해 방법론은 마르크스주의자만의 문제가 아니었다. "결말에서 거꾸로 과정을 보는" 사고방식은 줄곧 역사 독해에서 주류를 점해왔다. 특히 위기로 충만한 시대에 역사는 고도로 평면화·투명화되고, 상황은 고도로 고정화·외재화되어, 그런 사고방식은 오히려 만연할 수 있는 사회적 토양을 얻곤 한다.

다케우치 요시미는 '사회적 책임'도 좋고 '당파성'도 좋지만 먼저 학문의 존엄과 학자의 책임을 되찾자고 제안했다. 그가 일찍이 제출한 이 낡은 문제를 지금 되새기는 까닭은 다케우치 요시미를 읽기 위해서도, 역사 독해에 깊이를 더하기 위해서도 아니다. 바로 우리의 현재 그리고 미래의 지적 생산 방식과 직접 관련된 문제이기 때문이다.

1949년 히토쓰바시 대학 사회학부 교수로 취임했다. 또한 일본교직원조합의 국민교육연구소 초대 회장, 국민문화회의 의장 등을 맡았다. 1959년에는 미일안보조약 개정에 반대해 안보문제연구회를 결성했다.

왜 지금 다케우치 요시미인가

다케우치 요시미가 망각에서 소생하는 듯하다. 다케우치만이 아니다. 최근 일본에서는 위기감이 고조되는 가운데 과거의 시대를 상기하는 움직임이 엿보인다.

그러나 '과거의 시대'가 과연 실체로서 존재할까. 존재한다면 그것은 자연의 시간을 뜻하는 걸까. 역사적 시간으로서의 '과거'가 어딘가에 '있지'는 않을 것이다. 요컨대 그것은 '실체'가 아니다. '역사'를 하나의 고정된 '사물'로 간주하는 습관이 오랫동안 사람들의 잠재의식을 좌우했는데, 거기서 이른바 육체적 역사감각, 나아가 육체적 '역사 진실'이라는 인식이 재생산된다. 즉 역사를 부동의 대상으로 인식하여 자신은 꿈쩍도 않는 역사를 완전히 바깥에 서서 통째로 파악하고, 또 절대적 의미에서 '객관화'할 수 있다는 발상이 버젓이 통용되는 것이다.

이러한 역사 인식의 문제는 일본의 패전 이래 '학문'의 영역을 넘어 정치투쟁의 수단으로 줄곧 다뤄져왔다. 전쟁 범죄의 '진실'을 부정하는 사회적 동향 속에서 과거를 정치적으로 개찬하려는 의도가 상식의 옷을 입고 분출했다. 그 표현의 조잡함이나 역사적 사실에 대한 자의적 해석은 역사를 "고쳐 쓸 수 없는" 것으로 간주한다는 대항심리를 양산했다. 특히 마르크스주의의 입장에서 엄밀한 실증을 거쳐 사실을 확인한다는 작업은 그 자체가 정치투쟁이었다. 말할 것도 없이 이러한 투쟁은 역사를 직시하기 위해 건너뛰어서는 안 될 절차이며, 일본 사회의 재건을 위해서도 양심적 노력이라 평가하지 않을 수 없다.

그러나 이러한 투쟁 방식의 배후에서 역사를 하나의 실체로 간주하는 발상이 번져간 측면도 부정할 수 없다. 즉 역사의 자의성을 거부한 나머지 역사를 유동적 역관계로 구성되는 '사물과 사건'의 '관계망'으로 보지 못하고, 어디까지나 '과거의 사물과 사건' 자체로 이해한 것이다. 게다가 '사물과 사건'은 상식의 수준에서 '물체'가 그러하듯 일단 관념으로 확정되면 다른 방향에서 조명하여 다른 윤곽으로 그려내는 일은 허용되지 않았다.

다케우치 요시미는 일관되게 역사를 실체로 간주하는 사고방식과 대결했다. 그는 과거를 이미 주어진 갑갑한 대상이 아니라 늘 분해 가능한 구축물로 대한다는 시좌를 견지했다. 이러한 시좌는 「학자의 책임에 대하여」라는 논문에서 테제로 표명되었고, 이는 평생 동안 그의 작업에서 일관된 것이었다.

문제는 다케우치 요시미가 이렇게 고투하면서 좌익이 통째로 부정했던 역사 대상을 향했다는 사실이다. 그는 부정된 대상 속으로 들어가 부정된 것으로부터 '분해 가능'한 요소를 연마해 '과거'를 생산적 방향으로 재구축하고자 노력했다. 이러한 노력은 흑백으로 쉽게 가를 수 없어서 늘 "위험하다"는 비판이 따른다. 결국 그는 진보적 지식인의 진정한 협력을 얻지 못한 채 외로운 싸움 끝에 허공에 놓이는 신세가 되었다.

마르크스주의자 내지 좌익 진영에서 제기된 다케우치 요시미 비판은 사상적 엇갈림이라기보다는 인식론의 갈라짐에서 비롯된 것일지도 모르겠다. 가령 '아시아주의', '근대의 초극' 등 고약한 역사적 대상을 해부하여 그 내적 구조를 분석할 수 있는가, 나아가 그렇게 해야 하는가가 문제시되었던 것이다.

이 갈라짐이 발생한 시대적 배경에는 역사수정주의자와 어떻게 맞설 것인가 하는 커다란 과제가 깔려 있었다. 1960년대 전반 이후에는 『대동아전쟁 긍정론』부터 '메이지 100년'을 전면 긍정하는 풍조에 이르기까지 과거를 통째로 긍정하고 찬미하는 동향이 만연했다. 그러한 풍조는 사료나 사료가 지닌 복잡한 문맥을 무시하고 이데올로기로 과거를 단순하게 처리한다는 의미에서 역사를 날조했다. 오늘의 '새로운 역사교과서를 만드는 모임'도 갑자기 튀어나온 게 아니라 그 계승이라고 할 수 있다. 그리고 당시 메이지 시대 이래 역사에서 내셔널한 것을 통째로 긍정한다는 움직임에 맞서 진보파는 기본적으로 그것을 통째로 부정한다는 전략을 취했다.

다케우치는 이른 시기부터 "역사를 고쳐 쓴다"라는 문제를 제기했다.[1] 그것은 언뜻 보아도 "역사의 진실을 지킨다"는 당시 진보파의 투

---

1 다케우치 요시미는 대표적 논문 「근대란 무엇인가」에서 이러한 발상을 내놓았다. 루쉰의 출현은

쟁 전략과 어긋난다. 또한 전제專制와 침략은 모두 메이지 시대에 떠안기고 평화와 민주는 전후에 할당하는 식으로 역사를 도식화했던 발상법과도 대립한다. 그렇다고 해서 아시아주의를 재검토하고 '근대의 초극'을 해부하는 등 진보적 지식인이 고개를 갸우뚱하게 만든 다케우치의 작업이 보수파나 우익의 작업과 같지는 않았다. 역사를 두루 뭉술하게 긍정하는 당시의 풍조 속에서 그는 긍정—부정이라는 이원 대립을 돌파하고, 마르크스주의 역사학의 '실체 사학'을 비판하는 동시에 역사수정주의자에게도 특유의 비판을 가했다. 요컨대 역사에 대한 다케우치의 인식론은 역사수정주의의 논리와도, 이와는 정반대에 위치한 진보파의 인식론과도 충돌했던 것이다.

1960년대를 전후로 다케우치 요시미는 1940년대에 내놓았던 "역사를 다시 쓴다"는 테제를 구체화했다. 그 계기는 전후 특수한 상황에서 양산된 "일본의 긍지를 일깨운다"는 사회적 분위기였다. 당시에는 가령 하야시 후사오의 『대동아전쟁 긍정론』 등이 일시적으로 유행했다. '메이지유신 백년제'를 가장 먼저 제창한 다케우치는 '긍정—부정'이라는 틀을 돌파하기 위해 방법을 모색했지만, 그의 지난한 작업은 결국 사회에서 받아들여지지 않고 다케우치는 '메이지유신 백년제'에서 몸을 뺐다. 그러나 "역사를 다시 쓴다"는 의지를 버린 것은 아니었다.

다케우치는 말한다. "메이지 국가는 하나의 선택일 뿐이지만 거

역사를 다시 쓰게 만들었다. 즉 루쉰으로 인해 과거를 다시 인식할 수 있게 되었다. 역사에서 새로운 인간과 새로운 의식은 "언제나 역사적인 한 시기가 지나고 나서야" 그 의미가 무엇이었는지를 자각할 수 있다. 즉 역사 현상은 일정한 역사의 시기가 지나야 판단을 내릴 수 있다. 역사를 고쳐 쓰는 일은 역사를 개찬한다는 의미가 아니라 그 시기가 지나고 나서 역사에 대해 '자각'한다는 뜻이다. 이러한 발상을 가장 먼저 제시한 저작이 『루쉰』이다.

기에는 좀 더 다양한 가능성이 있었다고 생각한다. 그 가능성을 탐구하면 일본이라는 국가를 대상화할 수 있고, 따라서 미래의 비전을 형성할 수 있다고 생각한다."[2] 다케우치는 메이지 내셔널리즘을 네이션 형성의 실패 사례로 간주하고 메이지유신으로 거슬러 올라가 다른 가능성을 탐구하며, 거기서 미래로 이어질 '건전한 네이션'을 구하려 했다. 오늘날 이러한 시도는 위험해보이지만 "긍정인가 부정인가"라는 구도를 타파하지 않는 한 다케우치의 진의를 제대로 이해할 수 없을 것이다. 그는 네이션을 고정된 '실체'로 보지 않고 다양하게 모순하는 요소의 결합으로 다룸으로써, 거기서 다양한 가능성을 추출할 수 있다고 여겼다. 그는 그러한 집합체를 "분해 가능"한 구축물이라 명명한 것이다.

다케우치의 생애에서 지적 생산은 크게 두 부분으로 나눌 수 있다. 일본의 사상적 전통을 형성하는 일과 중국의 사상을 탐구하는 일이다. 다만 그는 아카데미의 통례인 '연구'를 따르지 않았고 여느 평론가처럼 시사평론에 머물지도 않았다. 다케우치는 사상의 '통찰력'을 충분히 살려 사상을 생산했지만, 그의 저작 가운데는 주관을 그대로 표현한 대목이 적지 않았고, 사료 고증을 거친 경우는 드물었다.

더구나 다케우치는 분명 중국을 이상화했다. 다만 이상화된 중국 이미지 속에는 다케우치의 역사 통찰력이 잠재해 있다. 그것은 「마오쩌둥 평전」이나 쑨원에 관한 논의에서도 다분히 엿보이며, 중국의 항일의식 분석에서도 잘 드러난다. 다케우치가 구체적 문제를 분석한

---

2 「메이지유신 백년제 감상과 제안」, 『다케우치 요시미 전집』 제8권, 238쪽.

글을 보면 적확함이 결여되고 단순화된 대목도 있다. 그럼에도 그의 중국론을 오늘날 다시 읽으면 행간에서 무언가 중량감이 느껴진다. 마침 그가 『루쉰』에서 비유했듯이 "화려한 무도회장에서 해골이 춤추는 듯, 나중에는 해골을 실체로 생각하게 된다." 그 '해골'이란 다름 아니라 중국의 역사 속에서 생동하는 '중국의 원리'다. 다케우치의 중국관은 오늘날처럼 아름다운 육체가 넘쳐나는 무도회장에서는 분명 해골이었다. "해골을 실체로 생각하게" 될지 아닌지는 보는 사람마다 다르겠지만, 해골의 존재가 다케우치 요시미를 다케우치 요시미로 만든 것이다.

다케우치는 자신이 살던 시대에 중국의 역사를 읽고는 어떤 '자각'을 했다. 그리고 그 자각에 따라 자기 나름대로 중국의 역사를 "고쳐 썼다." 패전으로 인해 일본 사회에는 서양의 근대를 향한 콤플렉스가 굴절된 형태로 각인되었다. 그 시기에 다케우치는 "중국의 근대는 일본의 근대보다 뿌리가 깊다"고 잘라 말했다. 뒤처진 중국의 근대가 앞서 있던 일본의 근대보다 철저했다는 인식은 아마도 진보적 지식인 진영에서 지지를 얻기 어려웠을 것이다.

여기서는 '근대'의 알맹이가 무엇인지를 따지기보다 전후 '근대 이데올로기'가 횡행하는 일본의 상황을 떠올려야 할지도 모르겠다. 다케우치는 가령 「나라의 독립과 이상」, 「아시아에서 진보와 반동」, 「우리의 헌법감각」 등 일련의 글 속에서 '가치 전도'라는 작업을 같은 위상에서 수행했다. 같은 위상이란 가시적이지 않으면서 즉물성이 높은 '인식론'의 위상을 가리킨다. 독립·진보·민주 등 절대적으로 긍정적이라 여겨지던 가치가 역사적 상황이라는 역관계의 유동적 또는 불가시적 집합체 속에 놓여 비로소 즉물적이 되고, 그 순간 이러한 일련의 가치에 구체적 조건절이 따라붙어 '근대'가 일본 사회 속에 깊게 뿌리를 내렸는가 그렇지 않은가가 문제시되었다. 그 결과 일련의 가치는 사물을 판단하는 전제가 아니라 오히려 검토해 마땅한 대상이 되었다. 그러한 '전도'를 통해 중국은 다른 이미지를 드러냈다.

1961년에 발표한 「방법으로서의 아시아」에서 다케우치는 존 듀이John Dewey의 관찰을 두고 이렇게 이야기한다.

(존 듀이는) 겉으로 드러난 혼란의 밑바닥에서 흐르는 중국 문명의 본질을 통찰해냈습니다. 앞으로 세계에서 중국이 발언력을 갖게 되리라고 예견했습니다. 겉으로는 나아가고 있지만 일본은 무르다, 언제 붕괴될지 모른다, 중국의 근대화는 몹시 내발적이므로, 즉 자기 자신의 요구로 나온 것이므로 단단하다. 당시 듀이는 이렇게 말했습니다. 1919년에 그런 통찰력을 지녔다는 건 실로 대단합니다.

이후 중국과 국교를 회복하기까지 11년간 다케우치는 존 듀이의 이러한 견해를 마음속 깊이 새겨두고 있었다. 하지만 이 감회를 그저 감동이라고만 이해하면 문제의 소재를 놓치고 만다. 다케우치는 중국의 '강고함'과 일본의 '무름'이라는 결론에 중점을 둔 것이 아니라, 가치 전도라는 인식론을 통해 역사를 다시 쓰는 데 힘을 쏟았다. 한편 그의 지적 생산에서 또 한 가지 중요한 부분, 즉 일본의 사상 전통에 대한 '가치 전도'도 중국에 대한 가치 전도와 마찬가지로 어떤 '자각'에 기초해 있었다. 그 자각이란 일본 근대사상의 내부에 잠재한 "자기 자신의 요구로서의" '근대'를 바깥에서 주어진 무른 '근대'에 대항할 수 있는 요소로 발굴하겠다는 것이었다. 이때 '대항할 수 있는 요소'란 침략으로 이어진 메이지 이래 일본 이데올로기 속에 잠재해 있던 '연대'의 의지를 가리킨다.

1963년 『아시아주의』가 출간되었을 때 다케우치는 「일본의 아시아주의」라는 해설을 실었다. 이 글은 「근대의 초극」 이후 다케우치의 곤란한 시도를 대표하는 작품이다. 여기서 다케우치는 현양사와 흑룡회 등을 일본의 아시아주의가 흘러들어간 거의 유일한 '회로'로 간주했지만, 그때 중요한 것은 그 결과인 침략 이데올로기가 아니었다. 문제는 "현양사=흑룡회 이데올로기가 확립된 것은 메이지 말기였고 거기에 이르기까지의 상황 변화는 단순하지 않다"는 점이었다.

그의 문제의식은 다음에 있었다. "뒤늦게 출발한 일본의 자본주의가 내부 결함을 대외 진출로 만회하려는 형태를 반복하면서 1945년까지 왔다는 것은 사실이다. 이는 근본적으로 인민이 허약했기 때문일 텐데, 역사 속에서 이러한 방향으로 흘러가지 않을 계기를 발견할 수 있는지가 오늘날 아시아주의의 가장 중요한 관건이리라."

다케우치는 패전으로 인해 과거를 반성하거나 메이지 역사를 전면적으로 부정하는 동향을 접하면서 그러한 과거 비판에는 "주어진" 성질이 잠재한다는 것을 날카롭게 꿰뚫어봤다. 다시 말해 외재적 반성과 비판 역시 바깥에서 주어진 일본의 '근대'만큼이나 무르다고 본 것이다. 그가 일본의 아시아주의를 재검토한 것은 현양사=흑룡회를 변호하기 위함이 아니었다. 침략을 심판할 문명관으로서 아시아주의를 발전시킬 기회를 놓쳤던 좌익의 책임을 상기시키기 위함이었다.

이를 위해 다케우치는 메이지유신의 실패, 사이고 다카모리西鄕隆盛의 '이중성' 등에 착목했으며, 자유민권운동에 관해서도 다음과 같이 지적했다. "메이지의 자유민권은 귀중한 혁명의 유산이다. 나는 어떡하든지 그 유산을 발굴하고 싶다. 발굴하는 일에 학문적으로 협력하고 싶다. 그러나 자유민권이 이미 그 체내에 대륙 침략의 맹아를 품고 있었다는 사실을 덮어두어서는 안 된다." 다케우치 요시미는 연대와 침략이라는 이분법이 타당한지 의문을 제기했다. 오히려 연대와 침략을 조합하는 유형이야말로 역사의 복잡함에 가깝다고 생각했다. 그는 끝내 작업의 완성을 보지 못했지만, 그의 사색은 여전히 시사점을 간직하고 있다. "역사를 고쳐 쓴다"는 다케우치의 작업은 좌익-우익, 연대-침략 등과 같은 추상화된 '입장'을 다시금 구체적 역사 상황 속으로 돌려보내고, 그 인식을 바탕으로 '중국'과 '일본'을 동일한 구조로 파악하는 것이었다. 그는 말한다. "당시 중국의 청년(특히 학생)이 21개조를 민족의 치욕으로 받아들였던 만큼, 21개조를 다름 아닌 일본 민족의 역사적 치욕으로 받아들이는 데까지 오늘날 우리의 연구가 나아가지 못한다면 충분하다고 말할 수 없다."

이 말을 중국 본위의 발상법이라고 간주해서는 안 된다. 그것은 다케우치가 역사를 고쳐 쓰며 일구고자 애썼던, 침략을 심판할 수 있는 문명관으로서의 '아시아주의'일 것이다. 다케우치가 태어나기 전인 메이지 시대, 그리고 다케우치가 살았던 전 시기에 연대를 향한 심정은 문명으로서의 아시아주의를 형성할 기회를 놓치고 파시즘으로 미끄러졌다. 그 기회가 오늘날 우리 눈앞에 다시 다가오고 있는지 모른다. 그것이 지금 '왜 다케우치 요시미인가'라는 물음의 본질이다.

사상으로서의 '아즈마 시로 현상'
─ 이론과 현실 사이

일본인이 직면한 민족감정의 문제

근래에 국경을 넘나드는 문화 활동 가운데 '아즈마 시로 현상'은 특히 주목을 받았다. 1999년 중국의 미디어가 주목한 아즈마 시로* 씨와 그의 지지자들은 아직도 기억 속에 남아 있다. 질질 길게 이어진 아즈마 시로 재판에서 결국 어떤 판결이 내려졌는지를 떠올리면, 중국의 일반 시민들은 아직도 마음을 다스리기가 힘들다. 하지만 재판 과정에서 아즈마 씨와 지지자들이 벌인 활동은 큰 의의를 지녔다. 그것은 재판의 영역을 훌쩍 넘어 한 가지 중대한 사건으로서 역사 속에 자리

---

* 東史郎(1912~2006). 1937년 16사단 20연대 사병으로 난징에 파견되었다. 그곳에서 만행을 목격했으며 본인도 학살에 참가했다. 일흔을 넘긴 1987년에 『아즈마 시로 일기』를 출판해 난징대학살의 만행을 공개했으며 난징을 찾아 공개적으로 사죄했다. 그의 활동은 중국의 언론에서 뜨거운 호응을 얻었지만, 일본에서는 일기에 실명을 거론했다는 이유로 민사재판을 받았으며, 지지자도 일부 있었지만 우익으로부터 공격받기도 했다.

잡으려 하고 있다.

그러나 이와 대조적으로 아즈마 시로 씨 등이 오랫동안 매달려온 소송에서 얼마나 무거운 대가를 치렀는지는 그다지 알려져 있지 않다. 아즈마 시로 씨를 지지하는 활동을 벌인 중국인 유학생 류얀즈劉燕子에 따르면, 아즈마 시로 본인이 일본의 우익단체로부터 위협을 받았을 뿐만 아니라 야마우치 사요코山內小夜子 씨처럼 그를 지지하는 사람들마저 커다란 사회적 압력에 시달려야 했다.

이 사건을 접하면서 나는 학술계에 몸을 둔 연구자로서 결코 가볍지 않은 물음을 떠올리게 되었다. 즉 자신의 몸을 다해 사회에 문제를 던진 양식 있는 일본인에게 나는 어떻게 나의 작업으로 응답할 수 있을까? 어떻게 해야 그들이 치른 노고에 상응할 만한 보상이 돌아올 수 있을까? 아즈마 시로 씨 등이 현실에서 전개한 정의로운 투쟁에 호응하는 일은 대학에 있는 지식인의 책임인가? 그렇다고 한다면 그 책임을 어떻게 완수할 수 있을까?

전후 반세기 동안의 역사를 되돌아보면 한 가지 기본적 사실을 알 수 있다. 패전 이후 양식 있는 일본인들은 전쟁의 원인 및 일본 사회의 정치구조와 전쟁의 관계를 두고 다양한 각도에서 반성해왔다는 점이다. 히로시마와 나가사키에 떨어진 원자폭탄은 일반 시민에게 말할 수 없는 큰 상처를 안겼고, 미국의 점령은 민족주의적 정서를 불러일으켰다. 따라서 일본 지식인은 복잡한 역사의 경로 속에서 전쟁책임을 추궁하고 반성해야 했다.

일본인은 가해자이자 동시에 피해자였다. 지식인들은 두 가지 사실을 따로 떼어내지도 대치시키지도 않으면서 정리해내야 했다. 말이야 쉽지만 만만할 리 없는 과제였다. 양식 있는 일본인들이 반세기를 할애했지만 일본 사회는 아직 가해자 의식과 피해자 의식 사이에서 유효한 관계를 찾아내지 못했다. 피해자이며 가해자라는 사실에 관한 논의는 으레 '이쪽 아니면 저쪽'이라는 이항대립에 빠져버렸다. 이제 껏 국가와 민족 혹은 비국민에 관한 논의, 그리고 전쟁에 책임을 지는 주체에 관한 논의는 대개 이러한 이항대립 아래서 전개되곤 했다.

최근 들어 일본의 사상 조류가 점차 우경화되면서, 각종 '피해자 의식'이 이데올로기를 두르고 다시 등장하고 있다. 전후에 자라난 세 대라면 일본이 제2차 세계대전 중에 동아시아나 동남아시아에서 자 행한 침략에 대한 역사적 책임보다는 잠재적인 채로 여전히 정당성을 획득하지 못한 민족주의 정서 쪽을 유산으로서 더 쉽게 받아들일 것 이다. 그것이 잠재적이며 여전히 정당성을 획득하지 못한 까닭은 일 본의 헌법 9조가 전쟁과 무력행사를 포기한다고 규정하고 있는지라 민족주의를 둘러싼 논의가 침략전쟁의 역사를 피해갈 수 없기 때문이 다. 또한 전후에 미국이 아시아 지역을 통제하고자 상징천황제를 활 용해 일본을 사실상 냉전체제의 공범자로 길러냈기 때문이기도 하다. 그러나 그것이 이유의 전부는 아니다. 전후 일본의 진보진영은 일본 인의 민족감정을 한 번도 정면으로 처리하지 못했으며, 구체적 상황 에서 늘 추상적 이론과 비판으로 대처해왔기 때문이기도 하다.

전쟁이 끝나고 얼마 지나지 않아 작가 이토 세이*와 노마 히로시** 사

---

* 伊藤整(1905~1969). 평론가. 전후에 사소설적 문학전통과 문학정신을 이론화하는 데 주력했 다. 저서로 『근대 일본인의 발상형식』, 『문학입문』, 『일본문단사』 등이 있다.
** 野間宏(1915~1991). 소설가. 청춘의 사색과 체험을 형상화한 『어두운 그림』으로 데뷔하고 전

이에 '국민문학'을 둘러싼 논쟁이 일어났다. 당시 다케우치 요시미는 다음과 같은 문제를 제출했다. 민족 문제는 아직 끝나지 않았다. 그것은 "무시당할 때 문제가 되는 성질을 지닌다. 민족의식은 억압받을 때 일어난다."[1] 동시에 이렇게 예리하게 지적했다. 즉 일본의 마르크스주의자는 이 점을 경시하고 국제주의적 논의에 섣불리 손을 댔다. 그리하여 민족 문제는 처리되지 않은 채 뚜껑에 덮어버렸다. 바로 이 점이 마르크스주의가 일본에서 뿌리를 내리지 못하는 원인의 하나가 되었다.

이는 결코 낡아버린 판단이 아니다. 오늘날에도 우리는 이러한 종류의 민족의식이 얼마나 완고하게 남아 있는지를 곳곳에서 접한다. 이른바 '자유주의 사관'이나 그것의 각종 아류가 일본에서 수많은 젊은이를 사로잡고 있다는 것이 그 증거가 아니겠는가.

당시 다케우치 요시미는 일본의 민족의식을 '구제'하겠다고 마음먹었다. 그래서 침략 이데올로기를 구성했던 민족주의적 담론 속에서 일본의 새로운 주체성을 구축할 수 있는 요소를 건져내려고 애썼다. 그는 실패했다. 하지만 귀중한 유산을 남겼다. 그의 유산은 바로 구체적 실천과 이론을 매개하는 조작의 차원에 있다. 실제로 그는 줄곧 '학자식'의 사고와 구체적 실천 활동(가령 이에나가 사부로*재판)을 동

쟁소설 가운데 최고 걸작으로 꼽히는 『진공지대』眞空地帶를 발표해 '전후파'를 대표하는 작가로 평가받는다.

1 다케우치 요시미, 「근대주의와 민족의 문제」, 『다케우치 요시미 전집』 제7권, 30쪽.

* 家永三郎(1913~2002). 역사학자. 학자적 양심과 실증적 연구 그리고 여기서 말미암는 지적 실천이 무엇인지를 한평생 웅변했다. 그는 난징대학살, 731부대 사건 등을 파고들었으며, 교과서 검정위원 소송의 원고기도 했다. 1965년 교과서에 일본의 침략 역사를 정확하게 기록할 것을 요구하며 그가 소송을 제기했을 때, 다케우치는 그에게 바로 편지를 보내 경의와 지지를 표명했다. "영단에 경

시에 거부하며 이러한 차원의 존재를 암시했다. 그가 내놓은 숱한 문제는 모두 이러한 차원에서 제기되었다. 세계를 '철학적 구조'가 아니라 '문학적 구조'로 바꿔야 한다고 말했던 때 그는 이미 자기 작업의 성격을 자각하고 있었던 것이다.[2] 그러나 이러한 차원은 일본 사상계에서 좀처럼 수용되지 않았다. 일본의 지식인은 이론의 차원에서 추상적으로 작업하든지 현실의 차원에서 직관적으로 작업하든지, 둘 중 하나였다.

　나는 물론 두 가지 차원 그리고 추상과 직관의 가치를 부정할 생각이 없다. 그러나 그것들은 선험적으로 가치를 갖는 게 아니다. 이론과 현실이라는 두 차원을 매개하는 고리가 존재해야 비로소 이론은 이론이 되고, 추상은 이론 활동을 표현하는 기능을 지니며, 현실은 예측 불가능한 상황이 되고, 직관은 사상의 민감한 촉수가 될 수 있다. 반대로 구체적 문제를 이론적 차원에서 연역해 해석한다면, 중요한 현실적 문제는 이론적 사고나 문제의식의 영양원이 되지 못한 채 현실의 상황 속에서 순식간에 스쳐 지나가고 만다.

'아즈마 시로 현상'은 사상의 자원이 될 수 있는가

아즈마 시로 씨가 등장하고 그를 지원하는 사람들이 생겨나자 이 문

의를 표합니다. 기울어가는 큰 집을 홀로 떠받치는 기개나 다름없습니다." 그러나 다케우치는 정작 정치적 행동에 직접 나서는 일은 거부했다.
2　다케우치 요시미, 「『중국문학』의 폐간과 나」, 『다케우치 요시미 전집』 제14권.

제는 우리 앞에 다시 모습을 드러냈다.

아즈마 시로 씨의 변호인단은 『세계』에서 일본 사회가 아즈마 재판에 냉담하다고 지적한 바 있다. 내가 보기에 더욱 중요한 문제점은 일본의 진보적 지식인이 아즈마 재판에 대처한 방식에 있다. 확실히 적지 않은 지식인이 아즈마 씨에게 성원을 보냈다. 재판 과정을 포함해 집회나 출판 등 활동의 요소요소마다 지식인이 참가했다. 그러나 아즈마 씨의 투쟁은 기본적으로 현실의 활동으로 규정되어 하나의 '사건'이 되지는 못했다. 즉 그들의 활동이 지닌 사상적 계기는 진정 사람들의 시야에 들어오지 못한 것이다. 적어도 아즈마 씨가 재판에서 보여준 끈질긴 노력이 사상적 논의를 전개하기 위한 매개가 되는 법은 없었다. 따라서 승소하든 패소하든 재판과 함께 안건도 종결되는 것이다. 내가 아는 한 일본 사상계는 진실로 사상의 각도에서 '아즈마 시로 현상'에 접근한 적이 없다. 따라서 '아즈마 시로 현상'은 여전히 현실적일 뿐 사상적 '사건'으로 숙성되지 못했다.

아즈마 씨는 중국을 방문한 적이 있다. 나는 그때 어떤 구체적 사건을 다루고 있었다. 그것은 문화의 경계를 넘어서려는 장면에서 전쟁기억과 미디어, 학술과 사회적 여론, 그리고 역사학의 논리 등 복잡한 문제가 뒤섞여 발생한 사건이었다.* 아즈마 씨의 노력은 중국에서도 현실 활동으로 받아들여졌다. 중국에서도 진정한 의미에서 사상적 계기가 되지 못했다는 말이다. 그러나 내가 보기에 아즈마 씨의 중국

---

* 이때 발표한 글은 「일중전쟁―감정과 기억의 구도」다. 이 논문은 한국어판 『아시아라는 사유공간』(류준필·김월회·최정옥 옮김, 창비, 2003)에 「중일전쟁」이라는 제목으로 실려 있다. 이 장에서 먼저 발표한 논문이란 모두 이 글을 가리킨다.

방문은 중요한 사상사적 사건이었다. 아즈마 씨 등이 출연한 텔레비전 방송은 이 사건의 사상적 의의를 밝히기에 무척이나 귀중한 공간을 제공해주었다. 아즈마 시로 사건은 일본 국내의 재판이 다수 중국 시민의 감정을 흔든 최초의 사례였다. 그런 점에서 전쟁의 역사를 둘러싸고 중국과 일본의 일반 시민이 품고 있는 감정기억이 교류할 수 있다는 가능성을 보여주었다. 아즈마 시로 씨와 그의 지지자들은 그렇게 전후 사상사에 몹시 중요한 한 페이지를 써넣었다.

나는 먼저 발표한 논문에서 중국의 여론은 아즈마 씨를 어떻게 대하고 있는가를 문제로서 제기했다. 아즈마 씨 재판은 중국과 관련이 있기에 그와 그의 변호인단은 재판에서 승리하고자 중국을 방문하여 증거를 모았다. 그 과정에서 그들의 노력은 중국의 여러 계층의 사람으로부터 지지를 받았다. 중국의 미디어가 발 벗고 나서 아즈마 씨의 활동을 중국의 시민에게 널리 알렸으며, 중국의 시민은 자발적으로 그들을 향해 뜨거운 성원을 보냈다. 이리하여 아즈마 시로 씨 본인과 아즈마 씨를 지지하는 사람들의 의향과 상관없이 그들은 사실상 별도의 사회적 위치를 점하게 되었다. 이러한 사정으로 아즈마 씨와 그의 지지자들은 일본인이라는 자각을 갖고 일본인의 역사적 책임을 끌어안고자 투쟁을 길게 이어나갔다. 객관적으로 본다면, 그들은 국경을 넘어선 역사를 다룬다는 새로운 시점을 제공한 것이다.

'아즈마 시로 현상'을 제대로 평가하려면 아즈마 씨의 주관적 의도와 사건의 객관적 효과를 구분할 필요가 있다. 아즈마 씨에게 속한 인품이나 언동을 두고 신빙성을 따지려 든다면 사상의 방법을 결여하고는 직관에 빠져 문제의 진정한 소재를 놓치고 논의를 본말전도로 몰아가게 될 것이다.

물론 중일 양국에서 각계각층의 사람과 지식인이 다양한 방식으로 항일전쟁의 역사를 조사하고 처리해온 경위를 무시할 생각은 아니다. 또한 중국과 일본의 학자 사이에서 이뤄진 '공동연구'의 성과를 부정할 생각도 없다. 그러나 바로 우샤오둥吳曉東 씨가 "기억의 암살자"라고 표현했듯이 그러한 '공동연구'는 통상 우호적 분위기 속에서 순조롭게 진행되면서 "양측 모두가 느꼈을 법한 묵직한 역사의 기억을 지금 외면하고 있다는 사실이 경쾌한 외관 아래 가려지고 만다."[3] 아즈마 씨 등 일본인이 국경을 넘어서는 노력을 통해 이끌어낸 효과에는 이렇듯 경쾌한 '공동연구'로는 포착할 수 없는 복잡한 요소가 담겨 있었다.

첫째, 1998년 12월 아즈마 시로 재판의 두 번째 공판 결과가 나오자 중국 정부는 일본 정부에 외교적으로 항의했다. 이는 다음과 같은 의미를 지닌다. 아즈마 시로 씨와 지지자들의 주관적 의사가 무엇이든, 그들의 정의로운 행동은 국가 행위의 결과인 전쟁책임을 추궁하려면 국가라는 틀에서 벗어날 수 없음을 상기시켰다. 또한 그들의 정의로운 행동은 전쟁의 역사를 처리하는 일이 얼마나 어려운지를 입체적으로 보여줬다.

둘째, 아즈마 시로 씨는 원래 중국 전선에 참여했던 퇴역 군인이다. 자기 자신이 전쟁범죄자의 한 사람이다. 그런 그가 역사의 진상을 폭로했기에 중국에서 처음으로 이만한 반향이 일었다. 아즈마 씨가

---

3 『뚜슈』讀書 2000년 제7호, 19쪽.

환기한 중국인의 역사기억은 격렬하고 직접적인 것이었다. 이러한 장면은 여느 학술 교류의 장에서는 좀처럼 접할 수 없었다. 또한 접한다 한들 왕왕 못 본 척 지나가고 만다.

셋째, 미디어가 개입해 아즈마 씨 등의 활동이 불가피하게 세간의 이목을 끌었다. 그들이 중국의 미디어와 시민에게 받은 환대와 지지는 그들이 일본의 미디어와 사회에서 받았던 냉대와 선명하게 대비되었다. 이 낙차는 무척이나 복잡한 함의를 지닌다. 탈냉전의 사고와 민족감정의 잠재적 역할, 중국인과 일본인이 서로 갖고 있는 문화적 이미지, 이항대립 모델이 민족감정의 문제를 처리할 때 안기는 영향력, 감정과 이해를 두고 중국과 일본 사회 사이에 가로놓인 균열. 그 모든 것이 이 낙차에 담겨 있었다. 이로써 '아즈마 시로 현상'은 중국과 일본의 사상계가 깊이 있는 대화를 나누기에 유익한 재료를 제공했다.

넷째, 정치적·역사적 의의에서 보더라도, 또한 사회적 양식과 개인이 치른 대가에 비춰보더라도 두 차례에 걸친 공판에서 아즈마 씨와 그의 지지자들, 특히 야마우치 사요코 씨와 변호인단은 이해를 얻고 존중을 받아 마땅했다. 그러나 현실은 그렇지 못했다. 아즈마 씨는 일본에서 우익단체의 공격만 받은 게 아니었다. 아즈마 씨처럼 전쟁의 진상을 밝히려고 노력하는 소수의 진보적 인사도 아즈마 씨를 비판했다. 여기서 내가 일찍이 다른 글에서 다뤘던 문제를 다시금 꺼내고 싶다. 만약 아즈마 시로 재판에 관한 논의가 이른바 '실증성'을 따져 묻는 방향으로만 전개된다면, 그의 활동이 지닌 중대한 '사건성'('사건성'은 아즈마 씨 등이 주관적으로 선택할 수 있는 문제가 아니다. 그것은 역사와 현실정치의 관계 속에서 존재한다)은 거꾸로 은폐되고 말 것이다.

적어도 이러한 네 가지 이유에서 아즈마 씨와 지지자들은 하나의 재판을 훨씬 초월하여 중국 사회에서는 광범한 관심을, 일본 사회에서는 양식 있는 사람의 반성을 불러일으키고 있는 것이다. 그들은 그렇게 자신의 사회적 책임을 달성했다. 하지만 그들의 공헌을 새로운 사고의 원천으로 삼는 일은 '아즈마 시로 현상'을 대하는 사상계의 인식 능력에 달려 있다. 하지만 이론적 올바름은 복잡한 현실 문제를 마주하자마자 얄팍한 한계를 속속들이 드러냈다. 그리고 지식인의 윤리성은 자명한 전제가 아니라 논의에 부쳐야 할 대상이 되었다.

민족감정의 사각死角에 서서

이 글보다 앞서 「일중전쟁—감정과 기억의 구도」를 발표했던 때 얼마간 반응이 나왔다. 그 가운데 아즈마 시로 씨의 반응은 전혀 예상치 못한 것이었다. 아직 입증할 만한 자료가 없어 내 판단이 정확한지 알 수 없지만, 만약 잘못 이해한 것이라면 그 책임은 내게 있다. 아즈마 씨는 내 글에서 자신이 재판에서 승리하고자 자기 나라 안의 문제를 나라 밖으로 가져와 중국인에게 도움을 구했다고 적은 문구에 마음의 상처를 받으셨다고 한다.

이 이야기를 듣고 나는 적잖이 당혹스러웠다. 내 글 속에서 그 부분은 다음에 해당된다. "여든 일곱의 아즈마 씨가 실제로 보여준 행동은 중국과 일본의 지식인에게 엄정한 전쟁을 도발했다. 이 도전을 두고 양국의 지식인이 내놓은 대대적 반응은 바로 그들이 지닌 협소한

민족주의적 정서와 전쟁 역사에 대한 얕은 태도를 보여준다." 말할 것
도 없이 일본이 전후에 기본적으로 문을 걸어 잠근 채 전쟁책임을 논
의해왔다는 맥락에서 나는 아즈마 씨의 활동을 값지다며 상찬할 작정
이었다.

그러나 곰곰이 생각해보면 내 생각에는 안이한 구석이 있었다. 감
정기억을 다루고 민족주의와 민족감정의 차이를 주장한 그 글에서 나
는 화두로 삼았던 감정기억을 존중했던가? 나는 생생한 감정의 문제
를 추상화하지는 않았던가? 아즈마 씨에 대한 내 평가의 뒤에서 얼굴
을 내민 것은 국경을 넘어선 공감인가, 아니면 중국인으로서 느끼는
민족감정이었던가? 나는 다시 한 번 출발점으로 돌아가 다음과 같은
문제를 생각해야 했다. 중국과 일본의 지식인은 어떻게 해야 전쟁의
역사를 공유할 수 있는가? 자신의 민족감정과 상대의 민족감정을 어
떻게 마주대해야 하는가?

이러한 물음에 답하는 일은 만만치 않다. 오랫동안 일본의 전쟁책
임을 연구해온 중국인 동료가 말하듯, 전쟁 문제를 두고는 중일의 사
상계에 대해 '켄카료세이바이'喧嘩兩成敗*여서는 안 된다. 피해국과 가
해국의 구분, 책임을 추궁하는 자와 책임을 지는 자의 구분은 민족감
정의 문제를 다룰 때 한 가지 중요한 척도가 된다. 우리는 한 사람의
'중국인'으로서 책임을 잊어서는 안 된다. 그 책임은 단지 무고한 사
상자를 위해 공평함을 되찾는 일만이 아니라 세계사를 공정하게 기술

---

* 분쟁으로 인해 칼부림이 날 경우 둘을 모두 처벌하는 에도 시대 무사계층의 규율로서, 입장의 차
이가 있어 다투는데도 시비를 불문하고 쌍방을 비판한다는 뜻이다.

하기 위해 역할을 맡는 일도 포함한다.

　문제가 '세계사'의 차원으로 접어들면 가해국 안에서도 공공연한 혹은 잠재적인 가해와 피해를 구분하지 않을 수 없다. 또한 피해국 일원으로 책임을 추궁하는 자일지라도 가해와 피해 사이의 천차만별한 구체적 상황을 어떻게 판별하고 거기에 대응할 수 있는지를 한 개인으로서 사고해야 한다. 가해와 피해의 의미는 국경을 넘어선다. 이처럼 상황은 만만치 않으니 한 나라 안에서는 제대로 처리할 수 없는 경우가 생기기도 한다.

　바로 '아즈나 시로 현상'의 '사건성'은 우리가 직관적 결론에 만족하지 않고 구체적 상황을 파고들 때야 드러날 것이다. 그리고 그때 비로소 다케우치 요시미가 씨름했던 차원도 드러나 그가 다뤘던 문제가 보이게 되리라.

민족감정과 민족주의 사이

'민족감정'을 추상적으로 논하면 구체적인 맥락의 까다로운 지점을 흘려버린다. 또한 '민족감정'을 그저 구체적인 '감정'으로 대한다면, 거기에 숨겨진 문제성은 떠오르지 않는다. 가령 난징대학살 때 기적적으로 생환한 사람이 "일본인은 나쁘다"고 술회할 때, 짧은 이 두 마디 말은 피로 얼룩진 학살에 대한 모든 감정기억, 그리고 죽은 자와 산 자가 함께 계승해야 할 저 무거운 역사의 한 페이지를 담고 있다. 이 두 마디를 값어치 없는 감정적 발언으로 폄하한다면, 역사 속으로 비집고 들어갈 계기를 놓치고 만다. 그런 자에게 역사는 두 번 다시 자신의 모습을 보여주지 않으리라.

이 두 마디 말의 무거움을 식별해낼 수 있는가 없는가, 이 발언을 가지고서 역사 속으로 진입할 수 있는가 없는가는 우리가 생생한 민족감정 속으로 들어설 만한 '마음의 기력'을 가지고 있는가의 여부에 달려 있다. 마음의 기력, 그것은 추상적이지도 직관적이지도 않다. 역사를 일순 번쩍이게 하여 순간적으로 번쩍인 역사를 단단히 움켜쥐려는 마음의 힘이다. 이러한 힘을 결여하면 역사는 굳어버린 자료나 직관적 서술에 머물고 만다. 현재와 미래의 살아있는 일부가 되지 못하는 것이다.

따라서 민족감정을 경솔히 다뤄서는 안 된다. 그러나 일단 일이 벌어진 장면에서 민족감정과 마주하려면, 국경으로 구획된 기성의 결론에 의지하지 않고 복잡한 문제와 대면하려는 용기, 그리고 이를 감당할 수 있는 사고력이 필요하리라. 또한 이성과 직관을 새롭게 연마하는 사고의 차원에 발을 들여놓아야 하리라.

나는 어떤 글*에서 프랑스의 영화감독 란쯔만**이 일본의 문예비평가 가토 슈이치***와 대담하면서 강조한 발언, 즉 전쟁에서 정의와 비

---

* 「역사를 다시 사는 일」을 가리킨다. 『아시아를 이야기하는 딜레마』(岩波書店, 2002)에 수록되어 있다. 이 글에서 저자는 끌로드 란쯔만의 영화 「쇼아」SHOAH를 화두로 이야기를 시작한다. 「쇼아」는 1974년부터 11년 동안에 걸쳐 만들어진 350시간 분량의 방대한 기록영화로, 나치의 유대인 학살에 관해 증언하는 수많은 사람의 얼굴에 담긴 공포와 절망, 냉소와 위선을 통해 가공할 학살의 고통을 전한다.
** Claude Lanzmann(1925~). 저널리스트이자 영화감독. 고등학생 때인 1942년에 레지스탕스 운동에 가담했고 전후에는 사르트르, 보봐르 등과 친교를 맺으며 반제국주의 투쟁에 앞장섰다. 인도차이나 전쟁, 베트남 전쟁, 알제리 전쟁에 저항하는 활동을 펴며 논설과 르포르타주를 썼다.
*** 加藤周一(1919~2008). 평론가. 도쿄제국대학 의학부에 진학하여 의사가 되었지만 전후 1947

정의를 나눠야 한다는 발언을 인용한 적이 있다. 마찬가지로 민족감정에서도 정의와 비정의를 구분할 수 있다. 그러나 만약 민족감정의 문제를 정의인가 아닌가라는 수준에서 논의하고 자신을 정의의 자리에 둔다면, 결론은 뻔히 정해진 바이니 상황은 단순해진다. 그러나 이 세계는 흑과 백이 아니다. 아즈마 시로 씨는 내게 이 점을 일깨워줬다.

아즈마 시로 씨와 그의 지지자들이 일본에서 맞닥뜨린 가장 버거운 대상은 바로 민족주의와 민족감정의 문제였다. 우익은 아즈마 씨를 '비국민'으로 몰아세웠고, 진보적 인사 중에도 아즈마 씨의 중국 활동을 달갑지 않게 여기는 사람이 있었다. 현실의 투쟁을 벌이며 국경을 넘어섰던 아즈마 씨와 동료들도 분명 일본인으로서의 민족감정을 갖고 있었을 것이다. 일본인의 민족감정이 곧 일본의 민족주의는 아니며, 또한 일본의 우익 이데올로기와도 구분해서 사고해야 한다. 일본인의 민족감정을 단순하게 처리해서는 안 된다. 이는 몹시 역설적인 문제다. 즉 민족감정은 비좁고 배타적인 심리를 환기하며 민족주의적 토양을 제공하지만, 동시에 외부 세계와 마주할 때면 사회나 역사에 관한 자신의 책임을 자각하도록 이끌기도 한다. 이때 책임이란 일본의 경우 전쟁책임을 말한다.

민족감정을 곱씹지 않은 채 삼켜버린 일본인이라면 외부 세계에 쉽사리 적의의 시선을 보내리라. 그러나 민족감정을 외면하는 일본인

년에 『근대문학』의 동인으로 참가한 후 『1946 · 문학적 고찰』을 발표해 주목을 받는다. 이후 유물사관에 기반해 「일본문화의 잡종성」 등의 평론을 발표하며, 1960년 안보투쟁 시기에는 개정 반대의 입장에서 적극적으로 활동했다. 저서로 『저항의 문학』, 『어느 여행자의 사상』, 『잡종문화』, 『일본의 안과 밖』 등이 있다.

이 전쟁책임을 인정하고 추궁하는 일도 상상하기 어렵다. 민족감정이란 것은 비소砒素처럼 양이 지나치게 많으면 죽음에 이르지만 적당량이면 병을 고친다. 물론 민족감정만 가지고서 세계사와 마주할 수는 없다. 그러나 그 밖의 요소도 민족감정과 결합해야 비로소 진정한 세계사 의식을 싹틔울 수 있다.

아즈마 씨 등은 일본에서 이처럼 복잡한 상황에 직면했다고 생각한다. 그들에게 이러한 역설적 감각이 있었는지 나는 알지 못한다. 그러나 적어도 앞선 나의 글과 그때의 내 감정이 아즈마 씨와 그의 지지자들이 일본인이라는 기본적 사실을 경시했다는 점, 그들이 길게 이어진 투쟁으로 인해 감정의 면에서 치른 무거운 대가를 경시했다는 점은 인정하지 않을 수 없다. 민족감정을 다루면서도 나는 중국인의 감정에서 그들의 감정을 유추하고, 중국인의 판단에 기대어 그들도 같은 판단을 내릴 것이라고 지레 짐작했던 것이다.

직관과 추상화의 공범 관계

나의 경솔함을 되돌아보면서 나는 연구자가 지녀야 할 연구 윤리를 더욱 깊이 생각하게 되었다. 그러자니 다케우치 요시미의 작업이 무엇을 의미하는지 알 것 같았다.

다케우치 요시미는 정치적 올바름에 거의 아무런 의미도 부여하지 않았다. 선험적 가설에서 나오는 어떠한 문제도 그에게는 허구였으며, 동시에 현실의 사건에 기초한 추리도 받아들이려 하지 않았다.

그는 학문 세계에 발을 들여놓기가 무섭게 이른바 '학자'라는 입장에 거세게 반발하며 '맨손'으로 당면 문제와 싸워야 한다고 주장했다. 이는 다케우치 요시미가 생애에 걸쳐 저버리지 않은 연구 윤리다. 이를 통해 그는 이론적 사고와 현실적 행동 사이에서 사상 공간을 일궈냈다.

다케우치 요시미는 일관되게 지배담론을 탈구축했다. 전후 일본에서 그는 '근대주의'가 새로운 사조로서 밀려들자 일본의 민족주의와 대동아의 이념을 분석하는 일을 자신의 과제로 삼았다. 또한 사람들이 근대화를 추종하자 아시아와 중국을 '저항'을 상징하는 소재로 다뤘다. 더욱이 주목해야 할 것은 그가 남다른 철저함으로 '추상'과 지배담론의 공모 관계에 경종을 울렸으며, 이 공범 관계를 탈구축하는 것에서 출발하여 일본의 사상계에 끊임없이 새로운 문제를 제기했다는 점이다.

지배담론이라고 반드시 정치권력에 호소하는 것은 아니다. 다케우치 요시미의 시대든 오늘날의 세계든, 오히려 지배담론은 정치권력에 대한 도전 속에 잠복해 있거나 '상식'에 엉겨 붙어 있다. '정치적 올바름'을 띠는 담론은 지배성을 띠고 있다. 담론이 왕왕 지배성을 획득할 때 추상은 공범 역할을 한다. 추상은 단순명쾌한 나머지 사물의 복잡함을 최소한으로 억제하기 때문이다. 추상은 그렇게 담론의 위세를 드높여준다. '민주', '자유' 등의 개념이 얼마나 추상적으로 들먹여지는지를 관찰한다면, 이 사실을 어렵지 않게 확인할 수 있다.

의미심장하게도 추상이 늘 이론의 차원에서만 활용되는 것은 아니다. 구체적 문제에서도 활용된다. 구체적 문제를 다루는 장면에서 추상이 사용되면 대개 문제의 핵심은 단순화되어 메타포로 대체된다.

구체적 문제를 분석하는 경우, 더욱 널리 수용되기를 바라는 마음에 남들이 의문을 품지 않도록 직관적 결론을 가져오는 사례가 그 전형이다. 하나의 사건은 복잡한 면모를 지니며, 특히 핵심 대목은 섣불리 이론으로 처리할 수 없는데도 추상은 이를 교살하는 것이다. 추상은 그런 식으로 새로운 계기를 지녔을 법한 사건을 이미 통용되는 기성의 결론으로 덮어버린다. 그리하여 이론이 현실에서 영양분을 흡수하는 길은 끊기고, 이론이 성숙할 가능성은 말라버린다.

이론은 추상성을 갖는다고 하나 이따금 추상성은 이론을 파괴하기도 한다. 흥미롭게도 종종 이러한 종류의 추상은 진정한 이론적 감수성이 아니라 문제에 대한 직관적 이해에서 나온다. 널리 수용되는 기성의 관념에 의지해 추상은 자신의 비이론성을 감추고 직관과 공모관계에 들어선다. 우리 정신세계에서 흔히 있는 일이다. 그리하여 추상과 직관은 한패가 되어 부끄러운 줄도 모르고 추상적인 담론을 '이론'인 양 치장한다. 실상 그것이 진정한 이론을 목 졸라 죽이는 짓임을 깨닫지 못한 채 말이다.

이리하여 일본사상사에서는 기묘한 풍경이 연출된다. 비판적 사상과 비판의 대상이 아주 오랫동안 자신의 자리를 지키며 공존하는 것이다. 전후 천황제와 파시즘을 향한 비판은 존황파尊皇派의 파시즘적 민족주의와 공존해왔다. 오늘날에는 민족주의를 탈구축하자는 주장이 다채로운 양상의 민족주의와 공존하고 있다. 다케우치 요시미는 전후 민족주의 문학에 대한 좌익 문학가의 비판에 대해 말하기를, 좌익은 상대의 근원으로 깊숙이 파고들어가 내재적으로 비판하지 않고 핵심을 벗어난 외재적 비판에 머문다고 지적한 바 있다.

전후 일본에서 민족감정이라는 사상의 근원은 추상적인 정치적 올바름으로 표현될 수 없기에 등한시되었고 오랫동안 억압당해왔다. 다케우치 요시미는 생애에 걸쳐 루쉰을 정신의 본원으로 삼아 비평 정신을 가다듬었다. 또한 "불 속에서 밤을 줍는다"는 자세로 무엇보다 민족감정을 비판하면서도 재건하려고 애썼다. 1970년대 츠루미 슌스케와의 대담에서 내놓았던 "전쟁으로 피해를 본 나라 사람의 감정을 어떻게 이해해야 하는가"라는 물음은 이러한 시도에서 비롯되었다. 다케우치 요시미는 '우리 일본인'에 새로운 내용을 주입하여 '우리 일본인'이라는 호칭이 세계사적 의의를 갖기를 바랐다. 동시에 논쟁에 참여할 때마다 '문제의 정리'를 강조하며 직관적 사유 위에 발 딛고 있는 추상적 연역이 일본의 사상계에 미치는 수많은 폐해를 솎아내려고 애썼다. 따라서 그가 '문학적 방식'으로 다룬 문제는 사실 문학 진영 내의 문제를 초과하는 것일 수밖에 없었다.

그러나 다케우치 요시미 자신도 한 가지 곤란한 문제에 직면했다. 어떤 맥락에서 진보적인 관점이라고 해서 다른 맥락에서도 진보적인 것은 아니다. 어떤 맥락에서는 자명한데 다른 맥락에서는 논란의 여지가 있을 수 있다. 이러한 기본적 상황이 '추상'적인 표현에 가려지는 바람에 "세계대동"世界大同처럼 허울 좋은 겉치레가 생겨났다. 다케우치는 이 문제를 해결하지 못했다. 아즈마 시로 씨와 지지자들은 중국 사회로 들어와 다케우치 요시미가 해결하지 못한 난제를 다시 꺼냈다.

아즈마 시로 현상을 둘러싸고 다양한 논쟁(내 글이 초래한 논쟁도 포함하여)이 벌어졌는데, 실상 이것은 대개 이러한 종류의 '맥락의 전환'

과정에서 비롯되었다. 따라서 우리는 이러한 기본적 난제와 대면하지 않을 수 없다. 세계사와 마주하여 나라별로 기술할 수 없는, "얽혀서 좀처럼 떼어낼 수 없는 역사"를 처리하고자 할 때, 맥락이 전환되는 과정 속에서 문화본질주의에 빠지지 않는 동시에 허구의 보편적 기술에 머물지도 않으려면 대체 어떻게 해야 한단 말인가?

내게는 이 복잡한 물음에 답할 능력이 없다. 그러나 한 가지는 분명히 말할 수 있다. 다케우치 요시미가 작업을 해나간 차원이라면, 이 문제를 단순화하지 않고 유효하게 다룰 수 있을 것이다. 추상적인 이론적 가설과 사실에 대한 직관적 관찰이 맺고 있는 공모 관계를 죄다 들춰낼 때, 아마도 우리는 그것과는 다른 차원에서 이론과 실천의 진정한 관계를 발견할 수 있으리라.

사상은 그러한 차원에서 숨 쉬고 있다.

근대사와 마주하는 윤리적 책임

뒤얽힌 역사를 직시하며

연초에 도쿄에 머물렀다. 몇 차례의 회합 자리에서 일본과 한국의 학자와 토론할 기회가 있었다. 토론에는 곤혹감과 위기감이 묻어났다. 현실에서든 이론에서든 현재 우리는 막다른 곳으로 내몰리고 있다. 기존의 이론이나 거기에 기댄 비판으로는 현실의 복잡한 과제를 해결할 수 없으며, 또한 도덕을 잣대로 삼아 직관적 판단을 내놓아도 긴박한 국제 정세에 대응하지 못한다. 보수 이데올로기와 우익 이데올로기가 나날이 기승을 부리는 일본 사회에서 나는 엘리트식의 비판이 얼마나 무력한지 통감했으며, 정치적 올바름이 환기하는 자기도취와 자기기만이 얼마나 부정적인지를 통절하게 깨달았다.

올해는 일본에서 '국내 문제'의 틀을 초과하는 사건이 발생했다. 그리하여 다시 국경을 넘어 어떤 위기감이 감돌았다. 실로 우리는 일본 사회와 일본 사상계에서 등장한 문제를 강 건너 불구경할 수 없다. 우리 자신의 문제기도 한 까닭이다.

그 후 베이징으로 돌아왔다. 그리고 눈에 보이기는 하지만 정체를 쥘 수는 없는 '중일관계의 긴장'과 다시 만났다. "보인다"는 말은 크고 작은 매체가 너나 할 것 없이 '새로운 역사교과서를 만드는 모임'(이하 '만드는 모임')이 편찬한 중학교 역사교과서가 문부과학성의 검정을 통과할지 모른다는 기사를 일면에서 다루었으며, 일본 항공사가 중국인 승객을 부당하게 대우하고 미쓰비시 자동차의 품질에 하자가 있다는 기사 등을 보도했다는 것을 가리킨다. 그렇게 잠시나마 혐일 감정은 다시 중국 사회로 번져나갔다.

"정체를 쥘 수 없다"는 말은 나 자신도 그런 분위기 속에 몸을 두고 있지만, 그런 정서를 어떻게 파악해야 할지 도무지 알 수 없었다는 말이다. 사회의 여론에서 혐일 감정은 전쟁기억으로까지 기원을 거슬러 올라갔지만, 그렇다고 전쟁기억만이 원인은 아니다. 그것은 왔나 싶으면 떠나가는 성질로서, 통상 미국에 '노'NO라고 말하는 동안에도 등장하곤 한다.

학계에서 일본의 이미지는 늘 고정된 몇 가지 모델 사이를 맴돈다. 개발에 편자 붙이듯 잇속 밝히기에는 논어論語, 무사도 문화에는 만행, 근대화에는 역사적 책임의 도피라는 형국이다. 이러한 모델끼리 맞물리지 않아 삐걱거리면 혐일 감정은 그것들을 이어주는 그럴싸한 접착제 역할을 맡아, 사고의 태만에서 오는 멋쩍음에서 우리를 잠시나마 벗어나게 해준다. 하지만 이렇게 도망쳐보아도 결국은 어떤 기본적 상황과 직면하게 된다. 현실에서 일본 측이 내놓는 응답이 단순한 입장의 문제로 해소되지 않는 단계에 접어들면, 단지 강도 높게 비판한다고 문제가 해결되지는 않는다. 그리하여 우리는 자주 들춰내서 이미 닳아버린 문제, 일본인은 왜 잘못을 인정하지 않는가라는 물음으로 되돌아온다.

머릿속에서 아무리 '일본'이라는 단일한 전체상을 깨뜨려본들 이 문제는 모습을 바꿔 다시 돌아온다. 거기에는 그럴 만한 이유가 있다. 만일 일본 사회의 사상적 조류를 전쟁책임을 지려는 측과 외면하는 측으로 몹시 범박하게 나눈다면(물론 이러한 구분은 문제 해결에 조금도 보탬이 되지 않는다. 다만 '일본 이미지'를 설명하고자 이렇게 구분해볼 따름이다), '일본'을 배타적으로 통합하려는 움직임은 분명 "잘못을 인정하지 않는" 사조와 표리관계에 있다.

문부과학성의 검정을 통과시키겠다고 '만드는 모임'이 제작한 교과서가 바로 "통합하려고 노력하는" 동향의 가장 좋은 표본이리라. 기술된 세부 내용의 수정을 둘러싸고 편찬자와 문부과학성이 '아귀가 맞는 싸움'을 벌이고 있을 때 '만드는 모임' 회장인 니시오 간지西尾幹二는 이렇게 발언했다. "지엽적인 부분에서는 굴욕적이라고도 할 수 있는 수정을 받아들였다. 하지만 마르크스주의 사관에 동의할 수 없다는 우리의 사고방식은 고수하겠다(『아사히신문』 2000년 3월 5일)." 니시오 간지가 말하는 이 "사고방식"은 감정의 수준에서 일본을 '통합'하겠다는 목표를 갖는다. 그리고 이것은 동아시아를 향한 배타적 정서를 동인으로 삼는다.

이러한 맥락에서 최근 들어 이른바 자유주의 사관은 일본의 마르크스주의 사관에 뿌리를 두는 전쟁책임 추궁의 역사관을 '자학사관'

이라며 규탄하고 있다. '자학'이란 일본인에게서 자신감을 빼앗는다는 의미다. 자학사관을 수정하여, 즉 침략사의 진상을 날조하여 일본인에게 자신감을 안겨주겠다는 논리의 배후에는 일본을 배타적으로 통합해야 한다는 사고방식이 깔려 있다. 그리하여 전후 일본의 진보적 지식인이 일궈내고자 무던히 노력한 개방적인 문화적 주체가 협소한 '일본식 심정'으로 쉽사리 대체되고 만다.

물론 이러한 움직임에는 동아시아 각국을 비롯하여 국제적 여론의 압력이 가해졌다. 그러나 그 반작용으로 일본 국내에서는 외부 세계에 맞서 내부의 통합을 꾀하려는 시도가 부상할 가능성도 높아졌다. 이처럼 일본 국내의 정치세력이 교과서 문제를 둘러싼 국제적 반향을 세력 간 역학 관계를 바꾸는 데 활용한다면, 자유주의 사관은 "외압에 굴하여 검정 과정의 민주적 절차와 언론의 자유를 부정하려 드는가?"라며 선동할 구실을 갖게 된다.

일본에서 초·중학교의 교과서는 여러 교과서 회사가 경쟁하는 가운데 채택된다. 따라서 문부과학성은 교과서 내용을 직접 편집하지 않고 '검정'의 권한을 갖는 데 그친다. 이러한 제도에서는 '언론의 자유'라는 대의 아래 역사가 날조될 소지가 있다. 이는 아즈마 시로 사건을 심판한 법률상의 수속을 떠올리게 만든다. 강렬한 정치적 색채를 띤 안건이 법률에 기초한 '수속'을 밟자 민사소송 사건으로 전락한다. 겉보기에 중립적인 제도는 얼마나 교묘하게 헤게모니 세력과 영합하는지! '민주제도'는 어떠한 모순도 없이 얼마나 쉽사리 보수 세력과 극우 세력의 이익을 보장해주는지!

떠들썩하게 진행된 교과서 문제를 계기로 국가 간 틀에서는 선험적인 것처럼 존재하는 여러 관념, 가령 문화의 주체성, 민주주의 제도와 이념, 역사상대주의, 좌익과 우익의 대립, 언론의 자유와 자유주의 입장 등을 역동적인 국제관계 속에서 새삼 면밀하게 따져 묻고, 그것이 낳는 피부감각을 추궁할 수 있었다. 사상계는 교과서가 검정을 통과하는지, 실제로 채택되는지 여부에만 관심을 기울여서는 안 된다. 교과서 문제에서는 여러 관념, 특히 '민주주의'라는 관념이 자의적으로 해석되었다는 사실에 특히 주목해야 할 것이다.

'만드는 모임'을 포함해 일본 국내에서 지식인들이 각자 자신의 입장에서 이러한 관념을 내놓았을 때, 그들은 그 관념을 둘러싼 해석의 차이가 다른 정치적 효과를 낳았다는 사실을 반성했어야 하리라. 이론적으로는 그럴듯한데 왜 그 해석이 현실의 논쟁에서는 유효한 무기가 되지 못했는가라고 말이다. 중국과 일본의 "서로 뒤얽힌 역사"[1]를 효과적으로 다루려면 국내의 정치권력과 국제적 긴장 관계를 어떻게 조정해야 하는가? 형해화된 '민주주의'가 반동적으로 이용된 것인가, 아니면 민주주의 자체가 위기에 처한 것인가? 이렇듯 동요하는 문제는 우리에게 새로운 관념의 창출을 촉구하는가, 아니면 기성관념의 틀에서 다시 논의하기를 요구하는가?

마침 같은 시기에 고바야시 요시노리小林芳規의 만화 『타이완론』이 '타이완 효과'를 불러일으키면서 문제는 더욱 복잡해졌다. 우리가 지금껏 대륙과 일본의 관계를 타이완과 일본의 관계와 분리해서 보고 있었다면, 이번에 일본의 같은 진영에서 나온 『타이완론』은 우리에게

---

1 『뚜슈』 2000년 3기에 게재된 고지마 기요시小島潔 씨의 「사고의 전제」에서 나온 표현이다.

대륙과 타이완의 관계를 되묻지 않을 수 없게 만들었다. 고바야시 요시노리의 만화를 두고 양쪽에서 나온 반응은 달랐다. 이는 대륙과 타이완이 공유하는 현대사와 긴장 관계를 새롭게 이해하기 위한 단서가 될지 모른다. 한편 고바야시 요시노리는 타이완이 독립해야 한다고 주장하지만, 자유주의 사관의 지식인 가운데는 여기에 동의하지 않는 이들도 있다. 이렇듯 '아군끼리의 싸움'을 알고 나면 상황은 더욱 복잡해져 '좌우'를 유일한 기준으로 삼을 수 없게 된다.

전쟁 체험의 일반화는 아직 끝나지 않은 과제다

그런 외중에 『뚜슈』 편집부는 내게 미조구치 유조* 씨의 논문 「일중 간에 지의 공동공간을 만들기 위해」(『세카이』世界 2000년 9월호)에 대한 응답을 의뢰해왔다. 하지만 내게는 능력에서 벗어나는 요구였다. 국경을 넘어 일본과 세계의 맥락에서 전개되는 이렇듯 복잡한 담론공간에서 일본의 지식인 미조구치 씨는 역사의 책임을 짊어지고자 이데올로기적 결론으로는 쉽사리 처리할 수 없는 문제를 우리 앞에 내놓았다. 전쟁책임을 추궁하려 해도 사실만을 따져 물어서는 결말이 나지 않는 지금, 또한 역사수정주의자가 역사상대주의를 비열하게 써먹으

---

* 溝口雄三(1932~2010). 중국연구자. 유럽의 시각에 기대지 않고 중국의 역사를 통찰하여 중국사상사를 연구했다. 역사적 다원주의에 근거해 중국을 내재적으로 이해하는 역사관을 만들어냈다고 평가받는다. 저작으로 『중국 전근대사상의 굴절과 전개』, 『방법으로서의 중국』, 『중국의 사상』, 『중국의 공과 사』 등이 있다.

며 역사를 개찬하고 있는 지금, 비판적 지식인은 무엇을 책임져야 하는가라는 물음 말이다.

얼마 전 오에 겐자부로* 씨 등 일본의 저명한 지식인들은 '만드는 모임'의 역사교과서를 채택하지 말 것을 일본 정부에 정식으로 요구하는 기자회견을 가졌다. 나는 그들의 행동을 보면서 안보투쟁이 한창이던 1960년 5월 18일, 마츠오카 요코松岡洋子와 다케우치 요시미가 꾸린 지식인 그룹이 기시 노부스케 수상을 방문했던 역사적 장면을 떠올렸다. 그들은 신안보조약의 체결 중단과 기시 노부스케의 사임을 요구했다. 내 머리 속에서 이 두 장면이 포개지자 다시 다케우치 요시미의 「큰 사건과 작은 사건」이 생각났다. 이 글은 『세카이』 1960년 8월호에 발표했는데, 그는 여기서 당시의 심경을 담백하게 밝히고 있다. "두 사람의 대표 가운데 한 명이 수상에게 면담을 요구하러 국회에 갔다. 나는 이 역할을 피하고 싶었다. 하지만 회피하면 내 자신을 용납할 수 없을 것 같았다. 남들도 그런가 보다. 기다리는 동안 참기 힘든 기분을 맛보았다."

오에 겐자부로 씨를 비롯하여 내가 존경하는 스승과 벗들이 당시 다케우치 요시미와 같은 심경이었는지 꼭 알고 싶다. "참기 힘들다"던 다케우치 요시미의 순간적 감정 속에서 나는 일본사상사의 지하수맥을 읽어냈기 때문이다.

---

* 大江健三郎(1935~). 소설가. 1960년 일본의 젊은 작가를 대표해 베이징에 가서 마오쩌둥을 만났다. 또한 같은 해 한 우익 청년이 일본 사회당 당수 아사누마 이네지로淺沼稻次郎를 암살한 사건에 자극을 받아 1961년 『세븐틴』과 『정치소년 죽다』라는 정치성이 짙은 단편을 썼다. 그 밖에 『만연 원년의 풋볼』, 『우리들의 광기를 참고 견딜 길을 가르쳐 달라』 등을 집필했다.

다케우치 요시미 등이 기시 노부스케를 만난 다음 날인 1960년 5월 19일 늦은 밤, 일본 국회는 일미안보조약을 강행 체결했다. 당시 국회 주변에는 헌법에 규정된 '청원권'을 행사하는 학생과 노동자 2만 명이 모여 있었다. 하루가 지나자 시위 참가자는 빗속임에도 10만 명으로 불어났다.

일미안보조약이 강행 체결된 다음 날인 5월 20일, 다케우치 요시미는 도교도립대학 교수직을 사직한다. 그리하여 '공무원'이라는 신분으로 "헌법을 존중하고 옹호한다"고 서약했던 책무에서 자유로워졌다. 이 사실이 알려지자 도교도립대학의 시위대는 "다케우치 요시미가 그만둘 것이 아니라 기시 수상이 그만둬라"라는 표어를 내걸었다.

다케우치 요시미 본인이 사직을 한 일이나 기시 노부스케를 만나 사직을 권했던 일은 모두 일종의 자세에 불과하다. 그러나 다케우치 요시미가 사직을 하지 않았다면, 기시 수상에게 사직을 권할 때 토로한 "참기 힘들다"던 순간적 감각은 사상사적 의의를 가질 수 없었으리라. 따라서 다케우치 요시미의 사직에 대해 그가 단지 반체제의 입장을 피력한 것이라고 이해해서는 안 된다. 그의 자세에는 '수입품' 티가 짙은 헌법에 대한 근본적 의문이 담겨 있었다.

다케우치 요시미는 같은 해 6월 12일의 강연 「우리의 헌법감각」에서 이렇게 묻는다. "오늘날 우리는 저 5월 19일을 거울로 삼아야 합니다. 우리는 형식적 민주주의 절차를 거쳐 독재자가 태어난다는, 역사상 초유의 사건과 마주했습니다. 아무리 성문헌법이 훌륭하다 해도 관료의 단순한 작문일 뿐입니다."

오늘날에도 여전히 엘리트 좌익은 서양민주주의의 이미지를 추상적으로 활용해 토착적인 보수 세력에 맞서고 있다. 다케우치 요시미는 그들과 달리 그런 방식에 늘 의문을 품었다. 마치 옷을 벗듯이 천황제 구헌법을 벗어던지고 민주국가로 탈바꿈하던 그때부터 다케우치는 신체제가 정치적 올바름이라는 명목 아래 구체제의 가장 어두운 대목을 숨기고 그것을 온양하지는 않을까라며 예민하게 촉각을 곤두세웠다. 또한 서양 근대의 가치 기준을 쉽사리 유용하여 절대시한다면, 그것은 민주주의의 훈련을 실질적으로 결여한 민중 안에서 뒤틀린 '민주주의' 감각을 낳아 독재의 토양이 되리라고 예감했다. 그는 예리하게 지적한다. "어떤 힘이 기시 정권을 무너뜨린다고 해도 지금의 상황이라면 제2, 제3의 기시가 나올 것임에 틀림없습니다."

나는 여기에 "참기 힘들다"던 순간의 사상사적 함의가 담겨 있는 게 아닐까 추측해본다. 다케우치 요시미에게는 나무만 보고 숲을 보지 못하는 '민주주의 행동'에 참가하는 길 말고는 다른 선택지가 없었다. 그러나 그것이 문제를 해결하는 유효한 방법이 아님을 알고 있었다. 전후 그의 사상적 과제는 이 순간의 복잡한 심경 속에 응축되어 있다. 만일 구헌법 아래서 살아온 생존자들의 '자유'를 향한 뒤틀린 염원이 신헌법의 '내재적 감각'으로 전화될 수 없다면, 일본인은 독립된 인격을 획득하지 못한다. 수십만의 군중이 헌법으로 규정된 '민주적 청원'의 권리를 행사해본들, 그들은 전시 때처럼 평화의 시대에도 여전히 노예로 살아가는 수밖에 없다. 다케우치 요시미는 그렇게 생각했다. 이제 우리도 다케우치 요시미처럼 물어야 한다. 만일 '만드는 모임'의 교과서가 검정을 통과하지 못하더라도 제2, 제3의 교과서가 출현하지 않으리라고 어떻게 장담할 수 있겠는가? 따라서 '만드는 모임'의 역사관을 재생산하지 않기 위해 우리는 무엇을 해야 하는가?

당시 그는 줄곧 곤란한 과제와 씨름하고 있었다. 일본인의 전쟁 체험을 어떻게 '일반화'할 수 있는가? 어떻게 전쟁 체험을 통해 일본인의 새로운 헌법감각을 기를 수 있는가? 이 과제 앞에서 전쟁 체험은 과거의 것이 아니다. 전후에 태어난 사람도 경험할 수 있으며, 반드시 계승해야 할 대상이 된다. 다케우치 요시미가 생각한 '일반화'란 훗날에 태어난 자가 안보투쟁과 같은 체험을 거칠 때 전쟁의 역사를 효과적으로 계승하여 지금 자신의 역사 속으로 진입하도록 이끄는 데 그 의미가 있었다.

일본에서 전쟁의 역사와 근대화 과정은 떼어낼 수 없는 관계에 있다. 따라서 전쟁의 역사를 검토하려면 근대화 과정을 검토해야 한다. 만일 전쟁을 근대사의 가장 극적인 사건으로 여긴다면, 전쟁책임을 추궁하는 일도 근현대사 전체를 인식하는 일과 별개여서는 안 된다. 일찍이 미조구치 씨는 일본의 마르크스주의자가 '일본 근대 우월론'에 입각해 동아시아의 근대사를 단순화한다고 비판한 바 있다. 일본의 마르크스주의자가 근대 자본주의나 제국주의를 비판하면, 그것을 곧 전쟁책임의 추궁이라고 여겼다는 사실을 우리는 타산지석으로 삼아야 한다. 물론 마르크스주의자의 사고방식을 반성하는 것이 곧 '만드는 모임'의 주장에 손을 들어주는 일은 아니다. '만드는 모임' 역시 근본적으로 일본 근대에 내재하는 논리를 무시하기 때문이다.

태평양전쟁이 발발하던 무렵, 일찍이 러일전쟁에서 승리했다는 역사적 기억은 일본이 아시아를 대표해 서양을 몰아낸다는 환상을 만들어냈다. 동아시아와 동남아시아에 대한 침략전쟁과 이러한 환상을 같은 차원에 두고 다루는 일은 일본사상사에서 줄곧 풀기 어려운 문제로 남아 있었다. 다케우치 요시미는 1950년대 말 「근대의 초극」을 발표해 양자 사이에 연결고리를 만들고자 시도했다. 1960년대에 '대동아전쟁의 이념'을 다룰 때도 그는 같은 문제와 씨름했다. 그가 전쟁 체험을 '일반화'하려던 동력은 거기에 있다. 1960년대 반미反美라는 특정한 사회적 맥락 아래서 '일반화'의 과제는 보통 일본인이 국내에서 경험한 트라우마를 다루는 데 한정되어 있었다. 1970년대 초기 안보투쟁을 거치면서 '일반화'의 과제는 전시기 일본인이 당한 피해의 기억을 어떻게 피해를 입은 동아시아 인민의 상처를 감지하는 곳으로 이끌어갈 수 있는가로 전개되었다. 물론 어느 시기에도 그는 기본적 관점을 유지했다. 그것은 전쟁의 역사를 정리하려면 상처로 남은 트라우마를 내쳐서는 안 되며, 상처를 입은 체험은 '일반화'를 거치지 않으면 역사를 구성하는 진실이 될 수 없다는 시각이었다.

국경을 넘어선 지식인의 사회적 책임

미조구치 유조 씨는 여전히 이 과제를 짊어지고 있다. 그는 오랜 세월 동안 '전근대 중국사상' 연구에 매진하면서 전쟁의 역사를 반성하고 근대를 성찰하는 시각을 일본의 좌익과 우익이 공유하는 서양식의 근대적 가치관에서 분리해내려고 애썼다. 흥미롭게도 이 과제를 중국과 일본 지식계의 공동 공간에 내놓았을 때, 그는 일찍이 다케우치 요시미가 직면했던 난제와 맞닥뜨렸다.

전문가들은 '중일 우호'를 도모하겠다는 성의로 인해 상대의 유동적 현실을 자국의 맥락 안에서 부단히 정적으로 '지식화'하려 든다. 이러한 조작 방식은 재생산되어 여러 현실적 효과를 낳는다. 그러나 이는 오히려 지식인들이 국경을 넘어 주체의 차원에서 살아있는 역사로 진입하려 할 때 방해가 된다. 현실의 긴장감이 해소되어 지식은 단순한 이론적 연역이나 나라별 서술에 머물며, 민주주의 제도는 가장 보수적인 의미에서 냉전구조의 보조물로 전락하는 것이다.

이러한 상황을 엿보면서 '만드는 모임'은 몹시 손쉬운 방식으로 과거로부터 현재에 이르는 일본의 역사를 감정의 수준에서 통합해냈다. 그들은 과거로부터 현재에 이르는 일본사를 일본인의 완강한 투쟁의 역사로 서술하고, 일본이 서양에 대항하고 좌절해간 역사라는 식으로 복잡한 일본의 현대사를 단순화했다.

여기서 미조구치 씨는 다케우치 요시미와는 다른 방법으로 '전쟁체험의 일반화'라는 과제를 다시금 내놓았다. 무엇을 어떻게 사죄할 것인가? 국제정치 관계의 상대로서 중국인은 누구에게 어떠한 사죄를 요구하는가? 중국 시민에게 "사죄를 요구한다"는 말은 무엇을 뜻하는가? "사죄를 요구한다"는 목소리가 쉽사리 혐일 감정으로 번져가는 상황 속에서, 또한 교과서 문제가 일회성 사건으로 다뤄지는 경향 속에서 우리는 사상을 형성할 진정한 계기를 놓치고 있지는 않은가?

나 자신을 포함해 중국의 지식인은 이 물음에 아직 대답을 내놓지 못하고 있다. 대답할 만한 충분한 준비를 하지 못했다고 인정하지 않을 수 없다. 그것은 전쟁책임의 추궁뿐만 아니라 혐일 감정을 넘어 자신의 복잡한 현대사와 마주하는 일도 포함한다. 그때의 현대사란 이웃 나라 및 그 밖의 지역과 서로 얽혀 있는 오늘날의 역사를 가리킨다.

이러한 의미에서 타이완 지식인의 목소리는 몹시 소중하다. 중국 근대사를 공유하는 타이완의 지식인은 근본적 문제에 봉착해 있다. 중국 근대사의 구조라는 문제다. 미조구치 씨는 자신의 방법으로 전쟁 체험의 '일반화'라는 과제를 내놓으면서 우리에게 "서로 얽혀 있는 역사"에 개입할 것을 촉구했다. 이때 타이완의 근대사는 우리와 몹시 직접적 관련을 지니는 한 가지 유효한 참조축이다. 타이완을 향한 관심은 근대사를 대하는 우리의 감각을 풍부하게 해줄 뿐 아니라, 우리 역사의식의 맹점도 짚어줄 것이다.

미조구치 씨가 지적했듯이 감정기억을 낳는 '얼개' 자체를 성찰하는 단계에 이르면, 우리는 역사를 피해자의 입장에서 대하는 데서 만족할 수 없다. 중국의 반침략전쟁도 우리 근대화 과정의 일부다. 그 사실은 우리가 자신의 근대화 과정을 어떻게 인식하고 있는가, 근대사를 대하는 자신의 윤리적 책임을 어떻게 일궈낼 수 있는가 하는 물음으로 이어진다.

올해 1월 도교도립대학에 근무하는 미야무라 하루오宮村治雄 씨가 『마루야마 마사오「일본의 사상」 정독』을 출간했다. 안보투쟁에서 다케우치 요시미와 어깨를 나란히 했던 마루야마 마사오. 그는 엘리트 지식인답게 수미일관된 작업을 내놓았지만, 일반인을 향한 '시민 강좌'도 자신의 임무로 삼았다. 그리하여 그의 작업은 복잡한 현실과 맺어질 수 있었다. 일본 사회가 학자 마루야마 마사오를 여전히 기억하는 까닭은 여기에 있다. 호마에 노부히데保前信英 씨는 서평(『주간 아사히』3월 23일호)에서 자신이 어느 기업의 샐러리맨이었던 시절에 읽었던 마루야마 마사오의 「초국가주의의 윤리와 심리」를 이렇게 회고한다. "그의 논문은 제2차 세계대전 당시의 일본군을 분석하고 있지만, 그의 이론은 현대 기업의 샐러리맨에게도 적용할 수 있다. 마루야마 자신이 그렇게 말하고 있다. 마루야마의 인기 비결은 이러한 보편성에도 있을 것이다."

"이러한 보편성"과 다케우치 요시미의 '전쟁 체험의 일반화'라는 과제는 어떤 관계에 있는가? 1960년 그가 "참기 힘들다"며 토로한 순간적 감정은 오늘날 우리가 거짓 '민주주의' 담론을 반성할 때 어떤 계기가 되어주지 않을까? 『마루야마 마사오「일본의 사상」정독』이 새삼 불러일으킨 '마루야마 마사오 붐'에서 나는 단지 일본 사회에 잠재하는 비판과 반성의 능력뿐 아니라 앞 세대 지식인이 보여준 사회적·사상적 책임을 느낄 수 있었다.

나라 문을 걸어 잠근 채 태연하게 지낼 수 없는 오늘날에 사상은 다시 현실로부터 시험을 받고 있다. 지식인의 작업 윤리는 다시금 우리의 과제로 떠오를 것이다.

4부

동아시아라는 사유공간

기억 속의 아시아

동양인은 언제부터, 무엇을 계기로 '아시아'를 자연스럽게 입에 담기 시작했는가. 아마도 그 경위를 추적한다면 좋은 학술논문이 나오겠지만, 내게는 그럴 생각이 없다. 의미 없는 주제라는 말이 아니다. 문제는 "아시아는 서양의 투영이다"라던가 "아시아는 하나의 덩어리로 존재하지 않는다"며 학문적 사실을 아무리 강조해봤자 아시아라는 말은 빈번히 재생산되고 소비된다는 사실, 동아시아 삼국만 두고 말해도 '아시아'라는 말은 마치 학문적 실증을 무시하는 듯 재생산되고 소비된다는 사실, 다시 말해 그 말의 알맹이와 역사적 배경에는 아랑곳하지 않고 쓰이고 있다는 사실이 아닐까. 이러한 상황은 일반 대중뿐 아니라 아카데미의 세계에서도 눈에 띈다.

그것은 왜일까.

1

아시아는 그저 하나의 상상일 뿐이다. 이러한 지적은 지적으로서야 틀리지 않겠지만, 아시아라는 상상이 가령 동아시아에서 몹시 불균형하다는 사실도 짚어두지 않으면 안 된다. 예를 들어 일본에서 아시아라는 상상은 몹시 굴절된 형태를 띠며 특정한 방향으로 전개되어왔다. 그리고 흥미롭게도 아시아라는 상상의 방향을 결정한 것은 "아시아는 하나"라던 오카쿠라 텐신*의 테제가 아니라 아시아를 깨뜨린 후쿠자와 유키치**의 「탈아론」脫亞論이었다. 이 짧은 에세이가 후쿠자와의 사상을 대표하는가는 논의의 여지가 있다. 하지만 실로 커다란 영향력을 행사했다는 점만큼은 분명하다. 「탈아론」은 아시아의 일부인 일본이 아시아에서 벗어나 '월경'해야 한다는 방향을 제시한 텍스트다. 국가라는 문화적 산물이 어떻게 지리적 풍토에서 벗어나 풍선처럼 떠오를 수 있는가. 후쿠자와는 흥미로운 상상을 「탈아론」에 훌륭히 담았다. 「탈아론」이 없다면 훗날의 아시아 회귀론도 없었으리라.

어느 경우건 "일본은 탈아했다"는 발상으로 말미암아 아시아는 자명성을 잃게 되었다. 탈아하려는 일본처럼 만약 '탈'脫하려는 의지만 있다면, 후쿠자와가 일본의 '나쁜 벗'이라고 칭한 중국과 한반도 역시

---

* 岡倉天心(1862~1913). 일본 근대 미술계의 지도자. 미美에서 동양의 동질성과 운명을 기술했고 일본미술원을 설립했다. 저작으로 『동양의 이상』, 『일본의 각성』, 『차의 책』 등이 있다.
** 福澤諭吉(1915~1991). 사상가. 하급무사의 아들로 태어나 난학蘭學을 배우고 스스로 난학숙蘭學塾을 열었다. 또한 독학으로 영어를 배워 막부의 사절로 세 차례에 걸쳐 서유럽을 시찰했다. 메이지유신 후에는 신정부의 부름을 거절하고 일본의 근대화를 위한 계몽활동에 진력했다. 『학문의 권장』, 『문명론의 개략』, 『서양사정』이 3대 명저로 꼽힌다.

아시아에서 벗어날 수 있기 때문이다. 달리 말해 후쿠자와에게 아시아란 지리적 풍토와 같은 물리적 공간이라기보다 상승하려는 의지를 잃은 상징적 존재였다.

따져보면 이러한 발상을 내놓은 원조는 후카자와 유키치가 아니다. 에도 말기의 '화이변태론'華夷變態論*에서도 비슷한 발상을 찾아볼 수 있다. 다만 여기서 유의해야 할 점은 '화이변태'가 뚜렷하게 에스닉한 기반을 지니며, 인종이나 민족에 관한 인식이 그대로 정치와 문화의 우열을 판가름하는 기준이 되었다는 사실이다. 「탈아론」은 인종주의적 일본 내셔널리즘을 파괴하는 육체감각을 빚어내지 못했다. 그 점이 몹시 안타깝다. 오히려 탈아론은 인종감각을 기반으로 삼았다. 그러나 '탈아'라는 발상 자체에는 인종주의적 사고방식을 벗어날 수 있는 논리적 가능성이 담겨 있을지도 모른다. 탈아가 가능하다면 탈일본은 어찌하여 가능하지 않겠는가 하고 말이다.

하지만 이러한 발상은 후쿠자와의 시대에도, 오늘날에도 등장하지 않았다. 오히려 탈아론은 일본의 인종주의적 내셔널리티를 보완하는 역할을 맡았다. 후쿠자와와 정확하게 반대극에 놓이는 오카쿠라 텐신의 "아시아란 하나"라는 유명한 테제도 실은 마찬가지로 에스닉한 입장에 서 있었다. 탈아든 아시아 찬미든 그 배후에는 역설적으로 인종적 발상이 완강하게 버티고 있는 것이다.

여기서 문제를 섣불리 처리하지 않도록 몇 가지 사항을 짚어두고

---

* 중화를 이해하는 일본의 화이관을 말한다. 막부 시대에 천황을 중국의 황제와 동렬로 놓고, 그 밖의 외국은 한 단계 낮춰 보았다. 그리고 청나라의 등장을 '화이변태'華夷變態라고 이해했다. 이때 일본은 '화'華, 만주족이 지배한 청국은 '이'夷였다.

자 한다. 먼저 「탈아론」이 후쿠자와의 사고에서 어디에 위치하는가를 알려면 『문명론의 개략』을 함께 읽어야 한다. 『문명론의 개략』은 「탈아론」과 비슷한 발상을 보인다. 가령 10장 「자국의 독립을 논하다」에는 이러한 구절이 나온다.

> 지리학에서는 토지 산천을 나라라고 부르나, 우리는 논하기를 토지와 인민을 아울러 나라라고 일컫는다. 나라의 독립이니 문명이니 하는 말은 인민이 모여 나라를 보호하고 스스로 권리와 면목을 지켜나감을 가리키는 바라. 만일 그렇지 않고 나라의 독립과 문명이 다만 토지에 속해 사람과 무관하다면, 오늘날의 아메리카 문명을 보건대 그것은 인디언을 위해 축복할 일이리라.[1]

여기에는 현대 미국의 문명은 백인의 문명이지 원래 그 땅의 주인이던 인디언의 문명이 아니라는 관점이 깔려 있다. 말할 것도 없이 후쿠자와는 여기서 '천지의 공도公道'를 구한다. 그런데 그 의미만 곱씹어본다면 확실히 마루야마 마사오가 지적했듯 탈아라는 의미에서 "근대 일본이 후쿠자와가 깔아놓은 사상적 노선을 걸었다는 통념은 적어도 재고할 필요가 있다."[2] 여기서 문제는 후쿠자와의 발상을 주목하건대 그가 '국토'와 '인민'을 논리적으로 분리해 '주권국가'와 '국

1　후쿠자와 유키치, 『문명론의 개략』, 岩波書店, 1995년, 292쪽.
2　마루야마 마사오, 『문명론의 개략을 읽는다』 하권, 岩波新書, 1988년, 272쪽. 더욱이 이 책에서 마루야마는 후쿠자와의 탈아의식이 그의 사상을 대표하지 않는다고 강조했다. 「끝마치며」에서는 탈아는 시사론이지만 입구는 원리론이라고 구별했다.

민국가'를 떼어서 사고할 가능성을 제공했다면, 그 가능성을 탐색하는 일이 「탈아론」의 공죄를 따지는 일보다 가치 있지 않을까 하는 점이다.

「탈아론」을 비롯하여 후쿠자와는 위기에 직면한 '근대국가'가 어떻게 해야 공동체의 주체인 '인민'의 이익을 실현할 수 있는가를 묻는 가운데 자신의 사상적 노선을 개척했다. 거기에는 얼핏 자명해 보이지만 실은 애매한 '인민'이라는 말이 쉽사리 공동체적 '인종'으로 바뀌는 사고의 통로가 마련되어 있다. 후쿠자와의 「탈아론」이 그의 사상적 원리였는지를 논의하는 일은 무익하다고 본다. 오히려 『문명론의 개략』에서 엿보이는 사상적 풍요로움에도 불구하고, 어찌하여 「탈아론」이라는 짧은 에세이가 평가절상되어 훗날 후쿠자와의 핵심적 주장처럼 간주되었는가? 우리는 이 점을 주목해야 하지 않을까. 어떤 연유로 후쿠자와의 시대에는 뒤얽혀 있던 서양 근대문명을 향한 동경과 회의 혹은 비판이 후세에 이르며 단순해졌는가? 어찌하여 후쿠자와의 해석자인 마루야마에게서조차 후쿠자와가 품고 있는 긴장감을 찾아볼 수 없는가? 이러한 것이 중요한 문제가 아닐까.

인종에 관한 상상은 역사적으로 늘 변하지만 "논리적 형식으로 볼 때 인종은 반드시 배타적 분류의 양식에 따른다"[3]는 사카이 나오키* 씨의 지적에 공감한다. 일본에서 인종적 상상은 기본적으로 대외적 배

---

3 사카이 나오키·고모리 요이치 『전쟁의·식민지의 지를 넘어』, 東大出版會, 2002년, 21쪽.
* 酒井直樹(1946~). 사상가. 일본사상사, 문화이론, 비교사상론, 문학이론 등 여러 영역에서 활약 중이다. 학문·사상의 영역뿐만 아니라 현재 세계 각국을 횡단하는 잡지 『흔적』을 간행해 세계 각지의 연구자와 교류하며 실천적 활동을 전개하고 있다. 한국에 소개된 저술로는 『국민주의의 포이에시스』, 『일본, 영상, 미국』, 『번역과 주체』 등이 있다.

타주의로 이어졌다는 점을 주목해야 한다. 이 경우 '국민에서 인종으로'라는 "신체의 생리적 속성으로 인해 사회적 동일성이 저절로 형성된다는 원칙"에 근거한 '자연화' 프로세스는 모순 없이 '문명론'에 통합될 수 있다. 여기서 사카이 나오키 씨의 지적을 주목해야 한다. 바로 '국민'이라는 선택 가능한 입장과 '인종'이라는 선택 가능하지 않은 듯 보이는 요소를 모순 없이 한 사회와 문화 안에 유기적으로 결합시킨 것은 '문화론'이라는 이름의 '인종주의'였다는 사실이다.[4]

후쿠자와의 「탈아론」과 후일에 만연한 '일본인론' 내지 '일본문화론'이 어떤 관계에 있는지는 따져볼 문제다. 후쿠자와가 면죄받았다고 이 문제를 그냥 넘길 수는 없다. 왜냐하면 오늘날 번성하는 '아시아 연구'나 '지역연구'는 문화론으로서의 인종주의를 그다지 경계하지 않는 토양에서 자라났기 때문이다.

2

중국에서 '아시아'가 문제로 등장한 것은 러일전쟁 이후 쑨원이 「대아시아주의」를 쓰고 나서였다. 이 역시 위기감의 산물이었으나 「대아시아주의」는 분명히 중국식 '천하'관에 기초해 있었다. 왕도로 패도에 맞선다는 발상이었다.

여기서 우리는 러일전쟁은 1904년에 벌어졌지만, 쑨원은 1924년

4 같은 책, 21~22쪽.

에야 「대아시아주의」를 발표했다는 점에 주목해야 한다. 그 사이에 신해혁명이 끼어 있다. 쑨원은 일본에서 동지를 얻어 일단 신해혁명을 성공시킬 수 있었기에 거기서 대아시아주의의 가능성을 모색했다. 하지만 현실주의적 색채가 짙은 후쿠자와의 '문명론'과는 반대로 쑨원의 「대아시아주의」는 너무나 이상주의적 어조였다. 후쿠자와는 '지'智가 '덕'德의 기반이라고 말했지만, 쑨원은 '덕'만 갖춘다면 천하를 얻을 수 있다는 전통적 유가사상을 되살리려고 애썼다. 역사적으로 인종보다 문화의 관념이 강한 중국의 정신 풍토에서 '인종'과 '나라'는 느슨하게 이어져 있었다. '반만'反滿을 슬로건으로 중국 최후의 왕조를 무너뜨렸다는 역사적 사실은 중국에서 '인종'의 상상이 어떤 역할을 맡는지를 단적으로 보여준다. 인종의 상상은 대외적·배타적 구심력이 되기는커녕 내부의 문제를 격화시키고 통치 질서를 뒤흔드는 역동성으로 작용한다.

일본인이나 한국인은 이러한 '인종감각'에 위화감마저 느낄지 모르겠다. 하지만 단지 "중국은 크다"는 것으로 이를 덮어버려서는 안 된다. 동아시아에서 '인종의 상상'이 지니는 각기 다른 역사적 역할이 이 대목에서 엿보이기 때문이다. 그리고 '아시아라는 상상'의 이질성도 엿보인다. 가령 최근 일본에서는 '종의 논리'에 대한 검토와 비판이 등장하고 있다. 그래서 '문화본질주의'를 주장하면 상당히 경계하기 마련이다. 이는 일본에서 '인종'이라는 발상이 품고 있는 위험성을 보여준다. 한국인과 재일조선인도 우선 인종차별에 초점을 맞춰 비판을 내놓곤 한다. 그러나 이러한 비판을 중국으로 이식하기는 어렵다. 애초 '종의 논리' 자체가 중국에서는 통하지 않는다. 가령 일본인의 '만세일계*'萬世一系 같은 논법이 중국인, 특히 근대 이후의 중국인에게는 거의 의미를 갖지 않는다. 오해를 사지 않기 위해 밝혀두지만, 나는 중국에 인종차별 문제가 없다고 생각하지 않는다. 중국의 인종 문제는 전혀 다른 맥락에서 다른 문제와 연관되어 있음을 강조하고 싶을 따름이다.

중국인이 동아시아를 대하는 피부감각은 '인종'이 아니라 '문명'에서 나온다. 여기서도 중국인의 이러한 감각이 한국인이나 일본인이 사용하는 어휘로 표현되고 있다는 점이 까다로운 문제로 남는다. 그래서 미묘한 혼란이 생긴다.

쑨원의 연설 「대아시아주의」를 읽으면 한국인은 중국이나 일본을 중심으로 삼는 짙은 패권주의의 냄새를 맡을지도 모르겠다. 하지만 한편으로는 현대 중국의 정치가가 아시아주의와 인종 상상의 관계를 어떻게 사고하는지를 관찰해볼 수도 있겠다. 여기서 '국가'와 '민족'과 '인종'은 '문화'로 이어진다. 정치가 쑨원의 입장과 1924년 말 중국의 엄혹한 정치 상황을 고려한다면, 「대아시아주의」에서 '문화'란 분명 정치의 근본적 역동성을 의미했다는 것을 알 수 있으리라. 그러나 여기서 쑨원이 말하는 '문화'는 후쿠자와가 『문명론의 개략』의 문명관을 통해 배제했던 것이다.[5]

---

* 일본 신화에 등장하는 초대 진무神武 천황부터 현재까지 천황가가 황위를 세습했다는 의미로, 신적인 기원을 갖는 살아있는 신(현신인)인 천황이 영원히 지배한다는 뜻이다. 과거 「대일본제국헌법」 1조는 천황을 "만세일계"의 존재로 규정했다.

5 여기서 쑨원과 후쿠자와의 '문명론'을 비교할 여유는 없지만, 간단히 말하자면 후쿠자와는 지덕의 시대와 장소를 논함으로써 현대에서 덕치가 불가능함을 암시했다. 후쿠자와에게는 상황에 대응한다는 '원리'가 있고, 그것을 그저 상황주의라고 말할 수는 없지만 쑨원의 '왕도설'과 비교한다면 '문명원리'의 유동성이 잘 드러난다.

쑨원은 연설의 후반부에서 조공체계가 지닌 구심력을 힘주어 강조하고, 나라가 독립하고 민족 간 평등을 달성하려면 '왕도'를 이상으로 삼아야 한다고 역설했다. 말할 것도 없이 정치가로서 이러한 감각은 비현실적이며 그의 포부가 실현될 가능성도 없다. 그러나 이 연설의 생산성은 다른 곳에 있다. 쑨원의 연설은 몹시 흥미로운 역전을 보인다. 연설의 전반부에서 쑨원은 러일전쟁이 끝나 유럽에서 귀국하던 때 서아시아에서 만난 어느 유색인종으로부터 "일본이 이겨 기쁘다"는 말을 들었던 일화를 감동을 담아 꺼내놓는다. 하지만 연설의 후반부에서는 혁명 이후의 러시아를 높게 평가하는 대목이 나온다. "이제 러시아는 유럽 백인과 교제를 끊으려 하고 있습니다. 러시아는 패도가 아닌 왕도를 주장하고 있습니다. 러시아는 인의도덕仁義道德을 주장하지 공리강권功利强勸을 원치 않습니다. 극력공도極力公道를 유지하길 바라지 소수가 다수를 억누르는 것을 찬성하지 않습니다. 이처럼 최근 러시아의 새로운 문화는 우리 동양의 오랜 문화와 잘 어우러집니다. 러시아는 동양과 손을 잡고 서양과 헤어지려 하고 있습니다." 같은 논리로 쑨원은 서양 내부에도 왕도를 믿는 힘이 있다고 강조했다.

일본의 경우 후쿠자와는 일본을 아시아에서 물리적으로 옮긴다는 발상을 통해 서양과의 관계를 조정하려 했지만, 쑨원은 몹시 곤란한 지경에서도 입구入歐를 꾀하지 않았다. 미국의 문명은 백인 문명이라고 단언한 후쿠자와와 달리, 일본을 경계하면서도 북벌 지원을 요구하는 동시에 러시아와 협력해야 하는 뒤틀린 상황 속에서 쑨원은 '인종 논리'의 위험성을 몸소 체험하고 있었다. 그런 의미에서 쑨원은 인종 상상을 허상으로 여기고 '문화'의 내용을 확정할 때도 '인종'의 내용은 확정하지 않았다.

애초 중국인에게 '화이변태'나 '탈아'와 같은 유형의 사고방식은 존재하지 않았다. 여기서 흥미로운 현상이 생긴다. '화교권'이라는 경제·문화적 영역은 몹시 유동적이지만, 그것은 늘 지역으로서 존재하는 '중화'와 모순하지 않으면서 병존하고 중화를 보완하기도 한다. 즉 중국인의 문명 상상은 유동적이지만, 거기에는 늘 물리적으로 고정된 부분이 있다. 역사적으로 여러 민족이 뒤섞여 만들어낸 유동성과 '세계의 중심'이라는 꿈쩍하지 않는 '토지감각'은 역설적으로 결합되어 있다.

따라서 중국에서 '인종'은 구심력을 갖지 못한다. 아무리 한족이 '중화 문명'의 중심이라 하더라도 '중국인론'이나 '한족론' 등이 유행한 적이 없다는 데서 드러나듯, '중화 문명'은 인종적으로 몹시 다양하게 구성되어 있다. 그리하여 사카이 나오키 씨가 지적했던 '국민'에서 '인종'으로 나아간다는 자연화의 정도가 몹시 낮다. 논리적으로 말하면 '국민'과 '인종' 사이에 절단면이 존재하며, 역사적으로 말하면 '국민'과 '인종' 어느 쪽도 중국이라는 넓은 지역을 통합하는 힘이 될 수 없다. 통합력으로서의 '문명'은 유연한 까닭에 량치차오*가 비판했던 "산사(散沙, 흩어진 모래)"적 사회구조를 형성했지만, 동시에 다른 상상의 가능성도 만들어냈다.

---

* 梁啓超(1873~1929). 청말, 중화민국 초의 사상가이자 문학가. 신문과 잡지를 발행해 계몽활동에 힘썼고 정치학교를 개설하는 등 혁신운동을 지도했으며 변법자강운동에도 참가했다. 저서로 『음빙실전집』飮氷室全集, 『중국근삼백년학술사』, 『선진정치사상사』先秦政治思想史 등이 있다.

3

후쿠자와 유키치의 「탈아론」과 쑨원의 「대아시아주의」를 비교하면 몹시 흥미로운 점이 드러난다. 두 텍스트는 모두 현실적 위기의식에서 나왔지만, 둘 다 저자의 정치적 기본 입장을 대변하지 못한다. 그럼에도 중국과 일본이 근대에 들어와 문화로서의 인종을 어떻게 다르게 사고했는지, 그 차이점은 선명하게 반영하고 있다. 신중을 기하고자 가치 판단은 미뤄두고 발상법만 언급한다면, 여기에는 아시아를 논의할 때 중요한 사고의 지점이 담겨 있다.

여기에 이르면 나는 막다른 골목에 몰린다. 만약 문화본질주의라는 함정을 피하려면 에스닉한 문제를 한데 묶어 비판해야지 각각의 특질을 강조해서는 안 된다. 한편 차이를 다루기 위해 각각의 차이가 본질적으로 불가역적이지 않다고 강조하더라도, 그런 강조가 '문화론'이나 '인종론'의 사고방식으로부터 확실하게 거리를 둘 수 있다는 보증은 어디에도 없다.

그러나 궁지에 몰린 나는 샛길을 찾을 생각이 없다. 아시아론 안에 이렇듯 막다른 골목이 감춰져 있는 이상, 그것을 폭로하는 일이 무엇보다 시급하기 때문이다.

동아시아 삼국만 보아도 오늘날 번성하고 있는 동아시아론은 이러한 상황을 고스란히 드러내고 있다. 여러 나라의 연구자가 모여 지금껏 자국에서 다뤄오던 연구 주제를 그대로 '동아시아'라는 애매한 담론의 장으로 옮겨도 된다는 합리성은 대체 어디에 기반하고 있는가? 나아가 '아시아론'이든 '동아시아론'이든 '에스닉'한 발상을 기반으로 삼는다. 그러니 아무리 비교 연구를 거듭해도 국가 단위의 발상은 깨지지 않는다.

이와 표리를 이루며 현실에서 아시아라는 말을 쉽게 꺼내며 국적에 개의치 않는 새로운 인종이 점차 등장하고 있다. 유행가·패션·인터넷·레저 등 언어의 제약을 넘어선 균질 공간이 생겨나고 있는 것이다. 일견 모순되어 보이는 현상이 '아시아'를 합창하며 병존한다. 이러한 현상이 아시아 담론에 내재한 '인종에 관한 발상'의 차이를 교묘하게 가리고 있다. 국제적 이슈로 떠오른 인종차별 등의 인종 문제가 아시아론에 들어오기는 했지만, 효과적으로 이 문제를 가공해내는 메커니즘이 미비한 탓에 그것은 생산적 비판보다는 파괴력으로만 작용하고 있다.

미국의 상황에서 보자면, 그곳의 비판적 지식인에게 관건은 아시아론을 어떻게 '아시아 태평양'이라는 냉전구조의 틀에서 해방하여 친체제적인 '지역연구'로부터 끄집어낼 수 있는가가 될 것이다. 하지만 동아시아에서는 무슨 목적으로 아시아를 이야기하는지, 어떻게 말해야 생산적인지 등의 문제를 아직 충분히 곱씹고 있지 않다. 이를테면 중국의 학계에도 '아시아 태평양 연구'라는 분과학문이 존재하지만, 거의 냉전기의 유물로 남아 있을 뿐이다. 이러한 사정이니 아시아라는 '과제'가 사상의 계기로 전화될 리 만무하다. 아시아라는 감각마저 마련되지 않았다. 물론 근년에 중국에서도 아시아 담론이 등장했다. 하지만 대다수 중국인 사이에는 중국의 어느 지역을 말하는 것이 곧 아시아를 말하는 것이라는 사고방식이 완고하게 버티고 있다.

따라서 아시아를 말한다며 실은 자신을 확대할지 모른다는 위험성을 늘 경계해야 한다. '문화제국주의'를 비판한다고 이러한 위험성을 충분히 슒아낼 수 있는 것도 아니다. 중국인에게 '국가'로부터 '인종'에 이르는 감각은 몹시 애매하다. 같은 어휘를 사용하지만 피부감각이 몹시 다르다. 따라서 중국인은 아시아가 국가 간 집합체라는 의식도 엷다. 그런데도 '중화 패권주의'를 거론하는 일로 충분할 것인가. 만약 아시아가 국가 간 집합체가 아니라 일국 단위의 감각을 깨뜨리는 이념이라면, 우리는 쑨원의 '왕도 이상'에서 어떻게 빠져나올 수 있을까.

한편 한국과 일본의 지식인에게 아시아를 이야기하는 일은 무척 실질적인 문제일 것이다. 가령 동아시아라는 시각을 확립하고자 할 때, 개인차는 있겠지만 동아시아를 일반론으로 제시하고자 자기주장을 내놓는 경향이 강하다고 할 수 있을 것이다. 전쟁으로 뒤얽힌 역사를 살아가게 된 삼국 사람들이 자기주장을 내놓을 때 직면하는 까다로운 문제는 바로 책임감과 비판정신이 문화본질주의와 늘 종이 한 장 차이라는 점에 있지 않을까. 아시아를 이야기하면 새로운 시각을 내놓는 것일까, 아니면 이미 정착해 있는 국가 단위의 발상을 합리화하는 것일 뿐일까. 여기서 근본적 분기점은 바로 종이 한 장 차이다.

나아가 오늘날 아시아를 말하는 동아시아인이 자신의 역사적인 사상 자원을 활용하지 않는다는 상황도 지적해야겠다. 한국의 사정에 밝지 못한 나로서는 중국과 일본만을 관찰하며 느낀 점인데, '아시아'라는 역사적 기억을 꺼내면 불쾌한 감정도 함께 올라오기 때문에 이를 피하려면 포스트콜로니얼을 쫓든지 '지역연구'로 옮겨가든지, 이두 가지 선택지밖에 없는 것처럼 보인다. 그런 식으로 이론과 접목된

아시아론은 아시아를 말하는 우리의 피부감각을 마비시키고 있다.

　　이때 피부감각이란 동아시아에서 엄연히 존재하는 '인종'감각을 가리킨다. 일본에서 '역사교과서 문제'가 불거지자 인종 문제는 여전히 해결되지 않은 채 은폐되어왔다는 사실이 더욱 분명해졌다. 인종 감각이라고 반드시 인종차별 문제가 있을 때만 수면 위로 올라오는 것은 아니다. 근대국가가 국민을 동원하고 통합하는 힘으로서 그것은 국민 사이에서 잠재적으로 작용하고 있다. 일상생활에서 우리는 인종 주의적 상상을 수동적으로 받아들일 뿐 아니라 복잡한 방식으로(때로는 그것을 부정하는 형태로) 그 재생산에 동참한다. 우리가 내놓은 내셔널리즘 비판은 왜 '역사교과서 문제'를 막지 못했는가, 전쟁책임을 추궁하는 일은 어떻게 해야 젊은 세대에게 사상의 힘을 불어넣을 수 있는가. 이처럼 정치적 올바름으로는 다룰 수 없는 복잡한 문제들이 실은 아시아라는 담론 공간에서 눈에 보이지 않는 뼈대를 이루고 있는 게 아닐까.

　　아시아론은 아시아 지역을 살아가는 우리가 내놓을 수 있는 세계적 담론이자 역사적 유산이다. 이제 아시아는 정신이자 담론으로서 우리의 피부감각에 스며들고 있다. 한국의 상황을 공부하지 못한 나로서는 애당초 동아시아에 대해 논할 자격이 없다. 하지만 쑨원과 후쿠자와로 거슬러 올라가면서 적어도 아시아를 이야기하는 데 따르는 곤란함은 헤아릴 수 있었다. 동아시아에서는 서구의 비판적 지식인과 비슷한 방식으로 '아시아'를 말할 수 없을지 모른다. 서구의 비판적 지식인과 더욱 효과적으로 대화하기 위해서라도 우리는 우리 사이에 존재하는 아시아라는 상상을 둘러싼 차이점을 더욱 분명히 인식하고 역사의 기억을 되살려 정신적 유산을 공유해야 할 것이다.

오카쿠라 텐신을 다시 읽는다

1

오늘날 오카쿠라 텐신의 이름을 다시 꺼내려면 그만한 이유가 있어야 할 것이다. 그는 벌써 100년 전에 활동한 인물이다. 그의 주장과 사고 방식이 오늘날 상황에 그대로 들어맞을 리 만무하다. 그런데 '텐신'은 이미 하나의 상징으로 정착되었다는 인상마저 있다. '텐신'에 관해서 는 대체로 "아시아는 하나"라든가 "사랑"이라는 이미지를 꽤나 공유하 고 있다. 따라서 오늘날 텐신을 다시 논한다면, 그 이유는 결국 '텐신' 의 상징을 깨뜨리고 그를 역사화하는 작업이 지금 요청되고 있기 때 문이리라.

그렇다면 어찌하여 텐신을 둘러싼 '상징'의 파괴가 요청되는가. 텐신이 남긴 두 개의 텍스트, 「동양의 이상」(1905)과 「동양의 각성」 (1901)을 읽어나가며 그 단서를 찾아보려 한다. 다만 나는 텐신 전문가가 아니며, 나의 독해 방식도 결코 유일한 것이 아니다. 이를 전제로 텐신이 말하고자 한 바가 대체 무엇이었는지 음미해보고자 한다.

먼저 "아시아는 하나"라는 테제에 관해 말하자면, 이것은 분명 "유럽은 하나"라는 테제에 대한 안티테제로서 나온 것이다. 이미 많은 논자가 이 점을 논하고 있으니 반복은 피하겠지만, 한 가지만 덧붙인다면 텐신은 유럽 내부의 모순을 깊이 인식하여 "하나"임을 주장했다. 그는 이렇게 말했다. "유럽의 나라들은 서로 시샘하면서도 동양인을 향해서는 결속하여 늘 위압적 태도로 나오기를 주저하지 않는다."[1] 하나인 유럽은 어디까지나 아시아에 대한 '침략의 연합체'로서 하나며, 유럽이 "하나"가 되면 될수록 아시아에는 더욱 심각한 재앙이 된다. 그런 의미에서 "유럽의 영광은 아시아의 굴욕이다."[2] 그리고 유럽의 "서로 시샘하는" 원리와는 달리, 아시아의 원리는 오히려 '다양성'에 있다.

텐신은 이렇게 이해했다. 유럽은 이익을 강탈하려고 "하나"가 되지만, 아시아는 "서양의 오만"을 매개로 삼아서 비로소 "하나"일 수 있다. 다만 아시아는 서양과 같은 "힘"이 아니라 오히려 "사랑과 평화의 본능"[3]에 의해 "하나"로 완성된다.

하지만 텐신은 결코 낭만적인 시를 읊지 않는다. 영국인과 인도인을 향해 영어로 작성한 두 편의 논문은 얼음처럼 차가운 시선으로 일관하고 있다. "사랑"에 대한 텐신의 이해 방식도 예외는 아니다. 비종

---

1 「동양의 각성」, 『오카쿠라 텐신 집』 제1권, 平凡社, 1980년, 159쪽.
2 같은 책, 136쪽.
3 같은 책, 161쪽.

교적이고 일상적인 우리의 생활감정에 기대어 문면만 훑는다면, 텐신의 '사랑'은 그저 비폭력적이며 세상의 만물을 허용하는 감정이라고 읽힐지도 모르겠다. 하지만 그렇게 이해한다면, 다음과 같은 표현은 해석해낼 수 없을 것이다.

> 1) 동양의 위대한 자유는 여기에 머물지 않는다. 우리는 사회의 내측에서 자유를 가질 뿐 아니라 사회 자체로부터의 자유, 즉 탈속인世捨人으로서 살아갈 수도 있다. (……) 세속의 이름과 사회관계를 버리고 떠나 자연의 자식으로서 다시 태어난다. 그는 모든 애정을 저버린다. 그의 애정은 보편적 사랑이기 때문이다.[4]

> 2) 청일전쟁은 동양의 수역水域에서 우리나라의 지배권을 명시하고, 더구나 양국을 한층 더 긴밀한 우호 관계로 다가서게 만들었다. 실은 한 세기 반에 걸쳐 바깥에서 발견하려고 애써온 새로운 국민 활력의 자연스런 성과라고 하겠다.[5]

먼저 1에 관해 말하자면, 동양의 자유가 서양의 자유보다 얼마나 우수한지 증명하기 위해 사회적인 것과 초사회적인 것의 조화가 동양 문명사상의 전체성을 떠받치고 있다고 강조하는 대목이다. 그는 여기서 두 가지 '사랑'을 말한다. 세속의 애정과 탈속인의 애정. 이 둘은

4 같은 책, 152쪽.
5 같은 책, 112쪽.

언뜻 보기에 대립하는 '사랑'이다. 다만 "모든 애정을 저버"리는 "보편적 사랑"이라며 텐신이 담박하게 정리한 탈속인의 특정한 시좌에 기초해 가치관을 수립하지 않는 이상, 그 사랑은 '보편화'라는 이데올로기적 조작으로 정당화된 서양의 '폭력'과 본질적으로 다르지 않을지도 모른다.

텐신이 '예술'에 발 딛어 동양의 이상을 강조한 까닭은 단지 그가 미술계에서 활동해서도, 영국의 여성을 상대로 글을 써서도 아니다. 거기에는 어떤 정치적 이유가 담겨 있다. 즉 속세와 관계를 가지면서도 속세를 버린다는 딜레마 속에서 바로 근대세계의 모순을 마주볼 수 있는 것이다. 그렇게 마주보는 태도를 그는 '조화'라고 불렀는데, '조화'는 결코 소극적이며 수동적인 '수용'을 뜻하지 않는다. 「동양의 이상」에서 텐신은 메이지 시대를 다루는데, 이 장면에서 정치에 관한 태도가 단적으로 드러난다. 그것은 분명히 두 번째 인용문에서 드러난 청일전쟁에 관한 생각으로 이어진다.

텐신은 메이지 초기의 사상가다. 그는 당대의 여느 사상가와 공통된 요소를 공유하고 있었다. 바로 서양의 위협에서 일본을 지켜내야 한다는 위기의식이다. "아시아는 하나"라고 주창했을 때, 그는 결코 후쿠자와 유키치의 「탈아론」과 반대편에 서 있지 않았다. 다만 후쿠자와는 아시아의 '나쁜 벗'을 사절하려고 한 반면, 텐신은 나쁜 벗을 이끌어(이것은 이후 군국주의의 사조와 종이 한 장의 차이며, 종이 한 장의 차이로 인해 본질적으로 다르다) 우호 관계를 맺으려 했다. 청일전쟁에 관한 그의 발언은 그런 맥락을 고려해야 비로소 이해할 수 있다.

텐신의 동양관을 "아시아는 하나"와 "사랑"이라는 식으로 정리한다면 그가 품고 있던 이러한 정치성을 놓치고 만다. 그래서 나는 굳이 두 논문의 핵심어를 '사랑'과 '힘'과 '이익'이라고 간추려보고 싶다. 물론 세 가지 핵심어는 같은 무게로 다뤄지지 않았다. 중점은 '동양의 사랑'에 놓인다. 그러나 르네상스에 관한 그의 평론에서 알 수 있듯이 그는 유럽에서 나온 '힘'과 '이익'을 결코 경시하지 않았다. 르네상스에 관한 그의 평가는 이러하다. "그 생명은 그 현란한 재기才氣로 볼 때 무시무시하고, 그 범죄로 볼 때 장대하다. (……) 근대의 정신은 신을 떠나 황금으로 달려든다. 인간 내부의 경쟁이 깨져 서양은 다른 형태의 정복을 개시한다."[6]

동양의 '사랑'과 '조화'는 서양의 탐욕에 어떻게 맞설 수 있는가. 이것이 텐신에게는 일종의 딜레마였다. 그는 동양이 사랑의 웅대함으로 서양의 야만성을 극복할 수 있다고 역설하면서도 동양이 '전쟁'에 나서야 한다고 강조했다. 무엇보다 그가 말하는 '사랑'에 "모든 애정을 저버린다"는 특성이 내재한다는 것을 인식하지 않으면, 아마도 텐신의 「동양의 이상」이 말하는 윤리성의 성질을 제대로 파악하기는 힘들 것이다.

오늘날 시대는 크게 변했다. 「동양의 이상」이 발표된 이후, 세계는 두 차례의 세계대전을 거쳤다. 텐신이 피력한 인류의 삶과는 반대의 방향으로 역사는 움직여온 듯하다. 그리하여 텐신이 주창한 '동양의 가치관'은 결국 현실에서 유리된 유토피아로 간주되거나 아니면 망각되었다. 어느 쪽이든 텐신의 사유를 과거의 것으로 여겨 매장하

---

6 같은 책, 157쪽.

는 일에 다름 아니다. 그렇기에 우리는 이러한 질문을 던지게 된다. 텐신은 오늘날 과연 생명력을 갖고 소생할 수 있을까? 그의 논점은 분명 이 시대에 들어맞지 않으며 위험한 대목마저 있다. 그러나 그의 발상이 오늘의 과제 의식과 동떨어지지 않았다면, 그 관계는 어떠한 매개를 거쳐 드러날 수 있을까?

2

텐신의 가장 정치적인 텍스트 「동양의 이상」과 「동양의 각성」은 분명히 자기모순을 간직하고 있다. 그것은 '사랑'(세간의 사랑인지 보편적 사랑인지 불문하고)과 '힘'의 관계에서 기인한다. 텐신은 '사랑'으로써 '힘'을 부정한다는 논리와 '힘'으로써 '힘'에 맞선다는 논리의 중층적 발상을 견지했다. 그러나 그는 그것의 중층적 구조를 분명히 밝히지 않았다. 애초 '예술'의 길을 걷는다면 '힘' 역시 '사랑'으로 치환할 수도 있겠지만(텐신의 청일전쟁관을 보라), 국제정치를 논하는 경우라면 그런 모호함은 허용되지 않는다.

　따라서 우리는 어떤 전환을 통해 텐신의 핵심어를 다시금 정의해야 한다. 나는 '사랑'을 '도의'로, '힘'을 '정치권력'으로, 나아가 '이익'을 '경제'로 바꾸고자 한다. 이렇게 전환해야 텐신이 내놓은 최대 아포리아가 오늘날의 문제로서 부상할 것이기 때문이다.

　우선 '사랑'은 '힘'이나 '이익'과 동떨어져 존재할 수 없다는 점을 지적해두고 싶다. 텐신은 예술과 문화에 주안점을 두었으니 이 문제를 정면으로 다룰 필요가 없었을지 모른다. 그러나 지금 이 문제를 분명히 정리해두지 않는다면, 텐신의 사상이 왜 나중에 침략 이데올로기로 이용되었는지를 해명할 수 없다.

오늘날 오카쿠라 텐신의 이미지라고 한다면, 그가 말한 '사랑'이라는 테제가 그것 배후의 구체적 상황성과 괴리되어 왕왕 애매한 형태로 들먹여지는 식이다. 그리하여 '사랑'은 어디까지나 정치와 경제와는 무관한 문제로 다뤄지며 종종 정치나 경제와 대립하는 것처럼 정의된다. 굳이 말하자면 정치와 경제는 실익과 결부되지만, 사랑은 순수하며 실제의 타산과는 관계없는 것으로 간주된다. 텐신의 텍스트에서는 '사랑'이 결코 정치나 경제와 동떨어진 이야기가 아니었는데, 왜 후세에 와서는 고립된 채 추상화되었는가? 그것은 아마도 사회의 사유구조가 '사랑'을 어떻게 자리매김했는가에 그 원인이 있을 것이다. 거기에 맞물려 정치와 경제를 각각 고립된 형태로 다루는 사유구조도 '사랑'을 그것들로부터 유리시켜 사고하도록 부채질했다.

그렇다면 텐신은 '사랑'을 꺼내들어 무엇을 말하고자 했던가? 단지 인간의 자연스런 감정을 말할 작정은 아니었다. 그는 사회 질서로서 '사랑'을 주창했다. 「동양의 이상」에서 "아시아의 영광"으로서 주장한 평화, 조화, 동정, 예양 등의 가치야말로 '사랑'의 내실을 보여준다. 그는 애매한 '사랑'이라는 이미지를 통해 분명히 '동양의 도의'를 표현하려 했다. 다만 도의와 '힘'의 관계는 깊이 다루지 않았다. 도리어 천황제의 정치력을 무조건적으로 옹호하는 일과 '미'와 '예술'이라는 '동양의 이상'을 결부시키고자 했다. 그리하여 '도의'(즉 '미'와 '사랑')는 결국 '힘'을 낳는 원동력으로 규정되었다. 다름 아닌 이 대목이 그를 생산적으로 계승하려는 작업의 장해물이 된다.

오늘의 세계 정세를 보면, '동양'에서든 '서양'에서든 도의와 정치가 양립하기 어렵다는 사실을 쉽게 알 수 있다. 어떤 의미에서 도의는 정치의 구실이 되어 정치 행위를 정당화한다. 그것은 '국가'가 권력 구조로서 가장 일반적으로 작동하는 방식이기도 하다. 하지만 역사적으로 생각한다면, 특히 두 차례에 걸친 세계대전 이후 세계의 국가들은 결코 동등하지 않았다. E. H. 카의 개념을 빌리자면, 세계대전을 거치며 '만족국가'滿足國家와 '불만족국가'不滿足國家[7]가 생겨났다. 전자는 현 상황을 유지하며 세계를 제패하려는 국가며, 후자는 현 상황에 불만을 느끼고 그것을 전복하려는 국가다.

국제 관계에서는 만족국가와 불만족국가 사이의 모순이 늘 '국제 도의'의 내실과 양상을 결정한다. 전자는 세계의 자원을 많이 점유하고 후자에 대해 우위를 점하기 때문에, '도의'의 면에서 후자에는 없는 어떤 '여유'마저 갖는다. 그 여유에 근거해 마치 세계의 도의를 대표하는 양 자신의 가치관을 '보편적인 것'으로서 퍼뜨리려 한다(언행불일치로 결국 그 기만성을 드러내지만). 가령 미국에서 나온 『인권백서』 등은 힘의 불균형을 전제해서만 작성될 수 있을 것이다. 거꾸로 후자는 국제 관계 안에서 불리한 입장으로 내몰려 있으며 도의의 면에서 국제적 규탄을 받기 쉽다. 북한, 이라크, 이란 및 남아메리카 나라들에 대한 국제 인식 속에서 해당 사례를 어렵지 않게 찾을 수 있다.

이러한 국제 정세를 감안하건대 "도의란 무엇인가"는 결코 자명

---

7 E. H. 카, 『위기의 20년』, 岩波書店, 1968년, 142쪽.

한 문제가 아니다. 사람들이 말하는 낯익은 '도의'는 실은 만족국가의 자기중심적 기준이 국제적으로 통용되는 것에 불과하다. 한편 도의는 정치에 의해, 정치는 경제에 의해 좌우된다는 결정론의 시각에 서면, 오히려 현상 추인이 되고 만다. 이리하여 우리는 여지없이 어떤 딜레마에 직면한다. 만약 '도의'를 선험적 전제로 삼으면, 우리는 만족국가의 헤게모니와 공범 관계에 들어설 위험성이 있으며, 이를 피하려면 '도의'를 정의 내리는 작업에서 출발해야 한다. 한편 도의의 이러한 '기생'적 측면만을 강조한다면, 결국 도의에 대한 허무주의라는 함정에 빠질 수 있다.

텐신은 일본의 '국민국가' 형성기를 살아간 열렬한 내셔널리스트였다. 그의 '일본주의'를 질타하거나 그를 훗날 파시스트의 대동아신질서 이데올로기의 창시자라고 힐난하는 것은 애초 '반反역사적 관점'에 서지 않으면 불가능한 일이다. 그렇듯 거친 이데올로기 비판이 오늘날의 긴요한 사상 과제는 아닐 것이다. 그보다 텐신의 낭만적 '문명관'을 음미하는 편이 지금이야말로 지적 훈련으로서 의의가 있다고 여겨진다. 왜냐하면 우리는 텐신의 '정치적 낭만주의'(마루야마 마사오의 말)의 정치성을 추상적 '사랑'으로 바꿔치기하여 '사랑'만이 관계를 잃고 허공에 떠버리는 현상을 종종 목도하기 때문이다.

마루야마 마사오는 1958년에 텐신의 내셔널리즘 속에서 "정치적 낭만주의의 '논리'에 새겨진 특유의 함정"을 예리하게 읽어냈다. 다시 말해 역사를 이상화하여 소여所與로서의 역사를 존중하는 동시에 '미'를 매개로 주관적 입장을 확립하여 그것을 역사에 일체화시킨다는 패러독스다. 이러한 입장에서 말하자면, 텐신의 내셔널리즘은 후쿠자와 유키치나 우치무라 간조*에 비해 체제 비판의 요소가 약하다. 더구나 텐신은 유기체적 논리에 근거해 동양의 문화적 창조력을 오로지 내발적인 것으로 간주하고, 근대의 충격을 겪기 이전으로 역사가 돌아가기를 바랐다. 텐신은 근대 이후 동양문화의 창조력은 서양이 남겨준 충격과의 상호작용을 빼놓고는 이해할 수 없다는 사실을 부정했다. 마루야마는 이것이 치명적 약점이라고 지적했다.[8]

이러한 지적은 『일본정치사상사 연구』의 모티프로 이어진다. 마루야마는 일본의 '순수한 역사'로 돌아가서 '근대의 초극'을 달성한다는 것은 거짓 논리라고 논파한다. 그 점에 관해서 말하자면 텐신에 대한 마루야마의 판단은 올바르지만, 그 판단의 근거는 오히려 텐신의 문화 가치와 대립한다. 마루야마는 텐신이 말하는 자유에 자기실현으로서의 자유라는 관점이 결여되어 있다고 보고, 텐신이 사회적 정체停滯를 부당하게 미화했다고 비판했다. 그때의 판단 기준은 모두 유럽의 '근대적 사유'에서 얻은 가치관에서 유래했다. 그리하여 마루야마는 텐신의 '정치적 낭만주의'가 지닌 약점을 날카롭게 간파했지만, 유럽의 맥락과 무관할 수 없는 '정치적 낭만주의'라는 카테고리에 매여 텐신이 품은 또 하나의 가능성을 간과하고 말았다.

그 가능성은 "유럽은 하나"라는 테제와 대척을 이루어 텐신이 "아

---

* 内村鑑三(1861~1930). 사상가. 1878년 삿포로 농학교에서 세례를 받았다. 외국 선교사의 도움을 거절하고 1882년 자신의 힘으로 교회를 세웠으며, 자유로운 종교사상으로 후대에 크나큰 영향을 끼쳤다. 잡지 『시라카바』는 그의 제자들이 창간한 것이다. 저서로 『기독신도의 위로』, 『구안록』求安錄, 『나는 어떻게 크리스천이 되었는가』 등이 있다.
8 마루야마 마사오, 「후쿠자와·오카쿠라·우치무라」, 『마루야마 마사오 집』 제7권, 岩波書店, 1996년, 350~364쪽.

시아는 하나"라는 테제를 내놓고, 유럽이 무력을 동원하여 동양으로 침입한 것을 매개로 동양이 형성되었다는 발상에 잠재해 있다. 이 대목에서 그는 '사랑'을 말한 것이다. 그로 인해 텐신은 오늘날까지도 '일본낭만파'와 달리 생명력을 간직하고 있다.

비록 러일전쟁이 쑨원을 들뜨게 만들었다고는 하나 텐신이 살아가던 시대에 백인의 유럽에 맞서 '유색인종의 아시아는 하나'라고 주장하는 것이 과연 얼마나 현실적 기반을 지니고 있었는지는 의문이다. 더욱이 이후의 역사 속에서 일본은 동양의 박물관이기는커녕 동양의 도깨비라는 역할을 맡지 않았던가. 그럼에도 텐신의 꿈은 마냥 과거의 것이 되지는 않았다. 오늘날 'ASEAN+3'이든 '동북아시아 공동체'든 모두 텐신의 꿈을 재연하는 것처럼 보인다. 비록 그 내실은 '사랑'이 아니라 '이익'(경제)이지만 말이다.

우리는 더 이상 마루야마처럼 텐신을 '정치적 낭만주의'자로 정리하는 시점에 머물러 있을 수 없다. 우리는 나아가 왜 오늘날의 '아시아 공동체'라는 구도 속에서 텐신이 다시 부상하고 있는지 곱씹어봐야 한다.

오늘날 '아시아 공동체'라는 틀은 경제적 기반을 가진 것처럼 보인다. 아시아 공동체의 모델로 여겨지는 것은 역시 EU라는 "하나"다. 그럼에도 아시아 공동체는 물론이거니와 동북아시아처럼 일부 '아시아'에서도 '공동체'는 출현하지 않았다. 그것이 텐신이 부상하는 가장 중요한 이유라고 말할 수 있을 것이다.

3

애초 메이지 사상가 가운데 현재의 '아시아 공동체 수요'에 정면으로 응할 수 있는 인물로 텐신만 한 자가 없는지도 모른다. 왜냐하면 "아시아는 하나"라고 예언했을 때, 그는 이미 오늘날 "하나가 되지 못하는 아시아"도 예언했기 때문이다. 그 점을 간파한 사람이 다케우치 요시미였다.

다케우치 요시미는 1962년에 「오카쿠라 텐신」을 발표했다. 이 글에서 그는 마루야마와는 다른 각도에서 텐신의 사상적 가능성을 검토했다. 마루야마와 마찬가지로 그도 텐신의 낭만주의적 면모를 지적했을 뿐 아니라 텐신에 대한 일본낭만파의 평가를 덮어두고 텐신의 낭만주의를 인식하기란 어렵다고도 말했다. 다만 마루야마와 달리 그는 텐신의 낭만주의를 곧장 슈미트 식의 '정치적 낭만주의'로 회수하지는 않았다. 그는 되도록 텐신이 지닌 낭만주의의 독특한 의미를 가다듬어 일본낭만파와 어떻게 다른지를 밝히고자 했다.

다케우치 요시미는 "하나라는 판단은 사실이 아니라 요청"[9]이라고 지적한다. 그에게 이 요청은 결코 낭만적 꿈이 아니었다. 텐신은 아시아의 나라들이 서로 다른 문화 때문에 고립되어 있다는 상황 인식에 근거하여 "아시아는 하나"라는 테제를 내놓았다. 그 테제에는 리얼리티가 담겨 있었다. 다케우치 요시미는 텐신의 위기의식이 텐신의 테제에 리얼리티를 입혔다고 생각했을 것이다. 그러나 「오카쿠라 텐

---

9 다케우치 요시미, 『일본과 아시아』, 筑摩書房, 2007년, 409쪽.

신」의 초점은 거기에 있지 않다. 이 텍스트는 방사능을 뿜고 있는 사상가 오카쿠라 텐신을 어떻게 역사의 상황성에서 파악할 수 있는가를 중심 과제로 삼고 있다. 우리는 아시아주의에 관해 그가 쓴 다른 글을 참고하여 텐신론의 행간에 담긴 문제의식을 읽어낼 수 있다. 그는 텐신의 낭만주의를 그저 일반론, 즉 "근대의 충격을 받지 않은 이전의 역사"로 돌아가자는 주장으로 보지 않았다. 오히려 텐신이 이자와 슈지*와 대립하고 고야마 쇼타로**와 벌인 논쟁에서 그의 문명관과 아시아관의 경계선을 그려냈다. 이 작업은 관념이나 추론의 위상에서 벗어나 텐신을 이해하고 다양하게 해석할 수 있는 길을 개척했다는 데 진정한 의미가 있다.

텐신을 둘러싼 마루야마와 다케우치의 평가는 겹치는 대목도 있기에 결코 대립한다고 볼 수는 없다. 하지만 둘 사이에는 근본적 분기점이 있다. 여기서 그 대목을 자세히 다룰 수는 없지만, 한 가지만 지적해두자면 마루야마에게 이성의 법칙과 윤리적 규범은 꿈쩍 않는 기준이었던 데 반해, 다케우치는 일본 근대의 '합리주의'에 맞선 텐신의 '미의 정치성'을 높이 샀다(다케우치는 텐신의 '미의 정치성'은 어디까지나 이자와와의 구체적인 대립을 통해서 이해해야 한다고 강조했다). 그런 까닭에 마루야

마가 그저 '아이러니'라고 평가했던 텐신의 '서양문명관 비판' 속에서 다케우치는 거꾸로 '문명의 요기要器'를 개혁하는 "불퇴전의 용을 발휘하는" 자세를 발견했던 것이다.

1972년 10월 하시카와 분조*는 『아사히 저널』에 「후쿠자와 유키치와 오카쿠라 텐신」이라는 논문을 발표하고, 2년 후에 『근대 일본과 중국』에 수록했다. 그는 마루야마와 다케우치의 분기점을 되도록 생산적 형태로 계승하고자 시도했다. 그러한 고심이 바로 「후쿠자와 유키치와 오카쿠라 텐신」에 담겨 있다. 두 사상가를 대척적으로 다루는 하시카와의 작업은 비슷한 시기를 살아간 후쿠자와, 오카쿠라, 우치무라에게서 공통점을 포착하려고 한 마루야마의 방식이나 텐신만을 따로 다룬 다케우치와도 달랐다. 오히려 마루야마와 다케우치 각각의 시점을 동시에 계승했다고 말할 수 있다. 마루야마의 '메이지 일본의 근대적 사유'라는 시좌와 다케우치의 '서양 근대에 맞서는 동양의 주체적 존재방식'이라는 시좌는 후쿠자와와 텐신을 다루는 하시카와의 논문을 통해 비로소 그 접점이 드러났던 것이다.

하시카와 논문의 한 가지 초점은 후쿠자와와 텐신의 상반된 '문명비평'의 입장을 어떻게 다룰 것인가에 있다. 하시카와는 마루야마의 시좌를 계승하여 유교 비판에 근거한 후쿠자와의 '중국정체론'中國停滯論에서 '계몽의 과제'를 발견하고, 「탈아론」을 포함해 그 내용을 적극적으로 받아들였다. 동시에 하시카와는 마루야마와 달리 후쿠자와의 문명론에 대해 유보적 태도를 보이기도 했다. "후쿠자와가 문명을 비평하는 방법은 계몽의 효과를 구하는 데 급급한 나머지, 하나의 문명에 내재하는 생명력이라 할 것에 대해 거의 감수성을 결여했다."[10] 여기서 마루야마가 '유기체적 논리'(즉 상황과의 상호 교섭을 부정하는, 이른바 '문화본질주의'의 인식론)라며 거부한 아시아 문명의 '내발적 창조성'에서 하시카와는 다른 가능성을 예리하게 끄집어냈다. 그리고 "지배 관계를 은폐하고 사회적 정체를 부당하게 미화했다"며 마루야마가 힘주어 비판한 텐신의 문명관에 착목하여 아시아 문명의 역사적 다양성을 발굴하려고 했다. 하시카와에게는 후쿠자와 덕분에 재빨리 아시아 문명의 '정체 상태'에 눈을 뜨고, 텐신에 힘입어 아시아는 결코 후쿠자와가 말하듯 단순하지 않다고 의식하는 과정이 후쿠자와와 텐신의 가장 큰 '접점'이었다.

후쿠자와에게는 정치·사회 제도와 기구가 문명의 축을 이루지만, 텐신의 경우에는 종교나 예술이 전면으로 나온다. 그 차이를 지적한 하시카와는 유교를 중국 문명의 유일한 표상으로 간주하거나, 계몽적 이성을 문명 비평의 유일한 척도로 삼는 것의 한계를 분명히 지적했다. 그리하여 그는 "정치적 낭만주의"라며 마루야마가 일축한 텐신의 '미적 판단'의 정치적 가능성을 다케우치와 같은 시좌에서 재발견하려고 노력했다.

다케우치는 일본낭만파의 해석에 따라 텐신을 이해한다면 텐신의 풍부한 내실을 놓칠 것이라고 지적하고는 역사적 상황에서 텐신을

10　하시카와 분조, 『근대 일본과 중국』, 朝日新聞社, 1974년, 25쪽.

이해해야 한다고 조언했지만, 작업을 더 이상 진척하지는 않았다. "하나"는 어디까지나 상황 인식이 아니라 이념에서 나왔다는 '문제의 핵심'을 분명히 밝혀둔 채 손을 뗐다. 대신 그는 한 가지 흥미로운 '숙제'를 남겼다. "하나"를 당연한 테제라고 받아들이지 않고 '수수께끼'라고 여긴 것이다. 하시카와는 다케우치의 문제의식을 계승하여 다음과 같은 물음을 내놓았다. 텐신은 아시아의 다양성과 분열성을 알고 있었음에도 왜 "하나"라는 요청을 내놓았던가. 텐신의 직관이나 지식에 따르면 "하나"라는 공허한 명제가 나올 리 없었기에 "하나"란 '수수께끼'였다.

하시카와는 후쿠자와의 탈아론으로 돌아와 이 '수수께끼'와 마주했다. 청일전쟁 이후 탈아론의 사상적 유효성과 사상가로서 후쿠자와의 생명은 함께 막을 내렸다. 하지만 하시카와는 텐신이 시대의 전환기에 "문명종文明種 일본인"이 궁극과 보편을 구하는 사랑을 깨우치도록 애썼다고 평가했다. 그 후로도 형해화된 탈아론이 지속되는 사이비 문명의 흐름 속에서 텐신은 본인이 가장 꺼려할 형태로 활용당했다. 하지만 텐신은 적어도 역사의 전환기에 사상의 역할을 맡을 수 있었다.

4

마루야마, 다케우치, 하시카와는 각각의 과제 의식에 근거해 텐신을 해설했지만, 텐신이 왜 "하나"를 주장했는가라는 '수수께끼'는 여전히 남아 있다. 왜냐하면 오늘날의 텐신 이해는 텐신을 공소하게 만든 까닭에 현실로부터 유리되었기 때문이다.

하시카와의 텐신론은 마루야마와 다케우치의 과제 의식을 가장 생산적으로 계승한 것이었던 만큼, 겉보기 이상으로 내실이 풍부하다. 그렇다면 거기서 사고를 앞으로 한 걸음 내딛는 것이 오늘날 텐신론의 과제가 아닐까. 만약 하시카와의 논의를 기점에 두고 텐신의 "하나"를 도달점이 아니라 이념으로 받아들인다면, 아마도 다음과 같은 문제를 꺼낼 수 있을 것이다.

텐신의 '사랑'이라는 테제가 자연스런 감정의 수준에서 나온 것이 아님은 앞서 밝힌 바 있다. 여기서 그의 '사랑'을 '도의'로 바꿔보면 새로운 시야가 열릴지 모른다. 특히 국제정치의 장에서 '도의'와 '헤게모니'의 결합을 직시하면서도 도의가 지닌 정치적 의의를 추구하는 일은 낡은 동시에 여전히 참신한 과제다. 텐신의 사랑과 미는 일본을 넘어선 형태로 일본에 호소하고 있다. 물론 '비이성적'이라고 간주되어 그것의 정치적 기능은 무시되곤 했다. 하지만 텐신을 매개로 삼아 오늘날 국가(당연히 일본만 가리키는 것은 아니다)의 모습을 재고하는 노력은 "아시아는 하나"라는 이념을 되살리는 일로 이어질 것이다.

하시카와의 지적처럼 청일전쟁은 어떤 의미에서 일본의 근대를 크게 규정했다. 그러나 하시카와는 텐신의 "아시아는 하나"라는 새로운 이상을 일본 근대의 행보와 대척적 지점에 위치시켜 청일전쟁에 대한 텐신의 태도를 놓치고 말았다. 그래서 더 이상 땅 위에 발을 붙이지 못한 채 허공으로 떠버렸다. 텐신이 단순한 예언자였다면, 예언이 실현될 수 없을지도 모를 현실에서 후쿠자와처럼 생명력을 잃어갔을 것이다.

하시카와가 다다른 지점에서 우리가 출발하려면 텐신의 정치적 낭만주의가 아니라 정치적 리얼리티를 지렛대로 삼아야 한다. 다만 정치적 리얼리티를 텐신에게서 직접 이끌어내는 것은 무리며, 주로 미술계에서 활동했던 텐신에게 그런 요구를 하는 것도 비역사적이다. 텐신이 국가 일본을 사랑과 미의 상징으로 제시하고, 아시아 나라들이 서로 고립된 상태를 통감하던 때, 그는 어디까지나 개인의 위치에서 직접 국가로 비약했다. 종교를 매개 삼아 보편 가치를 주장하던 때, 그는 그 차원과 국가의 관계에 관심을 갖지 않았다. 텐신의 정치성은 차라리 그의 문제의식에 깃들어 있다.

하시카와는 텐신의 감수성에 깃든 사상적 가능성을 예리하게 포착했다. 후쿠자와는 "막연한 놀람이나 낭만적인 신비감 같은 것"[11]에 둔감했지만, 텐신은 후쿠자와가 결여한 감수성을 바탕으로 독자적 문명관을 낳았다고 강조했다. 텐신은 세계를 관념적으로 보지 않고 창조력으로 풍부한 감수성에 근거해 아시아를 '발견'했다는 것이다. 이는 대체 무엇을 의미하는가.

텐신이 발견한 '아시아'를 종교든 예술이든, 오늘날 곧이곧대로 사상적 혹은 정치적으로 받아들이기는 어렵다. 그러나 텐신의 시선은 그가 의도하지 않은 곳에서 정치성을 띠고 있다. 동양과 서양이라는 현실적 긴장 관계 속에서 예술(도의)이 어떻게 국가 정치와 이어지는가 하는 "막연한" 시도가 바로 그것이다. 정치학의 입장에서 이러한 시도는 거의 허황되기에 마루야마 같은 정치학자가 이를 무시했다 해

11 같은 책, 25쪽.

도 이해할 수 있는 일이지만, 텐신의 시선이야말로 일본낭만파로는
회수되지 않는 요소를 머금고 있다. 그것은 일본의 국수주의자가 능
란하게 활용하는 '미'美와 '애'愛의 틀을 무너뜨리고, 아시아는 하나라
는 요청을 꺼내 '미'와 '애'를 재구축한 점이다. 그런 의미에서 우리
앞에는 텐신의 내실을 되살려야 할 사상적 과제가 놓여 있다고 말할
수 있다.

아시아적, 아니 보편적 '사랑'과 '미'로써 체현되는 '국제 도의'는
진정 어떻게 존재해야 하는가라는 물음인 것이다.

아시아를 말한다는 딜레마

작년 여름, 일본에 머물렀다. 그때 한국의 백영서 씨가 동아시아 문제에 관한 글을 『뚜슈』 8호에 발표했다는 소식을 들었다.[1] 내가 놓인 지리적 위치 탓이었을까. 멀고도 가까운 기묘함을 느꼈다. 귀국해서 곧 그 글을 찾아 읽었다. 역시 멀고도 가깝다는 인상이었다. 나는 이제껏 꽤 시간을 들여 일본에서 근대 이래 아시아론이 어떻게 제기되었는지, 그 역사적 맥락을 고찰해왔다. 하지만 한반도의 사정에는 어두웠다. 그래서 세계화가 마치 선험적 명제처럼 되어버린 오늘날, 동아시아 이웃 나라의 사상적 자원이 우리가 품은 사고의 맹점을 짚어주지는 않을까 기대하고 있었다. '대동아공영권'을 목표로 삼았던 저 전쟁마저도 어떤 의미에서는 맡은 기능이 있었다고 생각해왔다. 싫든 좋든 동아시아 삼국은 일본인이 내놓은 복잡한 아시아주의를 역사적 과

---

1 백영서, 「世紀之交再思東亞」, 『뚜슈』 1999년 8월호.

제로 공유해야 했으니 말이다.

더구나 중국 사회와 중국 지식계에서 동아시아의 사상 자원을 경시하는 풍조는 부정적 영향을 낳고 있다. 무엇보다 중국인은 제2차 세계대전이라는 역사적 사건을 깊이 파고들지 못한다. 또한 감정의 수준에서 발생하는 갈등을 논외로 한다면, 우리 중국인은 근대 이래 한반도와 일본에서 어떤 사상적 흐름이 있었는지에 대해 놀랄 만큼 무지하다. 우리는 아직 복잡한 역사와 정면으로 마주한 적이 없음을 인정하지 않을 수 없다. 동아시아 이웃 나라와 접하는 일은 이따금 아득히 먼 유럽 세계를 만나는 일보다 어렵다. 백영서 씨의 논문을 읽으면서 느꼈던 복잡한 감각이란 이러한 것이었지 싶다.

백영서 씨는 논문에서 지적한다. "20세기를 살아간 동아시아 사람들은 대개가 대국의 꿈에 사로잡혀 있었다." 여기서 '대국'을 '강국'으로 바꿔도 좋다면, 그의 지적은 당연히 일리가 있다. 다만 동아시아 삼국에서 '대국의 꿈'은 몹시 불균형했다. 중국인의 대국감각은 지리공간상의 실체감을 수반하지만, 한국인이나 일본인의 대국감각에는 그러한 지리공간적 실체성이 담겨 있지 않다. 지리공간상의 실체성은 동아시아를 논의할 때 결코 가벼이 넘길 문제가 아니다. 지역에 따라 잠재적으로 다른 문제의식을 환기하기 때문이다. 가령 에도시대 일본인의 '화이변태'설과 조선이 스스로 정통 중화를 자임했던 논법을 근대 이래의 중국인이 이해하기란 몹시 어렵다. 전자에서 일본은 '화'華, 만주족이 지배한 청국은 '이'夷였다. 후자에서 중화 문명의 정통성은 발양지가 아니라 한반도에 있었다. 하지만 근대 중국인은 누가 과연 중화를 대표하는가와 같은 논쟁을 이웃 나라와 벌이는 일에는 전혀 흥미를 갖지 않았다. 역사상 종주국을 자임하던 시기에도 국민국가라는 틀로 접어든 이후에도 "누가 중화인가"라는 물음은 그저 실소를 자아낼 뿐이었으리라.

그러나 이는 중국인이 주제넘기 때문은 아니었다. 실체적인 지리공간 감각을 수반한 대국 의식과 지리공간 감각을 갖지 않은 '경제대국' 의식, 이 두 가지를 같은 '대'大라고 다룰 수는 없는 것이다. 컴퓨터 등의 과학기술이 점차 존재의 실체성을 와해시키고 있다고는 하나, 우리는 아직 지리적 경계를 쉽사리 넘나드는 곳까지 오지 못했다. 바로 이러한 의미에서 중국인의 지리공간 감각을 강조해두는 일은 동아시아 이웃 나라에게는 익숙하지만 중국인에게는 낯선 저 사고방식에 관심을 촉구하는 데 보탬이 되리라.

백영서 씨는 내재적 긴장 관계를 머금은 동아시아라는 시각이 대국의 꿈에서 빠져나오기 위한 계기를 제공해줄지 모른다는 점을 일깨워줬다. 그러나 까다로운 대목은 바로 거기에 있다. 특정한 역사적 국면에서 동아시아라는 시각은 대국의 꿈을 키우는 동기로 작용할 수도 있기 때문이다. 우리가 작심하고 이 문제를 따지고 든다면, 자칫 자신을 막다른 골목, 즉 딜레마로 몰아넣게 될지도 모른다.

만약 동아시아라는 시각에 내셔널리즘을 해체하는 기능이 있다고 한다면, 그것은 대체 누구를 중심으로 하며 무엇을 기초로 하는가. 내셔널리즘을 마땅히 대신할 만한 것이 없는 상태에서 다국적 자본이 세계화라는 명목 아래 불평등한 경제적 관계를 밀어붙이는 지금, 내셔널리즘과 동아시아라는 시각 사이에서 진정 서로를 견제하는 작용이 발생할 수 있을까. 경제의 세계화가 이미 국민국가라는 단일한 틀을 벗어나 복잡한 사태를 초래하고 있는 이상, 우리는 국민국가라는 틀에 매달려 있을 수 없다. 또한 이 틀을 대신할 만한 유효한 대체물을 찾아내지 못하는 이상, 우리는 그 틀을 부정하는 일에 섣불리 희망을 내걸 수도 없다.

백영서 씨 논문의 결론은 훌륭하다. 그는 불교 경전에 있는 '뗏목'의 비유를 들어 "길 떠나는 자는 강을 건널 때 뗏목의 도움을 빌리지만, 강을 건너고 나서도 여전히 뗏목을 짊어지고 간다면 바보짓이다"라고 말한다. 즉 근대 이후 언제부터인가 국민국가는 한 가지 완고한 시각으로 굳어버려 거기에 얽매일 필요가 없어졌는데도 사람들은 여전히 그 시각에 사로잡혀 있다는 뜻이다. 따라서 "뗏목을 짊어지고 간다면 바보짓이다." 그러나 짊어진 것이 뗏목이 아니라 강을 건너고 있노라면 점점 무거워지는 '근대'라는 이름의 아이였다고 한다면?

자, 뗏목보다 버리기 힘든 것은 얼마든지 있다. 역사처럼 말이다.

일본의 학자 하마시타 다케시浜下武志는 근대 일본의 '탈아'란 실상 동아시아 국제 관계에서 화이질서가 새롭게 등장한 것에 불과하다고 지적한다. 단도직입적으로 말해 일본은 중국을 대신해 동아시아 질서의 새로운 종주국이 되고 싶었다는 것이다. 동시에 하마시타는 개념의 수준에서 은폐되곤 하는 역사적 사실에도 주의를 촉구한다. 즉 중화를 중심으로 하는 조공체계와 이와 관련된 이른바 화이질서라는 이념은 결코 '패도'나 '지배'라고 단순하게 이해할 대상이 아니라는 것이다.

하마시타는 조공질서의 특징을 다음과 같은 세 가지 내용으로 정리한다.

1. 조공체계는 '면세 특권'을 베풀어 교역을 보장한다. 면세 특권은 조
   공체계 바깥에 있는 경우에 비해 상업적으로 이득을 취할 몹시 매
   력적인 기회를 제공한다.
2. 조공은 '공헌'의 성격이 짙다고는 하나 단순한 지배와 복종 관계가
   아니다. 주변 지역의 왕권은 '책봉'을 통해 정당성을 획득하여 지정
   학적 안정성을 이끌어낸다.
3. 조공질서의 이념은 중국이 보건대, 황제의 은덕으로 교화를 베풀어
   다양한 문화를 두루 아우르는 데 있다. 또한 조공국은 일정한 수속
   만 밟으면 중국뿐만 아니라 다른 조공국과도 '자유롭게' 교역을 벌
   일 수 있다.

이리하여 중국은 조공체계를 통해 이질적 요소들 간의 상호 교류를 매개하는 역할을 담당할 수 있었다는 것이다.

하마시타는 광역 경제권을 틀로 삼는 지역사 연구에 매진하고 있는데, 이는 의식적으로 민족국가라는 사고의 틀을 해체하겠다는 것이다. 만약 근대국가의 틀을 가져와 조공체계를 이해하려 들면 하마시타가 제시했던 중요한 사실은 가려지고, 문제는 패권과 불평등으로 단순해지고 말 것이다. 하마시타 다케시는 조공체계의 역사적인 기능과 추상적인 '조공' 개념이 초래하는 근대적인 이해 방식 사이의 차이를 밝혔다. 그 차이란 첫째로 조공체계를 헤게모니 관계로 파악할 것인가와 관련된다. 하마시타는 우리에게 국가를 전제로 삼는 '지역정치학'으로는 지역의 역사를 효과적으로 묘사할 수 없으며, 나아가 동아시아의 '근대'에 내재하는 역사적 연속성도 포착할 수 없다고 지적

한다.

아울러 그는 몹시 흥미롭고도 풍부한 문제를 내놓는다. 상술한 조공체계의 특징을 직시한다면 조공 경제권이 어찌하여 그렇게 오랫동안 화이질서라는 이념을 공유했는지를 이해할 수 있다는 것이다. 그리하여 우리는 비로소 서양식 '근대'라는 외장에서 벗어나 동아시아 주변 국가들이 어찌하여 역사적으로 내셔널리즘이 움트던 무렵에 중화와 대립하지 않고 중화를 빌리는 방식으로 자신의 아이덴티티를 만들어나갔는지 알게 된다. 또한 어찌하여 역사상 수천 년이나 도도하게 이어진 오래된 제국 중국은 왕조가 빈번히 교체되는 와중에서도 '중화'의 구심력을 유지했는지를 이해할 수 있다.

그러나 아시아론의 딜레마는 하마시타 다케시에게도 피할 수 없는 아포리아를 안긴다. 그 역시 결국은 일본인이라는 사실로부터 자유로울 수 없다. 이러한 숙명이 그를 근대 이래 일본의 탈아와 흥아라는 역사와 맞닥뜨리는 곳으로 데려간다. 또한 가장 피하고 싶지만 그럴 수 없는 것, 즉 '근대'라는 아이를 등에 업도록 만든다. 민족국가가 건설된 이래 동아시아의 국제 관계는 일본과 동아시아 이웃 나라 사이에 깊은 원한을 남겼다. 백영서 씨가 말하듯이 이 지역은 다양한 주체 사이의 모순으로 점철되었다. 당연한 말이지만 현대인이 역사를 마주하면서 경험하는 문화횡단적 긴장감을 조공체계론으로 말끔하게 처리할 수는 없다.

오늘날 소위 아시아 연구는 점차 뜨거운 화제로 부상하고 있다. 특히 뷔페식으로 각국의 학자가 협력해 연구할 기회는 일일이 셀 수 없을 만큼 늘어났다. 전문가들이 개별 영역의 지식을 조합해 내놓는 아시아 연구는 이미 식자들로부터 비판을 사고 있다. 가령 미국의 일본계 연구자인 사카이 나오키는 이렇게 지적한다. '중국 연구', '일본 연구'를 모아놓고 아시아 연구라고 이름 붙인다면, 국민국가 내부의 균질적 이미지에 끌려가버린다고 말이다.

하마시타 다케시도 자신의 저작에서 이렇게 주장한다. 기존의 지역정치학은 국가를 전제로 삼고 있으며, 시야도 국가틀 내부로 한정되어 있다. 따라서 지역정치학의 연구 대상과 국가가 통치했던 대상이 역사적으로 일치하지 않는 경우는 곧잘 무시된다. 이렇게 말할 수도 있겠다. 뷔페식 아시아 연구는 사고를 다듬고 이론을 구축하는 데 어떠한 도움도 되지 못한다. 지식의 모습을 취해 기존의 국민국가라는 관념을 강화할 뿐이다. 아시아의 어떤 구획된 장소에 관한 지식은 나라별 연구가 감추고 있는 문제를 들춰내지 못한다. 우리를 그 문제로 이끌고 갈 만한 힘이 없다.

우리는 이러한 사이비 아시아 연구에 머물 수 없다. 우리는 더욱 복잡하고 버거운 문제로 나아가야 한다. 만약 국민국가가 아니라면 아시아론은 무엇을 기초 단위로 삼아야 하는가? 아시아는 이념인가 실체인가? 아시아는 총체로서 존재하는가 그렇지 않은가?

역사적으로 아시아의 이념을 부르짖거나 아시아는 총체로서 존재한다고 주장한 이들은 대개가 인문 영역의 지식인이었다. 특히 서양의 헤게모니에 대항한다는 과제에 직면했을 때 그러했다. 이와 대조적으로 인문학적 색채가 옅은 사회과학자는 '사실'에 주목하여 인문학자가 아시아를 하나의 사고 단위로 내세울 때면 먼저 나서서 합리적이지 않다고 비판했다. 1950년대 말 일본의 생태사학자인 우메사오 타다오*도 그런 문제를 제출했다. 그는 아시아를 단위로 삼아 세계를 바라봐서는 안 된다고 말했다. 우메사오 타다오는 서아시아와 남아시아를 여행했는데 그때 현지인이 "우리는 아시아인이다"라고 하는 말을 듣고 도무지 납득할 수 없었다. 그곳의 모든 것은 일본과 달랐다. 그는 왜 이처럼 신기루 같은 아이덴티티를 내세워야 하는지 이해할 수 없었다.

거기에 머물지 않고 그는 아시아 내부의 긴장 관계와 그 속에 숨겨진 위험성을 들춰 아시아의 이념을 설파하는 이상가의 열정에 찬물을 끼얹었다. 그는 반본질주의적 '생활양식'에 근거하여 세계를 새롭게 구분했다. 그는 문화의 본질이 아닌 문화의 기능, 즉 생활양식이 차이를 만들어낸다고 생각했다. 그리하여 아시아를 완전히 용해시켜 유라시아 대륙을 새로 구획했다. 양쪽 끝에 위치한 서구와 일본은 제1지역에 속하고 중간지대는 제2지역에 속한다. 우메사오 타다오가 일부러 일본을 서구와 동렬로 취급한 것은 아니었지만, 이 논리는 결국 '일본우월론'이라는 오독을 낳았다. 그 역시 그런 오독에 불만을 품기는 했지만, 공평하게 말하자면 오독을 낳은 책임의 일단은 그에게도 있다.

우메사오 타다오는 문명생태사의 시각을 제시하면서 역사학, 특히 사상사의 입장에 의식적으로 맞섰다. 그는 역사학이 숲은 보지 않

---

* 梅棹忠夫(1920~). 민족학자. 1957년에 발표한 『문명의 생태사관』에서 서구 문명과 일본 문명이 비슷하게 진화해왔다는 '평행진화설'을 내놓았다. 즉 그는 정치와 이데올로기에 근거해 아시아, 유럽이라는 식으로 지리를 나누는 일에 반대하면서 생활양식을 기준으로 문명 형태를 가른다는 문명 생태사관을 주장한 것이다.

고 나무만 쳐다보며 편파적으로 연구하는 분야라고 여겼다. 역사학은 비좁은 지역에 매달리고 비좁은 가치판단에 의존할 뿐이다. 따라서 그가 보기에 서양의 가치에 대항하여 주체성을 구축한다는 아시아론의 적극적 면모는 편향된 발상일 뿐이었다. 이렇듯 역사를 '제로화'(다케우치 요시미의 표현)하는 방법은 1950년대부터 1960년대 초기에 걸쳐 일본 사상계에 잠시 새 바람을 일으켰다. 당시는 바로 일부 일본인이 일본우월론을 입버릇처럼 꺼내던 시기였기 때문이다.

그러나 우메사오 타다오는 중요한 문제를 등한시했다. 그가 역사를 아무리 '제로화'하더라도 역사가 정말로 제로가 되지는 않는다. 오늘날 그가 설정한 유라시아 대륙의 두 가지 지역구도 속에서 사회주의 진영과 자본주의 진영의 대치 관계는 가려지고, 모든 사상적 대립은 말끔히 소거되고 말았다. 그러나 탈냉전기로 접어들고 있다고 해서 역사적 긴장이 반복되지 않으리라고 누가 장담할 수 있겠는가. 문명의 생태사가 해체한 동서 대립 도식에는 분명 부정적인 면이 있다. 그러나 서구중심주의에 대항한다는 역사적 맥락에서 그것은 여전히 피해갈 수 없는 블랙홀이다.

우메사오 타다오의 생태사관은 확실히 이데올로기적 사고에 대한 해독解毒 능력을 지녔다. 그러나 해독 작용은 오로지 이론의 수준에 머물렀다. 현실에서는 저 블랙홀을 무시하여 도리어 부작용만 낳았다. 사상사의 문제는 깨끗이 치워버리려 해도 그리되지 않는다. 역사적 긴장 관계를 머금고 있는 동아시아라는 시각을 지역생태사의 시각으로 대체할 수는 없는 일이다.

이 점은 이미 증명되고 있다. 오늘날 일본의 지식계에는 '해양국가론'이 활발히 등장하고 있는데, 우메사오 타다오는 뒤에 언급할 가와카츠 헤이타川藤平太 등이 참여한 심포지엄(1999년 8월 9일 『아사히신문』)에서 역사적 긴장 관계를 무시하면 어떻게 되는지 그 폐해를 보여주고 말았다. 그는 전혀 경계심을 갖지 않고 일본은 대륙과의 관계에서 벗어나 "바다를 향하여" 인도네시아나 오스트레일리아 같은 태평양의 섬나라들과 공동체를 결성해야 한다고 주장했던 것이다.

일본의 기미가요·히노마루 법제화 문제가 동아시아 각국에서 강한 반발을 불러일으키고 있는 상황에서 우메사오의 발언은 객관적으로 볼 때 아시아에 대한 일본의 책임을 묻어두고 넘어가자는 것이었다. 나는 그를 우익 지식인이라고 볼 생각은 없다. 오히려 그가 보인 한계는 이데올로기 이상의 중요한 의미를 지닌다. 다만 오늘날 지역사 연구나 국민국가를 해체하는 발상이 나날이 힘을 더해가고 있다고는 하나, 그렇다고 우리가 동아시아에 속해 있으며 역사적 긴장 관계가 우리를 좌우한다는 숙명을 가벼이 여겨도 될 것인가?

전에 하마시타와 협력 관계에 있던 비교경제학자 가와카츠 헤이타도 적극적으로 해양사관을 주창했다. 그의 주장은 이데올로기적으로 기능해 일본의 진보적 지식인에게 매우 강한 반발을 샀다. 혹자는 그를 '자유주의 사관'의 응원단이라고 비난했다. 그는 우메사오 타다오와 동석한 심포지엄 자리에서 서태평양 지역 국가의 경제연합체를 설립하여 중국을 중심으로 한 대륙 문명의 사고를 대신해야 한다고 발언했다. 나아가 그는 간결한 어조로 이렇게 잘라 말했다. 역사상 근대 문명에 이르는 길은 유럽형과 일본형 두 가지 종류가 있고, 이들은 모두 바닷길을 경유한다고 말이다.

해양사관 자체는 우익의 논리라고 할 수 없으며, 설령 가와카츠 헤이타와 같은 '일본주의자' 지식인이라 해도 경솔하게 우익으로 내몰아서는 안 된다. 하지만 이미 100여 년에 걸친 일본 '탈아'의 역사 때문에 문제가 더욱 까다로워진다. 그것은 멋대로 버릴 수 있는 뗏목이 아니다. 특히 제2차 세계대전의 역사적 상처가 아직 아물지도 않았는데, 무거운 역사를 정리하지 않은 채 어떻게든 대륙에서 바다로 가뿐하게 빠져나가자는 식이라면 받아들이기 어렵다. 역사는 제로가 되지 않는다. 가와카츠 등의 몸짓 속에 감춰진 새로운 탈아 의식이 과거를 떠올리게 하지 않으리라고 어찌 장담할 수 있겠는가?

우리의 아시아론도 곤혹스러운 딜레마에 처해 있다. 만약 아시아를 근대 국민국가를 넘어선 대립물로 설정한다면, 그것은 아시아론에 내재한 위험성을 안이하게 가려버리고 말 것이다. 만약 단순하게 제로화하는 방법으로도 국민국가 담론을 불식시킬 수 없다면, 이를 외면하고는 아시아론 역시 새로운 장을 쉽사리 개척할 수 없을 것이다. 우회한다면 결국 무시하려 했던 문제틀로 쉽사리 회수되어 이데올로기적으로 활용되고 만다. 이 점에 관해서는 이미 우메사오 타다오와 가와카츠 헤이타가 생태사와 경제사 영역에서 사상사에 내재하는 긴장을 제거했을 때 어떤 결과가 초래되는지를 보여줬다.

나아가 이것은 진즉에 제2차 세계대전 때 교토학파가 증명한 바이기도 하다. 아시아론이 민족국가의 비좁은 사고의 틀을 극복할 수 있다는 가능성을 보여준 그때, 지역 연대의 밑바닥에 있는 불균등한 힘관계는 은폐되었다. 그것이 오늘날 경제공동체라는 얼굴로 등장한다고 해도 놀랄 일은 아니다. 여기서 마치 내셔널리즘과 아시아주의 혹은 경제적 입장과 사상적 입장은 둘 중에 하나를 골라야 하는 딜레마인 양 가당찮게 회자되기도 한다. 현실이 그처럼 단순할 리 없는데도 말이다.

예로부터 중국인은 중심의 입장에서 세계를 바라보고 느껴왔다. 이러한 중심감각은 주변국으로부터 '중화 의식'이라 불린다. 근대 이후 세계의 중심이라는 감각은 엷어졌으나 자신이 아시아의 중심이라는 의식은 결코 수그러들지 않았다. 또한 두 거대 진영이 대립하는 냉전구조와 탈냉전 시대의 남반구와 북반구 사이의 경제 대립은 이른바 아시아론, 나아가 동아시아론이 설 자리를 잃게 만들고 있다. 이러한 상황 속에서 중국인에게 애초 아시아라는 전제가 존재하는지 여부는 우메사오 타다오가 내놓은 물음보다 한층 무겁게 느껴진다. 여러 문명이 뒤섞인 중국을 두고 말한다면 중심 의식은 자기와 타자를 구분하는 방식이 아니라 반대로 자타를 가르지 않는 방식으로 체현되어왔다.

중국인은 아시아를 거론하지 않는다. 하지만 그것은 한국인이 아시아를 말하지 않는 역사적 맥락과는 전혀 다르다. 백영서 씨는 한국이 아시아를 말하지 않는 주요 원인으로 한반도가 분단 상태여서 국가의 경계를 넘어선 구체적 발상을 하기 어려웠음을 꼽았다. 우리들 중국인이 아시아를 말하지 않는다면, 그것은 아마도 중국이 잠재적으로 아시아, 적어도 동아시아의 중심이라는 점에 기인한다. 중국이 아시아를 말하지 않는 것은 결코 탈아를 뜻하지 않는다. 그것은 바로 중국이 아시아라는 이 애매한 말을 내재화하고 있음을 의미한다.

백영서의 논문은 한반도가 주변 국가임을 사고틀 안에 들이라고 요구한다. 이러한 요구는 역사적 조공체계가 남긴 종주국의 태도에서 벗어나 이웃 나라를 대등한 주체로 대해야 한다는 뜻이겠다. 백영서 씨는 논문을 통해 조선에서는 쑨원의 대아시아주의와 일본의 아시아주의를 두고 비판적 논조가 일었다고 지적했는데, 이 점은 몹시 흥미로웠다. 그런 맥락에서 쑨원의 대아시아주의와 일본의 아시아주의는 거의 질적 차이가 없었다. 이는 적어도 중국인이 바람직하다고 여기는 '약소민족에 대한 배려'와 같은 태도를 동아시아의 이웃 나라가 그대로 받아들여 주지는 않는다는 사실을 의미한다. 이리하여 다시 저 성가신 문제로 되돌아온다. 지리공간상의 실체성이 빚어내는 대국 의식은 비록 다양한 가능성을 품고 있다고 하나, 그런 실체성을 갖지 않는 지역과의 소통에는 어떠한 영향을 미치는가? 만약 소통이 불가능하다면 우리는 어떻게 또한 얼마만큼 그 실체성을 깨뜨려야 하는가?

바로 한국의 지식인이 힘주어 말하듯이 동아시아 각국이 지닌 문제는 동아시아 전체의 운명을 좌우한다. 한반도의 분단 상황, 한국 경제발전의 에너지, 일미 가이드라인의 체결과 오키나와의 미군기지. 이것을 단지 한국과 일본의 상황이라고 말할 수는 없으리라. 나아가 일본의 천황제는 일본인의 문제로 간주되지만, 천황제를 사회 구조의 모델로 삼는 일본의 경제 양식이 중국 대륙을 포함한 아시아 각국으로 흘러들어가 천황제의 절대복종 이데올로기가 침투하고 있는 중이라면, 우리는 이를 충분히 경계하고 있다고 말할 수 있을까? 중국의 지식계가 눈앞의 이익을 좇아 일본을 범례로 하는 이른바 '유교적 근대화'를 치켜세운다면, 우리가 근대 일본 사회의 실상에 다가가는 데 방해가 되지는 않을까?

한편 한국의 지식인과 중국의 지식계 사이에는 애당초 기본적인 이해나 소통조차 이뤄지지 않았다. 내셔널리즘의 정서가 일체감 형성을 방해하는 요소라고들 하는데, 이것은 또한 무엇을 의미하는가? 이러한 간극이 숨기고 있는 모든 문제는 의미심장하게도 다음과 같은 점을 시사한다. 중국인이 태평양을 사이에 두고 있는 상대에게 "노"라고 외칠 때, 그로 인해 실상 그보다 먼저 '노'라고 말해야 할 신변의 현실 문제를 묵인하든지 아니면 거기에 공모하게 될지도 모른다는 사실 말이다. 중국인이 동아시아의 이웃 나라를 경시하고 있다고 한다면, 그 배후에는 오늘날의 세계를 이해하는 중국인의 일방적이며 표층적인 사고가 자리 잡고 있는 것이 아닐까?

아시아 연구는 바로 이러한 무지가 바닥에 깔려 있는 상태로 달아올랐다는 인상이다. 특히 서양의 지식인이 동양 지식계의 상상력은 식민화되어 있다며 안타까이 여기고 있는 상황에서도, 아시아론은 '포스트콜로니얼'을 통해 '세계화'의 길을 가려 하고 있다. 그러나 아시아론이 과연 우리 자신의 문제를 얼마나 비춰주고 있는가를 생각한다면 의문이 남는다. 근대사에서 중국인의 아시아론은 아직 독자적인 하나의 체계를 갖추지는 못했지만, 이 방면의 자원은 결코 부족하지 않을 것이다. 다만 중국인의 시야에 맺히는 아시아 이미지가 한국이나 일본에서의 이미지와 같아지기란 요원한 일이다. 가장 커다란 차이는 아마도 전자의 중심감, 그리고 후자의 적대감에 있으리라.

오늘날 직면하지 않을 수 없는 딜레마로서 세계화가 진행되면서 사카이 나오키가 말하듯이 내부/외부라는 사고방식이 강화되었지만, 한편으로 그런 사고방식이 정면에서 도전받기도 한다. 이렇듯 상반되는 경향이 길항하는 와중에 지식인의 역할은 어느 시대보다도 무력하고 모호해지고 있다. 아시아론의 핵심은 서양중심론에 맞설 수 있느냐 없느냐가 아니다. 아시아와 동아시아, 둘 중에 어느 개념이 역사를 설명하기에 보다 유용한지를 따지기에 앞서 국경을 강조하든 국경을 가벼이 여기든, 어느 쪽도 진정한 문제를 회피하고 만다는 사실을 의식해야 한다. 적어도 사회과학자가 이를 악물고 사상사의 문제를 소거하려 들고 사상사가가 과도하게 아시아론을 이념화하고 있는 이때, 아시아를 물음으로 제기하는 일은 우리가 그 딜레마를 풀어나가는 데 한 가지 단서가 되지는 않을까.

왜 '포스트 동아시아'인가?
─ 역사의 맥동 속에서 관념적인 동아시아론을 넘어서기 위하여

'포스트'의 의미

동아시아론이 유행하는 오늘날 거기에 '포스트'라는 말을 단다면, 뭔가 새로운 유행을 만들려는 수작이라고 오해를 살지도 모르겠다. 애초 '포스트'라는 말 내지 논리는 바깥에서 가볍게 들여온 수입품이니, 동아시아에서 뿌리내릴 만한 근거가 있는지도 잘 모르겠다. 그러나 한 권의 책*이 이렇게 명명된 마당에 '포스트'라는 말을 꺼낸 사정을 설명하지 않는다면, 편자의 한 사람으로서 책임 있는 자세가 아닐 것이다.

나는 개인적으로 '포스트 동아시아'라는 말을 말로서는 중히 여

---

* 『포스트 동아시아』(作品社, 2006)를 가리킨다. 쑨거 이외에 한국인 백영서, 타이완인 첸꽝싱陳光興이 공동편집을 맡았으며, 여러 일본인 스태프가 공동으로 작업해 출판되었다.

길 생각이 없다. 다만 '포스트'란 "내재적으로 부정한다"를 의미한다고 여겨지는 지금의 지적 상황을 감안하건대, 이 말도 얼마간 활용해볼 여지가 있지 않을까 생각할 따름이다. 요컨대 요즈음의 동아시아론 내지 아시아론에서 자신을 끄집어내려면 어떤 말인가가 필요하다. 말에 말 이상의 역할을 맡겨서는(가령 역사를 말로 치환한다든가) 안 된다. 하지만 말이 사람의 심리에 작용하여 보이는 것과 보이지 않는 것을 만들어낸다(즉 과거의 역사 속에서 무언가를 '폭력적으로' 선택하거나 배제한다)는 사실은 나도 인정한다. 그 폭력의 한계치를 신중하게 끝 간 자리까지 지켜보면서, 거꾸로 그 힘에 올라타 역사라는 웅대하고도 섬세한 그물의 매듭을 찾아내는 일은 사상사 연구자의 숙명일지도 모른다.

자, 그렇다면 '포스트'라는 말의 '폭력성'을 빌려 어떤 가능성을 찾아 나설 수 있겠는가?

'방법'으로서의 아시아

이제껏 동아시아론 내지 아시아론은 몹시 애매한 전제 위에서 입에 오르내렸다. 그 애매함은 다음의 문제와 정면으로 맞서지 않은 데서 유래한다. 즉 그리 오래 지나지 않은 '대동아공영권'의 그림자는 차치하고서라도 애초 동아시아는 지리적으로 어디까지로 한정되는가? 또한 동아시아는 사상 과제로서 어떤 방향성을 가질 수 있는가? 동아시아는 한 덩어리로 다뤄야 하는가, 아니면 그렇게 다루는 방법은 성립할 수 없는가? 만일 '방법으로서의 동아시아'가 '지리적인 동아시아'

와 양립할 수 있다면 그것은 말 이상의 의미를 가질 수 있는가? 나아가 동아시아를 논하다가 아시아론으로 넘어가는 비약은 어디까지 허용되는가? 등등. 이러한 일련의 문제는 여느 카테고리와는 달리 개념만 가지고 논의해서는 소득을 낼 수 없다. 동아시아라는 개념은 전쟁이라는 쓰라린 역사의 대사건과 얽혀 있는 까닭에 사건을 잘라내버리고 '개념'만으로 내세울 수는 없기 때문이다.

그런 의미에서 동아시아라는 개념에 배어 있는 특유의 애매함은 바로 동아시아론의 불가결한 전제일지도 모른다. 즉 이렇듯 수다한 문제를 정면에서 정의하고 논의한다고 해도 결코 동아시아라는 문제의 가장 핵심적인 대목을 꿰뚫지 못한다. 동아시아라는 개념이 풍기는 독특한 향에는 이 지역에서 살아왔던 여러 민족의, 합리적이라고는 할 수 없는 감정기억이 배어 있기 때문이리라.

1960년에 다케우치 요시미는 「대상으로서의 아시아·방법으로서의 아시아」라는 제목으로 강연한 적이 있다. 이 강연은 그 후 「방법으로서의 아시아」라는 논문과 발상법의 토대가 되었다. 허나 방법으로서의 아시아라는 명제가 따로 떨어져 나온 오늘날, 아마도 다음의 대목에 주의를 기울이는 사람은 많지 않을 것이다. '방법'을 논한 이 강연에서 다케우치는 방법론을 꺼내지도 않았고 '아시아'도 일체 말하지 않았다. 오로지 개인의 지적 체험을 중국에 관한 이야기와 포개어 전하고 있을 뿐이다. 그것은 어째서인가.

동아시아를 이야기할 때면 다케우치 요시미에게 조선이라는 시좌가 부족했다는 비판이 곧잘 등장한다. 그러나 이 글은 그렇지 않다. 일본의 교육 제도가 아시아 연구를 등한시하고 있다면서 가장 먼저 조선어 교육의 부재를 거론한다. 하지만 문제는 거기에 있지 않다. 다케우치 요시미에게 '아시아', 그리고 '방법'이란 대체 무엇을 의미하는가? 진정한 문제는 바로 여기에 있다.

그는 「방법으로서의 아시아」에서 다소 조잡한 테제를 내놓았다. 일본·중국·서구를 세 개의 축으로 삼아 근대화의 유형을 이해해야 한다고 말이다. 이 논법은 일생에 걸친 사고를 관통하고 있지만, 그는 끝내 이 논법을 논법 이상으로 발전시키지 못했다. 하지만 조잡한 이 논법을 '내놓는 방식'에는 시사점이 담겨 있다. 바로 '근대'를 다양화하기 위해 서구를 기준 삼아 근대 세계를 바라보는 습관을 고치자는 것이다.

다케우치 요시미는 말한다. 일본은 동아시아에서 가장 빨리 근대를 실현했다. 그러나 표면적인 근대화였기에 일본의 사회와 문화 구조는 바뀌지 않았다. 반면 중국과 인도는 근대화가 상당히 더뎠지만, 애초에 자기 사회와 문화의 구조를 헐어내 안으로부터 이룩한 근대이기에 깊은 구석이 있다. 그런데 일본인은 어찌하여 이러한 관점을 좀처럼 받아들이지 못하는가? 그는 이렇게 분석한다. 일본인은 미국에 졌지 중국에는 지지 않았다고 생각한다. 그런 사회적 분위기 속에서 중국에 대한 멸시는 가시지 않았다. 이러한 심리는 잠재적으로 일본인의 '근대관'으로 이어진다. 즉 미국식 근대를 모방한 일본은 근대의 모범국이라며 스스로 추켜세우지만, 중국은 근대를 이루지 못한 나라라며 오만하게 내려다본다. 그는 이것이 아시아를 대하는 일본의 기본적 태도라고도 지적했다.

다케우치 요시미에게 아시아는 연구 대상이 아니었다. 방법이었다. 그러나 이때 '방법'이란 방법론의 그것이 아니다. 그것은 일본인을 주체로 형성하기 위해 가치관을 되감는다는 구상이었다. 그 '되감기'란 다케우치 식으로 말하자면 "서구의 우수한 문화 가치를 더욱 큰 규모에서 실현하려면 서양을 다시 한 번 동양으로 감싸 안아 거꾸로 서양을 이쪽에서 변혁시키는 것, 즉 문화적 되감기 혹은 가치의 되감기를 통해 보편성을 만들어내야 한다. 서양이 낳은 보편 가치를 보다 고양하기 위해 동양의 힘으로 서양을 변혁하는" 것을 말한다.

서양이 낳은 보편적 가치를 동양의 힘으로 고양시켜야 하는 까닭은 무엇인가? 그는 이미 1960년의 시점에서 다음처럼 예리하게 지적했다. 가령 평등이나 자유와 같은 서양의 우수한 문화 가치는 동양으로 침투하는 과정에서 무력을 동반했다. 그런 가치는 식민지 침략으로 정립되었다. "유럽 내부는 평등할지 모르지만 아시아나 아프리카에서 자행되는 식민지 착취를 인정하는 평등이라면, 그것은 전 인류에 관철될 수 없습니다."

다케우치 요시미는 격변하는 역사의 시대를 살아갔다. 제2차 세계대전 후, 그리고 한국전쟁 이후 동아시아는 냉전 상태에서 재생의 길을 모색했다. 일본은 바로 그가 지적했듯이 무력의 지배로 유지되는 '우월한 문화 가치'를 미국을 통해 기성품으로 받아들였다. 그 세대 일본의 지식인은 뒤틀린 상황 속에서 전 인류에게 관철되지 않은 문화 가치를 수용하여 전 인류에게 골고루 실현되도록 재구축해야 한다는 과제를 떠맡았다. 도쿄재판을 계기로 미국의 일본 점령은 일본의 전후만이 아니라 동아시아의 전후에도 커다란 영향을 미쳤다. 또한 한국전쟁을 거치면서 미국은 한국에도 확실히 발을 들여놓음으로써 동아시아에서 미국의 '내재화'는 피할 수 없는 현실이 되었다.

문제는 필시 다음과 같은 점에 있다. 미국의 현실적 점령은 불평등하면서도 동시에 우월한 문화 가치관의 수입을 동반하여 동아시아에서 내재적 변화를 초래하는 계기가 되었다. 이로써 역사는 더욱 복잡해졌다. 그런 까닭에 동아시아의 전후에는 직관적 가치 판단으로 가늠할 수 없는 지적 상황이 발생했다. 동서 대립이라는 발상, 일본은 아시아가 아니라는 자부심, 도쿄재판에 대한 비판적 지식인의 복잡한 외면 등은 모두 이러한 '직관적 가치 판단'에서 빚어진 태도이리라. 「두 가지의 아시아 사관」 같은 일련의 글에서 다케우치 요시미는 일본 사회의 아시아 멸시보다 이러한 직관적 가치 판단과 씨름했다고 말할 수 있다. 그는 누구보다도 직관적 인식론이 아시아 멸시를 낳는 토양임을 잘 알고 있었기 때문이다.

이러한 역사의 흐름 속에서, 또한 일본과 중국이 실질적으로 전쟁을 지속했다고 해야 할 전후에 다케우치 요시미는 자신의 중국론을 내놓았다. 어떤 의미에서 그는 중국 연구로서 중국론을 제출하지 않았다. 겉만 훑는 일본 사회의 근대 인식을 바로잡고자 대상을 뒤집어 구상을 새로 짜내고자 했던 것이다. 따라서 이제 와서 그의 중국론에서 결론만 끄집어내어 옳고 그름을 따져보았자 헛일이다. 그러한 직관적 혹은 실체적 발상에서 벗어나 오늘날 등한시되고 있는 아시아 내지 동아시아라는 문제성을 사고할 때, 비로소 그가 왜 「방법으로서의 아시아」에서 중국에만 초점을 두었는가, 왜 자기체험에 매여 있었는가라는 문제가 부상할 것이다.

물론 그가 중국연구자였고, 저 글은 강연의 기록이었다는 해명으로도 얼마간 의문이 풀릴지 모른다. 그러나 그게 전부는 아니다. 포스트 냉전시대에 접어든 뒤에도 일본의 지적 세계에서 중국은 좀처럼 이해되지 못한 대상이라는 점, 또한 일본에서 이뤄지는 중국의 근현대사 연구는 대개가 미국 이론(특히 포스트모던과 포스트콜로니얼 이론)을 따르고 있다는 점을 염두에 둔다면, 그의 자세는 결코 개인의 소질로 돌릴 문제가 아니다.

일본만 그런 게 아니다. 오늘날 중국의 지식계라고 해도 별 차이가 없을지 모른다. 동아시아의 지적 세계에서 미국식 사고를 두고 경합을 벌이는 시기는 언젠가 지나가겠지만, 그렇다고 우리가 격동의 역사 속으로 진입할 적당한 지적 장치를 마련해가는 중이라고 자신할 수 있을까?

'중국'을 통해 아시아를 보다

중국을 빼놓고 동아시아를 말할 수는 없다. 실체적으로 그렇다기보다 다케우치 요시미가 말했듯 '방법'이라는 위상에서 그렇다. 즉 인식론을 벼리고자 격변하는 오늘날의 중국을 매개로 삼아 그 혼돈을 혼돈으로 파악하고 거기서 원리를 길어 올리는 실험은 동아시아라는 시좌를 형성하는 데 빠뜨릴 수 없는 작업이다.

이 말은 결코 '중화중심주의'를 뜻하지 않는다. 동아시아에서 한국의 역할을 강조한다고 한국중심주의가 아니듯이 말이다. 현실에서 중국은 개혁개방이라는 역사적 전환을 겪으며 음과 양의 모습으로 잠재적 원리가 존재하고 있음을 보여주고 있다. 중국은 미국의 안티테제가 아니다. 그리고 과거의 일본도 아니다. 중국의 원리를 인식하겠다며 아무리 다양한 미국의 '포스트 담론'을 끌어와도 도움이 되지 않는다. 그것은 아시아에서 존재하는 중국의 독자적 원리이기 때문이다. 이 독자적 원리야말로 "서양이 낳은 보편적인 가치를 더욱 고양시키기 위해 서양을 변혁하는" 되감기의 힘이 된다. 다케우치 요시미는 말한다. "되감기를 할 때 자기 안에 독자적인 것이 없어서는 안 됩니다." 다케우치에게는 중국이자 아시아가 독자적인 것이었다. 그리고 그때의 중국과 아시아는 실체가 아니라 '방법'이었다. 방법은 미국을 필두로 한 서양이 세계로 발신한 '우월하지만 뒤틀린 가치관'을 자신의 것으로 삼기 위하여 역사의 복잡함을 복잡함으로 간직한 채 아시아를 원리화한다는 구상에서 비롯되었다. 동서 대립이라는 위상이라면 이러한 구상이 결코 나올 수 없었다.

오늘날 중국은 현대화되었다. 이에 따라 심각한 사회 문제가 등장하고 있다. 오늘날 중국은 내재적 모순을 품으면서도 동적인 균형을 만들어내고 있다. 중국의 역사를 관통하는 논리가 균형을 유지하고 있다. 그것은 진보주의자들이 주문처럼 암송하는 '독재'니 '전체주의'니 '내셔널리즘' 따위의 산물이 아니다. 한편 중국 대도시의 모던한 풍경과 농촌의 비참함을 정적으로 늘어놓고 빈부의 차이를 고발해도 중국의 현 상황에 입각한 발언이라고 말하기는 어렵다. 특히 올해는 중국에서 '반일 시위'가 발생했다가 극적으로 가라앉았다. 반일 시위는 중국인을 포함한 동아시아인에게 지식의 새로운 전개를 요구하는 사건이었다. 시위는 벌써 지나갔건만, 이를 계기로 중국 원리를 연마한다는 작업은 아직도 시작되지 않았다.

격동하는 현실의 어느 부분, 어떤 요소에 주목하여, 어떤 구상으로 개별 요소를 짜맞추어갈지는 연구자마다 입장이 다르겠다. 하지만 대개 연구자들에게 자신의 의식 바깥에 있는 것은 눈에 들어오지 않는다. 연구자는 늘 의식 속에 있는 것에 맞추어 증거를 모은다. 만일 의식하지 못한 것에 직면하여 거꾸로 의식 쪽을 바꿀 수 있다면, 그것이야말로 진정한 '발견'에 값하리라. 오늘의 중국은 바로 '발견'이라는 지적 흥분을 만들어내기에 더할 나위 없는 매개체가 될 것이다.

동아시아론의 구도와 문제점

다케우치 요시미의 시대와 달리 오늘날 동아시아론은 번성하고 있다. 한국과 일본은 물론, 동아시아라는 시야를 결여했다고 비판받던 대륙 중국에서도 근래에는 동아시아 연구가 정착하고 있다. 실체로서의 동아시아, 방법으로서의 동아시아, 개념으로서의 동아시아, 모순으로서의 동아시아, 무의미한 단위로서의 동아시아 등등. 동아시아에는 지금껏 보지 못했던 동아시아론의 풍작 시대가 도래했다.

이 사실은 동아시아가 전에 없던 격동의 시기로 들어섰음을 의미할지 모른다. 중국과 일본 사이, 한국과 일본 사이에는 역사 인식의 문제를 비롯해 현실적 갈등이 끊이지 않고 있다. 동아시아에서는 북한의 핵 문제, 타이완과 대륙의 통일 문제 등을 계기로 냉전 구조마저 되살아나고 있다. 또한 6자회담에 모인 나라의 면면에서 알 수 있듯이 동아시아의 '전체상'에는 늘 미국이 발을 들여놓고 있다.

　　이러한 구도 속에서 중국의 위상을 어떻게 규정할지는 첨예한 문제다. 중국의 경제 발전이 관념의 산물이 아니라 시행착오를 거듭하는 실천 과정인 이상, 정적인 판단은 현실에서 밀려나고 만다. 내외의 '중국 소식통'이 내놓은 예언이 보기 좋게 빗나가는 사례가 그 증거다. 오늘날 중국 사회의 정치체계와 경제 구조는 하루가 멀다 하며 바뀌고 있다. 격심한 혼돈에 부딪친 가운데 문제 해결의 단서를 찾지 못해 '중국위협론'에 의탁하더라도 이해할 수는 있는 일이다. 특히 올해 일본의 UN 상임이사국 가입 문제를 둘러싸고 중국 사회에서 반발이 일었을 때, 그것이 일본에서는 곧장 중국위협론으로 회수되었다. 중국의 경제 개혁이 초래한 여러 사회 문제를 포함하여 '개혁'이란 이름의 역사 변동을 어떤 틀로 분석해야 하는지는 세계적인 사상 과제다. 그중에서도 가장 긴박한 과제는 중국이 위협적 존재인가 아닌가 하는 허공에 뜬 질문에서 벗어나 중국의 국가체계는 어떻게 조정되며 사회체계는 어떻게 변동하는가 하는 원리적 물음을 던지는 것이다. 그 물음은 현실의 유동성 속에서 가다듬어야 한다. 하지만 정말이지 그런 지식은 아직 축적되지 않았다. 그 상황이 특히 동아시아의 지적 세계에서 한 가지 인식의 장애가 되고 있다.

　　한국, 일본과 비교하건대 중국은 '대국'이라는 사실을 '사실'로서 중시하는 지적 습관이 몹시 약하다. 왜냐하면 그것이 '중국중심론'과 여간해서는 구분되지 않고, 대국－강국－위협이라는 안이한 삼단논법으로 통용되기 때문이다. 실제로 현재 동아시아론에서 주류를 점하는 논의는 '국민국가'라는 일률적 전제 아래 중국, 한국, 일본, 북한 등의 물리적 차이를 간과하고 있다. 하지만 그 넓은 공간을 통치하기 위해 중국이 어떠한 시스템(가령 틈새투성이의 질서 체계)을 역사적으로 형성했는가 하는 물음은 물리적 '소국'이나 다른 '대국'과 비교할 때 비로소 독자성이 드러날 것이다. 특히 중국의 경우 혼돈을 수반하는 '대국'의 역사적 논리가 원동력으로 작용하여 중국이라는 물리적 대공간의 동향을 좌우해왔다. 반세기 전 다케우치 요시미가 중국 역사의 원동력을 '중국식 근대'라는 말로 담아내려 한 고뇌는 오늘날에도 여전히 한 가지 사고의 형태로 정착하지 못했다. 그런 사정으로 다케우치 요시미가 말했던 결코 만만치 않은 중국 원리의 혼돈스러움(그는 루쉰을 빌려 이를 표현했다. "갈 길은 없으나 가지 않을 수 없는, 아니 갈 길이 없어서 가야만 하는 상태. 그는 자신임을 거절하고 동시에 자기 아님도 거부한다")은 안이하게 '중국 찬미'로 간주되어 본뜻이 왜곡되었다.

문제는 여기서 그치지 않는다. 애초 중국 상황에 적합한 인식 방법을 만든다고 이웃 나라의 중국관을 바꿀 수 있을까? 그렇게 기대한다면 우리는 아마도 역사의 내재적 긴장으로부터 유리되고 말 것이다. 만일 중국이라는 물리적 '대국' 체계에서 '평화 발전'의 논리나 가능성을 길어냈다고 한들, 이웃 나라가 과연 그것을 '사실'로서 인정하겠는가? 미국의 위협, 일본의 위협을 보지 않고 중국의 위협만을 따로 떼어내 다루는 논법은 '반중' 내지 '우익'이라며 밀쳐내도 되는 것인가?

여기서 우리는 서두에 말했던 '동아시아'라는 사상 과제의 애매함에 봉착한다. 그것은 곧 동아시아라는 사상 과제에는 '객관화'할 수 없는 일면이 있다는 것, 즉 이 지역 주민의 감정을 완전히 지우기 어려운 구석이 있다는 것이다. 연구자는 개운치 않을지 모르나 이러한 '비합리적' 측면이 연구자의 문제의식, 문제 제출 방식, 논의의 방향을 규정하고 있다. 자료를 늘어놓는다고 객관성은 아니다. 자료를 선택하는 일이나 논거를 대는 일은 늘 주관적으로 이뤄진다. 그러나 주관적 감수성은 날것 그대로라면 사상의 역할을 맡지 못한다. 날것의 감수성을 어떻게 사상으로 숙성시킬 것인가? 이것이 당면하고 있는 긴박한 사상 과제일 것이다.

동아시아론에 한정해서 말한다면, 주관적 감수성은 거의 생활감각과 구별되지 않으며 지적 훈련을 거치지 않은 채 동아시아 연구를 떠받치고 있다. 가령 한국과 일본에서 일부 여론은 왜 중국의 위협만을 주장하고 미군기지에 대해서는 입을 다무는가? 중국에서 한국에 관한 이미지는 왜 빈곤한가? 중국 사회는 왜 관념적으로 단순화되고 기호화된 일본 이미지에 만족하는가? 타이완 사회와 중국 대륙은 왜 아직도 서로의 논리를 받아들이지 못한 채 무미건조한 대립을 지속하는가? 북한은 어찌하여 "전체주의 독재 사회"라는 한마디로 정리되는가? 이러한 정세 속에서 양식 있는 사람이라면 '연대'에 종종 절망감을 느끼게 된다.

이 모든 현상은 개념적 논의로 해결할 수 없다. 우리의 지성에 잠재하는 비논리성·비관념성을 적출하고, 거기서 지적 테제를 끄집어내야 한다. 우리는 이 과제 앞에 서 있다. 비논리성이나 비관념성을 부정적으로 치부하지도 않고 그대로 지성이라며 오인하지도 않으면서 이념에 생명력을 불어넣을 수 있는 에너지원을 발견하는 과제 말이다.

고이즈미 수상은 5년을 내리 야스쿠니 신사를 참배하면서 그것
은 "마음의 문제"일 뿐 신사참배가 이웃 나라와의 우호를 방해하지 않
는다고 강변했다. 이렇듯 국가 이성을 체현하지 않는 정치가가 일본
의 민주주의 선거로 지지를 얻었다. 그러한 사회적 기반을 어떻게 이
해해야 한단 말인가. '야스쿠니 현상'을 동아시아라는 사상 과제 속에
어떻게 위치 지어야 그것이 지닌 사회적 정치성이 드러날 것인가.

여기서는 특히 한국의 역할을 강조하고 싶다. 중국의 혼돈이 인식
되지 않았듯이, 한국 사회의 훌륭한 정치적 전통도 아직 충분히 인식
되지 않았다. 동아시아론 속에서 피해자로 간주되곤 하는 한국 사회
야말로 동아시아 지역에서 가장 성숙한 민주주의의 정치적 전통을 갖
고 있다. 한국 사회의 다양한 정치·사회 운동만을 두고 하는 말이 아
니다. 동아시아의 정세를 두고 한국의 지식인들이 지니고 있는 위기
감, 그들의 강렬한 비판 정신, 위기감과 비판정신이 빚어내는 동아시
아에 대한 책임감, 중국 대륙이나 타이완, 일본에서는 좀처럼 볼 수
없는 미국에 대한 각성된 저항 의식 등은 모두 한국 사회가 일궈낸 정
치감각에서 자라났다.

그러나 한국의 정치감각은 동아시아의 사상 자원으로 공유되지
못하고, 한국의 발신도 정확히 읽어내지 못한 탓에 한국의 역할은 제
대로 인식되지 않았다. 기존의 동아시아론에서 벗어나 한국 사회의
귀중한 사상 자원을 공유할 수 있는지 아닌지가 앞으로의 지적 생산
에서 가장 중요한 관문이 될 것이다. 아울러 한국 사회의 정치적 전통
을 '사상 자원'으로 연마하는 일은 중국의 혼돈에서 원리를 발견하는
일보다 만만치 않다는 사실도 강조해야 할 것이다.

전후 동아시아의 복잡성

제2차 세계대전의 종전이 60주년을 맞이했다. 전쟁을 둘러싼 사상투쟁도 전후 이래 60년간 이어져왔다. 중일전쟁과 태평양전쟁을 분리해서 다뤄야 하는가, 묶어서 접근해야 하는가 하는 문제는 오늘날 더욱 중요해지고 있는 것 같다. 미국이 벌인 이라크 전쟁을 계기로 일찍이 다케우치 요시미가 짚어냈던 "우수한 문화적 가치는 무력을 수반했고, 그리하여 가치 자체가 약화되었다"는 문제가 수면 위로 그 모습을 뚜렷이 드러냈기 때문이다. 이제껏 수많은 지식인이 일본의 아시아 침략을 태평양전쟁으로 한정해서는 안 된다고 지적해왔다. 특히 중국 대륙과 일본의 실질적 '강화'는 일본이 미국을 추종한 탓에 오랫동안 연기되었으며, 중일전쟁을 비롯한 일본의 아시아 침략과 태평양전쟁이 양의성을 지니면서도 복잡하게 얽혀 있다는 사실은 좀처럼 인식되지 않았다.

실상 일본의 전쟁책임을 추궁할 때는 '두 가지 전쟁', 즉 아시아 침략과 제국주의 전쟁을 별개로 다루는 방식이 통용되고 있는 듯하다. 그런데 그런 발상으로는 도쿄재판이라는 역사적 사건을 자리매김하기 어렵다. 이 재판은 "우수한 문화적 가치"를 체현했지만 결국 '제국주의'의 손으로 행해졌기 때문이다. 완전히 부정할 수도 없지만 무조건 옹호할 수도 없다. 이 딜레마가 다케우치 요시미 세대에 곤혹을 안겼고, 그 세대의 사상적 긴장감을 낳았다. 뿐만 아니다. 단순화할 수 없는 역사적 사건인 도쿄재판은 전후 동아시아의 역사적 궤적을 규정했다. 동아시아 각각의 사회는 미국을 선두로 한 '서양'을 스스로 내면화하는 가운데 새롭게 편성되며 전후의 '부흥'을 꾀했던 것이다. 따라서 '동양 대 서양'이라는 단순한 구도로는 전후 동아시아의 정치 세계를 설명해낼 수 없다. 동시에 도쿄재판이라는 사건도 만족스럽게 처리할 수 없다. 여기서 동아시아 전후의 기점을 언제로 볼 것인가라는 문제도 등장한다.

도쿄재판이 열리던 때는 중국 현대사의 가장 복잡한 시기기도 했다. 15년 전쟁의 총결산이 중국의 정권 교체와 맞물려 역사는 격동했다. 이 시기 신중국은 곧이어 발발한 한국전쟁을 거치며 동아시아에서 자립할 수 있었다. 한편 타이완으로 후퇴한 국민당은 중국을 '대표'하여 일본과 단독강화를 맺었는데, 이는 전후 동아시아 역사에서 단순한 발상으로는 도저히 정리해낼 수 없는 문제의 씨앗을 낳았다. 나아가 도쿄재판에 회부되지 않았던 식민지 조선의 문제는 한국전쟁의 발발과 남북 분단을 거치고 한국에 미군기지가 들어서자 그대로 떠내려가고 말았다. 이리하여 일본만이 아니라 동아시아 전체가 총결산을 거치지 않은 채 전후는 시작되었다.

이러한 이야기를 꺼내는 까닭은 어디까지나 역사의 복잡성을 지적하기 위함이지, 동아시아의 문제를 미국의 지배로 환원하기 위함이 아니다. 서로 뒤얽힌 동아시아의 역사는 미국의 내재화보다 훨씬 복잡한 구도에서 움직이고 있다. 이 지역에서는 현재 새로운 패러다임을 형성하기 위한 호기가 마련되고 있다. 올해는 한국 사회와 중국 사회에서 발발한 반일 시위를 비롯해 타이완과 중국 대륙이 극적으로 대화에 나섰고, 일본의 UN 상임이사국 참가를 반대하며 한국이 국제 정치 무대에서 적극적 역할을 맡았으며, 나아가 한국과 북한이 새로운 관계를 맺는 등 동아시아 역사는 새로운 움직임을 보이고 있다. 그러한 움직임은 '동아시아'라는 범주에 실감을 더하고 있다.

이렇듯 대립하면서도 대립 속에서 도리어 하나를 이루는 동아시아라는 범주는 결코 '동아공동체'든가 '유교문화권' 같은 표현으로는 파악할 수 없다. 긴장 관계로 맺어진 이 지역에서 연대를 이끌어내는 원리는 직관적 '협력 관계'보다 훨씬 어려운 구조를 갖고 있으리라. 동아시아에서 공동체를 형성해야 하는가 아닌가 같은 실속 없는 논의를 넘어서려면, 앞서 언급한 긴장 관계를 '연대'의 한 가지 모습으로 읽어내는 능력이 요구될지도 모른다.

자, 그런 능력을 기르려면 대체 어떠한 작업이 필요하겠는가.

역사의 맥동 속에서 관념적 동아시아론을 넘어서기 위하여

이 책은 그러한 작업을 위한 초보적 시도다. 여기에는 한국·타이완·대륙·홍콩·일본의 연구자가 집필자로 참가했다. 그들은 각각의 입장에서 한 공간에 다른 담론을 가지고 들어왔다. 우리 편집자들은 되도록 동아시아의 다양성을 반영하려고 했으며, 되도록 이 지역의 내적 긴장과 모순 관계를 드러내고자 노력했다. 따라서 이 책에 수록된 논문들이 같은 관점에서 작성되었다고는 말할 수 없다. 오히려 서로 모순되는 경우도 있다. 그 모순까지를 포함해 이 책은 다음과 같은 목표를 갖는다. 절대적 전제로 굳어가는 '동아시아'를 동시대사를 포함한 역사의 맥동 속으로 가져가 역사의 유동성으로 충만한 동아시아를 그려내는 일. 우리는 각자의 문제를 떠안고 있지만 서로에 관한 상상 속에서 공통 과제도 공유하고 있다. 쓰라린 전쟁의 기억에 발 디뎌 모든 차별과 패권을 거부하고 평화를 염원하는 일이다. 동아시아가 하나인가 아닌가 하는 것보다는 이러한 염원의 힘이 훨씬 소중하리라.

우리는 포스트 동아시아론으로 역사의 숨결을 다시 들이마시고 싶다. 그런 의미에서 점점 관념의 색채를 더해가고 있는 동아시아론에서 몸을 "끄집어내고" 싶다(다케우치 요시미의 표현이다). 말할 것도 없이 '포스트 동아시아'라는 말도 홀로 앞서 나가지 않기를 바란다. 만약 이 말을 통해 우리가 놓여 있는 상황을 관념적이지 않게(즉 역사적으로) 다뤄야 할 필요성이 드러난다면, 이 책도 이 책의 제목도 자신의 역할을 완수하고 잊혀질 수 있으리라.

동아시아 시각의 인식론적 의의[*]

중국 사회의 기존 동아시아 시각과 문제점

동아시아라는 말을 들으면 어떤 대상이 곧장 떠오를 만큼 오늘날 동아시아 논의는 상당히 축적되었다. 그러나 조금만 곱씹어보면 그 대상이란 게 모호하다. 그것은 중·일·한 삼국을 가리키는가, 아니면 북한을 더해야 하는가? 혹은 베트남과 동남아도 포함시켜야 하는가? 우리는 과연 중·일·한이라는 쉽게 접하는 틀을 동북아라고 부를 것인가, 아니면 모호하더라도 '동아시아'라고 부를 것인가?

지리적 차원보다 더욱 까다로운 문제가 있다. 오늘날 중·일·한 삼국의 지식인이 교류하는 현장에서 곧잘 부상하는 "중국 사회는 왜

* 원문은 중국어다. 김월회 선생님께서 번역하여 『아세아연구』(52권 1호)에 게재하신 원고를 토대로 선생님의 허락을 받아 다듬었다. 김월회 선생님께 감사드린다.

아시아 의식을 결여하고 있는가? 이 현상은 중국 중심의 대륙 의식에서 기인하는가?"라는 물음 말이다.

국제 관계를 연구하는 중국의 지식인은 종종 이른바 '동아시아 담론'을 꺼내느니 동서양이 직접 대화하는 편이 낫다고 주장한다. 혹은 더욱 긴박감 있게 다른 영역을 설정해 현실성을 갖추자고 요구한다. 예컨대 중국, 러시아, 인도 삼국 간의 지식인 대화는 동아시아 간 대화보다 현실적이며 긴박하다고 말할 수 있다. 중국이 동아시아, 남아시아, 서아시아 그리고 드물게 언급되는 단위기는 하지만 '북아시아'와 모두 접하다 보니 동아시아라는 틀에 집중하기 어렵다는 것이다. 그렇다면 왜 굳이 동아시아를 거론해야 하는가?

확실히 중국에서 전개된 동아시아 담론을 추적해보면 결코 우리 중국 지식계의 토양에서 '자연스럽게' 발생하고 성장한 것이 아님을 알게 된다. 이식된 티가 역력하다고 솔직히 인정하는 편이 나을 것이다. 이식은 주로 두 방면에서 이뤄졌다. 하나는 개혁개방 이후의 근대화 이데올로기다. 이로 인해 중국 사회의 여론은 일본과 한국(혹은 '아시아의 네 마리 용')에 관심을 갖기 시작했다. 또한 경제일체화 추세로 말미암아 냉전 시기에는 결코 하나로 묶이지 않았던 동아시아가 하나의 총체로 여겨졌다. 이에 더해 일본과 한국의 각종 재단에서 기획한 동아시아 연구는 중국의 동아시아 담론에 매우 큰 영향을 미쳤다.

또 다른 이식의 경로는 미국의 지역연구다. '아태 지역'이라는 시야와 미국 대학의 동아시아 학과라는 틀이 동아시아를 상대적으로 독립된 지역으로 탈바꿈시켰다. 국제적으로 생겨나는 갖가지 새로운 추세에 발맞추고자 중국의 언론계 역시 동아시아를 화두의 한 가지로

삼았다. 그 결과 동아시아는 애초 우리 중국의 의식 속에 있었던 양
자연스럽게 받아들여졌다.

그러나 중국에서 형성된 동아시아 시각은 상대적으로 빈약하다.
중국에서 동아시아라는 말이 통용되지 않는다는 뜻은 아니다. 동아
시아를 하나의 유기적 총체로 간주하는 연구 성과가 부족하다는 뜻
도 아니다. 동아시아에 관한 연구가 중국의 지식계에서 그에 상응하
는 인식론적 입지를 점하지 못했음을 지적하고자 할 따름이다. 중국
의 지식계는 앞서 내놓은 물음을 반드시 답해야 할 문제로 여기지 않
는다. 실제로 대답이 거의 나오지 않았다. 게다가 동아시아 연구는 기
본적으로 경험의 층위에 머물러 있는데, 경험적 연구의 본질적 대상
이 무엇인지는 좀처럼 추궁되지 않는다. 따라서 사상과 지식의 생산
이라는 측면에서 볼 때 중국 내 동아시아 연구의 자리매김은 분명하
지도 자각적이지도 않다. 이것이 동아시아 연구를 둘러싼 중국의 기
본적 상황이다. 이러한 상황을 감안하건대, 우리는 동아시아라는 시
각을 두고 현재 구축되어 있는 공동 인식의 윤곽을 그려내 앞으로의
논의를 위한 단초로 삼아야 할 것이다.

제법 통용되는 동아시아 시각이라면 전통 유학의 시각을 들 수 있
겠다. 이것은 고도의 추상화를 거쳐 중국과 한반도 및 일본을 유학이
라는 틀 속에서 하나의 총체로 상정한다. 또한 유학의 기본적 관념,
예컨대 '인'仁이나 '중용'中庸 같은 추상적 가치 관념의 보편성을 논증
하는 데 힘을 기울인다. 그러나 이러한 방식이 얼마나 유효한지는 의
문이다. 직관적 차원에서도 우리는 유교가 동아시아 지역에서 같은
역할을 맡았다고 말하기 어렵다. 똑같이 유학의 영향을 받았지만 일

본은 어째서 자본주의의 길로 나서고 중국은 사회주의를 택했는지, 이 시각으로는 밝혀낼 수 없다. 더욱이 한반도가 핍박으로 양분되고 나서도 '유학'이 상이한 사회 체계에서 도대체 어떻게 공히 작동할 수 있었는지를 해석해내지 못한다.

유학을 이미 지나가버린 역사 단계의 산물로 치부해 중·일·한 삼국의 근대적 전개와 무관하다고 본다면, 우리는 다음의 문제에 직면한다. 즉 유학이 동아시아의 여러 나라에서 다른 형태로 전개되었다면, 전성기를 누렸던 때조차 유학은 이데올로기로서 세 나라를 하나로 묶는 데 아무런 매개 역할을 하지 못했다. 나라마다 유학의 내용이 상이했다면, 그것은 해당 사회의 역사적 제약에 따른 것이니 유학을 추상적으로 독립된 실체로 간주하기는 어렵다. 나아가 근대 이후 동아시아의 여러 사회에서 유학은 잠재적으로 더욱 다른 기능을 발휘했다. 이 점에 관해서는 구체적 연구가 많이 나와 있다. 따라서 유학의 시각이 동아시아의 출발점이 된다면, 우리는 하는 수 없이 각 사회의 유학이 보이는 유사성이 아닌 차이점에서 출발해야 하며, 따라서 조정되어야 할 것은 직관적 경험이 아니라 역사 구조에 대한 상상력이다.

설령 '커뮤니케이션 이론'을 가져와 이 지역에서 유학이 걸어온 자취를 확인한다 해도, 대체 누가 '시조'이고 누가 '후계자'였는지를 어떻게 밝힐 수 있겠는가. 더욱이 주목해야 할 것은 커뮤니케이션 과정에서 변화가 일어났다는 사실이다. 이 대목에서 각기 다른 정치공동체가 유학에 가미한 '재구조화'의 기능이 가장 기본적인 탐구 과제로 떠오른다. 유학이 정치 환경에서 벗어나 진공 상태를 '여행'한 수는 없는 노릇이기 때문이다. 따라서 유학을 하나의 시각으로 삼아 동아시아 담론을 구축하고 동시에 직관적 태도로 동아시아 각국의 유학을 동일한 대상으로 여긴다면, 동아시아 시각은 역사성과 현실성을 결여하게 될 것이며 그 결과 동아시아 담론은 한 조각 공론이 되고 말 것이다.

사실 엄밀히 따진다면 유학의 시각은 결코 동아시아 시각과 나란히 놓일 수 없다. 이것은 나중에 부가된 역사 서술이기 때문에 결코 역사 논리 자체와 동등하게 대해서는 안 된다. 유학이 반드시 동아시아라는 틀을 필요로 하지는 않는다. 그러나 동아시아라는 후대에 성립된 역사 서술의 틀에서 유학은 꼭 필요한 접착제다. 따라서 유학 논의는 오늘날의 요구에 따르며, 그 기능은 '동아시아의 역사'를 인식하는 데 있는 게 아니라 동아시아가 지금 내재적 응집력을 갖는 이유를 논증해내는 데 있다. 기존의 '동아시아 유학'의 담론을 살펴보면, 그 기능이 '유학'을 통해 동아시아(기본적으로 중·일·한)의 내적 차이를 해소하여 상호 연관된 서사 구조를 수립하는 데 있음을 알 수 있을 것이다.

동아시아와 관련된 두 번째 시각은 일본발 '근대화'의 시각이다. 즉 서양을 따라잡거나 서양에 맞서 근대화를 도모하는 지역으로서 동아시아를 이해하는 것이다. 이는 일본이 메이지유신 이래 복잡하고 착종된 방식으로 줄곧 추구해온 관념이다. 이 관념은 동아시아를 대하는 일본 지식인의 사고를 잠재적으로 규정해왔으며, 오늘날 일본의 동아시아 담론에서도 여전히 재생산되고 있다. 이에 입각한다면 중국과 일본 및 한반도는 서양에 대항하는 맹우라기보다 서양을 따라잡으려는 일종의 경쟁 상대다.[1] 여기서는 동아시아를 누가 대표하느냐가 늘 논쟁 지점이었다. 개혁개방 이후 중국에서 근대화는 사회의 공인 이데올로기가 되었다. 이에 따라 일본의 동아시아 담론 역시 중국으로 들어올 여지가 넓어졌다. 동아시아를 담론의 대상으로 삼아 동아시아에서 진행된 근대화의 양상을 검토하여 그 발현의 방식을 탐구하고, 이로써 "동아시아는 앞으로 비교적 정합적인 기초로 기능할 것"이라는 공동 인식이 자리를 잡았다.

다만 근대화 시각의 동아시아 담론에는 '경향성의 오류'가 감춰져 있다. 시간의 선후에 따라 근대화 정도가 수직적으로 배열되고, 각국 혹은 각 지역의 이른바 '근대화' 내용의 차이는 일거에 소거되는 것이다. '서구 모식'은 유일한 정합적 형식으로 추상화되어 근대화의 견본처럼 여겨진다. 바로 근대화는 서구의 길을 따라 산업화와 후산업화를 거쳐 '복지사회'로 다가간다는 도식이다. 이러한 시각에서 우리는 동아시아 담론이 암암리에 전제하고 있는 논리, 즉 상이한 사회 발전

---

1 이 관념을 대표하는 최고 수준의 역작은 단연 야마무로 신이치山室信一의 『사상과제로서의 아시아—기축·연쇄·추동』(岩波書店, 2001)이다. 이 책은 방대한 자료에 근거해 근대 전환기에 있던 일본과 동북아의 '근대화를 향한 조바심'을 조명했다. 이 책은 동북아시아의 각 지역과 나라가 서양 근대에 반응하며 근대화의 주도권을 두고 경합하는 경쟁 상대로 보았다. 아시아주의는 17세기 이래 동북아시아 지역이 서양의 세계 인식과 조우한 후 자기 인식이 변화하며 발생했으며, 그것은 사상 관념, 문화 습속, 정치 실천에 연쇄 반응을 일으켰다. 이 책은 실마리가 될 만한 많은 자료를 제공하고 매우 정교한 분석을 내놓았으며, 특히 '국가 이익'과 사상 이데올로기 사이의 관계를 깊이 파고들었다. 이 책은 일본 아시아주의의 맥락을 이해하고자 할 때 진정 중요한 저작이다. 다만 이 책은 지나치게 체계화를 지향한 나머지 아시아주의 문제에서 중국, 일본, 조선 사이의 비균질적 특성을 완전히 무시했다. 그리고 근대 전환기에 동북아 지역이 근대화에 조바심을 냈다는 사실을 아시아주의의 절대적 전제로 삼았다. 나아가 이러한 사상 과제가 국경을 넘어설 때 발생하는 역사적 복잡성을 객관이라는 차원에서 단순화했다. 그럼에도 근대 이래의 일본 아시아주의를 이해하고자 할 때 이 책은 여전히 높은 수준의 대표성을 지닌다.

단계에 놓인 동북아시아 지역은 결국 모두 근대화라는 같은 목표를 향해 나아간다는 진화론적 논리를 목도한다. 따라서 먼저 앞서간 나라는 필연적으로 나중에 발전한 나라의 오늘을 자신의 '어제'로 여기며, 뒤처진 나라는 먼저 발달한 나라의 오늘을 자신의 '내일'로 받아들인다.

세 번째 시각도 있다. 전쟁의 상흔을 기억한다는 시각이다. 동북아시아 지역을 담론적으로 총체화할 수 있는 것은 전쟁기억이라는 무시할 수 없는 인자가 존재하기 때문이다. 제2차 세계대전 이전에 일본은 이미 여러 차례 기회를 틈타 중국 대륙을 침략했고, 뒤이어 전쟁의 불길로 동남아 나라들을 불살랐으며, 한반도와 타이완을 식민 통치했다. 일본은 동아시아의 잔혹한 '접착제'였던 것이다. 전쟁기억이라는 층위에서 동아시아 사회는 비교적 심화된 공동 인식을 갖고 있으며, 특히 동북아시아 지역은 그렇다. 여기서 일본의 진보 세력이 전쟁책임을 규명하고 전쟁기억을 정확하게 전승시키고자 기울인 노력이 저평가되어서는 안 된다는 점을 강조해두고 싶다. 그들의 노력 덕택에 피해국의 전쟁기억이 일본 사회를 변화시키는 외적 압력으로 작용할 수 있었으며, 동시에 피해국 민중이 지닌 상흔의 기억을 향해서도 일정한 반향을 끌어낼 수 있었다.

최근의 역사교과서 사태, 야스쿠니 신사 참배, 위안부 소송, 세균전 소송, 일본군이 버려두고 간 화학무기로 인한 피해자 손해배상 청구와 같은 일련의 사건을 거치면서 일본의 전쟁 처리 문제는 '국제화'될 수밖에 없었다. 이 과정에서 예상치 못한 수확으로서 동아시아의 민간 부문이 얼마간 융합해갔다. 동아시아의 관련자들이 국경을 넘어 함께 일어서자 조금이나마 공동 인식을 다질 수 있었는데, 이는 몹시 중요한 진전이었다. 그러나 이러한 진전에는 깊은 내재적 긴장이 뒤따른다는 사실도 아울러 목도할 수 있었다.

첫째, 전쟁의 상흔을 말할 때 개인의 기억은 국가 차원의 담론으로 편입되어야만 비로소 역사적 기억의 형태가 된다. 그런데 이 상황에서 '국가 이익'이 절대적 전제로 놓이곤 한다. 따라서 일국의 틀 안에서는 문제가 없었던 시각이 '동아시아'로 진입하는 순간 문제시될 수도 있다. 이와 관련해 '삼국의 역사교과서'를 제작하려는 시도는 몹시 귀중한 탐색으로서 우리에게 곱씹어볼 만한 사고거리를 제공해준다. 뒤얽힌 역사적 사건을 평가하는 문제는 삼국의 집필자가 힘겨운 협조를 거듭해야만 비교적 일관된 담론에 다다를 수 있다. '국가 이익'은 가뿐히 뛰어넘을 수 있는 제약이 아니기 때문이다.

문제는 여기에 있다. 전쟁이라는 근대성의 가장 핵심적 사건이 국가를 단위로 진행되었고 이로 인해 가해국과 피해국, 패전국과 전승국으로 나뉘었다면, 무차별적 '국민국가 비판과 극복'으로 해결될 만큼 문제는 간단치 않다. 무차별적 비판은 앞서 언급한 구체적 상황 속에서 배태된 갖가지 역사적 맥락을 뒤섞어버리기 때문에 객관적으로 가해국에 면죄부를 주고 만다. 그렇다고 국민국가 비판을 견지하지 않는다면, 그 귀결로 역사 서술은 피해국과 전승국이 자국의 이익을 지키는 곳으로 기울게 될 것인가?

더구나 피해국(혹은 전승국)이 여러 나라라서 각국의 이익이 충돌하는 경우, 이분법을 사용해 전쟁의 역사를 처리하려 든다면 심각한 인식론적 곤경에 빠질 수 있다. 복잡하게 뒤얽힌, 그러나 중요한 분기점을 외면한 채 '찬성 혹은 반대'라는 조잡한 판단을 들이댄다면 진정한 문제성을 놓치고 만다. 국제정치의 문제는 애초에 매우 복잡하다. 더구나 미국의 통치 아래 놓인 전후 일본 정부는 타이완과만 조약을 맺었고 중국 대륙과의 전후 처리는 1970년대까지 미뤄둬서 여러 문제가 유보된 채 남겨졌다. 이 상황에서 피해국인 중국 대륙의 사회 여론은 좀처럼 국가라는 틀 바깥에서 전쟁을 사고하는 시각을 모색하기가 어려웠다. 객관적으로 볼 때 이것이 동아시아 시각이 직시해야 할 한 가지 상황이다.

둘째, 전쟁기억을 어떻게 다뤄야 하는가에 대해서는 기실 각국의 양식 있는 인사들도 기본적으로 자국의 역사적 맥락과 사회 사조의 제약을 받는다. 그래서 그들의 문제의식과 사상적 태도는 결코 단숨에 '동아시아화'될 수 없다. 동아시아 각 지역의 양식 있는 인사조차 서로를 깊이 이해하고 공동 행동에 나서는 단계로는 나아가질 못했다. 여러 중대한 문제에 관해 동아시아의 진보적 인사들은 공동의 인식을 마련하지 못한 상태며, 특히 냉전 이데올로기가 여전히 해체되지 않은 조건 속에서 일찍이 냉전의 양대 진영에 속해 있던 중국과 일본, 한국의 진보적 지식인과 운동가는 아직도 냉전적 상상력을 진정으로 극복하는 사상적 공동 인식에 도달하지 못했다.

난징대학살에 관한 숫자 문제는 전형적 사례다. 물론 일본의 양식 있는 인사들은 좌파 사학자들이 사망자 수를 고증하려 할 때 이미 문제를 제기한 바 있다. 일본의 좌파 지식인이 고증한 사망자 수는 꽤 오랫동안 우익의 '난징대학살 허구론'에 타격을 가할 수 있었다. 그러나 그러한 고증의 심층에는 '권위주의적 중국'이 언론과 학술의 자유를 결여하고 있다는 생각도 암암리에 깔려 있다. 한편 중국 사회 역시 일본 좌파의 고증 방식을 역사적으로 분석하거나 공감하지 못한 까닭에 때로 몹시 단순화된 이분법으로 그들을 '우파'로 내몰기도 했다.

이처럼 전쟁기억으로서 동아시아라는 시각은 여전히 생명력을 지닌다. 다만 거기에는 한 가지 기본 요소가 빠져 있다. 일본의 침략전쟁과 제2차 세계대전 및 전후의 냉전 상황으로 이어지는 역사의 유동성을 고찰하지 못한 점이다. 특히 반세기 가까이 지난 지금 1940년대의 국제정치 세력 관계는 이미 새로운 구조로 바뀌었지만, 공교롭게도 새로운 구조가 제2차 세계대전에서 파생되어 나온 까닭에 중국과 일본이 전쟁의 역사를 토론하려면 제2차 세계대전 이후의 국제적 정황을 간과해서는 안 된다.

전쟁책임을 밝혀내려는 작업과 역사의 흐름을 주목하는 작업은 별개일 수 없다. 만약 역사를 손쉽게 절단한다면 역사의 논리를 밝혀낼 수 없다. 다만 전후의 역사를 우리의 역사적 시야로 끌어오려면, 문제를 다시 설정해야 한다. 곧 동아시아(여기서는 잠정적으로 동아시아를 일단 동북아시아로 간주한다)를 단순히 중국 대륙과 타이완, 한국과 북한 및 일본의 집합체로 간주할 수 있는지가 물음으로 남기 때문이다.

실제로 상술한 세 가지 동아시아 시각이 다루는 대상 영역은 일치하지 않는다. 유학의 시각은 유학이 실제적으로 기능한 지역을 포괄한다. 그래서 베트남과 싱가포르 같은 동남아의 일부 지역도 시야에 들어온다. 근대화 시각은 은연중에 한국을 한반도의 대표로 간주하며 심지어 북한은 존재하지도 않는 것처럼 처리한다. 또한 이 시각에 입각해 중국과 한반도, 일본을 동시에 아우를 수 있는 시기는 얼마 되지 않으며, 국가 간의 동적 평형 상태가 깨지면 이 시각은 하는 수 없이 전쟁기억 시각에 자리를 내준다.

한편 전쟁기억 시각을 이론적이 아니라 역사적으로 설정한다면, 동아시아 상상은 내향적이고 독자적인 시각으로 성립될 가능성이 거의 희박하다. 이 경우 미국과 소련을 동아시아의 역사 바깥으로 밀어내기란 불가능하기 때문이다. 더구나 미국의 군사기지가 여전히 한국과 일본 영토에 남아 있는 상황에서, 더구나 한반도의 남북은 '휴전' 상태일 뿐 아직도 '정전'이 실현되지 않은 상황에서야 무엇을 더 말하겠는가! 양안 관계도 여전히 "털 하나를 잡아당기면 온 몸을 움직이는" 문제로서 아시아 태평양 지역의 전체 평화에서 홀시할 수 없는 영향력을 지니고 있다.

그러나 우리는 동아시아를 토론하면서 이러한 갖가지 차이를 쉽사리 무시했고, 그 결과 추상적인 '동아시아 틀'이 형성되었다. 더욱이 일본과 한국에서 암암리에 '중·일·한(때로는 중국과 일본, 한반도)'이라는 틀로 동아시아론을 전제하는 바람에 동아시아 담론의 이미지가 굳어갔으며, 세 국민국가의 조합이 곧 동아시아인 것처럼 여겨졌다. 공교롭게도 동아시아 시각의 이러한 모호함으로 말미암아 본래 중국의 역사와 밀착되어 있던 '동아시아'가 중국의 정신과 사상 세계에서 적절한 자리를 찾지 못했다. 그리하여 개별 사안에 관한 유효한 연구가 나와도, 그것을 효과적으로 중국 지식계의 사상 자원으로 전환시키는 매개가 마련되지 못한 상태다.

동아시아 담론의 시각을 구축하는 일은 역사성이 매우 짙은 논제다. 고정시킬 수 없는 유동적 시각이기에 그 형태는 곧잘 뒤바뀐다. 동아시아 시각을 통해 우리가 관찰할 수 있는 것은 어떤 고정된 이미지가 아니라, 그런 이미지가 역사 과정에서 유동하는 양태다. 하지만 역설적이게도 유동하는 양태를 통해 우리는 우리 자신을 주체로 길러 낼 핵심 고리를 발견하고, 가능한 변혁의 방식을 토론할 수 있다.

　　역사성을 지니는 시각을 구축하기 위해 나는 우리 자신이 속해 있는 '동아시아'를 출발점으로 삼아 전후부터 현재까지를 효과적으로 살필 수 있는 동아시아 시각을 구상하고자 한다. 이는 결코 기성의 틀을 부정하기 위함이 아니다. 거꾸로 나는 기성의 동아시아 분석틀에 한 가지 새로운 구상을 더해 상술한 시각에서 외면당하거나 홀시하는 문제와 대면하기를 희망한다. 초보적인 수준이지만, 앞으로의 탐색이 계기가 되어 기존의 아시아 혹은 동아시아 관련 논의가 줄곧 회피해 왔던 기본적 물음, "우리는 왜 동아시아를 말해야 하는가?", "이러한 시야는 독자적으로 존재할 필요가 있는가?"가 활발히 논의되기를 희망한다.

현대사에서 드러난 동아시아 내부의 비대칭성

동아시아 시각을 수립하려면 한 가지 전제를 피해갈 수 없다. 동아시아는 상대적으로 독립된 대상이어야 한다는 점이다. 담론의 단위로서 동아시아는 응당 상대적으로 자족적이며, 적어도 어떤 사유 논리에 근거해 총체로서 조합해낼 수 있어야 한다. 그래야 '동아시아 공동체'가 명제로서 가능하다. 동아시아 지역의 내적 긴장이 여전한 상태에서 섣불리 '공동체'라는 구상을 내놓는다면 "조합된 총체를 이루지도 못했는데 동아시아가 무슨 자격으로 독립된 범주로서 존재한다는 말인가?"라는 물음을 사게 된다.

에드워드 사이드를 원용할 것도 없이 서양의 명명으로 동아시아가 성립했다는 사실은 자명하다. 물론 유래를 확인했다고 문제의 지점이 다 드러난 것은 아니다. 특히 다음의 두 가지 문제는 더욱 진전된 논의가 필요하다. 첫째, 동아시아가 서구의 안티테제라면, 예컨대 서구가 자기 인식을 구축하고자 매개로서 만들어낸 것이 동아시아라면, 동아시아의 일체성도 서구라는 명제로부터 파생되는 것이 아닌가? 다시 말해 오늘날 동아시아라는 범주가 '서구산'임을 강조하는 까닭은, 이른바 동아시아의 '비非서구본질주의'라는 상상을 깨기 위함인가, 아니면 동아시아의 인식론적 특징을 더욱 깊이 규명하기 위함인가?

전자라면 이 문제를 토론에 부칠 필요가 없다. 이미 결론이 났고, 그 결론이 정당성을 확보하고 있기 때문이다. 그러나 후자라면 분명히 짚고 넘어가야 한다. 동아시아인으로서 보자면 단지 동아시아라는 범주는 결코 서구의 강요로 존재하는 것이 아니다. 거기에는 자신을 서구와 동일시하려는 동아시아인의 욕망도 깔려 있다. 다만 동아시아가 서구의 근대에 맞서는 대명사로 여겨지고, 더욱이 일본이 일찍이 동아시아 상상을 '대동아공영권'으로 전환시킴에 따라 동아시아 상상에는 피비린내 나는 전쟁 폭력이 얽혀들었다. 그래서 동아시아라는 명제 속에서 '서구의 극동 상상'을 중심에 놓고 있을 수만은 없다. 동아시아라는 명제는 오히려 우리 역사의 심층을 불투명하게 만든다.

둘째, 위의 명제와 표리 관계로서 동아시아를 하나의 지역으로 상정하면 서구 역시 하나의 단위로 사고하게 된다. 서구(EU 회원국의 지식인을 포함해)는 자신을 하나의 단위로 바라보는 동아시아인의 서구 상상을 좀처럼 받아들이지 않을 것이다. 외재적 시각은 늘 상대를 하나의 총체로 조합하려 들며, 이와 반대로 내재적 시각은 내부의 차이를 중시하는 경향을 띤다. 이러한 의미에서 동아시아가 누구의 개념인지는 그다지 중요하지 않다. 차라리 동아시아 시각이 역사적으로 전개되면서 어떠한 자아 인식이 움텄는지가 중요하다.

근대 이전에 동아시아라는 범주는 진정한 의미를 지니지 못했다. 지정학적 범주로서 동아시아는 서구 근대의 내침과 삼투에서 파생했다. 그러나 일단 범주로서 자리를 잡자 자신을 형성시킨 원인에서 벗어나 독자적 의미를 지니는 방향으로 움직이기 시작했다. 다만 주의해야 할 점은 동아시아 담론을 역사적 과정에서 하나의 유기적 총체로 간주하기 어렵다는 사실이다. 특히 '아시아주의'로 시작해 '대동아공영권'으로 끝난 일본의 비극적 역사 과정을 겪고 난 후, 동아시아는 총체로서의 윤곽이 모호해지고 말았다. 여기서 우리는 동아시아 담론에 실상 근본적 난제가 내포되어 있음을 발견한다. '누가 동아시아를 대표하는가'라는 문제 말이다.

쑨원의 '대아시아주의'는 '왕도'를 내세웠다. 따라서 국가 중심의 담론이라기보다 일종의 문명관에 가까웠다. 다만 쑨원이 현실에 처한 정치 환경과 무관하게, 또한 당시 중국에 근대적 국가라는 자각이 있었는지의 여부와 무관하게 평하자면, 결국 쑨원의 '대아시아주의'는 다원주의적 국제정치 담론이 아니었다. 이 또한 '대국중심주의'를 연상시킨다는 비판을 면하기 어렵다. 그중에서도 한국에서 제기된 비판은 오늘날 '대아시아주의'를 자리매김하는 데 도움이 된다.[2] 사실 관건은 쑨원이 중화중심주의자인지 아닌지가 아니다. 그보다는 우리가 동아시아를 논할 때 은연중에 설정하는 중심을 제거할 수 있는가 없는가가 문제다.

쑨원의 '대아시아주의'는 유토피아적 성격으로 말미암아 일본의 아시아주의와 동렬에 놓이지 않았다. 일본의 아시아주의는 유토피아적 성격이 짙지 않았던 까닭에 '대동아공영'이라는 수렁으로 미끄러졌고, 아시아 담론 역시 난처한 상황에 놓이게 되었다. 쑨원은 어떤 형태의 무력도 아닌 도덕적 역량에 호소하는 아시아 담론을 염원했다. 왕도와 대립하는 패도는 자신이 억압하는 대상을 결국 소멸로 몰고 가기 때문에 패도의 득세는 역사의 비극이라고 그는 힘주어 말했다. 그러나 객관적으로 볼 때, '대아시아주의'로 언급된 내용은 차치하고 사유 방식에만 집중하건대 왕도와 패도는 구조적으로 닮아 있다. 양자 모두 하나의 중심을 설정하고 자신을 거기에 둔다. 이 점이 쑨원의 대아시아주의가 한국 학자에게 비판을 사게 된 원인이다.

쑨원의 죽음 이후 중국에서는 뚜렷한 성격을 지니고 새로운 논의의 지평을 여는 아시아주의가 출현하지 않았다. 아시아주의는 정체되었으며, 그 후 전개된 전쟁과 전후 처리 과정에서 아시아에 대한 담론은 다른 담론에 자리를 내주고 말았다. 그리하여 동아시아라는 시각은 기본적으로 중국의 현대사에서 제 역할을 맡지 못했다. 동아시아를 하나의 총체로 조합해 통일체로 간주하는 것은 인식론적 난제였

---

2   白永瑞(1999) 참조.

다. 제2차 세계대전 이후 동아시아는 냉전의 축소판이 되었으며, 한국전쟁이 추동되고 발발하자 철의 장막이 한반도를 갈라놓았다. 철의 장막 양측에 놓인 '한국-일본-타이완'과 '소련-중국-북한-몽골인민공화국'은 다른 이데올로기로 갈라져 대립했고, 정신적 격절 상태에 놓이게 되었다. 이러한 역사 과정에서 '동아시아'를 하나의 총체로 삼자는 논의는 기본 조건조차 충족시키지 못하고 있었다.

그러나 베를린 장벽이 무너지면서 사회주의 진영은 자본주의 진영의 특정 이데올로기(특히 탈정치적인 것처럼 보이는 '시장경제'라는 이데올로기)에 상대적으로 너그러워졌다. 냉전기의 두 이데올로기 사이에 형성되었던 건조한 대립이 깨지고, 심지어 서구 자유주의 이데올로기가 승리한 것처럼 보이기도 했다. 이 상황에서 '동아시아 공동체'(먼저 경제 체제의 측면에서)라는 새로운 구상은 총체적 담론을 마련할 토양을 발견했다. 바로 근대화와 근대성 이론이었다.

그런데 동아시아 담론이 동아시아의 일부 지역에서 전개되자 피할 수 없는 문제가 불거졌다. "동아시아 의식이 빈약한 중국의 현 상황을 어떻게 바라볼 것인가?" 물론 중국 사회에서 동아시아 담론 자체가 적지는 않지만, 경제공동체의 차원에서 '동아시아'라는 범주는 이제야 중국의 여론과 사상 내지 이론 공간에서 자리를 잡았다. 그러나 경제적 시각에서 바라보는 동아시아는 동아시아 전 지역을 포괄하지 못한다. 또한 근대화 정도를 지표로 삼기에 "가난을 꺼리고 부를 좇는다"는 의심을 사기도 한다. 더구나 '동아시아'는 사상의 시의성이라는 면에서도 기실 허공에 뜬 상태다. 달리 말해 동아시아에 관한 연구와 토론은 거듭되어왔지만, 그런 노력과 중국 사상계 및 지식계의 관계는 도리어 불분명하다. 따라서 중국의 지식인에게는 "왜 동아시아에 관해 토론해야 하는가"가 해명되지 않은 물음으로 남아 있다.

중국 지식인의 모호한 태도는 동아시아 이웃 나라의 지식인에게 바로 '중국 중심주의'로 비쳐졌다. '중서中西 간의 대화'와 같은 애매한 틀은 늘 중국의 대륙중심주의를 비판하는 표적이 되어왔다. 최근에는 중국 지식인 쪽에서 동아시아 대화에 나서고 있지만, 상황이 근본적으로 바뀌었다고는 말할 수 없다. 실상 동아시아 지역 사이에서 논의를 진행해야 하는가는 중국 지식인이 가진 것을 내려놓고 마음을 열었는가에 따르지 않는다. 동아시아 의식이 중국의 사상공간 안에서 자리 잡았는가와 관련되어 있다. 만약 걸맞은 자리를 차지하지 못한다면, 우리는 대국 중심주의만을 탓할 게 아니라 역사 속에서 더욱 근본적인 원인을 따져 물어야 한다.

독립적 주권국가로서 중국이 주체적 서사를 마련한 이후의 역사를 돌이켜보자. 냉전 구조가 해체되기 이전의, 지역성을 기반으로 한 시각이라면 두 가지가 주요했다. 하나는 1955년 저우언라이 총리가 반둥회의에 참가할 때 견지한 '아시아―아프리카'라는 시각이며, 다른 하나는 1970년대 초부터 사용하기 시작한 '제3세계'라는 논법이다. 여기서 주목해야 할 것은 중국의 맥락에서 두 시각 모두 하나의 목표를 지향했다는 점이다. 즉 냉전 구조가 빚어낸 미국과 소련의 대립 구도에서 필요한 거리를 유지하고, 나아가 식민화의 위기에서 벗어나 독립적이고 자주적인 권리를 획득한다는 것이다.

냉전 구조 속의 완충 지대인 아시아, 아프리카, 라틴아메리카에서 민족해방운동과 제3세계운동이 고양하면서 동아시아의 정치적 역할이 회복되었고, 동시에 '극동아시아'라는 국제정치 용어를 자리매김하는 문제가 중국의 면전으로 다가왔다.[3] 이렇듯 반세기 가까운 역사는 예기치 않게 베를린 장벽이 붕괴되던 하룻밤 사이에 소멸했다. 더구나 역사적으로 볼 때 '아시아, 아프리카, 라틴아메리카'와 '제3세계'의 역사 과정은 냉전 구조에 단 한 번도 진정으로 반영된 적이 없었다.

물론 하룻밤 사이에 역사가 바뀌지는 않는다. 강력한 동아시아 담론이 중국 사회에서 생산되지 못했던 데는 달리 이유가 있었을 것이다. 따라서 설령 개혁개방이 야기한 절박한 경제적 필요로 인해 동아시아가 비교적 독자적인 지역이 되고, 정치적으로 연동하고, 사상을 공유하게 되었더라도 여전히 갈 길은 멀다. 중국 사상계의 사정을 감안하건대 '아시아, 아프리카, 라틴아메리카'와 '제3세계'라는 담론 범주는 일련의 역사적 맥락 속에서 자기 자리를 찾을 수 있을 것이다. 그러나 상대적으로 자족적인 단위인 동아시아에 대해 말하자면, 그것의 역사적 맥락은 불분명하다.

오늘날에 현대사, 특히 전쟁사를 정리한다는 의미에서 동아시아는 분명 한 가지 담론의 단위다. 다만 이 단위는 여전히 주체가 자기 동일시의 방식을 성찰하는 단계에는 이르지 못했으며 커다란 한계를 노정하고 있다. 이와 동시에 우리는 동아시아 시각과 병행하는 또 하나의 시각, 즉 '개발도상국가'라는 시각이 있음을 발견하게 된다. 이 시각은 '제3세계론'을 발전시킨 것으로 두 가지 면에서 크게 기능했

3　우젠민吳建民(2007)에 따르면 저우언라이 총리가 반둥회의 석상에서 꺼낸 표현은 '원동'遠東(극동)이지 '동아시아'가 아니었다고 한다.

다. 첫째로 마오쩌둥 시대와 오늘날의 중국 사이의 연속성을 암시했으며, 둘째로 동아시아 시각이 중국에서 사상 생산에 기여하는 역할을 제약했다. 즉 그 시각은 동아시아 담론에 맞서 동아시아라는 시야를 뛰어넘었으며, 실효를 잃은 역사적 시각이 덮어버린 문제, 그러나 당대의 정신생활에서 중요한 문제에 답할 것을 요구했다. 이것이 동아시아 담론이 중국 사상계에서 여전히 입지를 굳히지 못한 주요 원인이다.

일본의 경우를 생각해보자. 일본에서 동아시아는 줄곧 피부에 와닿는 절실한 시각이었다. 그것은 전부터 서양에 대항하는 문화 건설의 단위였으며(다만 오카쿠라 텐신의 담론에서 엿보이듯 '아시아'가 더욱 널리 사용되었다), 특정 시기에는 이웃 나라에 대한 실망감을 담기도 했다(후쿠자와 유키치의 '탈아론'에서 엿보이듯). 일본은 동아시아 담론을 통해 중국을 대신하여 동아시아 내지 아시아의 중심이 되겠다고 야심을 드러내기도 했으며, 한편으로 일본 군국주의의 청산을 촉진하기도 했다. 즉 '동아시아' 혹은 '아시아'는 근대 이래 일본사상사의 기본적 모티프 가운데 하나였다. 비록 '대동아공영권'이 일본의 동아시아 담론에 어두운 그림자를 드리웠지만, 아시아에서 특히 동아시아에서 자기 위치를 잡는 것은 일본근대사상사의 인식론에서 정체성이 걸린 핵심적 문제였다. 이러한 의미에서 '대아시아주의'에서 '대동아공영권'에 이르기까지, 다시 대동아공영 이데올로기의 안티테제로 등장한 '동아시아로의 회귀'라는 담론에 이르기까지, 일종의 역사인식론으로서 내포와 기능은 다르지만 이들 사이에는 모종의 상호 긴장적 일치성이 존재한다고 말할 수 있다.

일본에서는 어떤 동기로부터 나왔든 어떤 목표를 지향하든 담론 단위로서 동아시아는 역사 단계에서 강한 제약 요소로 작용했다. 이 점은 중국이 '아시아와 아프리카, 라틴아메리카'와 '제3세계' 및 '개발도상국'을 담론의 단위로 삼는 경우에 따르는 제약 정도와 사뭇 다르다. 일본 사상계는 그들의 인식 지평에 동아시아가 있느냐라는 문제가 아니라 동아시아와 자신의 관계를 어떻게 고찰해야 하는가라는 문제와 씨름해왔다. 동아시아 담론이 성립하는지가 아니라 동아시아를 어떻게 담론해야 하는지가 관건이며, 지리적 범주에서 이념의 위상에 이르기까지 동아시아는 일본 사상계에서 논쟁점이 되어왔다. 그러나 이러한 문제는 중국에서 여전히 의미를 지니지 못한다.

한반도의 동아시아 의식에 관해서는 아는 바가 적어 정확히 판단할 수 없다. 다만 한반도의 전근대사로 거슬러 올라가지 않고 제2차 세계대전 이후 비로소 형성되고 한국전쟁으로 형태를 갖춘 한국에 관해서라면, 다음의 사실을 말할 수 있다. 즉 동아시아 의식의 흥기는 한국의 '포스트 냉전 사고'와 직접 닿아 있다는 것이다. 아직 한반도의 전후 처리 작업은 끝나지 않았으며 미군기지도 여전히 철수하지 않았지만, 한국 사회가 일균 민주화로 인해 동아시아라는 정체성은 피부에 와닿는 문제가 되었다. 미국과 동아시아 가운데 어느 쪽과 동일시하여 자신의 정체성을 만들 것인지가 주체 구성의 문제로서 등장한 것이다. 더구나 한국이 동아시아에서 자리를 잡아가는 방식은 일본과 중국 및 다른 지역의 자기동일시 방식과 달랐다. 동으로는 미국(사실 미국은 한국 내부에도 존재한다), 서로는 중국, 남으로는 일본, 북으로는 러시아가 있는 국제정치 환경 속에서 한국 사회와 한국의 지식계

(당연히 한국 정부와 같은 입장이라고 여겨서는 안 된다)가 동아시아 정체성을 구축하는 작업은 전략적 선택이었을 것이다. 후술하겠지만 제2차 세계대전 이후 동아시아에 깔린 철의 장막은 한반도 한복판을 갈라놓았으며, 이로 인해 한국 사상계가 동아시아를 주목한다면 거기에는 특정한 역사적 함의가 담기게 된다. 짐작하건대 한국 사상계가 정체성을 만들 때 동아시아와 서구 어느 쪽에 무게를 둘 것인지는 필연적으로 매우 뚜렷한 분기점으로서 존재할 것이며, 이 분기점의 의미를 중국과 일본의 사상계가 내재적으로 헤아리기란 무척 어려울 것이다.

또 한 가지 몹시 미묘한 문제가 있다. 중국을 대하는 한국 사상계의 태도다. 한국의 동아시아 담론에서 중국은 중요한 위치를 점한다. 한때 한글전용론이 등장한 일이나 한성(漢城, 한청)을 서울(首爾, 소우얼)로 개명하고 고구려 문제가 발발했던 장면에서 한국 사회가 중국에 대해 느끼는 압박감은 분명하게 드러났다. 그러나 한일관계와는 또 달라서 중국을 향한 한국 사회의 태도는 단순한 대항도 동정적 이해도 아니다. 우리는 한국과 일본 사회보다 중국과 한국 사회 사이에서 더 깊은 격절을 느낀다. 양측의 시야가 대칭적이지 않기 때문이다. 같은 문제를 두고서도 중국과 한국 사회의 반응은 간극이 커서 사상의 수준에서 상호 연동을 시도하기란 몹시 어렵다.

한편 중국 대륙의 학술계는 늘 빠뜨리는 지역이 있으니 바로 타이완이다. 제2차 세계대전 이후의 타이완에서 아시아 담론을 구축하는 것은 차라리 곤혹스러운 문제였다고 하겠다. 이는 양안 관계가 정체성 문제를 복잡하게 만들었기 때문만이 아니다. 타이완이 일찍이 냉전 구조에서 동아시아의 중요한 마디였기 때문이다. 양안 관계와 중미 관계의 교착, 한국전쟁 시기 타이완의 위치, 역사와 현실에서 타이완과 일본의 관계가 복잡하게 뒤얽혀 타이완은 동아시아라는 시각, 즉 동아시아를 하나의 총체로서 조합하는 인식을 갖기가 어려웠다. 이러한 와중에 동아시아의 내적 긴장 관계가 도리어 타이완 사상계의 과제가 되었다. 대륙의 지식계는 타이완이 지닌 복잡한 과제를 좀처럼 이해하지 못했기에 '통일이냐 독립이냐'는 문제에만 온통 관심을 기울였고, 그 결과 동아시아에서 타이완이 차지하는 독특한 위치를 외면했다. 또한 타이완이 동아시아 시각을 어떻게 만들어갈지 혹은 얼마나 힘들게 만들어냈을지에 관해 거의 무관심했다.

이상은 단지 동아시아 지역 일부의 상황일 따름이다. 다만 상술한 상황을 통해 우리는 동아시아 담론이 지역적으로 불균형하게 편성되었으며, 거기에 내재적 긴장이 깔려 있음을 목도할 수 있다. 실상 오늘날 성행하는 동아시아 담론 안에서 몇몇 지역의 상황은 무시되기 일쑤다. 북한, 몽골인민공화국, 베트남을 비롯한 동남아시아의 나라들이 그렇다. 아마 시간이 지나면 이들은 분명 동아시아 담론의 시야로 편입될 것이다. 다만 그때가 되면 다른 문제가 돌출할 것이다. 즉 여러 이유로 지금은 동아시아 담론에 목소리를 내지 않는 지역들도 앞으로 자신만의 동아시아 상상을 가질 수 있고, 반대로 어떤 사회는 동아시아 담론을 그다지 필요로 하지 않을 수도 있다. 다시 말해 동아시아에 있는 모든 국가와 사회가 필연적으로 동아시아 담론을 지향할 리 없으며, 그 필요성은 해당 사회와 국가의 역사적 맥락에 따른다. 설령 동아시아 담론을 지향하고 그 담론이 정체성 형성에 관건인 사회라 해도 각 사회의 동아시아 담론에 새겨진 내적 논리는 현격하게

다를 것이다.

따라서 우리는 인식론의 차원에서 근본적인 곤경을 피해갈 수 없다. 이러한 불균형 상태에서 직관적 혹은 논리적 층위에서 통일된 동아시아를 구축해봤자 장래에 틀림없이 외면받게 되리라는 점이다. 또한 균형 잡힌 동아시아 시각을 인위적으로 수립해봤자 그것은 실천의 층위(국제정치적 실천에서 '일치점은 취하고 차이점은 내버려두는'〔求同存異〕 것은 국가 간 정치적 전략에서 기인하지만, 그렇다고 국가 간 정치적 입장의 차이를 외면하는 것은 아니다)가 아니라 이론의 층위에서만 '구동존이'求同存異를 견지하리라는 점이다. 그렇다면 앞으로 역사의 차이는 덮어버리고 현실에서 필연적으로 갈라지는 지점을 외면하며 "동아시아는 정녕 하나가 될 수 있는가?"라는 추상적 물음으로 제반 문제를 환원하고 말 것이다.

냉전사와 동아시아의 관계

인식론적 차원에서 "동아시아를 담론의 단위로 삼을 수 있는가"는 가치 있는 물음이다. 그러나 이 물음은 논리적으로 연역해낸 것일 뿐 역사에 대한 해석으로부터 직접 도출되지는 않는다. '극동'이든 '동아시아'든 역사적으로 독립된 대상처럼 자리를 잡았지만, 그것은 결코 논리적으로 꽉 짜여 있지 않으며 동아시아 바깥의 국제정치 관계와 무관하지도 않다. 오히려 동아시아 외부의 정치 세력은 '극동'이나 '동아시아'의 운동 과정에서 필수불가결한 요소다.

이러한 조건은 냉전기를 거치며 조성되었다. 냉전에 관해 중국어 세계는 이미 여러 훌륭한 연구 성과를 내놓았다. 거기에 힘입어 우리는 냉전기를 회고하고 윤곽을 그려낼 수 있으며, 이 글도 그 시기를 따로 서술하지 않고 넘어갈 수 있다.[4] 그 성과 위에서 세 가지만 말을 보태고자 한다. 앞으로 진행할 분석과 관련되기 때문이다.

첫째, 냉전의 실제 역사 과정과 냉전 이데올로기는 반드시 구분되어야 한다. 전자는 제2차 세계대전이 끝나고 나서 영국과 특히 미국이 소련으로 대표되는 공산주의 세력에 적대적 봉쇄 정책을 취하고 한국전쟁을 거치면서 긴장이 고조된 추이를 가리킨다. 그러나 그 후 냉전의 함의는 국제정치의 국면에 따라 부단히 변동했고, 냉전 구조를 떠받치던 미소의 대립 역시 고정적이지 않았다. 후자라면 1946년 처칠이 연설하며 사용한 "철의 장막"과 1947년 미국의 매체가 대대적으로 선전한 "냉전"이 핵심어다. 냉전의 현실은 줄곧 유동했지만, 냉전 이데올로기는 냉전에 관한 고정된 이미지를 발산하여 현실과 정확히 맞물리지 않았다. 이제 냉전 구조는 사실상 해체되었지만, 냉전 이데올로기가 함께 사라지지는 않았다.

냉전 이데올로기는 시간이 흐를수록 단순해지고 굳어가고 있다. 단순화된 냉전 이데올로기는 권위주의 정치(통상 공산당이 통치하는 정치체제의 다른 이름으로 쓰인다)를 추상적으로 비판하고 자유민주주의 정치를 신화화하는 데 사용되곤 한다. 그 결과 신자유주의 이데올로기가

---

4 여기서는 단지 필자가 읽은 매우 제한된 저작만을 언급하기로 한다. 沈志華 主編(2006); 牛軍 主編(2006); 楊奎松(2006); 沈志華·李丹慧(2006); 沈志華(2003); 孔寒冰(2004) 등.

발생할 때 밑거름이 되기도 했다. 특히 냉전 이데올로기가 주로 서방의 자본주의 진영에서 생산되고 공산당 통치를 가격하는 방향으로 작용했기 때문에 사회주의 진영이 냉전 이데올로기에 냉담하다는 사실은 반드시 짚고 넘어가야 한다. 서방에서 내보낸 이데올로기에 맞서기 위해 사회주의 진영의 나라도 서방 진영의 '공산주의 이데올로기'를 단순화하고 희화화했다. 그리하여 이데올로기 전쟁은 냉전기의 중요한 구성 요소가 되어 물과 불의 관계처럼 복잡한 역사 과정을 단순명료하게 그려냈다. 냉전 구조가 해체되자 서방 진영에서는 냉전 이데올로기와 그것이 단순화된 형태인 '전지구화 논리'가 만연했고, 그것은 자유민주주의를 이상화하는 서술로 이어져 다른 사회 체제에 속한 지식 엘리트들에게 공유되었다.

둘째, 냉전은 1946년 '철의 장막'을 거론한 처칠의 연설로부터 1989년 베를린 장벽 붕괴까지라고 여겨지지만, 이 기간은 결코 균질한 과정이 아니었다. 냉전은 본질적으로 서방 자본주의 진영이 소련을 영수로 하는 사회주의 국가를 경제적으로 봉쇄한 것이었으며, 주요 목표는 소련을 제어하는 데 있었다. 따라서 중국처럼 소련의 영향력으로부터 상대적으로 자유로운 대국에 대해서는 탄력적이었다. 이 점은 사회 체제를 유일한 기준으로 삼아 냉전기의 양 진영을 가르기가 만만치 않다는 사실을 의미한다. 동시에 서방 진영 내부에서는 냉전 전략을 두고 견해가 엇갈렸으며, 공산당이 통치하는 나라들 사이에도 긴장과 충돌이 상존했다. 예컨대 1950년대 후반부터 중국과 소련은 충돌을 일으켜 냉전 구조를 상대화했고, 때로 양 진영 사이의 균형을 깨뜨리기도 했다. 또한 1970년대로 들어서자 소련은 서독과 수

교를 맺고 중남미와도 실질적으로 접촉하기 시작했다. 이리하여 냉전은 내용의 면에서 본질적으로 바뀌었다고 말할 수 있다.

셋째, '냉전'으로는 사실상 제2차 세계대전 이후의 세계 체제를 개괄할 수 없다. 이른바 '제3세계'와 '아시아―아프리카―라틴아메리카'라는 시각은 모두 냉전 구조 바깥의 광대한 지역에서 다른 모습의 주체성이 형성했음을 의미한다. 제2차 세계대전 시기 아시아의 여러 나라는 독립과 민족해방을 이루지 못한 상태였으며, 전후 영국과 미국의 냉전 구상은 오로지 제2차 세계대전 동안 유일하게 그들에게 대항할 수 있었던 소련을 겨냥하고 있었다. 그런데 제2차 세계대전 이후 아시아의 형세는 크게 바뀌었다.[5] 중국은 공산당이 통치했으나 동시에 소련의 통제에서 벗어나고 세계혁명을 전망으로서 갖지 않았다는 점에서 몹시 이른 시기에 냉전 구도로부터 실질적 거리를 유지했다. 한편 대국 인도와 동남아시아 국가들은 국제 사안을 처리하는 과정에서 점차 목소리를 키워갔다. 예컨대 한국전쟁 시기에 UN에서 나온 인도의 발언이나 반둥회의 석상에서 보인 네루의 태도는 모두 긴장 국

---

5 D. F. 플레밍의 『냉전과 그 기원, 1917~1960』 참조. 냉전의 기원을 심도 있게 분석한 이 빼어난 저작은 이 점을 풍부히 규명하고 있다. 1부인 '적과 벗'에서 저자는 제2차 세계대전 동안 영국과 프랑스에서는 소련에 대한 공포가 독일에 대한 공포보다 더 컸다는 것, 공산주의에 대한 방어가 파시즘에 대한 저항보다 더 시급했다는 것을 지적했다. 소련의 역량이 약화되기를 기다렸기 때문에 서유럽 전선에서 반파시즘 전쟁은 호기를 놓쳤으며, 히틀러는 동유럽 전선에서 승승장구하며 부단히 전선을 넓혀갈 수 있었다. 미국은 1917년 러시아 혁명 직후부터 반공산주의 선전을 전개하는 한편, 미국 의회 내의 사회주의자를 축출하기 시작했다. 그러나 16년 후인 1933년에 석유 위기와 히틀러의 공세로 인해 루스벨트 정부는 하는 수 없이 소비에트 정부의 합법성을 승인해야 했다. 플레밍은 냉전의 역사가 어떻게 공산주의에 대한 서방 세계의 공포 속에서 배태되고 자라났는지를 밝혀내고자 이 책을 집필했다. 냉전 구도가 전기를 맞이한 1960년대 초엽에 그는 제2차 세계대전 이래의 역사를 회고하면서 서방 사회가 공산주의 진영을 '내재적으로 이해'하여 편견과 맹목적으로 과대 포장된 적대적 국면을 되도록 빨리 해소할 것을 촉구했다.

면을 완화시키고 세계평화를 유지하는 데 중요한 의미를 지녔다. 여기서 알 수 있듯이 냉전의 시각은 제2차 세계대전 이후의 세계 체제를 고찰하는 한 가지 시각일 뿐 유일한 것으로 여겨서는 안 된다.

이상의 세 가지 지적 사항을 전제로 삼아 나는 냉전 구조 속의 동아시아 시각을 토론에 부치고 싶다. 특히 동아시아 시각의 이데올로기적 역할이 아니라 역사적 특징을 주목하고자 한다.

1972년 소련과학원 극동연구소는 『극동아시아의 여러 문제』라는 계간지를 창간하여 일본어판과 영어판(1980년부터는 스페인어판이 추가되었다)을 동시에 발행했다. 1990년 비용 문제로 일본어판을 접기까지 이 간행물은 일본의 대학에 보급되었고 그중 몇몇 대학은 소련대사관에서 기증받았다고 한다. 따라서 이 잡지는 일본의 여러 대학에서 구해볼 수 있는데, 흥미롭게도 발행 기간이 그리 길지 않은데도 창간호부터 빠뜨리지 않고 한 질 전체를 갖춰놓은 도서관이 한 곳도 없었다. 내가 구할 수 있었던 가장 이른 시기의 것은 1974년 6월에 출간된 제3권 제2기로서, 그 이전의 2년간 발행한 잡지는 어느 도서관의 전자 색인에서도 구할 수 없었다. 이 간행물을 읽는 일은 딱딱한 문체와 교조적 논술로 인해 밀랍을 씹는 느낌에 가까웠다. 또한 그간의 대출 상황을 보건대 그다지 주목받지 못한 모양이었다. 그러나 차츰 읽어나가자 이 온전치 못한 문헌이자 영락한 설교성 논문들에 무척 귀중한 정보가 담겨 있음을 눈치 채게 되었다.

『극동아시아의 여러 문제』는 분명히 일반적 학술기구나 기관의 권한을 넘어서 있다. 서두에는 늘 소비에트공화국 지도자의 강화나 글, 심지어는 성명이 놓여 있고, 상당수 글에서는 관방 발언의 숨결이 묻어나 결코 순수한 학술논문으로 볼 수 없다.[6] 그렇다고 소련 정부의 기관지로 여겨서는 안 되겠지만, 소련 관방의 '학술 태도'가 얼마간 반영되었다고 해도 사실에서 벗어난 이야기는 아닐 것이다.

이 잡지는 '동아시아', '아시아', '극동아시아', '아태지역'과 같은 용어들을 호환해서 사용했다. 용어의 의미는 미세하게 달랐고 경우에 따라서는 중첩되기도 했다. '동아시아'는 기본적으로 지리상의 동북아시아 지역을 가리켰다. 몇몇 논문을 보니 '동아시아'가 '동남아시아'(혹은 동남아국가연합)와 나란히 쓰이고 있었다. 그러나 이 잡지에서 '동아시아'는 현재 통용되는 '중·일·한'보다 범위가 더 넓다. 소련의 '동아시아' 범주에는 소련과 몽골인민공화국 및 중국, 북한, 베트남이 포함된다. 이 지역은 '사회주의 진영'(이 잡지가 간행된 1970년대부터 1990년대까지 소련은 중국을 제외한 이들 국가들을 상당한 정도로 장악하고 있었다)이라는 맥락에서 '동아시아'의 주요 영역이었다.

반면 이러한 구분법 속에서 한국과 일본은 동아시아의 대표나 선진 지역으로 간주되지 않았다. 다시 말해 근대화 시각에서는 의심할 여지가 없었던 '중·일·한'이라는 틀이 여기서는 성립되지 않는 것이다. 한국과 일본은 미국의 동맹국 내지 주구로 여겨지고, 동아시아의

---

6 예를 들면 이렇다. 1975년 2호에는 브레즈네프 총서기가 아시아의 평화와 안전에 관해 국제회의에서 행한 강화가 실렸고, 1983년 4호에는 안드로포프 총서기의 미국에 대한 성명이 발표되었다. 1987년 2호에는 고르바초프 총서기가 레닌 훈장 시상 대회에서 행한 강연이 실려 있고, 1988년 4호에는 중국의 잡지 『랴오왕』瞭望의 인터뷰 내용에 대한 고르바초프의 회답이 발표되었다. 1989년 2호에는 고르바초프가 크라스노야르스크에서 행한 강연이 올라와 있다. 그밖에도 1983년 1호에는 소련과 인도의 공동 선언이 발표되는 등 아시아 관련 외교 문헌과 소비에트공화국 제25, 26차, 27차 대표대회에서 나온 동아시아 관련 정책이 수록되었다. 이들 정부 문헌을 해석한 글도 큰 비중을 차지한다.

평화와 지역 안정을 해치는 지역(주목할 대목으로 이 잡지는 1988년까지 '한국'이라는 호칭을 거부하고 '남조선'이라는 용어를 사용했다. 또한 남북한을 두 개의 국가로 인정하는 것은 미국의 전략적 음모라고 여겼다. 한편 타이완은 독립된 지역으로 간주하지 않았다)으로 묘사되었다. 한국과 일본에 군사기지를 두고 있다는 맥락에서 동아시아 문제가 언급될 때마다 미국은 빠지지 않고 등장했다.

'아시아'는 구체적으로 동북아시아와 동남아시아 및 남아시아의 국가들을 한데 아울렀다. 인도와 소련의 관계도 '아시아'라는 범주에서 다뤄졌다. 이라크-이란 전쟁이나 파키스탄과 이스라엘의 충돌 문제(예컨대 1983년 3월에 출판된 제12권 1기에 실린 「소련-인도 공동선언」에서 중·근동아시아의 형세가 언급되었듯이)를 다룬 소수의 논문 말고는 중·근동아시아의 국제 관계를 전면적으로 다룬 글을 찾아보기 어려웠다. 이는 극동연구소가 극동아시아 문제를 연구하는 임무를 맡은 반면, 서아시아는 그다지 주시하지 않은 결과라고 여겨진다.

'극동아시아'라는 개념은 더욱 전략적 색채를 띤다. 지리적으로 거기에는 동아시아 지역이 포함되고 소련 내부의 '극동 지구'[7]도 포함된다. 아울러 반드시 짚고 넘어가야 할 대목이 있다. '동아시아'라는 개념은 비록 동아시아인이 스스로 만들어내지는 않았지만 결국 동아시아 지역에서 요구되는 시각임이 암시되었다는 사실이다. 반면 '극

---

7 예를 들면 이렇다. 1975년 3월 출판된 제4권 1기에는 소비에트공화국 중앙정치국 후보위원이 작성한 「국민에게 공헌한 시베리아와 극동아시아 자원」이 실렸다. 1988년 8월에 출판된 제17권 4기에는 소련국가계획위원회 지역설계총국 부의장이 작성한 「소련의 극동—문제와 전망」이 실렸는데, 모두 소련 내부의 지역 자원 문제를 다루고 있다.

동아시아'라는 시각은 분명히 유럽(당연히 구소련이 포함된다)과 미국을 기준으로 삼았기에 이것의 '외부성'은 '동아시아'보다 두드러졌다. 극동연구소는 가장 극렬한 냉전기가 지난 후인 1967년에 설립되었지만, 이 연구소는 여전히 '냉전 전략'의 의도를 충실히 구현했다. 가령『극동아시아의 여러 문제』에는 문학과 문화에 관한 학술 연구가 상당수 개제되었지만, 이는 기본적으로 소련 '중국학'의 제약 아래 놓여 있던 까닭에 '극동아시아' 내지 '동아시아' 등의 범주와는 무관했다.

그밖에 '아태지역'이라는 또 하나의 개념이 있다. 이것은 '극동아시아'와 유사하게 사용되기도 했는데, 역시 제2차 세계대전 이후의 국제정치 관계에 근거한 용어였다. 이것의 지시 대상은 통상적 맥락에서 보건대 '환태평지구'에 가까웠으며, 주로 미국의 극동아시아 정책을 비판하는 맥락에서 사용되었다.

상술한 몇 가지 개념은 중요한 차이를 지닌다. 그러나 이들의 범주를 구분하는 작업은 사실 생각만큼 중요하지 않다. 1970년대 초에 출간되어 1990년 일본어판이 끊긴 이 정기간행물에서 우리는 근 20년 동안 소련에 자리 잡고 있던 관성적 시각을 발견할 수 있다. 바로 미국을 대립축으로 삼는 동아시아 상상이다. 적을 마주하며 소련은 동아시아 내지 남아시아를 유기적 총체로 설정했다. 이때 동아시아는 결코 물리적 지역이 아니라 국제정치의 역학 관계로 조성된 '장력張力의 그물'이었다. 동아시아에 관한 담론은 결코 '공통성'을 추구한다며 직관에 기댄 총체감 위에서 수립되지 않았다. 그 반대였다. 만약 내부의 대립과 긴장, 외부의 압력이 없었다면, 소련은 동아시아(극동아시아) 담론이라는 틀을 짜내지 못했을 것이다.

가장 주목을 끄는 대목은 이 잡지가 근 20년 동안의 이데올로기를 서술한다는 점이다. 이는 소련 정부와 소련 사회의 동아시아 상상이 역사적으로 매우 심각하게 굴절되어왔음을 뜻한다. 중국에 관한 서사가 특히 그렇다. 창간된 이후 초기 10년 동안 이 잡지는 중국에 매우 적대적이었다. 매호마다 상당량의 논문을 할애해 중국의 이데올로기를 비판했다. 마오쩌둥 개인과 '마오이즘' 비판은 빠지지 않고 등장했다. 흥미롭게도 이 잡지에는 「이데올로기」라는 특집란이 있었는데, 절대 다수의 내용이 '마오이즘' 비판이었다. 물론 특집란에는 '이데올로기'로서의 마르크스─레닌주의가 소련 이외의 나라(예컨대 몽골)에서 어떤 영향력을 발휘했는지를 보여주는 선전용 문장도 적게나마 실려 있었다. 다시 말해 「이데올로기」라는 특집란은 논적의 이데올로기를 비판하고 자신의 이데올로기를 선전하는 두 가지 역할을 담당했다. 기본적으로 논적을 비판할 때면 "현실에서 괴리되었다"는 의미에서 '이데올로기'적이라고 낙인찍는 용법과 달리 『극동아시아의 여러 문제』는 이데올로기를 이해하는 다른 사례를 제공해준다. 즉 사상투쟁 도구로서 이데올로기에 정당성을 부여했던 것이다.

『극동아시아의 여러 문제』가 1970년대부터 1990년대 소련 고위층의 동아시아 지역에 대한 이데올로기를 전달했다는 전제 위에 유심히 읽어볼 대목은 변동이 극심했던 20년 동안 이데올로기가 어떻게 신속히 조정되었는지일 것이다. 그 시기보다 앞선 10년 동안의 이데올로기는 이렇게 귀납될 수 있다. "사회 체제와 정치 이념을 현실 이해의 최고 기준으로 삼는다." 이 전제 아래서 정치, 경제, 사회를 연구하고 문화연구도 병행한 이 잡지는 냉전의 최대 적인 미국에 대해 일관되게 적대적 태도를 견지했다.

그러나 동아시아의 각국은 미국과 한패라고 배척한 일본을 비롯하여 매우 큰 폭의 조정을 거쳤다. 이러한 조정은 1980년대 중반 이후에 집중되어 1980년대 말기에 가장 두드러졌다. 소련과 일본 사이의 경제적 협력의 가능성을 거론했고, 이윽고 소련이 일본의 가장 적합한 경제적 동반자임을 강조했다. 1980년대 중반부터『극동아시아의 여러 문제』는 논의의 중점을 사회 체제와 정치 이념으로부터 경제 구조로 옮겨갔고, 극동아시아 지역과의 경제 협력을 고찰하는 논문이 늘어났다. 한편 극동아시아 지역에서 미국의 침투를 어떻게 저지하고 사회주의 성과를 어떻게 유지할 것인지를 다루는 논문은 줄어들었다.

특히 중국에 대한 태도 변화가 두드러졌다. 적은 편수나마 중국 비판의 글이 꾸준히 올라왔지만, 1988년을 전후로 하여 개혁 과정의 실패를 포함해 중국의 개혁을 사회주의 진영 내부에서 개혁을 도모하는 한 가지 시도로 다뤘다. 또한 그 경험과 교훈을 공유하자며 소련과 중국의 관계 개선을 강조했다. 분명 이러한 변화는 1985년 고르바초프의 집권과 관련되어 있다. 그가 소련에서 추진한 개혁 정책은 소련과 동아시아 각국의 관계를 바꿔놓았다. 아직 이데올로기 담론에 뚜렷한 변화가 일지는 않았지만, 활용 빈도와 강조점은 바뀌었다. 사회 제도와 정치 이념을 중심으로 한 이전의 진술로부터 경제적 요구와 사회생활로 진술의 방향이 바뀌었다.

특히 1989년부터 중소 관계는 눈에 띄게 개선되어 문화교류가 복원되었으며, 오랫동안 외면받았던 "소련과 중국의 우호"와 같은 화법도 잡지에 등장했다. 이는 중소관계가 외교적 차원에서 변화했음을 의미하는 동시에 '극동아시아'가 이미 소련에는 내부 개혁을 유발하는 한 가지 중요한 외부로 자리 잡았음을 뜻했다. 물론 이러한 변화에는 여전히 사회주의 진영의 수뇌부 역할을 맡겠다는 소련의 의도가 반영되어 있었다. 그러나 동시에 이러한 주체적 태도로 인해 이 시기 소련의 서사는 서방의 냉전 이데올로기로 수렴되지 않는 다른 새로운 해석의 가능성을 제공할 수 있었다.[8]

1991년 이후로는 잡지의 행방이 묘연해졌다. 그렇게 된 사정을 추측은 하겠는데 실증할 길이 없다. 다만 1990년대 이후 동아시아의 국제정치 관계에 비춰보건대, 냉전 구조가 와해되고 구소련이 해체되었음에도 러시아는 동아시아에서 퇴출하지 않았다. 오히려 러시아는 더욱 깊숙이 들어와 동아시아의 여러 사안에 개입하며 동아시아의 유기적 구성 요소가 되었다. 북한의 핵문제를 둘러싼 '6자회담'은 동아시아 근대화 서사에서 배제되었던 북한을 동아시아의 시야로 끌어들였으며, 아울러 러시아가 동아시아의 일원임을 상기시켜주었다.

그러나 현재 중국, 한국, 일본에서 통용되는 '동아시아 시각'은 북한의 핵문제를 동아시아라는 틀에서 인식하지 않으며, 이를 일회적인 국제정치 사안으로 간주할 뿐 동아시아 담론의 한 가지 대상으로 분

---

8 고르바초프의 집권 이후 이 잡지는 중국의 개혁에 대한 연구를 계속해서 실었다. 1989년부터는 「중국의 개혁의 길」이라는 특별란을 마련해 중국의 개혁에 관한 지속적 연구를 수행했다. 1990년 2권 3호에 발표된 V. 조토브의 「중국 정치 위기의 원인과 결과」라는 논문은 경제적·사회적 각도에서 천안문 사건을 고찰했는데, 서구의 전파 매체가 이 사건을 "민주주의 압살"의 이데올로기적 상징으로 단순화시킨 것과는 달랐다. 이 논문의 주체적 태도는 주목해 마땅하다. 즉 이 논문은 중국의 개혁이 곤경에 처한 것을 사회주의 진영에서 개혁을 시도하는 과정 중에 발생한 일로 다루면서 결코 강 건너 불구경하는 태도는 취하지 않았다. 실제로 이 잡지에 발표된 중국 개혁 관련 연구에는 이러한 주체적 태도가 기저에 깔려 있었다.

석하지 않는다. 이는 서두에서 지적한 세 가지 동아시아 시각에 역사적 시야가 누락되어 발생하는 현상이다. 즉 냉전의 형성과 해체가 동아시아에 야기한 국제적 변동을 조망하지 못하는 것이다. 그러나 우리가 『극동아시아의 여러 문제』의 시각을 참조한다면, 북한 핵문제를 둘러싼 6자회담을 동아시아 문제에 귀속시킬 수 있을 뿐 아니라, 상하이 협력기구도 동아시아 담론으로 끌어올 수 있을 것이다.

딱딱하게 굳어버린 이데올로기적 서술은 사회를 이끌어가는 힘을 점차 잃고 있다. 따라서 지금 되돌아보건대 『극동아시아의 여러 문제』가 역사 과정을 직접 보여주는 자료라고 말하기는 어렵다. 그러나 이 잡지는 순전히 이데올로기의 형식을 취한 까닭에 도리어 기본틀을 떠받치는 전제를 비교적 선명하게 드러내준다. 동아시아는 구소련에게 냉전의 중요한 진지였다. 따라서 오늘날 우리가 동아시아 일체화에 관해 토론하다 보면 냉전이라는 역사의 페이지를 번역해내기가 어려워진다. 미국은 동아시아에 자신의 군사기지를 두고 있으니 동아시아 담론에서 빼놓을 수 없으며, 구소련과 지금의 러시아 역시 동아시아 시야에서 빠뜨릴 수 없기 때문이다. 그러나 또 다른 문제가 있다. 냉전은 소련과 미국 두 나라가 대립해온 역사지만, 이 과정에서 동북아의 어떤 나라는 냉전 구조와 비대칭적 혹은 대립적 관계를 유지해왔다는 점이다. 전후의 중국처럼 말이다. 따라서 우리는 전후의 동아시아사를 소련과 미국이 대변하는 '냉전 대립의 역사'로 섣불리 환원할 수 없다.

나아가 동아시아의 시야에서 다루는 냉전사는 국제 관계의 대상인 냉전사와 동일하지도 않다. 동아시아의 냉전사는 냉전 이전 단계의 만장한 역사 과정과 얽혀 있기에 그것만 따로 분리해 연구 대상으로 삼기는 어렵다. 동아시아 역사의 한 장면인 냉전 이데올로기와 냉전 및 탈냉전 시기의 진정한 구조적 관계를 서술하려면 동아시아의 근대화 과정 전체를 시야에 넣어야 한다. 그래서 동아시아 연구에서 냉전사는 응당 원리적이지 시사적이지 않다.

동아시아 연구는 냉전사의 전개 자체가 아니라 그 배후의 구조적 전변 과정에 중점을 둬야 한다. 이러한 맥락에서 전후 동아시아의 냉전 과정에 대한 분석은 분명히 서두에서 언급한 세 가지 동아시아 시각과 관련된다. 냉전의 시각이 몹시 유동적임을 고려한다면, 우리는 오늘날 수립된 동아시아 관련 담론이 정태적이지 동태적이지 않으며 서술적이지 성찰적이지 않다는 것, 또한 추상적이지 역사적이지 않다는 것을 알게 될 것이다.

지금까지 기술한 여러 이유로 인해 동아시아 담론은 여전히 원리적 가치를 일구지 못한 채 그저 직관적인 '지역적 동일시'의 차원에 머물러 있다. 특히 중국의 개혁개방과 베를린 장벽의 붕괴 및 구소련의 해체 이후 '중·일·한'처럼 잠재적으로 근대화 논리를 내장한 담론틀이 신속하게 마련되고 확산되자 동아시아에 관한 다른 상상은 모두 이 담론틀의 파생물로 간주되었다. 이 담론틀은 역사적 정당성을 지니지만, 그것을 절대시하여 제반 동아시아 담론의 전제로 삼는다면 곤란하다. 진지한 숙고 없이 이를 동아시아 역사 과정의 기본 구조로 받아들인다면, 우리는 곤혹스러운 상황에 직면할 것이다. 다시 말해 타이완 문제와 한반도 문제가 기본적으로 '중·일·한'이라는 틀에 딸린 문제가 되어 그것들을 동아시아 현대사의 주요 고리로서 포착하기 어려워지는 것이다. 동남아에 관한 담론도 근대화 서사에 기대고 있는 까닭에 동남아의 역할은 '중·일·한'이라는 틀이 수용되는 범위를 제한하는 것이 아니라 그 틀의 외연을 확대하는 쪽으로 작용한다. 거기에 상응해 '중국과 일본'은 언제나 동아시아의 핵심으로 간주된다. 우리가 이러한 담론틀을 안정적이며 지속가능한 시각으로 묵인한다면, 동아시아 담론 안에 역사의 복잡성을 담아내는 일은 요원해진다.

따라서 우리는 앞으로 다음의 물음과 대면해야 할 것이다. 즉 동아시아를 논하는 것은 동아시아 이외의 지역(예컨대 EU나 미국)을 상대하는 이데올로기를 만들어내기 위함인가, 아니면 이 지역의 역사를 직시하기 위함인가. 만약 후자라면 우리는 어떻게 두 차례의 세계대전과 그 이후의 냉전을 그저 국제 관계 연구의 대상으로 남겨두지 않고 역사의 시야 속에서 품어낼 수 있을 것인가.

탈냉전 시기의 역사 시야와 동아시아 서사의 사상적 품격

탈냉전의 시대가 도래했다. 그렇다고 냉전 이데올로기가 사라지지는 않았다. 서방의 전파 매체는 중국과 러시아를 기술할 때 기본적으로 냉전기의 사고방식을 극복하지 못하고 있다. 이미 냉전기에 서방은 공산국가를 경제적·군사적으로 통제했으며, 탈냉전기에 이르자 자본의 전지구화 과정을 거쳐 동아시아 지역의 경제에 깊숙이 침투해 들어왔다. 그리하여 동아시아 지역에는 내적 긴장이 초래되었다.

동아시아 사회 내부에서 냉전 이데올로기가 맡아온 역할은 양 진

영 사회체제의 표층적 대립 상황이 해소되자 크게 바뀌었다. 자본주의 체제가 이상화되었으며, 개발도상국가인 공산국가 내부에 '시장민주화'의 환상이 번져갔다. 거꾸로 서방 세계가 경제적·제도적 위기에 처하자 개발도상국의 지식인은 체제 개혁에 한창인 동아시아의 후발 개발도상국으로 눈을 돌려 거기서 새로운 가능성을 모색하고 그 사례를 이상화하기도 했다. 그러나 이러한 모색과 긍정은 여전히 냉전의 시각을 뼈대로 삼으며, 냉전기의 사회 체제 사이에 빚어진 대립은 방치한 채 냉전 이데올로기의 하나인 '서방의 시장경제 모델'을 인식론적 전제로 삼고 있다. 결국 냉전 구조의 해체는 동아시아에서 냉전 이데올로기가 더욱 내재화되는 계기였지 그 역은 아니었다. 동아시아는 냉전 구조에서 벗어나 새로운 국제질서를 구축해내지 못했다.

현실의 층위에서 보자면 동아시아의 지역적 총체화는 근본적으로 미국의 내재화를 피해갈 수 없다. 따라서 현 단계에서 동아시아를 독자적 총체로 간주하려는 시도는 커다란 인식론적 곤경과 마주한다. 뿐만 아니라 북한이 등장하고 러시아가 진입하자 동북아시아는 현재 새로운 총체화를 모색해야 한다는 틀거리 차원의 문제에 봉착했다. 시시각각 변모하는 상황에서 기존의 '중·일·한'이라는 틀은 역사적으로도 절대시하기 어렵고 현실에서도 유효성을 빠르게 잃어가고 있다.

미디어가 주도하는 현실 인식은 동아시아 국제 관계의 급속한 변화에 발맞춰 부단히 조정되고 있다. 매일같이 새로운 국면과 마주하는 현대 세계에서 현실에 대한 추인과 예측은 인식론의 의미를 상실한 채 그저 패스트푸드 문화의 소비 행위로 변질되었다. 동아시아 담론 역시 혹독한 시련을 겪고 있다. 사상으로서의 중임을 맡아 복잡다기하고 변화무쌍한 동아시아라는 국제 관계의 장에서 원리적 사고를 제련해낼 수 있는지가 추궁되고 있다.

동아시아의 사상 원리는 이제껏 각국이 공동으로 생산해낸 적이 없다. 이는 동아시아의 모든 지역이 '동아시아'라는 인식론적 시각을 필요로 하지는 않는다는 사실을 보여준다. 예컨대 동북아의 경우, 일본은 제일 먼저, 그리고 가장 힘껏 동아시아 내지 아시아 서사에 매달렸다. 그러나 일본의 근대화 과정에서 이 시각이 침략전쟁과 뒤얽히는 바람에 근대 이래 일본에서 축적된 동아시아 관련 사상 자원은 벽장 속에 방치되었다.

한편 그 자원을 발굴하려는 이들은 대개 비역사적 방식으로 추상적 논의를 내놓는 것이 고작이었다. 그렇다면 가령 오카쿠라 텐신처럼 아시아 가치관의 '상징적' 의미를 추상적으로 강조한 사상가는 자신의 역사로부터 뜯겨나갈 수도 있다. 그러면 그가 주창한 '사랑'의 철학은 그대로 보편화되어 아시아의 자기동일시 양식은 될 수 있을지언정, 매우 중대한 인식론적 오류를 범하게 될 것이다. 일본의 동아시아 관련 사상 자원을 근대 일본의 침략 이데올로기로부터 분리해내면, 당시 역사의 진실된 모습을 파악하기 어려워진다. 그 결과 우리는 그저 침략 이데올로기로서 일본의 현대사를 부정적으로 그려낼 뿐, 역사를 해석할 권한은 얌전하게 야스쿠니 신사의 유슈칸游就館*에 넘겨주고 만다.

---

* 도쿄의 야스쿠니 신사 옆에 있는 전쟁 박물관이다. 1982년에 개관했으며 특히 전쟁 관련 유물을 전시하고 있다. 유슈游就는 "고결한 인물을 본받는다"는 뜻이지만, 이곳에는 아시아·태평양 전쟁을 미화하고 정당화하는 자료들이 즐비하다.

2장에서 밝혔듯이 중국 근대사도 줄곧 '동아시아' 의식을 결여하고 있었다. 그리하여 중국의 현대사상이 축적되는 과정에서 동아시아라는 차원은 누락되고 말았다. 최근 20여 년 남짓 일본과 한국 사회의 동아시아 서사는 중국에 영향을 미치고 아울러 시장과 자본의 기제가 동아시아를 연동시켰다. 거기에 더해 서구에서 유래한 동아시아 시각이 중국 지식계에 영향을 미치자 중국에서도 동아시아 서사를 다급하게 꾸려내야 했다. 그러나 이 상황에서 가용할 수 있는 사상 자원은 '유학'이라는 몹시 탈역사화된 기호뿐이었다. 이 기호는 오카쿠라 텐신의 논의보다 더한 보편성을 띤다. 최소한 중국과 한반도 및 일본에서 유학은 일찍부터 사회 제도와 문화 형성의 매개가 되었으며, 근대 이후에도 간접적으로 사회적 기능(적극적이거나 주도적이지는 않았을지언정)을 맡았기 때문이다. 따라서 중국에서 동아시아 담론의 자원을 찾는다면 유학일 가능성이 가장 커 보인다.

그러나 일본의 아시아주의든 중국의 유학이든, 그런 '순수한' 형식으로 오늘날의 '아시아 원리'를 짜낼 수는 없다. 이것들로는 사회 구조의 기본축을 해석해낼 수 없으며, 더욱이 이것들은 인식론적 차원에서 원리가 될 수 없다. 이것들의 역할은 그저 학술회의장에서 표명되는 선량한 바람 정도에 그칠 따름이다. 이러한 사상 자원을 아시아 담론의 원리로 자리매김하려면 상당히 복잡한 전환 과정을 거쳐야 하며, 또한 그 과정에서 부득이 이질적 요소와 결합할 수밖에 없다. 그 이질적 요소란 결코 본토에서 생산되지 않았지만 근대화 과정에서 이미 '본토화'된 이른바 '서구'의 원리다.

오늘날 동아시아를 직관의 수준에서 서구와 대립시키는 명제는 허구성으로 말미암아 굳이 공박하지 않아도 거의 무너진 상태다. 하지만 이른바 "중학을 체體로 삼고 서학을 용用으로 삼는다"(일본인의 화법은 '화혼양재'和魂洋才다)는 구도는 다시금 곰곰이 따져볼 필요가 있다. 서구의 군사적·경제적 침탈과 병행하여 형성된 근대 세계 인식이 동아시아 사회(먼저 인식론을 생산하는 동아시아의 지식 엘리트층)로 밀려오자 "서학을 체로 삼고 중학을 용으로 삼는다"는 인식론 내지 정치·사회적 실천은 활활 타오르던 '민족주의 서사'의 저층에서 은밀하게 전개되었다. 동아시아의 '민족주의'를 긍정하거나 부정할 때 그 논자들은 그저 서구와 북미의 인식론적 틀에다 동아시아를 재료 삼아 끼워 맞췄을 따름이다. 서구화와 내셔널리즘 사이의 공모 관계는 마치 자본의 전지구화와 민족국가의 공모 관계처럼 까다로운 지점이 있지만 이미 외면할 수 없는 현실이다. 따라서 우리는 반드시 세계 인식을 조정해야 하며, 하나의 극단에서 다른 극단으로 비약하는 기존의 인지 양식을 폐기시켜야 한다.

구체적으로 말하자면, 실체로서의 '동아시아 원리'가 동아시아의 역사와 현재를 진정으로 인식하는 데 흡족하지 않더라도, 우리는 동아시아의 원리에 대한 탐구를 놓아서는 안 되며, 인식론적 시각으로서 '동아시아'에 아무런 의미도 없다고 단언해서도 안 된다. 서구에 의한 식민화 과정에서 발생한 유서 깊은 명패인 '근대 인식'과 미국의 전지구화 전략에서 제작된 '세계 전망'이 단순성으로 말미암아 갈수록 폐단을 속출하자 우리는 매우 긴박한 한 가지 과제와 마주하게 되었다. 만약 이들 선진 산업화 지역에서 유래하고 폭력을 수반해 전지구로 퍼져간 인식론적 자원으로부터 인류의 사상적 유산을 최대한 건

져내려면, 지금의 이론틀에 기대어 그것을 '보편적 서술'로 받아들여
서는 안 된다는 점이다. 그것은 반드시 먼저 '특수화'되어야 하며 한
지역의 사상 자원으로 간주되어야 한다. 이 과정을 거쳐야만 비로소
'서양'은 진정 전 인류에 귀속될 수 있을 것이다.

바로 이러한 맥락에서 동아시아 인식은 다음의 두 지점을 놓쳐서
는 안 된다.

1. 인지적 측면에서 개방적인 통합모식을 일궈내야 한다. 주체에
관한 지금까지의 인식론을 보면 서양발 '동아시아(극동아시아) 인식'을
포함해 모두 배타성을 인식론적 전제로 삼고 있다. '타자'는 자기 바
깥에 존재하며, 자아와 구분되는 이질적 대상으로서 자아와 대립한다
고 여겨온 까닭에 자아는 타자를 품지 못한다. 식민화를 수단으로 세
계를 정복한 적이 있는 서양의 사상가는 동양과 마주해 자신을 철저
히 부정해야 할 필요를 그다지 느끼지 못할 것이다(이는 그저 '타자'가 주
체의 자기부정 과정에서 지니는 파괴적 역할만을 뜻하지 않는다. 타자가 진정 파괴적
이라면 '자아'가 '타자'가 되는 것도 거부해야 한다). 따라서 서양 사상가에게
동아시아(아시아)의 의의는 서양과 다르다는 데 있다. 설령 서양의 사
상가가 본질주의를 거부하며 동아시아의 개방성과 '보편성'에 치중하
더라도 동아시아는 여전히 동아시아여야 한다. 동아시아는 서양과는
다른 속성에 준해야 하기 때문이다.

반면 동아시아 지식인의 사상 과제는 결코 서양 지식인의 요구
에 응하는 데 있지 않다. 우리는 동아시아의 역사 과정을 직시해야 하
며, 그것이 타자와 주체를 통합해왔던 지난한 과정을 성찰해야 한다.

이처럼 고통스럽게 자신을 열어간 과정을 읽어내려면, 서양 이론에서 직접 끌어낼 수 없는 인식론적 시각이 필요하다. 그 시각은 동아시아의 역사 속에서만 움틀 것이다. 바로 이것을 원리화하는 것이 동아시아 인식의 사상 과제다.

사실 우리는 이를테면 중국이라면 루쉰이 남겨놓은 주체의 존재 방식에 관한 사유, 일본이라면 주체성 문제에 천착한 다케우치 요시미의 작업 같은 사상 자원을 이미 가지고 있다. 그러나 그것은 서양에서 통용되는 이론의 방식을 따르지 않는 까닭에 종종 홀시당했다. 혹자는 그들의 사상을 서양 이론의 특정 한계에 대한 동양의 해석이라고 이해했다. 그러나 그런 발상은 우리가 원리적 사고를 일궈내지 못하고 있다는 방증일 뿐이다. 동아시아 인식이 존재할 이유를 마련하려면, 반드시 원리적 인식 능력을 갖춰야 한다.

다만 인식론의 층위에서 개방적 통합모식을 만들고자 하는 일은 난관에 부딪히게 될 것이다. 첫째, 국제 관계 담론 속에서 윤리와 정치의 관련성이 모호해짐에 따라 시각의 혼란이 가중되고 있으며, 일부 담론으로 전체를 규정하려 드는 오류를 범하기가 쉬워졌다. 둘째 '통합'에 따르는 폭력성을 고찰하고, 동아시아라는 주체를 총체적으로 사고하는 시야가 마련되어 있지 않다.

첫 번째 경우 중국의 사례를 들어 보충하자면, 먼저 중국 사회에는 정치와 윤리를 같은 위상으로 추상화하는 경향이 있다. 이러한 발상은 정치를 권모술수로 여기고 정치를 심판하는 잣대로서 윤리를 끌어온다. 정치는 일상의 경험에서 유리되고 사회생활 바깥에 놓여, 결국 '국가권력 투쟁'으로 귀결된다. 즉 일반인과는 무관한 영역으로 추상화된다. 그리하여 중국 사회는 여전히 유교적 가치관에 근거해 '정치의 도'가 가능하다고 믿는다. 이는 비역사적이다. 이러한 사고방식은 국제정치를 분석할 때도 곧잘 활용되어 우리는 그저 겉만 핥는 분석을 접하곤 한다. 정치와 윤리가 똑같이 추상화된 까닭에 동아시아 국제 관계의 역사와 현 상황을 도무지 해석해내지 못하는 것이다.

더욱이 이로 인해 다음과 같은 기본적 사실은 대면조차 못한다. 즉 동아시아만이 아니라 세계의 국제정치 틀은 모두 두 차례의 세계대전을 거치며 형성되었으며, 서양의 강대국이 세계의 자원 대부분을 점유하고 있으며, 아울러 세계를 해석하는 담론 권력도 향유하고 있다는 사실 말이다. 또한 국제정치 영역에서 윤리적 판단의 기준은 서양 강대국의 이익에 따르기 마련이므로 결코 선험적이거나 절대적이지 않다는 사실 말이다.

물론 전후 아시아와 아프리카, 라틴아메리카 나라들이 주체성을 각성하자 국제정치의 윤리 기준도 새로운 해석을 받아들여야 했으며, 이는 '정의'와 '평화' 같은 관념이 실제로 무엇을 뜻하는지가 추궁되고 있음을 의미한다. 또한 아시아, 아프리카, 라틴아메리카 나라들이 국제 정의의 기준을 제정하는 과정에 참여했다는 의미기도 하다. 이라크 전쟁과 북한, 이란의 핵실험, 코소보 독립이 야기한 대립으로 인해 서방세계가 윤리에 대한 해석권을 독점하던 구도에는 금이 갔다. 그리하여 부단한 조정을 거치며 정치적 대립의 양상이 변해왔지만, 그렇다고 윤리와 정치의 관계가 새롭게 조정되지는 않았다.

오늘날 세계에서 국제정치의 윤리적 기준은 여전히 국가 간 역학 관계로 결정된다. 아시아와 아프리카 및 라틴아메리카 국가들의 '국익' 역시 민족국가의 자기중심적 논리에 따르고 있다. 그들 역시 윤리적 맥락에서 정책을 결정하기보다는 정치의 각도에서 윤리의 기준을 설정한다. 다른 점이 있다면 두 차례의 세계대전 동안에는 자본의 전 지구화가 아직 수면 위로 떠오르지 않았지만, 오늘날에는 이미 돌이킬 수 없는 강력한 추세가 되었다는 사실이다. 그리하여 '국제 관계'는 결코 나라와 나라 사이에만 존재하는 게 아니라 나라 안에도 존재하며, 그 결과 오늘날 국제정치 영역에서 윤리적 기준은 더욱 여러 방면의 제약을 받는다. 이제 국가를 근거로 그것을 파악할 수 없는 상황이 벌어지곤 한다.

따라서 동아시아를 윤리적 '통합체'로 간주하기는 더욱 어려워졌다. 동아시아를 정치적으로 통합하려면 새로운 인식의 논리가 요구된다. 더욱이 역사 상황을 다룰 때 현실추수적이지 않은 원리적 시각을 수립할 필요가 있다. 그러려면 정치와 윤리의 관계를 재고해야 한다.

이제 두 번째 경우를 보충해보자. 전쟁을 필두로 하는 근대의 사건을 두고 지금껏 많은 논의가 진행되어왔다. 더욱이 일본의 진보적 지식계의 '국민국가 비판'과 '민족주의 비판'은 동아시아의 지식계가 폭력적 통합 과정을 인식하는 데 유효한 시각을 제공했다. 다만 그러한 비판은 보통 하나의 차원을 출발점으로 삼아 폭넓게 보지 못하는 한계를 지닌다. 예컨대 동아시아 내부를 폭력적으로 통합하려던 일본의 시도(대동아공영권으로 구체화되었다)를 비판하지만, 태평양전쟁 말기에 일본 혹은 동북아를 폭력적으로 '통합'하려 한 미국의 욕망과 일본을 통제권 아래 두려 한 소련의 시도는 의도적으로 간과하곤 한다. 거꾸로 미국의 극동 정책을 비판할 때 일본의 침략전쟁을 함께 논의하는 경우도 드물다. 나아가 전후 일본이 미국의 점령 정책을 활용해 자국을 재건한 복잡한 과정을 다루기에 유효한 시각은 아직 나오지 않고 있다.

그리하여 우리는 이러한 기본적 사실을 목도한다. 동아시아 내부와 외부가 폭력에 의거해 통합되는 복잡한 과정을 다룰 경우, 기존의 분석은 폭력적인 대목은 지우고 통합의 결과만을 주목하든지, 아니면 폭력이 불가피했음을 강조하여 통합의 불안정성을 밝히려 했다는 점이다. 전자라면 일본의 식민 지배가 타이완 등지의 근대화를 추진했다는 고바야시 요시노리小林善紀가 대표적 사례며, 후자라면 일본 사회의 우익 보수 세력이 부단히 재생산하는 "일본이 아시아를 대표해 서양에 대항한다"는 '근대화 모식'이 그러하다. 이는 야스쿠니 신사의 유슈칸에 전시된 역사 해석이 이데올로기로 전화된 경우다. 이러한 기본 구도를 감안한다면, 양차 세계대전 이후 다시 총체를 이루려는 움직임에 대해 이를 유효하게 분석할 수 있는 새로운 시각을 짜내야 한다. 고바야시 요시노리의 『타이완론』이나 야스쿠니 신사의 역사 해석을 표층적 차원에서 비판해봤자 그것의 이데올로기적 효과를 일소할 수 없다. 새로운 역사 해석틀이 마련되어야만 국민국가 비판과 민족주의 비판은 자신의 목적을 제대로 달성할 수 있을 것이다.

2. 동아시아 인식은 관습화된 가치 판단의 극복을 요구한다. 극심한 변동을 겪은 중국 현대사에서 기성의 정치적·사회적 가치 판단은 대체로 상이한 역사 단계마다 만들어진 이데올로기의 기능에 의존해왔다. 그러나 내용은 달라도 역사 과정을 이항대립적으로 사고했다는

점에서는 일관적이었다. 특히 근대 이래 전통 사회에 대한 거센 반발 속에서 현대의 인식론은 날이 갈수록 이항대립적 가치 판단으로 기울고 있다. 사상계에서 논쟁이 벌어질 때마다 결과적으로 이항대립은 굳어갔으며, "번호에 맞춰 정해진 좌석에 앉는" 식의 사고방식이 면밀한 분석과 판단을 대신하여 그 결과 가치 체계가 조잡해지고 단순화되기에 이르렀다. 우리는 조잡한 수준의 인식론으로 인해 역사의 풍요로움을 외면하고 역사로 진입할 기회를 잃고 만 것이다.

동아시아 시각을 확립하려면 반드시 그것과 각 국가별 시각이 어떻게 다른지 따져 물어야 한다. 앞서 밝혔듯이 동아시아 시각은 국가별 시각을 모아놓은 것이 아니다. 1절에서 전쟁기억의 시각을 다루며 꺼냈던 문제의식을 여기서 더욱 심화시킬 필요가 있다. 일본이 중국을 침략하고, 제2차 세계대전 이후 중국에서 내전이 이어지고, 냉전과 한국전쟁 등을 거치면서 동아시아는 통합을 부식시키는 전쟁기억의 그림자로부터 벗어날 수 없게 되었다. 만약 국가를 단위로 삼아 가치판단의 체계를 세운다면 우리는 부득불 역사를 찢어야 한다.

가령 제2차 세계대전이 종결되기까지 일본은 중국의 적이었고 미국은 중국의 맹방이었다. 그래서 중국의 현대사는 주저하지 않고 도쿄전범재판을 긍정적으로 기록했다. 그러나 국공내전이 끝나 중국 전역이 공산당의 통제 아래 놓이자 이번에는 일본을 점령한 미국이 중국의 적이 되었다. 한국전쟁이 발발한 무렵 타이완 해협을 둘러싼 국제 관계는 이 시기 중국 정권과 미국 사이에 가로놓인 긴장 관계의 결절점이었다. 이러한 시점에서 역사를 소급해 올라가면 도쿄전범재판으로 시작된 동아시아의 전후사가 한 걸음 한 걸음 동아시아 내부로 깊숙이 들어오는 미국의 개입 과정과 중첩되어 있음을 알 수 있다.

따라서 전후에 미국이 동아시아에 진입한 과정을 평가하려면, 우리는 반드시 도쿄전범재판 과정에서 드러난 미국의 패권적 야심을 새롭게 논의해야 한다. 동아시아 피해 당사국의 의지가 존중받지 못한 이 재판을 일말의 주저함도 없이 긍정한다면 자기모순에 빠진다. 거꾸로 조금도 망설이지 않고 부정한다 해도 역사의 논리를 저버리는 꼴이다. 일본이 저지른 침략전쟁이 정당했다고 인정하는 셈이기 때문이다.

여기서 다시 역사를 소급해보자. 일본과 미국의 안보조약 체결에서 오키나와의 일본 반환에 이르기까지, 전후 미국이 일본의 평화헌법을 설계한 때로부터 일본을 무장시키고 자신들의 탱크를 배치하기까지 미국은 일본과 공모 관계를 수립하여 동아시아에서 군사기지를 공고하게 다져갔다. 또한 군사적 수단으로 세계를 통제할 수 있는 터전을 확보했다. 한편 중국과 소련의 관계도 부단히 변화했다. 하루가 다르게 러시아가 동아시아 속으로 진입하고 있는 오늘날 중국과 구소련의 껄끄러운 관계를 어떻게 처리할 것인가는 중일관계와 비교해보아도 결코 쉬운 문제가 아니다.

이처럼 반세기 남짓한 역사 속에서 중국과 미국, 소련(러시아) 및 일본과 한반도의 관계는 '국가 이익'에서 부단히 움직였고, 변화의 와중에 전 단계의 판단들은 부정되어갔다. 역사를 횡으로 가른다면 평가를 내리기 어렵지 않다. 그러나 역사를 종으로 가늠하려면 이러한 변화를 외면해서는 안 된다. 그리고 이를 그저 '국제외교의 전략'이라고 정리해서도 안 된다.

사실 사상계는 이 문제를 다룰 수 있을 만큼 기본적인 사상사 연구를 축적해놓지 못했다. 이러한 역사 과정을 사상의 원리라는 맥락에서 다루려면 분명히 국가 간 관계보다 크고, 여러 국가를 합쳐놓은 것과는 다른 시각을 마련해야 한다. 또한 새로운 시각과 기존의 '국가의 시각'을 어떻게 조율할 것인지도 장차 또 다른 문제로 부상할 것이다. 더구나 지금껏 UN이 여러 방면에서 실상 힘 있는 소수의 나라의 의지를 대변해왔다는 사실을 감안한다면, 이는 결코 만만한 문제가 아니다. 만약 개별 국가들의 시각을 조합하여 국가보다 상위 수준에서 '국가를 뛰어넘는 시각'을 만든다면, 소수의 국가가 상황을 통제하게 될 것이다. 그렇다고 국가를 초월하는 유토피아적 가능성에 몸을 맡긴다면, 기존의 난제를 고스란히 남겨두는 셈이다. 이러한 곤란한 상황을 피해간다면 진정한 의미의 사상적 잠재력을 갖출 수 없다.

오늘날 중국의 동아시아 연구는 기본적으로 상술한 두 가지 문제를 거의 다루지 않았다. 그로 인해 그럴싸해 보이지만 실제로는 자각적이지 않은 상태에 머물러 있다. 그리하여 중국의 일부 지식인은 동아시아 담론이 필요한지 다시 회의를 품고 있으며, 동아시아 담론은 사상적 품격을 갖추기가 몹시 어려운 상황에 처해 있다.

포스트 냉전 시기에 들어 우리는 기존의 가치 판단으로는 처리하기 어려운 문제에 직면했다. 그 문제에 답할 수 있는 사상과 인식론을 만들어내는 일은 긴박한 과제다. 그러나 문제는 우리가 개방적인 통합모식에 의거해 기성의 단순화된 가치 판단을 청산하더라도, 또한 역사 상황에 대한 다원적 가치관을 마련하더라도, 그것이 곧 우리가 수립해야 할 인식론의 원리는 아니라는 점이다. 우리는 여전히 자아

인식에 관한 초보적 단계에 머물고 있으며, 따라서 목전의 임무는 청산이지 구축이 아니다. 문제의 청산에 관해 얼마간 공동 인식을 획득하고 나서야 우리는 비로소 거짓 문제에 사로잡히지 않을 수 있을 것이다.

인식론의 층위에서 동아시아 시각을 따져 묻는 이유는 바로 여기에 있다. 아마도 동아시아 시각의 현재적 의의는 지적 혼란 상태에서 우리를 인식론적 자각으로 이끌어준다는 데 있을 것이다. 물론 자각에 도달하면 우리에게는 또 다른 매개가 필요할 테지만, 동아시아 시각은 특정한 역사 과정에서 움터 나온 것이기에 쉽게 다른 것으로 대체할 수 없다. 결국 역사적 전환을 초래한 중요한 사건은 오로지 '동아시아'라는 특정한 시야로 포착해야 비로소 종합적으로 분석할 수 있으며, 그럴 때 쉼 없는 역사 과정 가운데 '동아시아'라는 인식론적 시각은 새로운 사유의 차원에서 사상의 자원으로서 이바지할 수 있을 것이다.

참고문헌

孔寒冰, 2004, 『中蘇關系其中國社會發展的影響』, 北京: 中國國際廣播出版社.

白永瑞, 1999, 「世紀之交再思東亞」, 『讀書』 第8期.

山室信一, 2001, 『思想課題としてのアジア―基軸·連鎖·投企』 東京: 岩波書店.

沈志華·李丹慧, 2006, 『戰後中蘇關系若干問題研究』, 人民出版社.

沈志華 主編, 2006, 『冷戰時期蘇聯與東歐的關系』, 北京: 北京大學出版社.

沈志華, 2003, 『毛澤東·斯大林與朝鮮戰爭』, 廣東: 廣東人民出版社.

楊奎松 主編, 2006, 『冷戰時期的中國對外關系』, 北京: 北京大學出版社.

吳建民, 2007, 『外交案例』, 北京: 中國人民大學出版社.

牛軍主編, 2006, 『冷戰時期的美蘇關系』, 北京: 北京大學出版社.

Fleming, Denna Frank, 1961, *The Cold War and Its Origins*, 1917~1960. New York: Doubleday.